Michael Kunzler

Zum Lob Deiner Herrlichkeit

Michael Kunzler

Zum Lob Deiner Herrlichkeit

Zwanzig neue Lektionen für Männer
und Frauen in liturgischen Laiendiensten

BONIFATIUS
Druck · Buch · Verlag
PADERBORN

Imprimatur. Paderbornae, d. 27. m. Novembris 1995.
Nr. A 58 – 21.00.2/406. Vicarius Generalis i. V. Dr. Schmitz

Die Deutsche Bibliothek – CIP-Einheitsaufnahme

Kunzler, Michael:
Zum Lob Deiner Herrlichkeit : zwanzig neue Lektionen für
Männer und Frauen in liturgischen Laiendiensten / Michael
Kunzler. - Paderborn : Bonifatius, 1996
ISBN 3-87088-900-4

ISBN 3-87088-900-4

© 1996 by Bonifatius GmbH Druck · Buch · Verlag Paderborn
Alle Rechte vorbehalten. Das Werk einschließlich seiner Teile ist urheberrechtlich geschützt. Jede
Verwertung außerhalb der engen Grenzen des Urheberrechtsgesetzes ist ohne Zustimmung des Verlages unzulässig und strafbar. Das gilt insbesondere für Vervielfältigungen, Übersetzungen, Mikroverfilmungen und die Einspeicherung und Verarbeitung in elektronischen Systemen.

Gesamtherstellung:
Bonifatius GmbH Druck · Buch · Verlag Paderborn

Inhalt

Einführung	7
Widmung	10
Lektion 1: Dienste von Laien in der Liturgie – warum überhaupt?	11
Lektion 2: „Ihr seid eine königliche Priesterschaft, ein heiliges Volk (1 Petr 2,9) – vom Verhältnis zwischen Laien und Weiheamt in der Liturgie	29
Lektion 3: „Wir haben seine Herrlichkeit gesehen" (Joh 1,14) – oder: die Liturgie als heiliges Drama der Herrlichkeit Gottes	42
Lektion 4: Die heilige Versammlung am Altar – oder: Wo ist der liturgische Ort für die Laiendienste?	59
Lektion 5: „Verherrlicht Gott mit eurem Leib" – oder: Der ganze Mensch feiert Liturgie	71
Lektion 6: „Ihr habt Christus als Gewand angelegt" (Gal 3,27) – oder: die liturgische Kleiderfrage	84
Lektion 7: Vom Lektorendienst	103
Lektion 8: „Singt Gott in eurem Herzen Lieder" (Eph 5,19) – oder: vom Dienst des Kantors und den anderen kirchenmusikalischen Diensten	117
Lektion 9: „Ich gebe weiter, was ich selbst empfangen habe" (vgl. 1 Kor 11,23) – oder: vom Dienst des Kommunionhelfers	128
Lektion 10: Von erwachsenen Ministranten	139
Lektion 11: In der Sakristei – äußere und innere Vorbereitung	149
Lektion 12: Erste Lektion über die heilige Messe: vom Beginn in der Sakristei bis zum Tagesgebet	169
Lektion 13: Zweite Lektion über die heilige Messe: von der ersten Lesung bis zu den Fürbitten	194
Lektion 14: Dritte Lektion über die heilige Messe: von der Gabenbereitung und dem Hochgebet	218

Lektion 15: Vierte Lektion über die heilige Messe:
vom Vaterunser bis zur Entlassung 237

Lektion 16: „Liturgie" ist nicht nur „Messe" –
Laiendienste, Stundenliturgie und Wortgottesdienst 254

Lektion 17: Der Kranz der Sakramente und Sakramentalien –
liturgische Laiendienste
in den sakramentlichen Feiern 270

Lektion 18: Laiendienste im Herrenjahr 287

Lektion 19: Wenn es ernst wird: der Sonntagsgottesdienst
ohne Priester 295

Lektion 20: Jemand, der einen Dienst im Gottesdienst übernommen hat, soll ...: Voraussetzungen, um den
liturgischen Dienst gut zu versehen 304

Nachwort 309

Anhang 310

Literaturhinweise 314

Einführung

„Auch Bücher haben ihre Geschichte."[1] Die des vorliegenden Buches begann bereits im Jahr 1989, als zum ersten Mal „Fünfzehn Lektionen Liturgik für Laienhelfer im Gottesdienst" unter dem Titel „Berufen, dir zu dienen" erschienen sind. Auch sie wandten sich an Frauen und Männer, die sich in ihren Pfarrgemeinden als Lektoren, Lektorinnen, Kommunionhelfer und Kommunionhelferinnen, als Mitglieder des Liturgieausschusses ihres Pfarrgemeinderates oder wie auch immer für den Gottesdienst engagieren. Nicht zuletzt waren sie auch für die Pfarrer bestimmt, denen Denkanstöße zum liturgischen Laiendienst überhaupt und zu dessen praktischer Gestaltung gegeben werden sollte. Nachdem die erste Auflage vergriffen war, erschien die zweite im Jahr 1992. Warum also ein neues Buch für die gleiche Zielgruppe und mit ähnlichen Anliegen, nachdem noch kein Jahrzehnt seit der Erstauflage von „Berufen, dir zu dienen" vergangen ist?

Zunächst: Auch an einem Theologieprofessor dürfen die Jahre nicht spurlos vorübergehen. Gerade er hat die „Zeichen der Zeit" wahrzunehmen und im Licht des Glaubens zu deuten. Er gewinnt dadurch neue Erkenntnisse, er macht neue Erfahrungen und revidiert die bisher gemachten. Konkret: Auch hinsichtlich der liturgischen Laiendienste ist heute vieles anders zu sehen, anders zu gewichten und deshalb auch anders darzustellen.

Schließlich hat die Zahl der Priester weiter rapide abgenommen. Manche Gebiete sind von einem dramatischen Priestermangel betroffen. Gerade vor diesem Hintergrund ist in den meisten Pfarrgemeinden das liturgische Engagement von Laien nicht mehr wegzudenken. An ihrer Bereitschaft oder Verweigerung, im Gottesdienst „mitzuarbeiten", entscheidet sich immer häufiger die Frage, ob eine Kirche „arbeitet" (wie man in den früheren kommunistischen Staaten sagte) oder ob sie auf unabsehbare Zeit ihre Pforten geschlossen halten muß. Welche Auswirkungen dies auf den Glauben der nachwachsenden Generation hat, mag dem geneigten Leser/der geneigten Leserin selbst genügend klar vor Augen stehen.

Deshalb sucht man vielerorts nach neuen Konzepten für die Seelsorge. In den Chefetagen mancher Bistumsverwaltung arbeitet man an einer „kooperativen Pastoral", in der die Laien eine tragende Rolle spielen. Der Wandel von der „versorgten" zu einer mitsorgenden, für den Fortbestand des Glaubens und seiner liturgischen Feier mitverantwortli-

---
[1] „Habent sua fata libelli": Terentianus Maurus, De litteris, syllabis et metris V, 258.

chen Gemeinde, der Übergang von einer ehemals selbstverständlichen „priesterzentrierten Seelsorge" hin zum Engagement der Laien als Glieder des heiligen Gottesvolkes für das Leben der Gemeinde, das kann sehr „katholisch" im besten Sinn des Wortes sein.
Allerdings scheint vieles darin gerade für den Bereich des Gottesdienstes noch unausgegoren zu sein. Bei vielen Priestern und Laien herrscht ein gefährliches Mißverständnis des Gottesdienstes, das die Liturgie selbst in Frage stellt.[2] Der „Gottesdienst" kann ja kein Dienst des Menschen Gott gegenüber sein; Gott braucht ja nichts aus Menschenhand. Also ist er nach Meinung vieler so etwas wie eine „Sonntagsschule" für jung und alt, eine geschickt mit geeigneten Liedern, Texten, Ansprachen, Bildern und anderen Medien aufgemachte Veranstaltung zur „Bewußtmachung" eines Problems oder zur „Motivation" für eine gute Kollekte zu einem nicht minder guten Zweck. Demnach braucht man zur Vorbereitung und zur Durchführung eines solchen „Gottesdienstes" vor allem pädagogisches Geschick, das in der Tat bei den Laien viel häufiger anzutreffen ist als bei manchem Geweihten.
Der Gottesdienst steht so in der Gefahr, aufzuhören, Gottesdienst zu sein; er wird zum Menschendienst, zur zeremoniell ausgestalteten „Feier" für solche, die derartige Motivationen (noch) brauchen. Der wahre Glaube spielt sich demnach im „verborgenen Kämmerlein" jener christlich-mitmenschlichen Lebensführung ab, zu der der „Gottesdienst" gerade motivieren will. Wie sehr diese Gefahr besteht, „wie weit" wir schon gekommen sind, zeigt sich unter anderem daran, wie leider nur zu häufig in unseren Sonntagsgottesdiensten an einen bis ins letzte Detail ausgestalteten Wortgottesdienst mit multimedialer Schau und langer Predigt im Zentrum das eigentlich „Sakramentale" unbeholfen angeklebt wirkt.
Liturgie aber muß Gottesdienst sein, sonst geht sie unter. Nicht unser Dienst an Gott, sondern Gottes Dienst an uns durch die sichtbare Welt seiner Schöpfung. Gott wirkt an uns zu unserem Heil, er dient uns mit seinem eigenen Leben. Gottesdienst ist als Gottes-Dienst an uns das Aufstrahlen seiner Herrlichkeit, Spürbarwerden des Himmels von Gott her, und zwar mit allen Sinnen, die dem Menschen zur Verfügung stehen. Nur so kann im Gottes-Dienst etwas von Gottes Herrlichkeit spürbar, sichtbar, riechbar, eß- und trinkbar, erlebbar werden. Nur so geht im Gottes-Dienst etwas vom Himmel über uns auf, nur so faszi-

---

[2] Vgl. Alois MÜLLER: Bleibt die Liturgie? Überlegungen zu einem tragfähigen Liturgieverständnis angesichts heutiger Infragestellungen. In: Liturgisches Jahrbuch 39 (1989) 156-167.

niert der Gottes-Dienst die Menschen statt sie anzuöden im langweiligen Wiederholen des stets gleichen. Die Kategorie des Schönen, Außergewöhnlichen und Feierlichen ist grundlegend!
Deshalb hat in diesem Buch der Themenbereich der Liturgischen Schau und davon abhängig der liturgischen Dramaturgie eine grundsätzliche Bedeutung. Es wendet sich primär an Laien, ohne die Priester auszuschließen; allen Teilnehmern am Gottes-Dienst will es diese Dimension der „Heiligen Schau" erschließen. Vor allem aber will es Frauen und Männer, die zu diesem Engagement bereit sind, einladen und befähigen zum liturgischen Dienst in geschwisterlicher Zusammenarbeit mit den Priestern. Dieser Dienst besteht für Lektoren und Lektorinnen, Kommunionhelfer und -helferinnen, Kantoren und Kantorinnen, Ministranten und Ministrantinnen AUCH im Lesen, Singen, Austeilen der Eucharistie und Assistieren, VOR ALLEM ABER im frohen, ja genußvollen Mitspielen des Heiligen Spiels[3], das da „Liturgie" oder „Gottesdienst" heißt, in dem Gott selbst mitspielt und worin sich etwas vom Himmel auf die Erde herabsenkt.

Nur zu oft herrschen Unklarheit und Unsicherheit über die konkrete Gestaltung der Laiendienste in diesem heiligen Spiel, die nicht zuletzt in einer mangelnden geistlichen Durchdringung der Liturgie überhaupt wurzeln. Deshalb wurde die Zahl der Lektionen dieses „Lehrbuchs" erhöht, um die bisherigen Erfahrungen einfließen zu lassen und dem Thema der „Liturgischen Schau" den ihm gebührenden Raum zu geben. Mögen sie dazu verhelfen, daß Pfarrer, Männer und Frauen im liturgischen Dienst und alle an der liturgischen Gestaltung Beteiligten wissen, was man in der Liturgie tut, aber auch wie und weshalb man es gerade so tut oder besser so tun sollte.

Der Autor wünscht allen Lesern bei der Lektüre viel Freude, vor allem aber geistlichen Gewinn daraus zu Nutz und Frommen des Gottes-Dienstes und seiner Herrlichkeit, die mit Hilfe solcherart gewonnener und motivierter Mitarbeiterinnen und Mitarbeiter in den heimatlichen Kirchen „vor Ort" erfahrbare Wirklichkeit werden kann.

Paderborn/Bisten, im Sommer 1995

Michael Kunzler

---

[3] Man vergleiche die herzerfrischende Art und nehme sie sich zum Vorbild, mit der Stollberg die Wiederentdeckung der Lust am liturgischen Spiel bei evangelischen Mitchristen beschreibt: Dietrich STOLLBERG: Liturgische Praxis. Kleines evangelisches Zeremoniale. Göttingen 1993.

Widmung

Als Zeichen tiefer freundschaftlicher Zuneigung widme ich dieses Buch meinem Freund und Kollegen, Herrn

Prof. Dr. Kurt Koch
anläßlich seiner Weihe zum Bischof von Basel.

Als Ausdruck meiner Dankbarkeit für viele Erfahrungen der Nähe und Herrlichkeit Gottes in der Liturgie, die ich auch ihrem Dienst und ihrer Begeisterung dafür verdanke, aber ebenso als Zeichen meiner tiefen menschlichen Verbundenheit mit ihnen, sei dieses Buch meinen treuen Mitarbeiterinnen und Mitarbeitern im Gottesdienst der Pfarreien St. Peter in Bisten und St. Monika in Überherrn gewidmet.

Marina Barbie
Karl Heinz Bohn
Elisabeth Burkhardt
Franz Fetik
Michael Fetik
Gertrud Fickinger
Bernhard Franz
Helene Franz †
Theresia Gillo
Hanné Guldner
Ursula Klein
Marlene Lichter
Markus Müller
Peter Ney
Irmgard Philippi
Gerhard Schneider
Marita Schneider
Paul Threm
Karl-Heinz Wagner
Hildegard Weisenstein
Peter Weisenstein
Bernhard Zöllner

Lektion 1: Dienste von Laien in der Liturgie – warum überhaupt?

„Schöne Liturgie"

Das Wort „Liturgie" gehört nicht in unsere Alltagssprache; es klingt wie aus einer anderen Welt, die nicht die der meisten Menschen ist. Wir sagen, wir gehen „zur Kirche" oder „besuchen die Messe". Zweifellos haben „Kirche" und „Gottesdienst" mit dem Leben engagierter Christen etwas zu tun, aber mit dem Wort „Liturgie" meinen viele Menschen etwas, das die ureigenste Angelegenheit des Pfarrers ist und das einen selbst als „Besucher der Messe" eigentlich nichts angeht. Der Begriff „Liturgie" riecht sehr nach Weihrauch und Kerzenwachs; man erfreut sich an ihr, findet sie langweilig oder regt sich über sie auf. „Liturgie" ist etwas, wohin man geht, was einem vom „Liturgen" „geboten" wird, was man eben schön, langweilig oder schlecht finden kann, womit man aber selbst über das „Konsumieren" hinaus nichts zu tun hat. Manche haben zur Liturgie geradezu ein Verhältnis wie zu einer bezahlten Sache; man zahlt Kirchensteuer und erwartet eine „schöne Liturgie", wenn die großen Feste im Jahr wieder einmal fällig sind, wenn Fixpunkte im Leben anstehen, wie Taufen, Hochzeiten und Beerdigungen, oder wenn einem einfach danach ist.

Bitterbös beschreibt das Gedicht des schweizerischen Pfarrers Kurt Marti eine Trau-„Liturgie", wie sie in manchen Pfarrgemeinden leider nur allzu oft vorkommt:

> „Die Glocken dröhnen ihren vollsten Ton,
> und Photographen stehen knipsend krumm.
> Es braust der Hochzeitsmarsch von Mendelssohn.
> Ein Pfarrer kommt. Mit ihm das Christentum.
> Im Dome knien die Damen schulternackt,
> noch im Gebet kokett und photogen.
> Indes, die Herren, konjunkturbefrackt,
> diskret nach ihren Armbanduhren sehn.
> Sanft wie im Kino surrt die Liturgie,
> zum Fest von Kapital und Eleganz.
> Nur einer flüstert leise: Blasphemie!
> Der Herr. Allein. Ihn überhört man ganz."

Zu Recht mag der engagierte Christ einwenden, dies gelte doch nicht für ihn. Dennoch bringt das Gedicht ganz gut zum Ausdruck, wie wenig vom Wesen der Liturgie zuweilen noch verstanden wird, auch bei Christen, die wirklich in ihrer Kirchengemeinde engagiert sind oder sich zumindest dafür halten.

Die „schöne Verpackung"

Selbst bei manchen Theologen ist ein Mißverständnis immer noch nicht überwunden, wonach unter „Liturgie" lediglich die zeremonielle Ausschmückung unserer Gottesdienste verstanden wird. Dieses bei Katholiken wie Protestanten gleichermaßen anzutreffende Mißverständnis hat seine eigene Geschichte. Für Katholiken war es seit der scholastischen Theologie des Mittelalters vor allem wichtig, daß die Sakramente „richtig" und damit auch „gültig" gespendet und empfangen werden, hängt doch von ihrem Empfang nach damaligen, auch heute noch lebendigen Denkmustern letztlich sogar das ewige Heil ab.

Um die Gültigkeit der Sakramente in jedem Fall zu gewährleisten, betrachtete man nur noch die absolut unterste Grenze zu ihrem gültigen Zustandekommen: geweihter Spender, dessen richtige Intention (d.h., er muß das Sakrament auch wirklich spenden wollen und darf kein Theater spielen), der für das Sakrament disponierte Empfänger (ein bereits Getaufter kann z.B. nicht erneut getauft werden), die richtige Materie (also Wasser für die Taufe, Brot und Wein für die Meßfeier usw.) und die gültige Form: jene Worte und Zeichenhandlungen, die zusammen mit den anderen Bedingungen das Zustandekommen des Sakramentes bewirken. Für verschiedene Notfälle (z.B. Krankensalbung bei Sterbenden, Nottaufe, Notfirmung) bestand die Feier denn auch in nichts anderem als im Vollzug dieser unbedingt notwendigen Elemente. Was Wunder, wenn schließlich alles andere – also die liturgische Feier selbst! – als hübsche, aber letztlich nicht notwendige Verpackung des eigentlich Wichtigen mißverstanden wurde!

Nicht viel anders verhält sich dies in den Kirchen der Reformation. Ihr Protest richtete sich ja gegen einen einseitigen „Sakramentalismus", der zu dem Irrtum verleiten kann, der Mensch könne über heilige Riten zu seinem Heil über Gott verfügen. Nach katholischer Meinung haben die Reformatoren aber die eine Einseitigkeit durch eine neue ersetzt, indem sie das Wort Gottes, seine Verkündigung vor allem in der Predigt, so zentral den Gottesdienst bestimmen ließen, daß dieser im Grunde zu einer „Lehrstunde" wurde, deren liturgisches „Rankwerk" zur Auflockerung dienen sollte. So hielt z.B. Zwingli ein äußerstes Minimum an „Zeremonien" für notwendig, „damit die sach nit gar

dürr und rouw verhandlet und der menschlichen blödigkeit ouch etwas zugegeben wurde".
Die Konsequenzen dieser Mißverständnisse liegen auf der Hand: Wer das „liturgische Rankwerk" nicht braucht, der kann auch zu Hause in der Bibel lesen oder sich während eines Waldspaziergangs fromme Gedanken über den Schöpfer machen, der doch des Weihrauchs, der Kerzen, der Lieder und Gesänge wahrlich nicht bedarf! Oder genau umgekehrt: Wer eine religiöse Botschaft, einen Spendenaufruf, die Bewußtmachung eines kirchlichen oder gesellschaftlichen Problems bestmöglich „rüberbringen" will, der bedient sich eines „liturgischen Rankwerks" aus themenbezogenen Texten und Liedern und zu entsprechendem Handeln aufrufenden Gebeten; zum Erzielen des gewünschten Lern- oder Spendenerfolgs bei den Gläubigen werden Anschauungsmaterialien und Hilfsmittel jeder Art eingesetzt. Die Musik einer lateinamerikanischen Indio-Band dient der Steigerung des Kollektenertrags ebenso wie die indianische Gewandung des Zelebranten und sein hausgemachtes Hochgebet mit gesellschaftspolitischen Randbemerkungen aus der Feder irgendeines Befreiungstheologen. In einem Bußgottesdienst, der das Erbarmen Jesu mit der Ehebrecherin zum Thema hat, werden Wackersteine an die Versammelten ausgeteilt, deren „meditatives Ertasten und Gewichtseinschätzen" die Gläubigen an ihre eigenen pharisäischen Seelenschichten heranführen soll.
Fazit: „Liturgie" ist wiederum nur für die „menschliche blödigkeit", die „Klugen" geben ihr Scherflein auch veranstaltungslos, sie wissen auch ohne Wackerstein in den Händen um ihre Gefährdung durch liebloses Urteilen. Für die Christen, die noch zur Kirche kommen, ist der Gottesdienst nicht selten zur Sonntagsschule für jung und alt verkommen, den Alten nicht selten zu Ärger und Verdruß, den Jungen alsbald zur langweiligen Öde.

Und was ist „Liturgie" wirklich?

„Liturgie" heißt eigentlich nichts anderes als „gemeinsames Werk" oder „öffentliche Angelegenheit". Wenn in den Städten des alten Griechenland zur Sicherheit der Bewohner eine neue Stadtmauer errichtet werden mußte, dann ging dies alle an, es war „Liturgie". Auch der Gottesdienst, in dem sie ihren Gott um Schutz und Segen für ihre Gemeinschaft anflehten, war eine öffentliche Angelegenheit, der sich niemand entziehen durfte, eben „Liturgie".
Gerade im Bereich des Gottesdienstes klingt „Liturgie" nach „großer

Feier", komplizierten Riten und fachmännisch geschultem Dienstpersonal. Im Gegensatz dazu war der Gottesdienst der jungen Kirche geradezu ärmlich. Man tat in der Eucharistiefeier nichts anderes als das, was Christus selbst am Abend vor seinem Leiden in einfachen Zeichen tat. Dennoch ist auch dies ganz und gar „Liturgie": Es geht alle zutiefst an, die zur christlichen Gemeinde gehören.

Allerdings gibt es einen entscheidenden Unterschied zu den heidnischen Liturgien: Es ist nicht die Gemeinde, die in einer Liturgie als „öffentlichem Kult- und Verehrungsakt" ihrem Gott etwas darbringt, um von ihm als Gegengabe Segen und Heil zu empfangen; unser Gott braucht nicht unsere Gebete, Lieder und Opfer. „Liturgie" ist zuallererst *„seine* Liturgie" an uns, sein Werk *für uns, die vielen,* die er liebt, für die er seinen eigenen Sohn dahingegeben hat und die er zum ewigen Leben in der Gemeinschaft des Himmels führen will. Gottesdienst ist Gottes Dienst an uns. Die Initiative zu jeder Liturgie geht von oben aus: Christus, und durch ihn der dreifaltige Gott, begegnet seiner Gemeinde, spricht zu ihr in der Schriftlesung, gibt sich ihr hin in der Eucharistie als Speise und Trank zum ewigen Leben, er bringt Heil und Stärkung in den Sakramenten.

Wenn Gott auf die Menschen zukommt, dann geschieht dies niemals anders als mit „Leib und Seele", also so, wie es dem Menschen als Wesen aus Leib und Seele entspricht. Sicher: „Gott ist Geist, und alle, die ihn anbeten, müssen im Geist und in der Wahrheit anbeten" (Joh 4,24), aber wenn er schon in seinem eigenen Sohn auf die Menschen zukommt, im Kind in der Krippe ebenso wie im jungen Mann aus Nazareth, im Gekreuzigten und Begrabenen wie in den Erscheinungen des Auferstandenen, dann kann auch sein Zukommen auf die Menschen heute in der liturgischen Feier niemals eine langweilige, „blutleere" Sache aus bloßen Worten sein, sondern muß die gesamte, den Sinnen zugängliche Schöpfungswirklichkeit einschließen. Man kann einem Menschen tausendmal sagen, daß man ihn liebt, wenn er es aber nicht wortwörtlich „spürt" in Kuß und Umarmung, dann wird er es niemals glauben, erst recht nicht „am eigenen Leibe erfahren". Gott kommt auf den Menschen zu in den den Sinnen zugänglichen Dingen dieser Welt, im Licht der Kerzen und im (guten) Duft des (wirklich guten) Weihrauchs, in den schönen Räumen der Kirchen und in den zu Herzen gehenden Feiern, die in ihnen stattfinden. Ostkirchliche Theologen sagen dies mit dem Bild, daß sich die unsichtbare Liturgie des Himmels herniedersenkt in die auf Erden von den Menschen gefeierte Liturgie, Gottes „Werk für die vielen" im menschlichen „Werk der vielen".

Die irdische Feier der Menschen, ihr Lobpreis und ihr Bittgebet können immer nur Antwort sein auf das, was Gott in der Liturgie zuerst tut. „Liturgie" ist somit „gemeinschaftliche Begegnung" der Christen mit Gott durch Christus, durch den sie auch als Glieder seines Leibes untereinander zutiefst verbunden sind; als solche ist die Liturgie die Sache aller. Dies wußte man auch noch, als der Gottesdienst nach der konstantinischen Wende und erst recht nach der Erhebung der Kirche zur Staatsreligion große Formen annahm, zur reich entfalteten Liturgie wurde. Sehr bald aber schon kam nicht nur das Wort „Liturgie" aus dem Sprachgebrauch, sondern man vergaß auch das Wichtigste, was dieser Begriff aussagen wollte, daß eben der Gottesdienst als Begegnung mit Christus Sache aller Christen ist. Machen wir einen Sprung ins 20. Jahrhundert.

Der einsame Zelebrant

Hochamt in einer traditionsbewußten Pfarrgemeinde. Nur notdürftig entspricht die Anlage des Chorraumes den Erfordernissen der erneuerten Liturgie. Der zelebrierende Priester steht an einem eigentlich als kurzfristiges Provisorium gedachten alten Fronleichnamsaltar dem Volk zugewandt, während sich hinter seinem Rücken majestätisch der aus kostbarem Marmor errichtete, mit Decken und Leuchtern versehene ehemalige „Hochaltar" erhebt. Die ersten fünfzehn Bankreihen sind leer, besonders auf der „Männerseite" jedoch staut es sich hinten. Der Priester steht neun Stufen höher als die Gemeinde; bei weniger guten Lichtverhältnissen kann er gerade noch die ganz vorn Sitzenden erkennen. Die Kommunikation ist nicht leicht; die Antworten kommen nur zögerlich, kein Vergleich mit dem „heiligen Donner", mit dem das Volk nach dem Zeugnis des hl. Hieronymus einst das priesterliche Gebet bestätigte. Auch der Gesang wäre zu verlebendigen. Aber um des lieben Friedens willen ist an große Änderungen nicht zu denken: Da haben Familien seit Generationen ihren Stammplatz, da leben noch zu viele Leute, die für den marmornen Hochaltar gespendet haben, und überhaupt, warum vieles ändern, wenn der nächste Pfarrer doch wieder etwas ganz anderes will!
Obwohl der zelebrierende Priester von einer mehr oder weniger großen Schar von Ministranten umgeben ist, steht er seiner „Gemeinde" doch recht einsam gegenüber, ja man könnte sogar grundsätzlich anfragen, ob diese Gruppe von Gottesdienstbesuchern überhaupt die Bezeichnung „Gemeinde" verdient! Im Gespräch mit den Leuten hört man immer wieder traditionelle, aber nicht minder fragwürdige Denkschemata: Durch Weihe und Amtseinführung hat der Priester seinen

Dienst für die Pfarrei zu leisten, d. h., er hat „die Messe zu lesen", die Menschen mit den Sakramenten zu versorgen und den Glauben an die nachrückenden Generationen weiterzugeben. Der Gottesdienst ist sein Geschäft, dafür ist er ausgebildet und geweiht, dafür wird er ja auch bezahlt. In seine Aufgaben hat sich der Laie nicht einzumischen, zumal er ja auch nichts dafür bekommt! Oft wird ein Pfarrer danach beurteilt, wie lange seine Messe dauert, ob er schön singen kann, wie rasch er in seinen Predigten das „Amen" findet und was er sonst noch den verschiedenen Gruppen dieser Pfarrei zu bieten hat. Der Priester als kritisch beäugter „Animateur", als Alleinunterhalter; kein Wunder, wenn er mit der Zeit ermüdet und vereinsamt.

Und die Liturgie selbst? Nur zu oft macht sie den Eindruck einer Sache, in die die einen zumindest an Sonntagen und gebotenen Feiertagen „hineinmüssen", um nach alter Unterweisung nicht zu sündigen, während die anderen tätig werden müssen, weil sie dafür bezahlt werden oder im Dienstplan stehen: Priester, Küster, Organist, Ministranten – Liturgie als frustrierende Veranstaltung von moralisch dazu Genötigten, dafür bezahlten Funktionären und dazu überredeten vorpubertären Kindern?

Das Anliegen der Liturgiereform

Doch unser Pfarrer sieht nicht gar so schwarz. Schon immer war für ihn der Gottesdienst ein Herzensanliegen; die Freude an Gott soll unsere Kraft für das Leben sein. Die Liturgie soll würdiger und schöner werden auch dadurch, daß Erwachsene – Frauen und Männer – einen liturgischen Laiendienst übernehmen, etwa als Kantoren, Lektoren, Kommunionhelfer und Ministranten.

Doch Unverständnis und Widerpruch melden sich an: „Schon wieder etwas Neues?" „Das gab es bei uns nie!" „Die Lesung und die paar Fürbitten können Sie doch wohl noch alleine lesen!" „Ich da vorne? Was würden denn da die Nachbarn sagen! Nein, da gehöre ich nicht hin!" „Ich als Erwachsener am Altar, wo sich doch mein Sohn mit seinen 14 Jahren schon für den Ministrantendienst zu alt fühlt?!"

Nun darf man aber denen, die so argumentieren, dies nicht zum Vorwurf machen. Von den offensichtlichen Neuerungen (z. B. Gebrauch der Muttersprache statt des Latein) abgesehen, haben sie die Grundanliegen der Liturgieerneuerung noch nicht verstanden. Von Kind an sind sie durch das geprägt, was seit Generationen auf sie zugekommen ist. Auch haben nicht wenige ganz im Verborgenen „Heimweh" nach den vermeintlich feierlicheren Gottesdiensten von früher, etwa nach jenem „majestätischen Hochaltar", nach dem erhabenen Latein, bei dessen Gesang man so schön den eigenen frommen Gedanken nachgehen konnte. Manch einer fragt sogar offen, ob denn die gesamte Liturgiereform des 2. Vatikanischen Konzils nicht ein großer Fehler war, ob die Kirchen heute nicht voller wären, hätte man alle liturgischen Experimente von vornherein abgewürgt.

Nicht nur die zum Konzil versammelten Bischöfe, auch viele Laien waren davon überzeugt, daß die Liturgie erneuert werden mußte; viele kämpften seit dem 1. Weltkrieg in der „Liturgischen Bewegung" um eine Erneuerung der Liturgie. Wohlgemerkt: Erneuerung heißt nicht Anpassung des Gottesdienstes an den sehr flüchtigen Zeitgeschmack, sondern Reinigung der Liturgie von Mißverständnissen und Fehlentwicklungen, auch wenn diese ein sehr hohes Alter aufweisen können. Es ging der konziliaren Liturgieerneuerung um Reform im vollen Sinn des Wortes, um Erneuerung des Gottesdienstes für den heutigen Menschen unter Wahrung des in alter Tradition Bewährten, um Verlebendigung dessen, was einmal durch unglückliche Umstände untergegangen war oder sich weniger gut weiterentwickelte.

Wie ist die Liturgie reformbedürftig geworden?

Am Anfang der Kirchengeschichte war die Feier der Eucharistie eindeutig die Sache der ganzen um den Altar versammelten Gemeinde, die ja zudem noch recht überschaubar war. In ihr – nicht über sie gesetzt – nahmen der geweihte Bischof und die Priester als seine Stellvertreter ihre besonderen Aufgaben wahr. Dies bezeugt der um das Jahr 165 n. Chr. hingerichtete Märtyrer Justin: „An dem nach der Sonne benannten Tag kommen alle, die in den Städten oder auf dem Lande wohnen, zur Versammlung zusammen. Dabei werden die Denkwürdigkeiten der Apostel und die Schriften der Propheten gelesen, solange es die Zeit erlaubt. Wenn der Lektor seinen Dienst beendet hat, hält der Vorsteher eine Ansprache und mahnt und lädt ein, diese schönen Lehren im Leben zu befolgen. Darauf stehen wir alle auf und verrichten Gebete. Dann, wenn wir die Gebete beendet haben, wird Brot herbeigebracht und Wein und Wasser, und der Vorsteher sendet Gebete und Danksagungen, soviel er vermag, empor, und das Volk stimmt zu und spricht Amen. Das, worüber die Danksagung [gr. Eucharistie] gesprochen worden ist, wird an jeden einzelnen ausgeteilt und denen, die abwesend sind, durch die Diakone zugesandt."

Wenn diese Grundstruktur auch nach der Erhebung des Christentums zur römischen Staatsreligion bereichert wurde (Verwendung von

Leuchtern, Weihrauch, Gewändern usw.), so blieb die Messe dennoch Sache der um ihren Bischof und seine Assistenz gescharten Gemeinde, obwohl die Inhaber eines besonderen Dienstamtes durch ihre Kenntnis der oftmals komplizierten Riten schon besonders hervortraten. Vieles änderte sich mit dem Eintritt der Kirche in den germanisch-keltischen Kulturraum zu Beginn des Mittelalters. Aus verschiedenen Gründen (Ausdruck der Wertschätzung Roms, Frage nach der prinzipiellen Eignung der verschiedenen Landessprachen und Dialekte für den liturgischen Gebrauch) hielt man an der lateinischen Liturgiesprache fest. Damit war ein tiefer Riß in der Gemeinde aufgetan zwischen den wenigen Gelehrten, die verstehen und mitfeiern konnten, und den immer zahlreicher werdenden „Normalbürgern", die man in der Messe als „anwesend Abwesende" behandelte, wie der große Liturgiewissenschaftler J. A. Jungmann sagte.

Gegen Ende des 8. Jahrhunderts begann man, das Hochgebet der Messe nur noch leise zu sprechen, und begründete dies damit, daß der Priester an dieser Stelle in das innerste Heiligtum der Messe eintrete und die Worte dieses innersten Heiligtums durch Geheimhaltung vor Mißbrauch und Verunehrung geschützt werden müßten. So entwickelte sich die Messe von einer die ganze Gemeinde angehenden und alle Mitfeiernden einbeziehenden Sache zum Werk des am Altar zelebrierenden Priesters. Ein Detail soll dies verdeutlichen: Im Hochmittelalter wurde festgelegt, der Priester müsse alle Gebete und Gesänge (z. B. das Kyrie oder das Gloria) selbst leise lateinisch beten, um diese Teile der Messe „gültig" zu vollziehen, selbst wenn ein Chor dieselben feierlich gesungen hatte.

Die Gemeinde wurde zum schweigenden Zuschauer der priesterlichen Handlungen am Altar; von dem, was er leise in einer völlig fremden Sprache betete, was er in geheimnisvollen Gebärden und Gesten vorne vollzog, hatte man bestenfalls eine schwache Ahnung. Was man von der Messe wußte, das lernte man aus den allegorischen Meßerklärungen. Alles und jedes wurde erklärt – selbst, wenn der Bezug zum jeweiligen Ritusteil der Messe in sich falsch war –, um dem zum untätigen Zuschauen verurteilten Laien wenigstens etwas an „meditativem Anschauungsmaterial" in die Hände zu geben. Der Zelebrant selbst, seine Kleider, Gesten und Gebärden wurden dem stummen Zuschauer so erklärt, daß er sich beim Betrachten dessen, was der Priester vorn tat, seine frommen Gedanken machen konnte, etwa in bezug auf das Leiden Christi, auf das Endgericht, auf Sünde und Schuld usw.

Als problematischste Frucht brachten diese Entwicklungen die Privatmesse hervor, also die Zelebration eines Priesters ganz allein, ohne Gemeinde. Für ihre Entstehung wurden manche Gründe genannt (u. a.

zu viele Priester in den Mönchsgemeinschaften, die über den konkreten Bedarf an Messen ihre Weihegewalt auch ausüben wollten), doch ging die Entwicklung der Privatmessen auch Hand in Hand mit einem sehr gefährlichen Verständnis der Messe als Opfer.
War es in der alten Kirche noch klar bewußt, daß jede Messe deshalb ein Opfer ist, weil das einzige und für alle Zeiten zum Heil der Menschen ausreichende Opfer Christi am Kreuz in ihr gegenwärtig wird, so entwickelte sich vom Hochmittelalter an ein Meßopferverständnis, das die Messe als je neues Opfer neben dem Kreuz Christi verstand. Man sah im Priester jemanden, der durch seine Weihe die Fähigkeit und Vollmacht besitzt, im Namen der Kirche den in Brot und Wein gegenwärtigen Christus neu dem Vater aufzuopfern. Da dieses menschliche Opfer jedoch im Gegensatz zur Kreuzeshingabe Jesu nur von begrenztem Charakter war – der menschliche Priester ist ja immer auch Sünder –, dachte man, der Vater würde anläßlich dieser je neuen Hinopferung Jesu durch menschliche Hand auch nur eine begrenzte Gnadengabe gewähren. Die Konsequenz mußte sein: Um viele Gnadengaben zu erlangen, bedurfte es vieler Messen; dazu brauchte man viele Priester, die als bevollmächtigte Darbringer dieses Opfer möglichst oft darzubringen hatten.
Sehr verhängnisvoll war die Verbindung dieser Opfertheologie mit dem Stipendienwesen. Hatte ein einzelner Christ durch eine besondere Spende etwas für den Bedarf der Kirche beigetragen, so war es nur legitim, des Spenders in einer besonderen Fürbitte besonders zu gedenken, so wie heute noch in jeder ostkirchlichen Liturgie der „Wohltäter dieses Gotteshauses" gedacht wird. Mit der Zeit kam aber die Vorstellung auf, der Geber einer Spende habe durch seine Gabe ein Anrecht auf die begrenzte Gnadenwirkung, die die Meßzelebration eines Priesters bewirkt, so daß der mittelalterliche Mensch unbefangen vom „Kauf der Messe" sprechen konnte.
Dies alles führte zu Zuständen, die uns heute skandalös erscheinen. Am Vorabend der Reformation hatte jede Bruderschaft, Gilde, Zunft oder sonstige Vereinigung Priester angestellt, die nichts anderes zu tun hatten, als zugunsten ihrer Dienstherren das Meßopfer darzubringen, um diesen göttliche Gnaden für Lebende und Verstorbene zu erwirken. Diese „Altaristen", deren theologische Ausbildung meist nur darin bestand, die Messe gültig „lesen" zu können, feierten diese natürlich ohne jede Gemeindebeteiligung. Es war ja ihre Amtspflicht, durch ihre Zelebration göttliche Gnade zu bewirken, und diese wurde ja aufgrund des Opfers allein bewirkt, ohne daß jemand aus der Gemeinde oder gar einer von den Auftraggebern zugegen war.
Die reformatorische Kritik an Theologie und Praxis der Messe war lei-

der nur zu begründet; andererseits beschritten die Reformatoren aber einen Weg, der das den Katholiken und den östlichen Christen gemeinsame Verständnis der Eucharistiefeier verließ. Wenn das Konzil von Trient (1545-63) auch bemüht war, die Mißstände abzuschaffen, so änderte sich nicht zuletzt aus Gründen der Abwehr gegen die Lehren und die gottesdienstlichen Praktiken der Protestanten nichts Wesentliches. Es blieb bei der Konzeption, daß nur das offizieller Gottesdienst der Kirche sei, was der zelebrierende Priester selber tut, singt und betet. Die Gemeinde blieb weiterhin auf ihre stumme Zuschauerrolle verwiesen. Ja, die typische Anlage einer Barockkirche will gerade ein prachtvolles Szenarium für ein heiliges Schauspiel abgeben, das sich vorne vollzieht, oft vor ausgesetztem Allerheiligsten, und bei dem sich der fromme Christ privat zu beschäftigen hat, sei es mit Beten des Rosenkranzes, mit Lesen von meditativen Meßandachten oder eben mit dem Betrachten der im Chorraum sich abspielenden Liturgie. Verräterisch sind die „Orgelmessen" der Barockzeit, die gleich der Klavierbegleitung im Kino der Stummfilmzeit den Ablauf der Liturgie musikalisch-dramatisch unterstützen sollten: Betete der Priester das Gloria, so spielte der Organist mit vollem Werk, und zur Erhebung der heiligen Gestalten bei der Wandlung gab es leise Flötentöne.

Hätte das 4. Laterankonzil nicht schon im Jahr 1215 den Kommunionempfang wenigstens einmal jährlich zur Pflicht gemacht – vielen Katholiken noch bekannt als eines der fünf Kirchengebote –, wäre vielleicht das Kommunizieren gemäß dem Einsetzungswort Jesu im Abendland ganz verschwunden, denn der normale Christ war nur mehr auf die Rolle eines stumm-anbetenden Betrachters des eucharistischen Christus und eines Beobachters des liturgischen Geschehens fixiert. In vielen Kirchen des ausgehenden Mittelalters wurde die Kommunion überhaupt nur noch ein- bis zweimal jährlich ausgeteilt. Im Zentrum stand die Anbetung des in der Hostie gegenwärtigen Herrn, wobei die Erhebung derselben in der Wandlung mit manch abergläubischen Ansichten verbunden war.

Reformversuche

Prinzipiell änderte sich das Verständnis der Messe als Werk des zelebrierenden Priesters bis zur Liturgiereform des 2. Vatikanums nicht. Wohl gab es immer wieder Versuche, den Gemeinschaftscharakter der Messe neu herauszustellen, so bei verschiedenen katholischen Reformtheologen im Zeitalter der Reformation, in der Aufklärung und besonders in der liturgischen Bewegung des 20. Jahrhunderts. Die Reformen

Abb. 1 Privatmesse

aber, die notwendig gewesen wären, um die Gemeinde aus ihrer stummen Zuschauerrolle zu befreien, fanden nicht statt. Es blieb bei der Sprachbarriere. Auch wenn noch vor wenigen Jahrzehnten im Zuge der Liturgischen Bewegung ein „Vorbeter" die Meßgebete und Lesungen deutsch vortrug, dann fungierte er als Simultanübersetzer des Zelebranten, der um der Gültigkeit der gefeierten Liturgie willen die gleichen Gebete und Lesungen für sich leise lateinisch persolvieren mußte. Dies war ganz im Sinne des damaligen Kirchenrechts, das die Liturgie als „öffentlichen Kult" definierte, der vollzogen wird „im Namen der Kirche von dazu rechtlich beauftragten Personen".
Bis zum 2. Vatikanum blieb es also bei jenem Gottesdienstverständnis, das ein Jahrtausend zuvor in die Kirche Einzug gehalten hatte und die Gestalt der Messe nachhaltig prägte: Die Messe zu feiern war Sache eines Priesters; er „las seine Messe", bei der die Gemeinde betend zuschauen durfte; nur was er tat, war gültige Liturgie, alles andere (Chorgesang, Vorbeter, Lektoren) war nicht eigentlich liturgischer Dienst, sondern sollte der Frömmigkeit der anwesenden Gemeinde dienen, die in das liturgische Geschehen selber nicht einbezogen war.

Die Liturgiekonstitution des 2. Vatikanums

Am 4.12.1963, auf den Tag 400 Jahre nach der Schlußsitzung des Konzils von Trient, wurde mit 2147 Ja- gegen vier Neinstimmen die Liturgiekonstitution als erste Frucht des 2. Vatikanums angenommen. J. E. Lengeling – ein um die Reform verdienter Liturgiewissenschaftler unserer Zeit – bezeichnete sie als „saekulares Ereignis", das das Ende des Mittelalters in der Liturgie bedeutete. Danach vollzieht der Artikel 26 der Liturgiekonstitution gegenüber einer mehr als 1000 Jahre währenden Sicht der Liturgie als Werk des Priesters, dem das Volk nur betrachtend beiwohnen durfte, geradezu eine kopernikanische Wende: Liturgie wird verstanden als „Feier der Kirche", und „Kirche" heißt weder Amt noch Klerus, sondern alle Gläubigen, die die Kirche bilden und unter denen einige als Bischöfe, Priester und Diakone ein besonderes Dienstamt versehen.

Das nachkonziliare Meßbuch korrigiert das spätmittelalterliche Verständnis des Meßopfers als im Namen der Kirche zu leistendes Werk, wenn es in der Einführung die Messe definiert als „Werk Christi und des hierarchisch gegliederten Gottesvolkes". Jede Liturgie ist nämlich nur dann sinnvoll und wird zur Begegnung zwischen Gott und den Menschen, wenn die Initiative von oben, von Gott her kommt. Erst auf das Tun Gottes hin kann der Mensch überhaupt erst dem antworten, der sich zuerst an ihn wendet, weil er ihn liebt. Von sich aus kann der Mensch weder zu Gott gelangen, noch zu ihm beten noch ihm etwas aufopfern. Was sollte er denn auch Gott geben, der als Schöpfer von allem, was ist, weder menschliches Lob noch irdische Gaben braucht, wie es der 50. Psalm sagt: „Hätte ich Hunger, ich brauchte es dir nicht zu sagen, denn mein ist die Welt und was sie erfüllt. Soll ich denn das Fleisch von Stieren essen und das Blut von Böcken trinken? Bring Gott als Opfer dein Lob und erfülle dem Höchsten deine Gelübde!"

Aktive Teilnahme aller Gläubigen

Wenn in der Messe wie in jeder anderen liturgischen Feier Gott zuerst handelt, wenn alles gottesdienstliche Tun Gottes Dienst an uns Menschen ist, dann gilt die Einladung zur Begegnung und die menschliche Antwort darauf der ganzen Kirche, also allen Gläubigen, Geweihten und Laien. Gerade hier zeigt sich, daß der Begriff „Laie" in der Kirche ganz anders als im üblichen Sprachgebrauch verstanden werden muß, wo es „Nichtfachmann" bedeutet. „Laie" kommt vom griechischen

Wort „laos", was „Volk", in unserem Zusammenhang natürlich „Gottes Volk" bedeutet, dem das Wirken Gottes gilt. Der „Laie" ist Glied des Gottesvolkes, und so gesehen sind auch die hochwürdigsten Amtsträger bis hinauf zu Kardinalskollegium und Papst „Laien" – denn wer wollte in Abrede stellen, daß auch sie zum Gottesvolk gehören?
Deshalb ist die Messe im Gegensatz zu einer mehr als 1000 Jahre währenden Sicht nach Gott, der durch seinen gekreuzigten und auferstandenen Sohn und im Heiligen Geist an den Menschen handelt, Sache der versammelten Gemeinde, nicht eines am Altar alleine und von den Zuschauern räumlich sauber getrennten Priesters, wenngleich das geweihte Amtspriestertum in der Gemeinde seine eigene, bleibende und unaufgebbare Bedeutung hat.
Dieser neugewonnenen alten Sicht der Liturgie trägt die Liturgiekonstitution des Konzils insofern Rechnung, als der Gedanke der „aktiven Teilnahme" aller Gläubigen sie wie ein roter Faden durchzieht; immer wieder ist von der vollen, bewußten und aktiven Teilnahme der Gläubigen an der Liturgie die Rede, gipfelnd in der Aussage des 14. Artikels: „Diese volle und tätige Teilnahme des ganzen Volkes ist bei der Erneuerung und Förderung der hl. Liturgie aufs stärkste zu beachten."

Der besondere liturgische Dienst einiger weniger Laien

Nun bedeutet die Grundregel von der „aktiven Teilnahme *aller* Gläubigen" nicht, daß *alle* zur Feier versammelten Christen auch *alle* in der Liturgie anfallenden Aufgaben und Dienste wahrzunehmen hätten. Nicht jeder ist für einen besonderen Dienst geeignet, nicht jeder – ja noch nicht einmal die Mehrzahl der Gläubigen – will überhaupt zur Wahrnehmung eines liturgischen Dienstes in das Licht der Öffentlichkeit treten, und für verschiedene Dienste – etwa das Vorlesen als Lektor oder das Vorsingen als Kantor – braucht man auch eine besondere Begabung.
Einige aus der Gemeinde übernehmen also Dienste in der liturgischen Feier, durch die sie mit dem Priester zu den vielen Männern und Frauen in den Bankreihen, zu den eigenen Ehepartnern und Kindern, zu Freunden und Nachbarn in ein gewisses Gegenüber treten. Bei manchem Leser werden sich vielleicht hier schon die ersten kritischen Einwände anmelden in Gestalt der Frage, was denn Frau X oder Herrn Y, die doch nebenan wohnt oder der mit einem zusammen im gleichen Betrieb arbeitet, einfällt, im Gottesdienst „da vorne" einen Dienst zu versehen! Dahinter steckt wohl mehr ein mit einem gehörigen Quänt-

chen Neid versehener Verdacht als wirkliche Unsicherheit vor Neuem und Ungewohntem: „Was fällt dem oder der da ein, sich aufzuplustern und ‚da vorne' im Gottesdienst mitzumachen, während ich bescheiden auf meinem Platz sitzenbleibe? Gerade dem da, den ich aus dem Betrieb nur zu gut kenne? Oder der da, die sich auch sonst nur zu gern in die erste Reihe drängt?"
Was antwortet man solchen Kritikern? Zunächst sollte man sie fragen, ob sie vielleicht selbst gerne einen Laiendienst übernehmen würden. Wenn sie darauf eingehen, dann ist die Kritik sofort verstummt, und die ehemaligen Kritiker sind häufig zu den wärmsten Befürwortern geworden. Ansonsten sollte man sie auf die Meßdiener hinweisen, deren Dienst ohne Zweifel seit jeher akzeptiert wird. Auch sie, die eigenen Jungen und Mädchen, sind doch zweifellos Laien und üben einen Laiendienst aus; bei ihnen kommt keiner auf den Gedanken, sie wollten sich durch den Dienst am Altar von ihren Altersgenossen abheben. Mehr noch, die Pfarrgemeinde investiert Geld, Zeit und viel Geduld in die Meßdienerarbeit, nicht nur deshalb, um Kinder nach der Erstkommunion „bei der Stange zu halten", sondern auch um der Schönheit der Liturgie willen.

Ganz wichtig: Die Laiendienste bilden eine offene Gruppe

Die Meßdiener und Meßdienerinnen machen es vor; sie bilden als Laiendienste eine grundsätzlich offene Gruppe: Jeder und jede, der bzw. die mitmachen möchte, ist willkommen. Dies muß auch genauso für die erwachsenen Laiendienste gelten, sonst ist aus dem schönen Vorhaben, die Würde und Schönheit der Liturgie durch Erwachsene, durch Männer und Frauen, die den Dienst des Ministranten, des Lektors und andere Dienste übernehmen, weil sie eben gerne mitmachen, schnell ein „Stein des Anstoßes" geworden! Nur wenn die Gruppe offen ist, kann niemand den Vorwurf erheben, Laien wollten anderen Laien gegenüber den „hochwürdigen Herrn Pastor" spielen!
„Offene Gruppe" heißt: Alle, Frauen und Männer, die Freude daran haben, einen Dienst in der Liturgie zu übernehmen, sind willkommen! Jeder und jede, die aus bestimmten Gründen sich nicht mehr liturgisch engagieren möchten, sollen ohne den geringsten Anhauch von Diskriminierung ihren Dienst beenden dürfen. Liturgische Dienste basieren auf der Würde des getauften und gefirmten Christen, und so hat *jeder* und *jede* Gläubige grundsätzlich das Recht, in der Liturgie mitzuwirken. Der einzig wirkliche Grund, jemanden zurückzuweisen, besteht darin, daß sein Dienst am Altar aufgrund seiner Lebensführung oder

seiner Überzeugungen die Liturgie selbst Lügen strafen und in der Gemeinde Ärgernis erregen würde. Jemandem in aller Freundlichkeit zu sagen, daß er oder sie – zumindest zum jetzigen Zeitpunkt – für die Übernahme eines Laiendienstes nicht in Frage kommen kann, ist allein Sache des Pfarrers, der die letzte pastorale Verantwortung für seine Gemeinde und damit auch für die Liturgie trägt. Um manchmal anzutreffenden Mißverständnissen vorzubeugen: Die Laiendienste sind keine Delegierten des Pfarrgemeinderates am Altar; dem Pfarrgemeinderat als beratendem Gremium des Pfarrers kommt es nicht zu, darüber zu bestimmen, wer zum Dienst zuzulassen und wer davon auszuschließen ist. Besonders in kleineren Dörfern sollte sich der Pfarrgemeinderat vor jedem Anhauch einer Klüngelbildung hüten, die das Prinzip der offenen Gruppe wieder zerstört. Herzlich eingeladen sind die Damen und Herren des Pfarrgemeinderates, dazu beizutragen, daß Laiendienste dort eingerichtet werden, wo es sie noch nicht gibt, daß sie dem Pfarrer und den Interessenten Mut machen, bei Interessierten für die gute Sache werben, Vorurteile abbauen und daß sie auf diese Weise gute Rahmenbedingungen für die Laiendienste schaffen zur Förderung des liturgischen Lebens und dadurch zum Segen für eine lebendige Pfarrgemeinde. Wenn sie dann selbst sich in die Reihen der Frauen und Männer einreihen wollen, die sich zur Übernahme eines liturgischen Laiendienstes entschlossen haben – um so besser.

Die Vielfalt der Dienste im Spiegel der liturgischen Bücher

Mit am auffälligsten zeigt sich die Überwindung der mittelalterlichen Klerusliturgie in den neuen liturgischen Büchern. Auch hier spiegelt die gegenwärtige Vielfalt die alten Bräuche wider, nach denen jeder, der in der Meßfeier eine besondere Funktion besaß, auch sein eigenes Rollenbuch hatte: Der Priester das Sakramentar, in dem seine Amtsgebete enthalten waren, der Diakon das Evangeliar, der Lektor das Lektionar mit den Lesungen, der Vorsänger den Psalter usw. Die Entwicklung des Meßbuchs zeugt von den Bedürfnissen des allein zelebrierenden Priesters, der nicht viele Rollenbücher benutzen konnte, sondern ein Buch brauchte, in dem alle anderen Teile, die zuvor von anderen Rollenträgern dargeboten wurden, mit enthalten waren. So entstand das Vollmissale, das viele vom „Schott" her noch kennen. Es enthielt den Eröffnungsgesang (Introitus – eigentlich Sache eines Sängerchores), den Ordo Missae (den gleichbleibenden Ablauf der Messe), die priesterlichen Amtsgebete, die Lesung (eigentlich Sache eines

Lektors), die Zwischengesänge (wiederum Sache des Sängerchors), das Evangelium (Sache eines Diakons – nebenbei bemerkt: Mit dem Aufkommen der Privatmesse verschwand auch der ständige Diakonat, der zur reinen Durchgangsstufe zum Priestertum wurde), den Gesang zum Offertorium usw., kurz: Da alle besonderen Dienste mit der Zeit wegfielen, wurden die ihnen eigenen Aufgaben auf den Priester übertragen und fanden so Eingang in das Meßbuch.

Vor der Liturgiereform brauchte man also zur Feier einer Messe allein dieses eine liturgische Buch, das Missale als „Rollenbuch" des einzigen, der eine liturgische Rolle wahrnahm, des Priesters. Es ist ein in Klerikerkreisen beliebter Scherz, von jenem armen Pfarrer zu erzählen, der beim Hantieren mit den vielen zahlreich gewordenen liturgischen Büchern einen Seufzer auf das Konzil losläßt und seine Sehnsucht nach dem einen Buch der Vergangenheit so humorvoll zum Ausdruck bringt.

Das, was dieser arme Pfarrer und die Priester, die sich diesen Witz erzählen, vielleicht selber noch nicht verstanden haben, ist, daß es zu einem schwerfälligen Hantieren und komplizierten Herumsuchen mit vielen Büchern in der Messe gar nicht kommen könnte, wenn man diese Bücher so verwenden würde, wie sie gedacht sind, nämlich als Rollenbücher für möglichst viele am liturgischen Geschehen beteiligte andere Dienste, solche von Klerikern (Diakonen) und eben von Laien.

Das heutige Meßbuch als Rollenbuch des Priesters enthält alles, was er für seinen Dienst benötigt, aber auch nicht wesentlich mehr: die Tagesgebete, Gaben- und Schlußgebete der Messe für jeden Tag und Anlaß, die gleichbleibenden Teile der Messe, Präfationen, Hochgebete und Segensformeln. Zwar sind im Kleindruck noch Eröffnungsvers und Kommunionvers abgedruckt; es ist jedoch nicht daran gedacht, daß der Priester diese kurzen Gebete selber sprechen soll, vielmehr sollen sie als Anregung für ein Wort zur Eröffnung oder zur Kommunion dienen. Die Einführung in das neue Meßbuch sagt dazu: „Kann zum Einzug nicht gesungen werden, soll der Eröffnungsvers von allen oder einigen Gläubigen oder vom Lektoren vorgetragen werden, notfalls vom Priester selbst nach der Begrüßung."

Das die nichtevangelischen Lesungen enthaltende Lektionar (es ist bedauerlich, daß – aus ökonomischen Gründen sicherlich – die neuen Lektionarien doch wieder die Evangelien enthalten!) gehört in die Hand des Lektors, der nach der Einführung ins Meßbuch seine ihm eigene Aufgabe auch dann versehen soll, wenn mehrere Priester zugegen sind. Man kann es nur begrüßen, daß man auch das Rollenbuch des Diakons, das Evangeliar, wieder zu neuem Leben erweckte.

In Anlehnung an die ostkirchliche Praxis ist das Evangeliar mehr als nur ein Rollenbuch; es symbolisiert die Gegenwart des Herrn in seinem Wort, weshalb es auch in der Messe besondere Ehrung erfährt und an einem besonderen Ort aufbewahrt werden sollte, der diese Symbolik unterstreicht. Weitere Rollenbücher, die nicht für die Hand des vorstehenden Priesters gedacht sind – zumindest nicht in erster Linie – sind das Fürbittbuch, in dessen Gebeten sich die konkreten Anliegen der Weltkirche und die Lebenssituation der Gemeinde spiegeln sollten, das Kantorenbuch mit den Zwischengesängen für den Kantor, das Orgelbuch für den Organisten und last, not least das Gotteslob, das in die Hand jedes Gläubigen gehört, der nicht mehr nur Gottesdienstbesucher ist, sondern in seinem Beten, Singen, Antworten, in seinen Gesten und Gebärden voll teilnimmt am liturgischen Geschehen. Das, was die Vielzahl dieser Rollenbücher aussagen will, ist nicht mehr als die Wiederentdeckung der Messe als Liturgie im ursprünglichen Sinn dieses Wortes, als „Werk des Volkes", Werk des heiligen Volkes Gottes, in dem das Weiheamt einen besonderen Dienst versieht, zu dem es aber doch gehört.

Nun dürfte klar sein, weshalb der Pfarrer unserer oben erwähnten Gemeinde seine Bemühungen um die Einführung liturgischer Laiendienste nicht aufgeben wird; er wird in vielen Predigten, Vortragsabenden, Diskussionsrunden und Einzelgesprächen erklären, weshalb erwachsene Laienhelfer, Lektoren, Kommunionhelfer, Kantoren und Ministranten jenseits des Volksschulalters notwendig sind. Er wird seine Gemeinde dahin bringen müssen, daß sie ihre eigene liturgische Rolle wiederentdeckt, sie bejaht und daß sich dies darin ausdrückt, daß einige wenige sich aktiv an der Gestaltung der Liturgie beteiligen, damit die Messe wieder als das erlebbar wird, was sie vor mehr als einem Jahrtausend schon einmal war, als „Liturgie", als Sache aller als Familie Gottes um den Tisch Christi Versammelten, zu der auch der Priester trotz seiner unaufgebbaren besonderen Rolle gehört.

Es wird noch viel Arbeit brauchen, bis die Menschen dieser Pfarrei Abschied nehmen vom Zelebranten, der ihnen die Messe „liest", bis sie verstehen, daß sie selber eingeladen sind, mit dem Priester den Gottesdienst, ihren eigenen Gottesdienst zu feiern, aktiv in der Bank, aktiv in der Übernahme besonderer Dienste. Laienhelfer sind keine Lückenbüßer – die Lesungen und die Fürbitten vortragen kann der Priester notfalls auch selbst –, aber sie sind nötig, um feiernd das Wirklichkeit werden zu lassen, was die Liturgiereform als christlichen Gottesdienst versteht und was das Tagesgebet der Werktagsmesse vom Montag der 2. Woche so sagt: „Gib, daß deine Kirche ihrer Sendung treu bleibt, daß sie ein Sauerteig ist für die Menschheit, die du in Christus erneuern und zu deiner Familie umgestalten willst." Wenn einige mutige Männer und Frauen in dieser Gemeinde beginnen, mit dem Priester Liturgie zu feiern und in ihr einen eigenen Part übernehmen, so wird dies auf die Dauer nicht ohne Wirkung auf die Gesamtgemeinde bleiben. Man wird Abschied nehmen vom Servicedenken, man wird begreifen, daß am Altar die eigene Sache verhandelt wird, daß man sich für die Qualität des eigenen Gottesdienstes mitverantwortlich fühlt und den Priester – gerade auch in seiner Vorsteherrolle – hineinnehmen muß als „einen von uns". Eines Tages wird man die Kirche umbauen und den inneren Wandel auch nach außen hin kundtun.

Lektion 2: „Ihr seid eine königliche Priesterschaft, ein heiliges Volk" (1 Petr 2,9) – vom Verhältnis zwischen Laien und Weiheamt in der Liturgie

Der neu entdeckte Laie

In der nachkonziliaren Kirche ist viel vom Laien die Rede; 1987 widmete sich sogar eine römische Bischofssynode diesem Thema. Man entdeckte den „mündigen Christen", als dessen Amt man die „Heiligung der Welt" sieht. So sagt das 2. Vatikanum, die Sendung des Laien sei nichts anderes als die Teilhabe an der Aufgabe, die der Kirche selbst gegeben ist. Das ist ein gewaltiger Fortschritt gegenüber anderen Zeiten, in denen der Laie einfach negativ als „Nichtkleriker" definiert wurde.
„Laie" bedeutet dem allgemein verbreiteten Wortsinn nach „Nicht-Fachmann". Nach Meinung mancher könnte es grundsätzlich auch in der Kirche bei dieser negativen Abgrenzung bleiben: Der Laie ist ein getaufter und gefirmter Christ männlichen oder weiblichen Geschlechts, der keine Weihe empfangen hat. Nur ist damit weder das Wesen des Weihepriestertums noch das des Laien richtig getroffen. Denn der Priester ist ebensowenig liturgischer „Fachmann", wie der Laie eben liturgischer „Laie" im üblichen Verständnis ist; die Bedeutung des einen wie des anderen im Gottesdienst wird damit keineswegs umschrieben. Auch wird der Laie fälschlicherweise negativ vom Kleriker her abgeleitet und das grundsätzlich alle Gläubigen erst zu Christen machende Gemeinsame völlig aus dem Blick geraten: Taufe und Firmung, oder besser die Gesamtheit der „Initiationssakramente", der Sakramente der Einweihung ins Christsein aus Taufe, Firmung und Erstkommunion, wie sie in den Ostkirchen heute noch in einer einzigen Feier gespendet werden.
Die Initiationssakramente machen alle, „Laien" wie Priester, vom Kleinkind bis zu Papst und Kardinälen zu Laien im eigentlichen Sinn, zu Gliedern des Gottesvolkes, des „Laos tou Theou", wie es die griechische Ursprache des Neuen Testaments sagt. Alle Glieder dieses Volkes sind Glieder am Leibe Christi, von dessen Haupt, von Christus also, sie das göttliche Leben empfangen. Als Glieder am mystischen Leib haben alle Anteil am Wirken Christi, zu dessen Vollendung er auf Erden erschienen ist, die Welt hineinzuholen in das vollkommene Leben des dreifaltigen Gottes. Vor aller Unterscheidung innerhalb der Christen durch das Weihesakrament sind alle einzelnen Christen durch

Taufe, Firmung und Erstkommunion berufen und ermächtigt, sich, die Menschen, die zu ihnen gehören, und die Welt, in der sie leben, hineinzuheben in das göttliche Leben, das Christus uns gebracht hat. In diesem Sinn sind alle, vor aller weiheamtlichen Unterscheidung, „Priester" im eigentlichen Sinn des Wortes, weil die dadurch sich und die zu ihnen gehörende Welt durch Christus zum Vater emportragen, aufopfern. Und wer wollte leugnen, daß das Opfern vornehmlich priesterliches Tun ist, Tun eben des priesterlichen Gottesvolkes?

Die „Ökonomie" Gottes

Die Theologie bezeichnet das Verhältnis Gottes zum Menschen und zur Schöpfung überhaupt mit dem eigenartigen Namen „Heilsökonomie". Wenn man das aus dem Griechischen kommende Wort „Ökonomie" wörtlich übersetzt, erhält man „Ordnung eines Haushalts"; so kann man „Heilsökonomie" etwa mit „Gnadenhaushalt" übersetzen. Was ist damit gemeint?

Gott erschuf die Welt und den Menschen mit dem Ziel, seine Geschöpfe einmal teilnehmen zu lassen an seinem glückseligen Leben. Stellvertretend für die gesamte belebte und unbelebte Schöpfung sollte der Mensch, der in der Lage ist zu erkennen, zu glauben und zu beten, Gott aus freiem Antrieb suchen, ihn lieben; er sollte als freies Geschöpf, als Gottes Ebenbild, zur Gottesgemeinschaft nicht vergewaltigt werden, sondern sich aus freien Stücken zur Gottesliebe entscheiden. Doch diese Entscheidung wurde und wird immer wieder durch die Sünde verhindert oder beeinträchtigt. Dabei will „Sünde" weniger als konkreter Verstoß gegen ein Gebot oder Verbot, sondern als Grundhaltung verstanden sein, die sich erst in einer als Sünde geltenden Einzeltat ausdrückt.

Im Grunde ist „Sünde" gar nichts anderes als das Urmißtrauen des Menschen Gott gegenüber, dieser könne es mit den Menschen gar nicht so gut meinen, und der Mensch müsse den Sinn seines Lebens selber konstruieren – so, wie die Schlange der Paradieseserzählung dies dem ersten Menschenpaar einredet. Sagen wir es mit den Worten des 4. Hochgebetes: „Den Menschen hast du nach deinem Bild geschaffen und ihm die Sorge für die ganze Welt anvertraut. Als er im Ungehorsam deine Freundschaft verlor und der Macht des Todes verfiel, hast du ihn dennoch nicht verlassen, sondern voll Erbarmen allen geholfen, dich zu suchen und zu finden. Immer wieder hast du den Menschen deinen Bund angeboten und sie durch die Propheten gelehrt, das Heil zu erwarten."

Die Geschichte ist christlich gesehen immer Heilsgeschichte. Immer wieder kommt Gott den Menschen entgegen, lädt sie ein zu Glauben und Vertrauen. Dies geschah in der stellvertretenden Erwählung Israels, in der Offenbarung des alttestamentlichen Gesetzes, in der Verkündigung der Propheten, aber auch in der außerjüdischen Welt, in den Philosophien der Völker und in der natürlichen Erkenntnis durch die gute Schöpfung, daß da ein guter Schöpfergott sei. So war die gesamte Geschichte vor der Menschwerdung des Sohnes eine „Erziehung auf Christus hin", in dem der Gnadenhaushalt Gottes seinen Gipfel findet: „So sehr hast du die Welt geliebt, heiliger Vater, daß du deinen eingeborenen Sohn als Retter gesandt hast, nachdem die Fülle der Zeiten gekommen war."

In Christus ist die Fülle der Gottheit mit unserer Menschennatur verbunden; Christus ist nicht ein in Menschengestalt erschienener Gott, der sein Menschsein nur gespielt hätte, sondern in seiner Person ist das, was uns als Menschen allen gemeinsam ist, mit der absoluten Heiligkeit und Vollkommenheit Gottes verbunden. Christus nahm teil an unserer Angst, an Trauer und Tränen, an Hunger und Durst, an Glück und Enttäuschung und war doch der ungeschaffene Sohn Gottes, der die göttliche Herrlichkeit besaß, bevor die Welt war. Sein Sterben am Kreuz in Verachtung und Verlassenheit ist die Verbindung des schlimmsten Schicksals, das einem Menschen je widerfahren kann, mit der Gottheit, die das Leben selber ist. In seiner Auferstehung ist der Tod jedes einzelnen Menschen bereits gestorben, und in seiner Himmelfahrt wurde „unsere schwache, mit seiner Gottheit vereinte Menschennatur zur Rechten Gottes erhoben" (2. Hochgebet, Ergänzung an Christi Himmelfahrt).

Die Heilsökonomie Gottes ist dann erfüllt, wenn die Schöpfung ihr Ziel erreicht hat in der Teilhabe an der Herrlichkeit. Zwischen der Himmelfahrt und der Wiederkunft Christi gibt es keine neue Heilsökonomie, sondern die Kirche setzt das fort, was in Christi Leben unüberbietbare Wirklichkeit geworden ist.

Wie ist das zu verstehen? Wir lesen in den Evangelien von den Heilungen, die Christus an den Kranken bewirkt hat, von seinem befreienden und erlösenden Umgang mit den Sündern, wir hören von seinen Verheißungen, von einem Abendmahl, von seinen Erscheinungen als Auferstandener, vom Pfingstfest. Bei alledem kann sich ein Bedauern einschleichen, 2000 Jahre zu spät und einige tausend Kilometer zu weit entfernt geboren worden zu sein. Wer vergibt mir hier und heute meine Schuld, tröstet mich, richtet mich in Krankheit auf? Wer verheißt mir Leben und Zukunft, wer sagt mir Dinge, die doch jedes menschliche Vermögen weit überschreiten?

Seit den Tagen der Apostel versteht die Kirche ihre Sakramente als über die ganze Erde verstreute Fortsetzung der Heilsökonomie Christi durch die Zeiten bis zu seiner Wiederkunft. Dahinter steht die Überzeugung, daß niemand anderes als Christus selbst die Sakramente bewirkt; er tauft, er firmt, er gibt sich hin als Speise und Trank, er vergibt die Sünden, er richtet auf. „Durch seine Himmelfahrt", sagt der hl. Ambrosius, „ist Christus in seine Mysterien eingegangen", in die Sakramente, in die Liturgie der Kirche. Dem Menschen unserer Tage bleibt nichts anderes zu tun als den Menschen zur Zeit Jesu: Er muß sich im Glauben öffnen, damit Christus in ihm das Heil wirken kann.

Die Gegenwart der Hingabe Jesu

Seit ältesten Zeiten wird auch die Eucharistiefeier der Kirche als „Opfer" verstanden. Unter „Opfer" versteht man gemeinhin eine Gabe des Menschen für seinen Gott. Menschen tragen etwas, das ihnen lieb und teuer ist, als Geschenk „nach oben" zu Gott, meist in der Form, daß das Geopferte verbrannt wird. Das Wort „opfern" kommt ja vom lateinischen Wort „offerre" – darbringen, dahinter steht das griechische „anaferein" – nach oben, zu Gott tragen. Andererseits spricht man aber auch dann, wenn Menschen anderen etwas Gutes tun und dabei selbst vor gravierenden Nachteilen nicht zurückscheuen, von „Opfer"; jedermann versteht, was gemeint ist, wenn eine Mutter für ihr todkrankes Kind eine ihrer Nieren „opfert".

In diesem Sinn „opfert" Gott zunächst einmal uns, und zwar seinen eigenen Sohn: „Denn Gott hat die Welt so sehr geliebt, daß er seinen einzigen Sohn hingab, damit jeder, der an ihn glaubt, nicht zugrunde geht, sondern das ewige Leben hat" (Joh 3,16).

Andererseits opfert der menschgewordene Gottessohn auch selbst; er schenkt seinem himmlischen Vater etwas, trägt durch seinen eigenen Tod etwas nach oben in die himmlische Herrlichkeit hinein, was er erst durch sein Erscheinen auf Erden selbst erhielt: wahres, volles Menschsein mit allen Licht- und Schattenseiten eines Menschenlebens. „Vater, in deine Hände befehle ich meinen Geist" – der am Kreuz Sterbende legt sich vertrauensvoll in die Hände des Vaters, opfert seine menschlichen Schmerzen, seine Todesangst, seine Hoffnung auf Leben in Fülle an den Vater auf und damit auch etwas von uns allen, unsere Angst, unsere Schmerzen und unsere Hoffnungen. Damit ist in Christus, der „wie wir als Mensch gelebt hat, in allem uns gleich außer der Sünde", die durch das erbsündliche Urmißtrauen von einem innigen Liebesverhältnis zu Gott abgefallene Menschennatur wieder dem Vater zurückgegeben.

Damit wird deutlich, weshalb im Neuen Testament der Kreuzestod Jesu als Vollendung aller menschlichen Opfer verstanden wird. Schon der fromme Israelit wußte, daß in den vielen Opferhandlungen des Jerusalemer Tempels nicht Gott etwas dargebracht wurde, was dieser als Gabe von den Menschen braucht oder erwartet. Schon die Propheten warnten vor einem gefährlichen Mißverständnis, von einem Denkmuster des „Eine Hand wäscht die andere": „Barmherzigkeit will ich, nicht Opfer" (Hos 6,6; Mt 9,13). Der Fromme des Alten Testaments brachte seine Opfergabe dar als Zeichen für seine eigene Hingabe an Gott, als Symbol für seinen eigenen Glauben, auf Gedeih und Verderb auf die Gnade Gottes angewiesen zu sein; deshalb gab er etwas hin, was ihm besonders wertvoll war, um auszudrücken, daß das einzig Wertvolle für den Menschen die Freundschaft mit Gott sei.

Wer zu Christus gehört, tritt ein in diesen Opferakt, gibt sich „durch ihn und mit ihm und in ihm in der Einheit des Hl. Geistes" (Schlußlobpreis – „Doxologie" – des Hochgebetes in der Messe) dem Vater dar, vertraut angesichts des Todes dem Leben, wählt angesichts der vielfältigen innerweltlichen Sinnangebote jenes, das von Gott her kommt. Wie Christus soll auch jeder Christ, der doch mit ihm durch Taufe und Firmung untrennbar verbunden und Glied an seinem Leib ist, sich und die zu ihm gehörenden Mitmenschen, ja seine ganze ihm vertraute Welt vertrauensvoll in die Hände des Vaters legen, also aufopfern. Der Gläubige tut dies niemals aus eigener Fähigkeit, sondern immer nur „durch Christus, unseren Herrn", durch den und durch dessen Hingabe am Kreuz er sich selbst dem liebenden Vater anvertraut.

Diese Aufopferung hat ihren besonderen Platz in der Meßfeier. Auch hier ereignet sich das Opfer in einer sehr wirklichen Weise: So sehr liebt Gott die Welt, daß er seinen einzigen Sohn immer wieder hingibt in Brot und Wein, damit die ihn essenden und trinkenden Menschen durch ihn das ewige Leben haben. In jeder Meßfeier findet die Hingabe Christi ganz konkret und höchst real statt: Gottes Sohn wird als Speise und Trank, als das „Lebensmittel" im höchsten Sinn angeboten.

Deshalb wird in jeder Messe Christi Tod und Auferstehung verkündigt, bis er wiederkommt. Verkündigt in einem sehr realen Sinn, denn gegenwärtig gesetzt wird die aufopfernde Hingabe Jesu in unserem Hier und Heute, damit wir durch ihn zum Vater gelangen, was ebenso real verstanden werden muß als sakramental-reale und doch zeichenhafte Vorwegnahme der Endzeit, da alle Menschen auf ewig mit dem dreifaltigen Gott vereinigt sein werden im ewigen Leben.

Die Vergegenwärtigung Christi, seiner selber und seiner Hingabe, muß also sakramental real sein und nicht nur ein subjektives Sicherinnern an ein – zwar entscheidendes – Heilsereignis, das aber schon 2000 Jahre zurückliegt und zu dessen Heilsbedeutung der einzelne Christ aufgrund der Verkündigung der Schrift und durch die Predigt im Glauben ja sagen muß. Um den Unterschied zu einer Auffassung in eine Formel zu fassen, die man in der Vergangenheit gern als typisch protestantisch ansah: Nicht der Mensch stellt durch den Glaubensakt eine wie auch immer geartete Gegenwart Jesu her, sondern die Initiative geht wie in jedem Sakrament von oben aus. Der sich an den Vater aufopfernde Sohn ist in den Gestalten von Brot und Wein gegenwärtig und lädt die Menschen ein, an ihm selber und seinem Verhältnis zum Vater Anteil zu haben. Christus selbst ist unter den Seinen gegenwärtig, jede Messe ist damit durch ihn auch die Vergegenwärtigung seiner Hingabe für uns Menschen, wie sie sich in einmaliger Weise am Kreuz ereignet hat. Jetzt, in der konkreten Meßfeier, lädt er dazu ein, durch ihn zum Vater zu gelangen.

Die priesterliche Würde aller Christen

„Durch Christus, unseren Herrn", so beschließt die Kirche ihr öffentliches Beten. Nur durch Christus kann Gottes Heil zu den Menschen kommen. Nur durch Christus gelangt der Mensch zum Vater. Christus hat uns seine Gegenwart verheißen: „Wo zwei oder drei in meinem Namen versammelt sind, da bin ich mitten unter ihnen" (Mt 18,20). Diese heilige und heilende Gegenwart des Herrn ist verheißen, ohne daß von einer Unterscheidung in Amtsträger und Laien die Rede ist. Die priesterliche Würde aller Christen, die nach dem 1. Petrusbrief (2,6.9) „eine königliche Priesterschaft, das auserlesene Geschlecht, ein heiliger Stamm, ein Volk, bestimmt zum Eigentum" sind, ist alles andere als nur eine fromme Redensart, die im Leben der Kirche nicht besonders hervortritt, das oberflächlich gesehen doch weithin von der viel gescholtenen „Amtskirche" bestimmt wird. Die priesterliche Würde aller Getauften hat ihren besonderen Ort in der Eucharistiefeier. Wer an der Eucharistiefeier teilnimmt, der läßt das Erlösungswerk Christi an sich zu, der sagt im Glauben dazu „ja" und nimmt es gläubig an, daß Christus, Gottes Sohn, sich ihm ganz persönlich hingibt in Speise und Trank, die das ewige Leben schenken. Ganz konkret wird dies in der Kommunion: Wer Christi Leib ißt und sein dahingegebenes Blut trinkt, der läßt ihn „machen", läßt das Erlösungsopfer, das einmal für alle Zeit auf Golgotha dargebracht worden ist, *an sich* wirken und

Wirklichkeit werden. Der große Theologe Hans Urs von Balthasar vergleicht den verzehrenden Mund der Kommunizierenden mit dem Kreuz auf Golgotha: Was einmal der ganzen Welt das Heil bringen sollte, indem es das Opfer ermöglicht, das bringt dem essenden und trinkenden Christen ganz persönlich das Heil, der durch sein Essen und Trinken die Hingabe Christi *für sich* zuläßt und *an sich* geschehen läßt.

Aber niemand lebt für sich allein auf dieser Welt. Jeder Mensch entstammt von Eltern, die allermeisten haben Geschwister, Ehepartner, Kinder und Freunde; jeder lebt in irgendeiner Beziehung. Jeder lebt in seiner Zeit, die ihn ebenso geprägt hat und prägt wie seine Heimat, seine Stadt, sein Kulturkreis, kurz: die Welt, in der er lebt. Wer Christus an sich wirken läßt, wer sein Erlösungsopfer an sich geschehen läßt, tut dies niemals abgehoben für sich allein, losgelöst von den Familienangehörigen, den Freunden und Bekannten, die zu einem jeden Menschen gehören, und zu der Welt, in der er lebt. Sich „durch Christus, unsern Herrn", Gott dem Vater anzuvertrauen, ist unmöglich, ohne die Menschen, die der Beter in seinem Herzen bei sich trägt, ebenfalls – fürbittend – in die Hände des Vaters zu legen und so auf sie alle seinen Segen herabzurufen.

Wer also mit dem liebenden Gott in Beziehung tritt, wie sie nirgendwo dichter ist als in der Feier der hl. Messe, der heiligt die Menschen, die zu ihm gehören, und die Welt, in der er lebt. Er verbindet sie, selbst die vielleicht ungläubig gewordenen Kinder und den nicht mehr seinen Glauben praktizierenden Ehepartner, mit der Liebe Gottes und leistet so einen ganz konkreten und ganz realen Dienst der Vermittlung zwischen diesen und Gott. Als Glied des auserwählten Geschlechtes, des königlichen Priestertums leistet jeder und jede Gläubige den priesterlichen Dienst der Heiligung und des Heils an sich, an den Seinen und an der Welt. Auch der zum amtlichen Priestertum geweihte Christ verliert dieses königliche Priestertum aller Christen nicht; sein amtliches Priestertum kommt dem allgemeinen-königlichen hinzu und beauftragt ihn zum Dienst nicht nur an der Welt, sondern auch an seinen königlichen und priesterlichen Schwestern und Brüdern. So wird die Kirche als Christi geheimnisvoller Leib in jeder Messe neu aufgebaut: Durch das gläubige Eintreten in Christi Opferakt und durch die Teilhabe an seinem Fleisch und Blut werden die einzelnen Glieder dieses Leibes nicht nur individuell mit dem Haupt verbunden, sondern untereinander in einer solchen Weise, daß aus der Gemeinde eine Gemeinschaft wird, deren Wesen nicht mehr von dieser Welt ist.

Die Ausübung dieses königlichen Priestertums aller Gläubigen darf aber nicht nur eine im Verborgenen bleibende Glaubenshaltung sein und bleiben, sondern muß auch in der Liturgie greifbar werden, denn der Mensch als leibseelische Einheit braucht das Tun als Ausdruck seiner selbst. Es ist also nur konsequent, daß das 2. Vatikanum dem Wirken aller in der Messe die Qualifikation des liturgischen Handelns zuerkennt, und daß die Liturgiekonstitution tief vom Gedanken der vollen und tätigen Teilnahme aller am gottesdienstlichen Geschehen geprägt ist: Alle sollen in der Ausübung ihrer Aufgabe nur das und all das tun, was ihnen aus der Natur der Sache und gemäß den liturgischen Regeln zukommt (Art. 28). Zweifellos ist die am meisten vorkommende Art dieser Beteiligung das aktive Mittun der Christen, wie sie heute zur Messe zusammenkommen und sie mitfeiern. Sie sind nicht mehr Besucher des Gottesdienstes, sondern in ihm zu Hause. Ihr Beten, Singen und Antworten ist wirklich liturgisches Tun, sie sind keine stummen oder anderswie beschäftigten Zuschauer mehr, sondern in ihrer Mitfeier vollzieht sich ihr allgemeines Priestertum.

Christusrepräsentation –
der ikonographische Dienst des geweihten Priesters

Der liturgischen Versammlung der Schwestern und Brüder steht der geweihte Priester vor. Er „liest" nach heutigem Verständnis nicht „seine" Messe, sondern leitet die Liturgie, in der Gott den Menschen begegnet und in der die Menschen sich ihm antwortend an ihn wenden in Lobpreis und Bitte. Er „macht" nicht den Gottesdienst „gekonnt" oder „weniger geschickt", sondern er hat dafür Sorge zu tragen, daß im Tun der Menschen Gott selbst „ankommen" kann. Er faßt die Gebete der vielen zusammen und trägt sie gleichsam „zum Paket geschnürt" (etwa in den Amts- oder „Präsidialgebeten", d. h. Tagesgebet, Gabengebet und Schlußgebet der Messe) vor Gott.
Weil die Liturgie also im tiefsten ein Dialog zwischen Gott und Mensch ist, deshalb gibt es im Tun der Kirche, die als Christi mystischer Leib sein erlösendes Wirken bis zum Ende der Zeiten vergegenwärtigt, notgedrungen eine doppelte, eben dialogische Struktur. Einige wenige reden und geben, viele andere hören und empfangen. Das aber, was da gesprochen wird, darf nicht Menschenwort und Menschengabe sein. Kein Mensch hat die Vollmacht, von Schuld zu entbinden, kein Mensch kann mit Vollmacht in Situationen von Krankheit und Krise trösten und Heil zusagen, niemand kann etwas geben, was er als Mensch nicht besitzen kann.
Das sakramentale Wort und die Gabe müssen also von Christus ausge-

hen, der sich des menschlichen Priesters als Instrument in der Zeit bis zu seiner Wiederkunft bedient. Das ist der innerste Sinn des Weihesakramentes: Durch die nicht zurücknehmbare Inanspruchnahme eines Menschen durch Christus – selbst wenn dieser Mensch ein ganz erbärmlicher Sünder ist oder sich dazu entwickelt, man nennt dies das „unzerstörbare Weihesiegel" – ist dem hörenden und empfangenden Menschen sicher zugesagt, daß das, was er hört und empfängt, nicht Menschenworte, sondern Christi Handeln ist, durch das er erlöst wird.

Nur einer ist der Mittler zwischen Gott und den Menschen, Christus (1 Tim 2,5). Daraus folgt, daß der christliche Priester keine Mittlerpersönlichkeit zwischen Mensch und Gott sein kann. Auch steht er nicht Gott näher – viele heilige Laien stehen durch ihre Gottesliebe und ihr Gottvertrauen Gott viel näher als mancher Kleriker –, und jeder Christ ist durch Taufe und Firmung in die Kindschaft aufgenommen und hat unmittelbaren Zugang zum Vater, anders als in den Vorstellungen vom Priesteramt in vielen Religionen, nach denen der Priester als „Brückenbauer" („Pontifex") die Verbindung zwischen Himmel und Erde erst herstellen muß, damit Opfergaben und Gebete von hier nach dort gelangen.

Das Wesen des christlichen Weiheamtes liegt darin, daß der menschliche Priester eine aus Fleisch und Blut bestehende Ikone des unsichtbaren, eigentlich handelnden Priesters Christus ist. Im sakramentalen Handeln und Sprechen des geweihten Amtsträgers wird für den Christen Christus selber im jeweils verschiedenen Hier und Heute eine auch den Sinnen zugängliche Wirklichkeit. Darum sieht man den Wesenskern des Weiheamtes in der „Christusrepräsentation", in der sakramentalen, aber wirklichen Vergegenwärtigung Christi und seines Heilshandelns an den Menschen zu ihren Zeiten und an ihren jeweiligen Orten. Von daher ist es klar, daß den Inhabern eines Weiheamtes in der Liturgie eine eigene Bedeutung zukommt, die nicht an Nichtgeweihte übertragen werden kann. Überall da, wo Christi Heilshandeln am Menschen sakramentale Wirklichkeit werden soll, braucht es den Bischof und den Priester, die durch ihre Weihe zu Ikonen und Instrumenten des unsichtbaren, aber doch gegenwärtigen Herrn geworden sind. Darum ist der Bischof und mit ihm der Priester der allein zuständige Vorsteher der Eucharistie, darum spenden nur sie die Firmung, die Krankensalbung und das Bußsakrament.

Das Hineinstellen eines Menschen in diesen Dienst ist unumkehrbar; keine persönliche Schuld, und sei sie noch so groß, zerstört die Fähigkeit eines Geweihten zum priesterlichen Dienst. Worüber manche selbst gutmeinende Zeitgenossen den Kopf schütteln, hat seinen Grund in der Sorge für die Gläubigen: Jeder Christ soll sicher sein können, daß dann, wenn ein einmal geweihter Priester priesterlich handelt (z. B. im Bußsakrament die Absolution spricht oder einem Schwerkranken die Krankensalbung spendet), es Christus ist, der die Sünden vergibt und Heilung verheißt, nicht der gerade sprechende Mensch, um dessen persönlichen Glauben und um dessen Heiligkeit eben kein Mensch weiß und keiner urteilen darf. Graham Greene hat dies in seinem Roman „Die Macht und die Herrlichkeit" treffend aufgezeigt: Ein zum Trinker verkommener Expriester bereitet eine Schar von Geiseln auf die Hinrichtung vor um des Preises seines eigenen Todes willen und gewinnt so die priesterliche Würde zurück. Von alters her ist es Praxis und Lehre der Kirche, daß die Taufe aber auch von Diakonen und im Notfall auch von Laien gespendet werden kann, während die Weitergabe des Weihesakramentes allein dem Bischofsamt vorbehalten ist.

Die ihnen eigene Dialogstruktur von Sprechen und Hören, Geben und Empfangen gehört zum Wesen der Sakramente, verpflichtet jedoch den nichtgeweihten Christen nicht, allein in seiner hörenden und empfangenden Rolle zu verharren und damit schweigend dem Priester zuzuschauen, so wie man dies in der Vergangenheit mißverstand. Dies gilt gerade dann, wenn das Mißverständnis endgültig überwunden ist, „Liturgie" sei nur die zeremonielle Außenseite, die Verpackung eines allein wichtigen, dem Priester natürlich vorbehaltenen Kerns. Im Vollzug der gesamten Liturgie wendet sich der Vater durch den Sohn im Heiligen Geist an die Menschen. In diesem Geschehen gelten alle als Angesprochene und Eingeladene, alle sollen Gottes Ansprache in Dank, Lobpreis und Bitte erwidern, einige wenige leisten im Dienst an Wort, liturgischer Dramaturgie und Sakrament einen mehr gestaltenden Beitrag. Das Weiheamt kommt in diesem Geschehen dann zu seinem ihm allein „zustehenden" Wirken, wenn im Glauben allen Teilnehmern klar ist, daß in bezug zu den versammelten Feiernden es jetzt der unsichtbar gegenwärtige Priester Christus selbst ist, der da handelt, der spricht und der gibt.

Besondere Laiendienste

Allerdings wäre es absolut abwegig, alles, was der Priester in der Liturgie tut, mit dieser ihm eigenen und keinem anderen übertragbaren Rolle zu identifizieren. Dies liefe wieder auf das alte Mißverständnis hinaus, nur das, was der Priester kraft seines Amtes am Altar spricht und tut, sei als Meßritus oder vorgeschriebenes Sakramentenritual „gültig" vollzogen, und alles, was der Laie dazutut, sei lediglich willkommene Hilfe und hübscher Zierat, nicht aber notwendiges Element des Gottesdienstes.

Zwischen dem, was dem Priester kraft Amtes zukommt, und dem, was die allermeisten Gläubigen an ihren Plätzen tun, gibt es noch viele Dienste und Aufgaben im Gottesdienst. Ihnen allen ist gemeinsam, daß sie in ein gewisses Gegenüber zur Gemeinde treten. Lektor und Lektorin versehen an der Gemeinde den Dienst durch die liturgische Verkündigung der Heiligen Schrift meist vom Ambo aus, Kommunionhelfer und Kommunionhelferinnen treten den einzelnen Christen am Ort der Spendung entgegen und reichen ihnen den Leib und das Blut des Herrn. Ähnliches gilt für die Ministranten, den Organisten, die Sänger und den Kantor; sie alle versehen ihren Dienst, der sie – schon rein örtlich – aus der versammelten Gemeinde heraushebt und sie zu ihr in ein Gegenüber stellt.

Dieses Gegenüber ist aber ein anderes als das des Priesters. Artikel 7 der Liturgiekonstitution sagt, in der Person des Amtsträgers sei Christus wirklich gegenwärtig. Dies ist natürlich vom instrumentellen und ikonographischen Charakter des Weihepriestertums her zu verstehen; im Gegenüber von Priester und Gemeinde, also von Christus selbst und seiner Kirche, verwirklicht sich der gottmenschliche Dialog als Grundzug jeder christlichen Liturgie überhaupt. Durch den Dienst des Priesters spricht und handelt Christus in Vollmacht und heilsmächtig, während die anderen diese Zusage und Gabe heilssicher hören und empfangen.

Das Gegenüber der Laiendienste zur Gemeinde ist ein anderes. Der Laie, der in der Messe einen besonderen Dienst versieht, handelt in dem allen Christen gemeinsamen Priestertum aller. Er unterscheidet sich von denen, denen sein Dienst gilt, in nichts; er nimmt nur eine besondere Funktion wahr, die grundsätzlich allen aufgrund des allgemeinen Priestertums zugänglich ist, die aber aufgrund ihrer Natur nicht von allen wahrgenommen werden kann oder die wahrzunehmen nicht jedermanns Sache ist. Auf der Basis des allgemeinen Priestertums drückt sich in den Laiendiensten auch die Gemeinde als Gegenüber Christi selber aus: Wenn der Lobpreis die Sache aller ist, so verleiblicht sich diese Uraufgabe der Gemeinde nicht nur im Gesang und Gebet, sondern auch in einem schönen Dienst der Ministranten, im Gesang des Kantors und im Spiel des Organisten; wenn es Aufgabe aller ist, sich mit den hl. Schriften zu beschäftigen, so wird dies im Dienst des Lektors sichtbar, der allen Anwesenden aus diesen Schriften vorliest.

*Laien und Priester im geschwisterlichen Miteinander
„gestalten" Liturgie*

Früher sagte man ziemlich sorglos, der Priester „bringe das Meßopfer dar". Dies läßt sich sehr richtig, aber auch absolut falsch verstehen; im schlimmsten Fall wäre das „Meßopfer" ein rein menschliches Tun, ein Opfern von unten nach oben, um sich der Gnade Gottes zu versichern. Das Mittelalter dachte so und brachte jene Probleme hervor, die mit zur Glaubensspaltung geführt haben. Heute drohen wir eher in ein anderes Mißverständnis abzugleiten, das nicht weniger gefährlich ist, weil auch es den „Gottesdienst" zum Menschenwerk macht: Gottesdienst als durchgestaltete und pädagogisch geschickt gestylte Veranstaltung.

Kann man überhaupt davon sprechen, die Liturgie werde von Menschen „gestaltet", wenn sie zuallererst das Werk Gottes an uns und für uns ist? Je klarer die Liturgie als Einbruch von oben, als Werk Gottes an uns in menschlichen Zeichen verstanden wird, desto mehr ist man gegen die Gefahr gefeit, die Liturgie als eine von Menschen zu „gestaltende" Veranstaltung mißzuverstehen. So betrachtet käme dem Priester als dem „Vorsteher" und Versammlungsleiter eine Aufgabe zu, wie sie auch andere Vorsteher und Leiter von Zusammenkünften zu erfüllen haben: Der Priester hätte dann dafür zu sorgen, daß alle zu ihrem Recht kommen, daß alle Erwartungen an die Versammlung zur größtmöglichen Zufriedenheit aller erfüllt werden. Er wäre der große Regisseur, der anderen die Tätigkeiten überläßt, die sie nun einmal besser können, und der auch die rechte des „Publikums" zu wahren weiß. Er müßte dafür sorgen, daß zur rechten Zeit Lektorin A ihren Text vorliest, Kantor B meditativ seinen Gesang vorträgt, die Gruppe C dann, wenn sie dran ist, ihr Musikstück zur Aufführung bringt und dies alles wohl gemischt, erläutert und erklärt für die ehrenwerte Versammlung. Wenn diese dann mit allem einverstanden war, könnte man sagen, die Gruppe der Verantwortlichen hätte mit dem Priester einen schönen Gottesdienst gestaltet. Aber, wäre das nicht schieres Menschenwerk?

Der Gottesdienst kann und will nicht „gestaltet" werden, wie jede andere Veranstaltung von Menschen für Menschen nach Gestalt und dementsprechender Vorbereitung verlangt; Gottes Dienst an uns muß aber menschliche Gestalt annehmen! Im Tun der Menschen muß Gott „ankommen" können. Und dazu braucht es nicht den Dienst des einsam am Altar stehenden Opferpriesters, der wie Mose am Sinai allein Gott nahekommen darf, ohne Schaden zu nehmen, sondern des geschwisterlichen Miteinanders derjenigen, die dafür sorgen wollen,

daß der Gottes-Dienst Gestalt gewinnt: der Priester und die Laiendienste.
Es gab einmal das Wort, die Zeiten von „Hochwürden" seien vorbei. Manches am überkommenen Priesterbild war von einer argen Vereinseitigung bestimmt, der man wirklich nicht nachzutrauern braucht. Zumindest auf dem Papier ist die Würde der Laien als ein Volk königlicher Priesterschaft längst wiederentdeckt. Nichts wäre falscher, als einer „Amtskirche" hochwürdiger und hochwürdigster Herren eine „Kirche von unten", in der die Laien dominieren, feindlich gegenüberzustellen. Auch lehrt die Erfahrung, daß die „neuen" Klerikalismen „von unten" mindestens ebenso unchristlich und auf die Dauer unerträglich sind wie die „alten" „von oben".
Es geht in der Kirche niemals um Herrschaft oder Untertanenschaft zwischen Menschen. Wenn „Hierarchie" „heilige Herrschaft" bedeutet, so kann dies allein die Herrschaft Christi über alle Menschen zu deren Heil sein. Priester und Laien dürfen sich nicht als Konkurrenten gegenüberstehen; ein neidisch-mißtrauisches Daraufachten, was man jeweils tun darf und was nicht, schadet der Kirche als ganzer, außerhalb wie innerhalb der Liturgie. Wohl haben Priester und Nichtgeweihte unterschiedliche Aufgaben und Funktionen, aber sie sind nicht nur darin aufeinander zugeordnet, sondern in der Gemeinschaft des Glaubens, der Hoffnung und der Liebe zutiefst miteinander verbunden.
Gerade das geschwisterliche Miteinander, wie es sich auch im Zusammenwirken von Priester und Laiendiensten in der Liturgie zeigt, erleichtert dem geweihten Amtsträger die Ausübung seiner amtlichen Rolle, seinen Schwestern und Brüdern als Instrument und lebendige Ikone dessen zu dienen, der aller Herr und Bruder ist. Wenn Laien in der Liturgie einen Dienst übernehmen, dann tun sie dies als besondere Ausformung des allgemeinen Priestertums, das sich vom Amtspriestertum wohl unterscheidet, sich aber nicht gegen dieses stellen darf; jeder Dienst gebührt allein Christus, und niemand ist in diesem Dienst Lückenbüßer. Daß die Laien heute auch im liturgischen Geschehen wieder in der ihr eigenen Würde und Berufung geachtet werden, ist letztlich ein Geschenk des in seiner Kirche wirkenden Geistes. Der Freude darüber sei die Bitte an alle verbunden, zu überlegen, ob nicht auch sie für einen besonderen Dienst in der Messe in Frage kommen, wie es in der Einführung zum neuen Meßbuch heißt: „Die Gläubigen mögen gerne bereit sein, dem Volk Gottes in Freude zu dienen, wenn sie gebeten werden, in der Feier einen besonderen Dienst zu übernehmen."

Lektion 3: „Wir haben seine Herrlichkeit gesehen" (Joh 1,14) – oder: die Liturgie als heiliges Drama der Herrlichkeit Gottes

„Show" ist nicht gleich „Schau"

Kein Samstag ohne Show im Fernsehen! Wie oft wurden die großen Fernsehshows schon totgesagt, aber es gibt sie immer noch. Und manchmal muß der genervte TV-Kunde verzweifelt auf seiner Fernbedienung herumsuchen, bis er etwas anderes als eine Show gefunden hat. Offenbar gibt es also einen Markt, ein Bedürfnis für Shows, von deren enormen Produktionskosten wir alle schon gehört haben. Eine Show zu machen ist teuer, denn es muß darin etwas zu sehen und zu hören geben, was man im „normalen" Leben nicht sehen und hören kann. Je ausgefallener, je verrückter und skurriler die in einer Show zu sehenden Personen, Handlungen und Dinge sind, desto mehr Zuschauer sind ihr sicher.
Die Schau ist etwas ganz anderes als die Show, obwohl beide etwas damit zu tun haben, daß es etwas zu schauen gibt. Die Show wird gemacht, die Schau wird geschenkt; die Show ist reißerisch und bleibt bei dem stehen, was die Augen als „Augenschmaus" genießen können; die Schau vermittelt tiefe Einsicht, die viel tiefer, eigentlich erst hinter den Bildern liegt, die das Auge schaut. Am Can-Can-Tanz einer Ballettgruppe in einer Showveranstaltung kann man Vergnügen finden, dann ist es Show; wenn aber ein klassisches Ballett eine Seite des Menschen zur künstlerischen Darstellung bringt, wenn vielleicht sogar eine religiöse Thematik vorgetanzt wird (sogar die h-Moll-Messe von J. S. Bach wurde in überzeugender Weise in Choreographie umgesetzt!), dann läuft keine Show ab, sondern eine Schau wird erlebbar, dann geht dem Betrachter etwas Wesentliches auf, dann schaut er über das für seine Augen Sichtbare eine tiefe, unsichtbare Wahrheit; letztlich geht ihm etwas auf, was nicht von dieser Erde stammt. Die Show bleibt auf Erden und teilt deren Vergänglichkeit; die Schau verlangt nach ihrer Vollendung in der Schau dessen, was noch „kein Auge geschaut hat". In der Schau geht immer ein Stückchen vom Himmel über der Erde auf, sie ist im letzten immer die Schau der Herrlichkeit Gottes inmitten unserer Welt.

Gottesdienstliche Show?

Erinnern wir uns an das eingangs zitierte Gedicht von Kurt Marti und die bitterbös darin beschriebene großbürgerliche Trauung. Lassen wir die schick gekleidete Schar zwar kirchendistanzierter und kaum noch praktizierender, dafür aber kräftig Kirchensteuer (und darüber auch kräftig schimpfender) zahlender Taufscheinchristen vor unserem geistigen Auge Revue passieren. Was sie am heutigen Hochzeitstag für ihr in die Christengemeinde investiertes Geld erwarten, ist – sicher böse zugespitzt – eine gelungene „Show", die es auch wert sein muß, durch Videokameras festgehalten zu werden. „Show" deshalb, weil in der Feier der Trauung hinter den feierlichen und anrührenden Bildern eben nicht Gottes Gnadenzusage „sichtbar" wird, sondern großbürgerliches Imponiergehabe auf liturgisch.
Zu dieser Show gehört neben weißer Kutsche und Luxuskarossen vor dem Portal eine Kirche von einigermaßen kunstgeschichtlicher Bedeutung, damit die kulturbeflissenen Kameraschwenks auf Fresken und Fenstermaßwerk während des eucharistischen Hochgebetes auch lohnen; dazu gehört ferner gepflegter Chor- oder Sologesang, auch wenn keiner merkt, daß der italienisch gesungene Text der Händelarie gar kein gesungenes Gebet ist, sondern schon an die Flitterwochen erinnernd die Ferienruhe unter den schattigen Feigenbäumen besingt. Die Verkündigung hatte den „Kleinen Prinzen" aus dem Evangelium nach Saint-Exupéry zum Inhalt, und dazu gehört passend ein jung-dynamischer, kurz, dafür aber mit merklichem Psychotouch predigender, gut aussehender und schön singender Pfarrer (das Gegenteil ist ebenfalls denkbar; ein alter, etwas gebrechlich wirkender, dafür aber guruhaft Weisheit ausstrahlender Pater tut's auch) in photogenem Meßgewand. Mit das wichtigste Requisit sind die Altarstufen (je mehr, desto besser), von denen das frisch vermählte Paar ähnlich wie bei den RTL-„Traumhochzeiten" elegant und photogen hinabschweben kann.
Welchen als „Verschönerungsrat" mißbrauchten Priester überkommt bei solchen Hochzeiten oder ähnlich gearteten „Familiengottesdiensten" nicht Frust, ja Ärger? Sind wir und unser Gottesdienst mehr als heute noch erwartete Zutaten zu einem traditionellen Weihnachtsfest? Manche fragen grundsätzlicher: Ist unsere in langer Zeit gewachsene Liturgie, sind Kerzenwachs und Weihrauchduft, Meßgewand und Orgelklang, sind unsere gotischen Kathedralen und barocken Prachtkirchen anfällig für die Show? Sollten wir uns nicht all dessen entledigen, um wahrhafter – „ungeschminkter" – Gottes Wort verkündigen und miteinander das Mahl Christi halten zu können?

Rückzug auf das „Wesentliche"?

Mehrmals im Jahr erhalten die Pfarrämter die Kataloge einschlägiger Firmen für liturgische Geräte und Gewänder. Die darin angebotenen Sachen sind alles andere als billig, und nicht wenige Pfarrer werden die Kataloge nach kurzem Hineinschauen weglegen; man braucht das Geld für andere, wichtigere Aufgaben. Die grundsätzlich Fragenden werden weiter fragen: Braucht man das alles überhaupt? Sind Kaseln, Kelche, Stolen und Weihrauchfässer nicht überholt? Könnte man nicht zur Feier der Liturgie auf die Dinge zurückgreifen, die im normalen Leben eine Rolle spielen? Sollten wir uns nicht im Gottesdienst auf das Wesentliche beschränken, auf Christi Wort und Verheißung? Haben wir nicht angesichts des Elends in der Welt zuallererst die Pflicht, über unseren Gottesdienst an das Elend der Armen zu erinnern, zu fordern, daß ihnen Gerechtigkeit geschehe, und ihnen zu helfen? Sollte unser Gottesdienst nicht zuerst Protest im Namen Gottes sein gegen die vielen, unerträglichen Übel in der Welt, mit denen sich die Menschen nur allzu gerne abfinden? Verträgt sich diese böse Welt mit unseren aufwendigen Gottesdiensten und ihrem Prunk? Müßten wir sie nicht viel einfacher gestalten, damit unser Zeugnis und unser Protest glaubwürdig sei, und die freiwerdenden Mittel für die Armen verwenden? Wer so denkt, kann sich auf manch gutes Zeugnis der Heiligen Schrift und der Kirchenväter berufen. So sagte schon im 4. Jahrhundert Johannes Chrysostomos, Patriarch, Kirchenvater und gerühmter Prediger der oströmischen Kaiserstadt Konstantinopel einmal, bevor man die Kirche zieren möchte, soll man zuerst die lebendigen Abbilder Christi ehren, d. h. die Armen sättigen und kleiden.

Was aber ist das „Wesentliche" am Gottesdienst? Sollten es wirklich der Protest gegen das Böse und der Ausdruck einer Hoffnung sein, die oft genug gegen alle Hoffnung steht, was den Kern des Gottesdienstes ausmacht? Dann wäre es aber nicht mehr der Dienst Gottes an uns, sein an uns ergehendes Wort und seine Ermutigung, inmitten des Bösen auf den in der Auferstehung Christi grundgelegten Sieg des Guten zu vertrauen.

„Liturgie" im Zugriff des Zeitgeistes

Vor gar nicht so langer Zeit glaubten nicht wenige in der Kirche, der Sinn des Gottesdienstes liege darin, das Böse und Problematische in der Welt bewußtzumachen und die Menschen zum Kampf dagegen zu motivieren.

Vom Ende des letzten Konzils (1965) bis zum Ausbruch der Studentenrevolte vergingen nur drei Jahre. Ein neues Zeitalter brach an, in dem fast alle überlieferten Werte hinterfragt wurden und das wegen mancher auffallenden Parallelen nicht ganz falsch als „zweite Aufklärung" bezeichnet wird. Wenn auch oft genug ideologisch vereinseitigt, suchte man doch nach Ehrlichkeit im Zusammenleben der Menschen, nach größtmöglicher Freiheit, nach einer neuen Lebensqualität, kurz nach einer neuen Ethik, die uns Menschen ein menschenwürdiges Zusammenleben ermöglichen sollte. Wie im 18. Jahrhundert stand auch jetzt der Appell an die Vernunft im Vordergrund: Wenn alle nur der Vernunft nach handeln wollten und einsichtig wären, könnte man das Paradies auf Erden erreichen.

Bei nicht wenigen Geistlichen drang dieser Zeitgeist auch in die Gestaltung des Gottesdienstes ein. Manch einer behauptete – vereinzelt kann man es sogar immer noch hören! –, der Mensch des ausgehenden 20. Jahrhunderts sei unfähig geworden, durch das Staunen über die Schönheit der Schöpfung zu Gott zu finden; die „kosmologische Dimension" des Gottesdienstes sei tot, dafür lebe die „gesellschaftspolitische"! Der Gottesdienst sollte appellieren, das Gewissen wecken

Abb. 2 „Politisches Nachtgebet"

und zu christlichem Handeln oder einfach nur zur Solidarität der Menschen untereinander motivieren. Es war die Zeit der „politischen Nachtgebete" und der gesellschaftspolitisch orientierten Predigten und Gottesdienste. Man hat sich darauf berufen, daß es für einen Christen keinen sakralen Raum mehr geben könne, da Christus ins Profane gekommen sei, profan lebte und starb.

Die „Gott-ist-tot-Theologie" löste gar jeden jenseitigen Aspekt der Religion auf, indem sie lehrte, „Gott" verwirkliche sich in zwischenmenschlichen Bezügen. Nicht wenige Elemente der liturgischen Erneuerung drohten in diesem Zeitgeist unterzugehen, was aber alles andere als die Absicht der Reform war. Besonders die Fähigkeit zum liturgischen Spiel, zur Freude an der Feier selber drohte durch die Schwerpunktsetzung auf die Probleme der Zeit unterzugehen. Ohne auf seine geistigen Grundlagen und Absichten näher einzugehen, muß dem Amerikaner Harvey Cox doch das Verdienst zuerkannt werden, daran erinnert zu haben, daß Liturgie und Gottesdienst für den Menschen wesenhaft etwas mit Spiel zu tun haben; selbst der atheistische Soziologe Alfred Lorenzer beklagt den Verlust des Sinnlichen im Gottesdienst und meint, mit diesem Verlust habe die Kirche eine ihrer wichtigsten Aufgaben für die Gesellschaft verraten.

Wie eine Zwiebel – oder die bleibende Unterscheidung von sakral und profan

„Liturgie" bedeutet ja, daß zunächst einmal Gott für den Menschen und am Menschen handelt. Gott kommt uns Menschen entgegen bis hinein in unsere kleine, menschliche Welt. In unüberbietbarer Weise hat er dies in der Menschwerdung seines Sohnes getan. Gott kommt uns entgegen bis in das Todesschicksal, er fährt in seinem Sohn bis hinab in die Hölle, um aber auch wirklich alle, selbst die in Finsternis und Todesschatten Sitzenden, zu erlösen und zum ewigen Leben zu führen. Gott kommt so realistisch in unsere Menschenwelt hinein, daß man seine Ankunft übersehen kann!

„Für wen halten die Leute den Menschensohn?" Die Meinungen über Christus gingen schon damals sehr auseinander. Nur der Glaube, wie ihn Petrus in diesem entscheidenden Augenblick vor den Toren Cäsarea-Philippis geschenkt bekam, sah und bekannte die Wahrheit: „Du bist Christus, der Sohn des lebendigen Gottes" (Mt 16,16). Die Ankunft Gottes in unserem Menschsein ist so radikal, daß sie dauernd der Gefahr der Verwechslung unterliegt: der junge Mann aus Nazaret – ein intelligenter, schlagfertiger, sanfter Rabbi oder Gottes eingeborener Sohn vor aller Zeit? Der Gekreuzigte: ein gescheiterter Träumer von einer besseren Welt oder der Sieger über den Tod? Dies setzt sich in seiner Kirche fort, radikal in der Eucharistie: Dieses Brot und dieser Wein – Lebensmittel wie jedes andere auch oder dahingegebenes Fleisch und vergossenes Blut des menschgewordenen Gottessohnes? Nur der Glaube kann die Unterscheidung dieses Brotes in der Hostienschale und dieses Weines im Kelch von jedem anderen Brot und jedem anderen Wein auf Erden aufrechterhalten, so wie der Glaube des Petrus diesen jungen Mann aus Nazaret als den Messias bekannte und ihn damit von allen anderen jungen Männern auf Erden unterschied. Diese Unterscheidung ist nach Paulus lebensnotwendig, denn wer sie nicht trifft und treu zu ihr steht, der ißt und trinkt sich das Gericht (1 Kor 11,29), der findet Christus nicht und mit ihm auch nicht die Quelle des Lebens.

Dennoch ist diese Unterscheidung auch für den Gläubigen immer gefährdet durch die Versuchung zum resignierenden Unglauben, dieses Brot der Eucharistie eben doch nur für gewöhnliches Brot zu halten, bestenfalls erinnernd an den Herrn Jesus. Deshalb hat die Kirche schon sehr früh damit begonnen, die lebensnotwendige Unterscheidung dieses Brotes von jedem anderen Brot auch durch „sakrale" Formen und Gegenstände immer wieder in Erinnerung zu rufen. Das ganze Spektrum geistlicher (und damit auch liturgischer) Kunst, die Musik, die Architektur, der ganze Formenreichtum christlicher Symbole, ohne den die abendländische Kultur nicht denkbar wäre, legt sich wie die Schalen einer Zwiebel schützend und die Unterscheidung immer wieder provozierend um den innersten Kern, um jenes Stückchen Brot, das als der Leib des Herrn von jedem anderen Brot auf Erden unterschieden werden will.

Eucharistisches Brot und eucharistischer Wein in goldenen Schalen und Kelchen auf marmornen Altären in von mystischem Licht erfüllten Räumen; Menschen, die sich anders verhalten als in anderen ihrer Versammlungen; Heiterkeit, die eigenartig still und verhalten bleibt wie das Lächeln der gotischen Figur im Eingangsportal; eine Art des Singens und Musizierens, wie sonst nirgendwo Musik erklingt, Düfte, die man ansonsten nirgends riechen kann, alles ist anders als sonst im gewöhnlichen Leben, „fremd" eben. Und dieses Fremdsein – das „Sakral" – ist der Ausdruck für das „Frommsein"; „fremd" und „fromm" haben die gleiche sprachliche Wurzel, weil derjenige, der Gott zu begegnen sucht und nach der Lebensfülle bei ihm Ausschau hält, auf der Erde und in der öden Langeweile des stets Gleichen und unaufhörlich sich Wiederholenden fremd sein muß. In der Liturgie der Kirche kommt Gott zum Menschen; deshalb ist sie Gegenwart des

Himmels in menschlichen Zeichen, Hereinbrechen des Ewigen, des Trostes, des Unbegrenzten in unserer Zeit und an unserem Ort; in ihr geschieht hier und jetzt die Verklärung der Welt. Deshalb ist Liturgie zutiefst – vielleicht sogar sie ganz allein! – „Fest" im eigentlichsten Sinn des Wortes, weil darin der Mensch und seine Welt unter der Daseinszusage und Gutheißung Gottes unter den Gesichtspunkt der Vollendung in der Ewigkeit gestellt werden. Weil die profanen, die „normalen" Lebensvollzüge und Dinge des Alltags eben nicht unter diesem Aspekt des Ewigen und Vollkommenen stehen, deshalb verlangt die Liturgie, das Werk Gottes für die vielen, die „sakrale Entfremdung".

Die Provokation, die Welt zu überschreiten

„Sakral" bedeutet zunächst einmal nichts anderes, als daß es einen vom Alltagsleben und seinen alltäglichen Formen ausgesparten Raum gibt, in dem der Mensch anders, eben „fromm" ist, zu Gott betet und Gottesdienst feiert. Was ist richtig an dieser Unterscheidung? Auf eine vereinfachende Formel bringend, könnte man sagen: Im Profanen existiert der Mensch, im Sakralen transzendiert er, d. h., er überschreitet das Gewöhnlich-Alltägliche.
Im Profanen lebt der Mensch in und mit der ihn umgebenden Welt.

Abb. 3 *Festliturgie*

Hier entdeckt und formt er sich als ein Teil von der Welt, während er sie im Sakralen übersteigt hin zur göttlichen Wirklichkeit, die in der Welt aufscheint. Man sagt sogar, der Mensch sei in seiner innersten Natur ein Wesen, das die Transzendenz sucht, das die irdische Wirklichkeit inklusive seiner selbst überschreitet. Dazu gehört nun aber notwendigerweise eine tiefgreifende Unzufriedenheit mit der irdischen Wirklichkeit, die den Menschen immer wieder und überall schmerzlich auf seine Grenzen stoßen läßt. Diese Grenzen sind zunächst eine Erfahrung eines Zu-kurz-gekommen-Seins im Leben, die Erfahrung eines „immer zu wenig", zu wenig fit, zu wenig intelligent, zu wenig hübsch usw. Aber diese Grenzerfahrungen sind noch viel grundsätzlicherer Natur.

Zeit und Raum, Zuhause und weite Ferne, Gestern und Heute, Zweisamkeit und Einsamkeit, Gemeinschaft und Alleinsein, nirgendwo und niemals hat der Mensch auf Erden eine wirkliche, bleibende Heimat, in der er ohne Angst vor einem Ende in vollendeter Weise er selbst sein könnte. Die im Buch Kohelet ausgedrückte Erfahrung, daß alles seine Zeit hat, eine Zeit für das Geborenwerden und eine Zeit für das Sterben, eine Zeit für Lachen und Tanzen und eine Zeit für Klagen und Weinen (Koh 3,1-8), mündet in die Resignation: „Eitel, Eitelkeit, spricht Kohelet, Eitel, Eitelkeit, es ist alles eitel" (Koh 1,1). Die Grenzerfahrung schlechthin, von der her manche Denker unserer Zeit das ganze Leben für sinn- und ziellos halten, ist der Tod. Unsere Vorfahren drückten diese radikalste Begrenzung der Zeit sehr deutlich aus im Bild des ein Stundenglas in seiner knochigen Hand haltenden Gerippes.

Ist die grundsätzliche Unzufriedenheit des Menschen in und mit der Welt eine Krankheit (deretwegen man in den kommunistischen Diktaturen die „unbelehrbar" Gläubigen in psychiatrische Krankenhäuser steckte!), oder Gott selbst hat sie in das Herz des Menschen eingepflanzt und mit ihr auch das Verlangen nach Ewigkeit, Unvergänglichkeit und Überschreitung aller Grenzen, also nach einem Glück, das aller Erfahrung nach die Welt eben nicht bieten kann. Für den Gläubigen, der diese Hoffnung in sich trägt, wird die Welt, in die hinein er von Gott gestellt ist, die Dinge, die ihn umgeben und seine Mitmenschen, kurz, das ganze Leben in allen Chancen und Begrenztheiten zum Szenarium der Suche nach Gott. Die Welt ist für jede einzelne Menschenseele die Bühne ihres ureigensten „Welt-Theaters", des Lebens-Ablaufs, des Dramas, zu leben auf Gott hin, zu erwarten, was kein Auge gesehen und kein Ohr gehört hat, das Gott aber allen bereitet hat, die ihn lieben, und wovon er jetzt schon in allem Wahren, Schönen und Guten einen Vorgeschmack gibt.

„Liturgische Dramaturgie"

Mit dem „Drama" ist ein Begriff eingeführt, den man zunächst kaum mit dem Gottesdienst der Kirche in Zusammenhang bringen wird. „Drama" leitet sich vom griechischen Wort für „Ablauf" her. Alle Begebenheiten haben ihre Bestimmung im Ablauf der Welt, und die Theaterdramen der großen Dichter halten diesen Ablauf dem Zuschauer wie in einem Spiegel oder zusammengefaßt wie in einem Prisma vor Augen.

Jedes Menschenleben ist ein Drama, ein ablaufender Lebenslauf, der hineinmünden soll in die Ewigkeit des Lebens Gottes. Daneben aber läuft noch ein anderes „Welttheater", ein Drama von ganz anderen Dimensionen ab: Gottes Zu-Neigung zur Welt. Der erste Teil des Hochgebets der ostkirchlichen Chrysostmosliturgie preist die vom Anfang bis zur Vollendung der Schöpfung gleichbleibende Liebe Gottes: „Du hast uns aus dem Nichtsein ins Dasein gerufen und uns nach dem Sündenfall wieder aufgerichtet. Du hast nicht nachgelassen, alles zu tun, bis du uns in den Himmel erhoben und uns dein künftiges Reich geschenkt hast." Nicht nur jedes einzelne Menschenleben, auch die ganze Schöpfung ist in jenen Ablauf hineingestellt, der in die vollendete Freude der Erlösten münden soll; die ganze Welt ist ein Drama. Es dauert so lange, bis „die ganze Schöpfung von der Verderbnis der Sünde und des Todes befreit ist" und alle Menschen „zusammen mit ihr" Gott verherrlichen in seinem Reich (4. Hochgebet).

Es gibt einen Höhepunkt und einzelne Akte in diesem Drama. Die ersten Akte laufen auf den Höhepunkt zu, auf die Menschwerdung, das Sterben und die Auferstehung des Sohnes Gottes. Die Akte dieses ersten Teils des Dramas heißen z. B. die Erwählung Israels, die Befreiung aus Ägypten, die Einnahme des Gelobten Landes, die Könige und Propheten, die Treue Gottes zu seinem untreuen Volk, die Verbannung und die Heimkehr und endlich die große Hoffnung auf den Messias, der für den Christen mit Jesus ja gekommen ist. Nach Auferstehung und Himmelfahrt Christi folgt des Dramas zweiter Teil, die Zeit der Kirche, ihres Glaubens, ihrer Lehre, ihres Betens und damit auch ihrer liturgischen Feier bis zur Wiederkunft des Herrn.

Bis zum Schlußchor dieses Heilsdramas bei der Wiederkunft des Herrn soll die Herrlichkeit dieses Welttheaters immer wieder durchbrechen in der liturgischen Feier. In ihren ganz menschlichen Worten, Klängen, Kleidern, Geräten, Nahrungsmitteln, Naturgegenständen, Lichtern, Möbeln und Räumen soll Gottes Heil durchscheinen. Die Wirklichkeit dieser Welt soll verklärt werden, soll werden wie das

menschliche Antlitz Jesu auf Tabor, wie sein Gewand: durchstrahlt von der Gottheit selbst.
Darum ist die Liturgie wesenhaft Drama, Ablauf, feierliche Handlung, worin die Dinge dieser Welt Gott entgegengetragen werden, damit sie im Licht des kommenden, ewigen Heils schon jetzt neu erstrahlen und Gott selbst durchscheinen lassen. Die Liturgie darf niemals zur Show verkommen; tut sie es, dann ist sie nicht nur tot, sondern sogar eine Blasphemie, weil der Mensch darin sich selbst feiert und nicht Gott. Die Liturgie muß aber zur Schau werden, in ihr muß die Herrlichkeit so zum Durchscheinen kommen, daß der Gläubige sie mit den Augen des Geistes „schauen kann", so wie es in einem Gebet der Gläubigen in der ostkirchlichen Chrysostomosliturgie nach der Kommunion heißt: „Wir haben das wahre Licht gesehen, himmlischen Geist empfangen, wahren Glauben gefunden, die unteilbare Dreifaltigkeit beten wir an, denn sie hat uns erlöst."
Darum muß die Liturgie in ihren Vollzügen sakral sein, sie muß sich von den alltäglichen Lebensvollzügen abheben, die dieses wahre Licht nicht zum Durchscheinen bringen. Die Freude am Fußballspiel, das Bügeln eines Hemdes, der Einbau eines neuen Vergasers, all dies verweist als geschöpfliche Wirklichkeit auch auf den Schöpfer, und man kann durchaus Hemden bügeln mit frommen Gedanken oder Gott loben für die Freude an einem packenden Fußballspiel. Aber hier ereignet sich eben nicht der dramatische Einbruch Gottes in die Lebenswelt des Menschen. Sicher darf der Mensch im Gottesdienst kein anderer sein als der an der Werkbank, und die Werte und Verheißungen der Liturgie müssen sich im Alltag bewähren. Anderseits muß der Mensch im Gottesdienst ein total anderer als der am Arbeitsplatz sein, sich völlig anders verhalten als an der Werkbank, eine ganz andere Sprache sprechen, „ein neues Lied" singen, um dem in seine Welt einbrechenden Gott zu begegnen.

„Der Himmel geht über allen auf"

Es stimmt vom Anspruch der Liturgietheologie her schon, was ein bekannt und beliebt gewordenes Lied aus einem religiösen Musical besingt: „Der Himmel geht über allen auf!" Aber dieses Aufgehen des Himmels kann von Menschen nicht gemacht werden. In der Liturgie soll der Mensch vom Himmel kosten, der sich mit Gott zu ihm herabsenkt und die Wirklichkeit der Welt im neuen Licht der Verklärung erstrahlen läßt.
Die Verklärung Christi auf Tabor ist vielleicht der beste Zugang zum

Wesen der Liturgie. Christus geht mit Petrus, Johannes und Jakobus auf den Berg hinauf. Sie kennen ihren Meister seit geraumer Zeit; sie kennen die Ausdrucksweisen seines Angesichts – gütig zu den Zöllnern und Sündern, verständnisvoll zu den Fragenden und Zweifelnden, auch zornig gegenüber denjenigen, die sich selbst für gerecht halten. Sein Kleid ist dasjenige, das er immer trägt. Dort oben aber wird alles anders: Sein nur zu bekanntes Angesicht leuchtet wie die Sonne, und sein Gewand wird weiß wie Schnee. Sie erkennen ihn noch immer, es ist ihr Jesus, seine Gesichtszüge sind ihnen vertraut, sein Kleid nur zu bekannt, aber alles erstrahlt im neuen Licht der Gottheit. Nicht sie sehen etwas Neues, ihre Augen sind für die eigentliche Wahrheit Jesu lediglich geöffnet worden.

So gehen auch wir, wie wir sind, und mit uns die zu uns gehörende Welt in die Liturgie und erhoffen die Verwandlung von oben, das Aufscheinen der Wahrheit, Söhne und Töchter des himmlischen Vaters zu sein. Es ist also nicht so, als hätten die sehr konkreten Ängste und Sorgen der Menschen in der Liturgie keinen Platz; sie sollen wohl in der Liturgie vorkommen, aber bereits versehen mit dem verklärenden Licht des geheimnisvoll gegenwärtigen Zukünftigen. Es ist doch erstaunlich, wie alles Weinen und Klagen in den Psalmen mündet in ein unerschütterliches Gottvertrauen, das den Beter für die noch ausstehende Gabe bereits danken läßt! Gleiches geschieht in der Liturgie: Der Mensch wird eingeladen, auch seine Ängste und Nöte zu überschreiten, sich zu öffnen für das Gottvertrauen und, mit Gottes Trost versehen, gestärkt zurückzukehren, um im Profanen und im Alltag das zu tun, was einem Gläubigen zu tun gebührt.

Spielerischer Umgang mit der Welt – ein Stückchen Existenzphilosophie

Die Hoffnung auf Verwandlung in der Liturgie verlangt einen spielerischen Umgang mit der Wirklichkeit unserer auf Erlösung hoffenden Welt, was keineswegs etwas Unernsthaftes heißt! Denn für uns als Kinder einer hochtechnisierten Zivilisation und als Erben einer stark von der Vernunft geprägten Kultur rückt das Spiel in die Ecke des Unernsthaften. Das Spielen produziert nichts, es hat einen Selbstzweck höchstens in der Erziehung der Kinder und in einem gewissen Erholungswert. Für viele haben noch nicht einmal das Spiel im Theater und Konzertsaal einen Selbstzweck; über die Kunst soll eine Botschaft vermittelt werden, wieder wird an die kritische Vernunft appelliert.

Für unsere Kinder ändert sich spielend die Welt. Im Spiel sind sie tatsächlich Pilot, Lokomotivführer oder Mutter. Sie nehmen die Wirklichkeit, wie sie von außen auf sie zukommt, in sich hinein und machen sie spielerisch zu einer neuen, zu ihrer Wirklichkeit, in der sie zu Hause sind, sich und die Umwelt neu definieren; Kinder eksistieren im Spiel. Diese Fähigkeit zum spielerisch-wandelnden Umgang mit der Welt ist ihnen noch eigen. Christus mahnt sie bei den Erwachsenen als einen wichtigen Aspekt von Umkehr und Bekehrung an: „Wenn ihr euch nicht bekehrt und werdet wie die Kinder ..." (Mt 18,3).

Das Wort „eksistieren" ist absichtlich so geschrieben. Diese Schreibweise orientiert sich am deutschen Philosophen Martin Heidegger, der es als das vorzüglichste Wesen des Menschen erachtete, zu eksistieren, d.h. aus dem verborgenen Urgrund des Ich, aus den unauslotbaren Tiefen der Persönlichkeit „hervorzutreten", mit der ihn umgebenden Wirklichkeit in Dialog zu treten und diese zu einem Teil des eigenen Ich zu machen. Dies gelingt nur im Spiel, und intuitiv wissen dies die Kinder auch. Die kritisch erkennende und wahrnehmende Vernunft will die Wirklichkeit dem vernünftigen Urteil über wahr und falsch, nützlich oder schädlich, hilfreich oder unnütz unterwerfen. Nur im Spiel kann die Wirklichkeit umgeformt werden, kann eine Lokomotive schwimmen, ein Baum sprechen und ein Besen tanzen. Nur spielerisch werden die Dinge der Umwelt zu Symbolen. Die Vernunft sieht in einem Haus ein mehr oder weniger zusagendes Wohnobjekt, während Kinder sich aus Pappkisten ein „Haus" konstruieren, hineinkriechen und ihr Gebilde als Symbol verstehen, das ihnen ganz real die Erfahrung von „Geborgenheit" vermittelt. Jedes Ding der Außenwelt hat seinen Symbolwert, seinen dialoghaften Ausdruck, der jedoch nur spielerisch zugänglich ist.

Im Licht des Kommenden

Der Christ existiert nicht nur in dieser Welt, sondern er transzendiert sie, überschreitet ihre konkrete, schmerzlich begrenzte Gestalt auf den erlösenden Gott hin. Ein Christ geht Bindungen ein, deren Endlichkeit im Tod ihm zwar bewußt ist, um deren Endgültigkeit im ewigen Leben er jedoch auch weiß, und nur von hierher gelingt es ihm, die Bindungen an andere Menschen mit aller Radikalität der Treue einzuhalten. Ein Christ erfreut sich nicht nur an der Schönheit der Welt, wie sie ist, sondern begreift diese Schönheit als Gleichnis und Vorgeschmack des Himmels; nur so kann er die Begrenzungen nicht nur akzeptieren, sondern alle Unvollkommenheiten, auch die eigenen, bejahen. Nun wissen wir, was es heißt, der Mensch transzendiere die Welt und sich selbst: Er nimmt nichts so, wie es ist, sondern sieht das, was ist, und sei es noch so erbärmlich, im Licht des Kommenden, im Licht Gottes, der alles neu machen wird, ohne aber die Lebensgeschichte jedes einzelnen Menschen zu mißachten.

Der Christ hat zur Welt, zum Mitmenschen und zu sich selbst ein Verhältnis der Verklärung: Wie die Apostel Christus auf Tabor für einen Augenblick nur als den sahen, der er als der eingeborene Sohn wirklich ist, so sieht auch der Christ mit geistlich geschulten Augen in seinem Leben mancherorts die Herrlichkeit aufblitzen, die die Schöpfung von Gott her eigentlich besitzt und zu der er berufen ist. Diese Taborerfahrungen sind nicht leicht beschreibbar; es können Erfahrungen tiefster Liebe und Tröstung sein, die für den Gläubigen zwar durch Menschen vermittelt werden, von denen er aber mit innerer Sicherheit sagen wird, daß sie von Gott kommen.

Noch einmal: Liturgische Dramaturgie

Der Gottesdienst kann lieblos, langweilig sein. Er kann mißbraucht werden zu einer mit einigen Liedern und Zeremonien für die „weniger Klugen" aufgelockerten religiösen Unterrichtsstunde. Vom Anspruch her aber ist Liturgie etwas ganz anderes: In ihr begegnet Gott dem Menschen. Weil der Mensch auch im Gottesdienst eine irdische Wirklichkeit ist, begibt sich Gott zur Begegnung mit ihm in diese irdische Wirklichkeit hinein.

Er gibt sein Heil nicht nur in abstrakten Worten, sondern so, daß die Sinne betroffen sind und der Mensch über die Sinne Trost und Freude erfährt. Gott macht sich in den Sakramenten erfahrbar, in Wasser, Öl, in der Berührung, in der Handauflegung und Brot und Wein. Wir nehmen teil an dem, was mit der Menschwerdung Christi geschah: Sie sind irdische Wirklichkeiten, zugleich aber verbunden mit der Gottheit, so wie Jesus Christus wahrer Mensch ist und als der menschgewordene Sohn wahrer Gott. In Christus wurde Gott den Sinnen zugänglich, wurde er berührbar, ansprechbar für den Menschen, in den Sakramenten wird Christus berührbar, schmeckbar, riechbar und durch ihn der dreifaltige Gott. In Christi angenommener Menschennatur wurde die todverfallene, begrenzte Menschennatur zu der Höhe erhoben, die alle Menschen einmal erreichen sollen; etwas von uns allen sitzt zur Rechten des Vaters, in ihm ist ein Stück begrenzte Welt in der unbegrenzten Herrlichkeit des Himmels, wie es der Einschub des Hochgebetes vom Himmelfahrtstag sagt: „Darum kommen wir vor dein Angesicht und feiern mit der ganzen Kirche den Tag, an dem unser Herr Jesus Christus, dein eingeborener Sohn, unsere schwache, mit seiner Gottheit vereinte Menschennatur zu deiner Rechten erhoben hat."

Gott braucht den Gottesdienst – Gottes Dienst – sicher nicht. Zweifellos ist darum die oft vorgebrachte Argumentation richtig, daß ein „schöner Gottesdienst" keine Alternative sein kann und darf gegen die Liebe zum Nächsten und die Unterstützung der in Not geratenen Mitmenschen. Diese Wahrheit darf aber andererseits nicht als willkommener Vorwand mißbraucht werden für die Ablehnung jedes menschlichen und gewiß auch finanziellen Engagements für eine „schöne Liturgie". Zum einen sagt der oben erwähnte Johannes Chrysostomos ausdrücklich „bevor", und zum anderen gilt unverändert das Wort Jesu, als die Frau ihm mit kostbarem Nardenöl die Füße salbte, um ihn die Ehre zu geben und ihm ihre Liebe zu erweisen: Jesus wehrt die so „christlich" klingende Kritik wegen des gebrauchten Aufwands und des Luxus ab mit den Worten: „Laß es nur geschehen; Arme habt ihr allezeit bei euch!" (Joh 12,1-10).

Ja, man braucht das alles: zur Feier einladende Räume, Bilder, Weihrauch, Kerzen, Gewänder, kostbare Gefäße. Man braucht das alles, so wie die geheimnisvolle Frau aus dem Johannesevangelium ihr kostbares Salböl unbedingt benötigte, um Christus ihre Liebe zu zeigen; anders hätte es nicht sein können, anders wäre es irgendwie immer „zu billig" oder „nur geredet" gewesen, oder es hätte vielleicht gar nicht stattgefunden! Natürlich wäre eine Messe, bei der man ein Wasserglas verwendet, einen Brotkorb als Hostienschale benutzt, der Zelebrant in seiner Alltagskleidung an einem ganz gewöhnlichen Eßtisch sitzt oder steht, gültig. Auf die Dauer aber würde dies den Glauben selbst berühren. Die Liturgie verlangt ein anderes Gehen, Sitzen, andere Kleider, Gerüche, Farben und Formen, die zwar allesamt von dieser Welt, durch ihre Hineinnahme in die Begegnung mit Gott aber nicht mehr aus dieser Welt sind, weil sie eben als Ausdrucksmittel für diese Begegnung stehen und als solche Anteil haben an der Heiligkeit, die darin der Schöpfung geschenkt wird. In der Kirchengeschichte konnten sich „Reformen", die einem solchen Minimalismus das Wort sprachen, nie lange halten; zudem waren ihre Vertreter zumeist auch ziemlich unfriedfertige Zeitgenossen. Über die Zerstörung wertvollster Kulturgüter haben sie auch der Frömmigkeit ihrer Mitmenschen Gewalt angetan, so etwa die kalvinistischen und schwärmerischen Bilderstürmer in der Reformationszeit oder in den verschiedenen „Aufklärungsepochen" der abendländischen Geistesgeschichte.

Nicht wenige Christen werfen der erneuerten Liturgie vor, sie sei kalt und emotionslos. Manches ist an diesem Vorwurf richtig, und mancher wenig erleuchtete Pfarrherr hat auch in den 60er Jahren Bildersturm betrieben und die Liturgie seiner Gemeinde auf dem billigen Plattenbauniveau dieser Zeit festgeschrieben. Das Aufräumen gegen manche Verirrung und Verkitschung des letzten und der ersten Jahrzehnte unserer Jahrhunderts war bestimmt nicht unberechtigt; aber die Tendenz zu einer als Kälte empfundenen Nüchternheit in der erneuerten Liturgie hat mit der Liturgiereform selbst weniger zu tun als mit einem Zeitgeist, der aus Ratlosigkeit und auch vielleicht Unfähigkeit zu Feier und Freude selbst die leere Wand noch zum „Sakralzeichen" hochstilisieren will.

Es braucht aber noch mehr als Feierräume, Bilder, Gerüche, Lichter, um der Begegnung mit dem lebendigen Gott eine den Sinnen des Menschen zugängliche Gestalt zu geben, es braucht lebendige Menschen. Neben den „liturgischen Spielsachen" aus Gold, Silber, Seide, Wachs, Weihrauchkörnern, Stoffen, Farben und Formen braucht es Menschen, die diese Dinge in die Hand nehmen, sie anziehen, mit ihnen spielerisch umgehen! Der als Symbol des Gebets und der Heiligung aus dem wertvollen Rauchfaß nach oben steigende Weihrauch braucht eine Hand, die es erst wirklich werden läßt. Es muß jemand dasein, der ohne Scham vor den Nicht- oder Nichtmehrglaubenden überzeugt von seinem eigenen Tun und daher überzeugend vor Gott „spielt" und „tanzt" wie ehedem David vor der Bundeslade. Es braucht hier für unser Beispiel konkret jemanden, der mit dem Weihrauchfaß umzugehen weiß, nicht im Sinn eines zeremoniell-technisch korrekten Vollzugs der einzelnen Züge, sondern dem man die Lust am Spiel vor Gott aus Liebe zu Gott ansieht und abnimmt.

Die liturgischen Dramaturgen

Den Priester als liturgisch allein Tätigen, dem bestenfalls einige Kinder einige Handlangerdienste leisten, kennen die älteren Mitchristen noch aus der Zeit vor dem Konzil. Alles, was er vorne am Altar tat und leise sprach, trug den Schleier des Heiligen und Geheimnisvollen. Denken wir nur an die vielen Kreuze, die er über Kelch und Patene schlagen mußte, dabei leise lateinisch betend, was auf einfachere Geister wie schamanenhafte Magie wirkte.

Nein, der Priester darf nicht alleine derjenige sein, der im Gottesdienst liturgisch in Erscheinung treten darf und von dem die liturgischen Tätigkeiten der anderen, eben der nichtgeweihten Laien, sich „unpriesterlich" abheben müßten. Letztlich würde dadurch jede liturgische Tätigkeit wieder „verklerikalisiert", als heiliges, auf den extra dazu

Geweihten eingeschränktes Handeln betrachtet, das allein ihn, den gelernten Fachmann, angeht und dem der Laie nur zuzuschauen hat. Dennoch kannte man zu früher so etwas wie ein „dramaturgisches Ventil". Sicher, der Priester tat alles, was zur Gültigkeit der Messe vonnöten und vorgeschrieben war. Aber zumindest an den hohen Feiertagen schätzte man den dramaturgischen Beitrag ganzer Scharen von Meßdienern, wenn sie in Einzugs- und Auszugsprozessionen, bei der Evangelienprozession und bei der Gabenbereitung mit Leuchtern und Weihrauch choreographisch gut einstudiert zur Schönheit einer feierlichen Liturgie beitrugen. In manchen Kirchen ist dies auch heute noch so.

Es bleibt hier aber bei dem aufgezeigten Manko, wonach signalisiert wird, Liturgie sei eine Sache von dazu verpflichteten Klerikern (der Priester ist es ja, der das allein Wichtige gültig vollzieht) und von unmündigen Kindern, die zum äußeren Schmuck ebenso beitragen wie die Blumen in der Vase, der Organist mit seinem Präludium und der Chor mit seiner Mozartmesse. Sind die liturgischen Vollzüge, ist die liturgische Dramaturgie damit wieder in die Ecke des Unwichtigen, des Zierats, ja des Unernsthaften gestellt und damit dem Erwachsenen unzumutbar?

Herr X und Frau Y haben sich zum Laiendienst des Lektors und der Kommunionhelferin bereit erklärt. Aber: Wenn Herr X im Sonntagsanzug aus der Bank nach vorne tritt, um die Lesung vorzutragen, wenn Frau Y im modischen Kostüm von ihrem Platz zu ihrem Dienst in den Altarraum kommt, dann erfüllten sie zwar beide auf ihre je eigene Weise eine Funktion – Herr X. fungiert für die wenigen Minuten des Lesungsvortrags als Lektor am Ambo, Frau Y. fungiert als Kommunionausteilerin im Mittelgang –, aber eine Rolle in dem, was wir liturgische Dramaturgie nannten, übernehmen sie nicht. Der „liturgische Nutzen" von Herrn X. und Frau Y. ist „rein praktisch", aber von keiner „Schauqualität". Das Vorlesen der Lesung unterscheidet sich nicht vom Verlesen eines Resolutionsentwurfs bei der Parteiversammlung am Sonntagnachmittag, das Austeilen könnte nicht viel anders auch beim Frauencafé geschehen; es gibt keine „epiphane", keine auf die Schau des Himmlischen hin angelegte Unterscheidung von jedem anderen Vorlesen eines Textes und jedem anderen Austeilen einer Sache auf Erden. Was nur von Nutzen ist, wird auf Dauer langweilig und öde; die Schau aber schenkt Einblick in das Kommende. Damit das Vorlesen zur dramaturgisch ausgestalteten Verkündigung im eigentlichsten Sinn, zum Aufleuchten des Gotteswortes wird, damit das Weiterreichen des Herrenleibes zur dramaturgisch ausgestalteten Handlung wird und damit in beiden Handlungen Gottesbegegnung in der Schau seiner

Herrlichkeit stattfinden soll, dazu ist eine andere Gestaltung der Laiendienste, eine dramaturgische Gestaltung eben vonnöten.

Heiliges Spiel Wir haben seine Herrlichkeit gesehen ...

Erinnert sei an die Mahnung des Herrn: „Wenn ihr euch nicht bekehrt und werdet wie die Kinder ..." (Mt 18,3). Für den Bereich der Liturgie heißt das, daß wir unseren Gottesdienst, Gottes Dienst an uns, wieder als heiliges Spiel kennenlernen und seine dramaturgische Dimension neu schätzenlernen müssen; „Spiel" im ganz ernsten und doch in den Augen von Erwachsenen so „nutzlosen" Sinn der Kinder.
Nur in diesem Spiel erfahren wir die Welt anders, als wir sie normalerweise erfahren, nur spielerisch erleben wir sie und uns selbst in der Verklärung, nur so überschreiten wir die Zwänge dieser Welt und öffnen sie und uns dem entgrenzenden und befreienden Wirken Gottes. Wenn unsere Kinder spielen, dann wird die Welt, die sie in ihrem Spiel imitieren, todernste Wirklichkeit. Wenn wir Liturgie „spielen", dann wird das göttliche Leben, weil Gott selbst in diesem Spiel mitmacht, lebensernste Wirklichkeit! Liturgiespielerisch entdeckt der Christ in seinem mitspielenden Mitmenschen und in der Welt, die ihm die Szene seines Spieles abgibt, eine ganz neue Würde und Schönheit, die als Urwirklichkeit der Erlösung hier aufstrahlt.
Die Verkopfung des Gottesdienstes ist sein Tod, warnende Beispiele hierfür aus der Geschichte gibt es genug. Wir müssen das heilige Spiel neu entdecken, in dem möglichst viele eine aktive Mitspielerrolle übernehmen, in dem unsere Vorstellungen von „wahr", „gut" und „schön" eingebracht werden und das Gott, indem er „mitspielt", zu einer neuen Wirklichkeit werden läßt, so daß mitten unter uns ein Stück Himmel sich herabsenkt. Wir brauchen die heilige Schau, sonst bleibt uns nur die Show des Todes und der Unterwelt, die Horrorshow von der Lust am eigenen Untergang.
Es bleibt zu hoffen, liebe Leserin und lieber Leser, daß Sie diese nicht einfache Lektion verstanden haben; aber sie schien uns notwendig gewesen zu sein, um darauf das aufzubauen, was folgen soll, damit Sie wissen, welchen Part Sie in diesem heiligen Spiel übernehmen und wie Sie ihn möglichst gut ausfüllen sollen.

Lektion 4: Die heilige Versammlung am Altar – oder: Wo ist der liturgische Ort für die Laiendienste?

Die erste Konsequenz aus dem Kapitel über liturgische Dramaturgie

Die erste Konsequenz, die für die konkrete Gestaltung der liturgischen Laiendienste aus dem dritten Kapitel über die dramaturgische Bedeutung der Liturgie als Schau der göttlichen Herrlichkeit zu ziehen ist, klang in diesem letzten Kapitel schon an; sie betrifft den liturgischen Ort für die liturgischen Laiendienste.

Indirekte Mitteilungen

Die meisten unserer Zeitgenossen können mit dem Begriff „Ästhetik" etwas anfangen. Sie bezeichnen eine Sache als „ästhetisch" oder „unästhetisch" und meinen, sie sei „schön" bzw. „häßlich". Eine ästhetische Autokarrosserie findet Gefallen, eine unästhetische Mode stößt ab. „Ästhetik" hat wohl etwas mit „Schönheit" zu tun, ist aber nicht dasselbe; „Ästhetik" kommt von dem griechischen Wort für „wahrnehmen", was unserem Begriff doch eine andere Bedeutung gibt: Eine ästhetische Sache vermittelt eine Botschaft, die sich wohl im konkreten Ding verbirgt, in ihrer Bedeutung aber weit über es hinausgeht. Eine ästhetische Autokarrosserie muß windschnittig sein und ein Gefühl für die im Wagen steckende Kraft und Geschwindigkeit vermitteln. Daß wir die Ästhetik eines Autos bewundern, liegt aber auch daran, daß wir – meist unbewußt – noch ganz andere Botschaften aufnehmen: Die Formen und Farben des Verkehrsmittels vermitteln uns die Werte unserer Zeit und die eigensten Wünsche und Sehnsüchte: Kraft, die auf den Fahrer übergeht; Schnelligkeit, Unabhängigkeit, grenzenlose Freiheit als Ausdruck für die Sehnsucht nach dem Ausbruch aus den alltäglichen Zwängen; Bewunderung und den Neid der anderen als Bestätigung eines schwachen Ich, das sich ansonsten nur als jederzeit ersetzbares Zahnrädchen im großen Getriebe erfährt. „Ästhetik" ist Wahrnehmung noch unterhalb der in vernünftige Rede gepackten Botschaft, sie ist indirekte Mitteilung einer Sache, die vielleicht vielsagender sein kann als das direkte Reden darüber.

„Laien-Ästhetik"?

In den meisten Pfarrgemeinden vollzieht sich der liturgische Dienst der erwachsenen Laien auf folgende Weise: Der Priester hat das Tagesgebet beendet und setzt sich zur Lesung, ebenso die Gemeinde. Nur irgendein Herr oder eine Dame tut etwas ganz anderes: Er oder sie tritt aus einer der Bankreihen hervor, geht an den Ambo, liest die Lesung und zieht sich nach Beendigung des Dienstes alles andere als diskret – weil gar nicht anders machbar! – in die Bank zurück. Die gleiche Prozedur wiederholt sich, wenn die 2. Lesung vorgetragen werden soll – was eigentlich als Regelfall für Sonntage vorgesehen ist! Hinsichtlich der Fürbitten hat sich z. B. bei Großgottesdiensten die (Un-)Sitte eingebürgert, die einzelnen Anliegen auf einzelne Laien zu verteilen, die dann zum Vortrag ihrer Bitte nach vorne kommen und am Ambo anstehen müssen, bevor sie sich nach der vorgetragenen Fürbitte wieder an ihren ihnen als Laien gebührenden Platz zurückziehen dürfen. Welche Ästhetik! Bürger ehemals kommunistischer Länder können sich jener Zeiten zurückerinnern, als sie in ähnlicher Weise vor ihren Lebensmittelläden Schlange standen, wenn es einmal frische Wurst gab! Bei der Kommunionspendung wird diese problematische „Laienbewegung" noch gesteigert: Aus der Bank an den Tabernakel – vom Tabernakel an den Altar – mit dem Priester zum Ort der Kommunionspendung – zurück zum Altar – zurück zum Tabernakel – zurück in die Bank. In der Tat, da gibt es viel Bewegung im Gottesdienst, allerdings nicht die Bewegung, von der in der letzten Lektion als einem notwendigen Element zur Verleiblichung der Liturgie die Rede war, denn hier regiert eine andere Ästhetik!

Was wird hier signalisiert und wahrgenommen? Der Priester hat während der ganzen Messe seinen Ort im Chorraum; seinem Leitungsdienst entsprechen in besonderer Weise der Priestersitz und der Platz am Altar. Auch die Ministranten haben zweifellos ihre Plätze im Chorraum. Wenn aber Herr oder Frau X. sich mehr oder weniger mühsam aus der Bank bewegt, sich unter den Augen der ganzen Gemeinde vielleicht noch mit fliegenden Mantelschößen und unter dem melodiösrhythmischen Geklapper von Stöckelschuhen nach vorn begibt, um seinen/ihren Dienst zu versehen, dann wird eine Botschaft vermittelt, die, wenn sie ausgesprochen wird, auf den ersten Blick sogar sehr demütig klingt.

Nicht wenige, die sich zum liturgischen Dienst haben „breitschlagen" lassen, argumentieren so: Man habe diesen Dienst als einen Laiendienst übernommen; als Laie gehöre man aber zu den Laien in die Bank, ja der Laiencharakter des Lektoren- und Kommunionhelferdienstes komme erst richtig zum Ausdruck, wenn man nach Beendigung der Tätigkeit dorthin zurückkehre, wo man hingehöre, nämlich in die Bank, wo die Laien eben ihren Platz haben, wo vielleicht sogar der Ehepartner mit den Kindern wartet. Nein, da vorne habe man nichts verloren, das sei der Ort des Priesters, man wolle sich durch die besondere Tätigkeit des Vorlesens und Kommunionausteilens nicht über die anderen erheben, man helfe halt gern, wenn man angesprochen werde, aber eigentlich würde man sich noch viel wohler fühlen, wenn man gar nicht erst „da vorne" hinzugehen bräuchte!

So demütig diese nicht selten zu hörenden Argumente zunächst auch klingen mögen, bei näherer Betrachtung fördern sie eine neue Klerikalisierung, diesmal eine „von unten"; in ihnen drückt sich noch das alte Verständnis von Liturgie als Sache des Priesters, ja sogar ein falsches Priesterbild aus: Man setzt den Priester – die paar jugendlichen Ministranten, die ihm Hilfsdienste leisten und zur Hebung der Feierlichkeit unentbehrlich sind, seien einmal ausgenommen – so sehr in das Gegenüber zur Gemeinde, daß man ihm damit „ästhetisch" (d. h. vom Bild her nicht anders verstehbar!) von der Gemeinde der Gläubigen ausschließt, zu der er als Glaubender doch selbst gehört!

Eine Art „ideologischer Mitte"

Man darf Menschen, die so argumentieren, keinen Vorwurf machen, denn der Gedanke, der Platz der Laiendienste über den kindlichen oder jugendlichen Ministranten hinaus sei im Altarraum, ist mancherorts immer noch ein wenig revolutionär. Dies gilt besonders in traditionsbewußten, kleinen Ortschaften, wo es immer auch um das bereits in der 1. Lektion abgehandelte Problem geht, was denn der oder die „da vorne" zu suchen habe, was bei den Kindern als Meßdiener/innen niemals nachgefragt wird.

Leider wird um den Ort der Laiendienste während der liturgischen Feier manchmal auch so etwas wie ein ideologischer Grabenkampf geführt. In ihm begegnen sich „konservativ eingestellte Hochwürden alter Schule" und „amtskirchenkritisch eingestellte Laien im hauptamtlichen pastoralen Dienst" in einer eigenartigen ideologischen Mitte, die sie auch in Ausbildung wie Umgang an die Laiendienste weitergeben: in der Zuweisung der Bank für Lektoren und Kommunionhelfer, die zu ihren Diensten aus ihren Bankreihen wie oben beschrieben gefälligst herauszutreten und „nach vorne" zu kommen haben. Beide verweisen die Laien wortwörtlich und ästhetisch-unübersehbar in die Schranken ihrer Bankreihe.

Die Hochwürden alter Schule tun es, weil die Laien als Laien im Chorraum nun einmal grundsätzlich nichts verloren haben, Frauen über das Putzen hinaus schon einmal gar nicht. Die Laien sollen auf Distanz gehalten werden, einmal, um etwa insgeheim doch vorhandene Unsicherheiten, Unsitten und Ängste des Zelebranten nicht allzu hautnah miterleben zu können, letztlich aber doch um der hohen Bedeutung des Priestertums willen, die vermeintlich unmerklich geschmälert würde, wäre der Zelebrant von erwachsenen Laien umgeben und nähme er nicht mehr unangefochten allein den ihm nun einmal weiheamtlich zukommenden Platz ein. Manch eine/r der „amtskirchenkritisch eingestellten" hauptamtlich im pastoralen Dienst Tätigen tut es, weil er/sie selbst nun einmal kein Priester ist/sein kann, ihm/ihr dieser Platz im Chorraum weiheamtlich nicht zusteht und er/sie sich deshalb in bewußter Abgrenzung zum Klerus auf den Platz der Laien in der Bank zurückzieht. Folglich kann auch keinem Laiendienst zugestanden werden, einen Platz einzunehmen, den man selbst zurückweist (und doch oft genug selbst nur zu gerne innehätte!). Nur die Kinder sind den Vertretern der beiden ideologischen Seiten noch relativ unverdächtig. Auch bei Weihegottesdiensten und Primizmessen, in denen doch wahrlich genug Klerus aller Art – sogar amtlich durch den Bischof bestellte und beauftragte Lektoren, die Priesteramtskandidaten mit „niederer Weihe" natürlich – vorhanden ist, kann man dieses Ideologiespielchen beobachten: Der aus dem Weihekurs ausgeschiedene Kommilitone oder die Kollegin Pastoralreferentin aus dem Pastoralkurs kommt in Jeanshose oder Leinenkostüm aus der Bank zum Ambo, um bei all der versammelten Klerikerherrlichkeit in Analogie zu den gesellschaftlichen Gleichstellungsinstitutionen jedweder Art den offenbar auch liturgisch benötigten Quotenlaien und/oder die Quotenfrau zu machen.

Um bei der Ideologie zu bleiben: Das gerne vorgebrachte Argument, man trete als Laie vom Platz der Laien heraus zum Dienst an Ambo und Altar, ist schon deshalb nicht frei von Ideologie, weil das Behauptete ja nicht stimmt. Lektor und Kommunionhelfer kommen zwar vor der Lesung bzw. vor dem Kommunionausteilen aus ihrer Bank, waren aber zuvor ja in der Sakristei, um mit dem Priester ihren Dienst abzustimmen! Statt an der Einzugsprozession teilzunehmen, statt den Dienst der Dramaturgie mitzugestalten, kommen sie von der Sakristei und begeben sich in die Bankreihe, um zu demonstrieren, daß sie eben Laien sind, als Laien ihren Dienst ausüben und demgemäß dazu aus der Bankreihe heraustreten. Kommt da nicht doch immer auch etwas Ideologie bzw. ideologisches Selbstverständnis zum Ausdruck, wenn man bedenkt, daß nicht nur die Meßdiener „vorne" zweifellos Laien sind und der Priester als Glied des Gottesvolkes auch nach dem Empfang der Priesterweihe ein „Laie" in dem bereits beschriebenen Sinn ist und bleibt?

Bleibendes Altarraumtabu?

Auch hinsichtlich der liturgischen Orte und ihrer Wirkungen auf das Verständnis der Liturgie und der in ihr geleisteten Dienste wiegt die Last der Geschichte schwer. Um den Unterschied zwischen Priestern und Laien hervorzuheben, hat man immer wieder auch auf die liturgischen Örtlichkeiten zurückgegriffen. Immer wieder wurde von verschiedenen Synoden und Vorschriften des Kirchenrechts den Laien verboten, den Altarraum zu betreten. Josef Braun – ein angesehener Forscher über liturgiegeschichtliche Zusammenhänge – schreibt noch in den zwanziger Jahren unseres Jahrhunderts, der erste Zweck der Altarschranken sei es, „Priester und Laien voneinander zu scheiden, die Laien vom Eintritt in den Altarraum abzuhalten und es denselben zu verwehren, sich während der Feier des Gottesdienstes in den Altarraum dem Klerus zuzugesellen."
Was aber ist mit den Ministranten? Die Idealvorstellung ging davon aus, daß ein Kleriker (d. h. ein mindestens mit den niederen Weihen versehener zölibatärer Mann) die Hilfsdienste am Altar verrichtete und dem Priester die lateinischen Antworten gab. Da aber solche Kleriker außer an den Bischofskirchen und in den Klöstern fast nirgends zur Verfügung standen, griff man auf Kinder und Jugendliche zurück, die in Vertretung dieses Klerikers den liturgischen Dienst versehen sollten. Auch hier standen die Bischofskirchen und Abteien Pate, denn an ihren Dom- und Klosterschulen wurden eben Kinder zu zukünftigen Priestern und Mönchen erzogen und schon im jugendlichen Alter zu liturgischen Diensten herangezogen.
Diese geschichtlich eben so entstandenen, aber keineswegs für alle Zeiten zwingenden „Idealvorstellungen" ließen die Vorstellungen von „Meßdienerinnen" bis in unsere Zeit hinein gar nicht erst aufkommen. Leider gingen sie unheilvolle Verbindungen ein mit einem kirchlich-klerikalen, zumeist auf diffusen Ängsten vor dem anderen Geschlecht basierenden Männlichkeitswahn und mit „(Un)Reinheitsvorstellungen" aus alttestamentlichen und außerchristlichen Wurzeln über die Frau und ihre Leiblichkeit, die mit ihrer Menschen- und Christinnenwürde keineswegs zu vereinbaren sind. Noch in den 50er Jahren behauptete ein Moraltheologe, es sei unter schwerer Sünde verboten, daß eine weibliche Person, die mangels eines männlichen Ministranten

„aus der Ferne" die Antworten gibt, an den Altar herantrete. Noch 1958 hieß es in einem Schreiben der römischen Ritenkongregation, weibliche Mitglieder des Kirchenchores versähen keinen liturgischen Dienst, da eine liturgische Darbietung gottesdienstlicher Texte nur den Klerikern zustünde, als deren Vertreter die männlichen Chorsänger einen außerordentlichen Dienst versähen! Letzte Reste der Angst vor den Meßdienerinnen gründen in der Furcht davor, Frauen und Mädchen am Altar könnten der Forderung nach der Frauenordination Vorschub leisten.

Die strenge Trennung von Altar und Gemeinde hat ihre eigene Geschichte. In der jungen Kirche war es selbstverständlich, daß die Versammlung der Gläubigen um den einen Altar stattfand, an dem der Bischof oder der Priester stand und mit dem zusammen die Gemeinde die Eucharistie als ihre Feier beging. Noch beim hl. Augustinus findet sich eine Notiz, der Altar habe „inmitten der Kirche" gestanden. Sehr früh bereits war der Altar von niedrigen Zäunen (cancelli) umgeben; sie sollten aber nicht eine Trennung von Priestern und Laien darstellen, sondern den Altar als heiligen Ort besonders hervorheben, wie dies auch anders (z. B. mit dem Altarbaldachin) geschehen konnte. Diese Cancelli hatten zudem den ganz praktischen Sinn, in vollbesetzten Kirchen dem Klerus einen freien Platz um den Altar zu sichern.

Je mehr man aber die Eucharistiefeier als schauererregendes Mysterium verstand, desto mehr trennte man den Altar vom Raum der Gläubigen, desto mehr wurde der Altarraum allein dem Klerus vorbehalten. Im Osten versah man die Altarschranken bald mit Tüchern, um den Altar als schauererregenden Ort des Opfers Christi den Augen der noch nicht getauften Katechumenen zu entziehen, später dann auch den Blicken aller in der Kirche! Als man anfing, an diese nun geschlossene Wand Bilder Christi und der Heiligen anzubringen, war die Ikonenwand entstanden, die in orthodoxen Kirchen bis heute den Altar vom Gläubigenraum trennt und den Altarraum nur den Klerikern zugänglich sein läßt.

Im Westen geschah ähnliches: Der Altar rückte immer weiter vom Volk weg bis hin an die Ostwand der Kirche oder in eine an diese Wand angebaute besondere Apsis. In Stiftskirchen trennte eine hohe Sängerbühne Altar und Volk, so daß man an diesem „Lettner" einen eigenen Volksaltar errichten mußte, damit die immer noch fernstehende Gemeinde überhaupt etwas von der Messe mitbekommen konnte. Diese Entwicklungen gingen Hand in Hand mit der bereits in der 1. Lektion geschilderten Sicht der Messe als eines Werkes des einzelnen zelebrierenden Priesters, dem das Volk andächtig, aber teilnahmslos beiwohnen durfte. Der oben erwähnte Josef Braun hielt dies zu Beginn unseres Jahrhunderts noch für ganz in Ordnung: Die Altarschranken zeugten nach seiner Auffassung vom katholischen Verständnis des Weihepriestertums, nach dem der Priester völlig unabhängig von der Gemeinde allein durch die Weihe am Altar als Mittler zwischen Gott und den Menschen fungiere und das eucharistische Opfer darbringe, „das nicht eine Tat der Gemeinde, sondern eine Tat Christi und seines sichtbaren Stellvertreters, des Priesters, ist und nur in weiterem Sinne auch ein Opfer der Gemeinde darstellt."

Ein Muster für den Altarraum der erneuerten Liturgie

Diese Anlage eines Altarraums entspricht den Erfordernissen der erneuerten Liturgie und ist je nach vorhandener Bausubstanz und zu berücksichtigendem Baustil der Kirche mehr oder weniger typisch und sachgerecht meist auch verwirklicht worden. Dabei sind die Plätze der Gläubigen in den allermeisten Kirchen auf den Altarraum hin ausge-

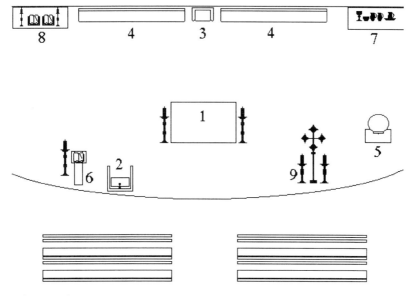

Abb. 4 Altarraum
1 Altar, 2 Ambo, 3 Priestersitz, 4 Sitze für Laiendienste, 5 Tabernakel, 6 Thron für das Evangelienbuch, 7 Kredenztisch für Geräte, Brot, Wein und Wasser, 8 Tisch für Meßbuch, Lektionare, andere liturgische Bücher mit den Leuchtern für die Evangelienprozession, 9 Vortragekreuz als Altarkreuz, das zusammen mit den Leuchtern bei der Eingangsprozession mitgetragen wird.

richtet. Diese „Ausrichtung" kann dann problematisch sein, wenn sie wie in einem Theater, Konzertsaal oder Kino die Teilnehmer in eine bloß zuschauende und zuhörende, eben „rezeptive" Rolle hineinpreßt. Aber – so wird man einwenden – gerade in Theater, Konzertsaal und Kino ist man doch höchst aktiv beteiligt, verfolgt man angespannt und voll innerem Mitgehen das Geschehen auf der Bühne oder die aufgeführte Musik; gilt dies nicht auch für die Mitfeier der Messe?

Ja, und zwar in einem noch viel größeren Ausmaß. Sicher ist das innere Mitgehen mit dem Verlauf der Liturgie als Werk Gottes an uns Menschen das Wichtigste. Aber diese innere Teilnahme verschafft sich nicht nur nach außen Luft wie im Applaus in Theater und Konzertsaal am Schluß der Vorstellung, sondern das Mitsingen, Mitbeten, Zuhören und Antworten ist ein wirkliches Eingreifen in das Geschehen, wie es sich im Altarraum ereignet.

Mitsingen, Mitbeten, Zuhören und Antworten – wo bleibt das Schauen, das so wichtig ist für die „Schau" seiner Herrlichkeit? Wenn allein der Priester einsam am Altar steht, wenn vielleicht zwei Kinder an der Altarstufe kniend so etwas bilden wie eine lebendige Grenzlinie, dann kann leicht der Eindruck entstehen, da vorne geschieht etwas, davon bin ich als „normaler Gläubiger", als „Laie", ausgeschlossen, wie ich als „blutiger Laie" bei der Aufführung von Mozarts Zauberflöte auf der Bühne nichts verloren habe. Wenn da vorne aber Lektoren und Kommunionhelferinnen, Meßdiener und Kantorinnen den Pfarrer umgeben, dann bilden alle Gläubigen so etwas wie einen großen Kreis um den Altar; hinter dem Altartisch stehend diejenigen, die den Dienst der Dramaturgie und des heiligen Spiels leisten, davor diejenigen, die jetzt aktuell nicht in diesem Dienst stehen oder ihn gar nicht übernehmen wollen. Meine Nachbarin und mein Kegelbruder als Lektorin und Kommunionhelfer „da vorne", zusammen mit meiner eigenen Tochter und meinem kleinen Neffen – ist das nicht ganz und gar meine, unsere Liturgie?

Die Plätze für die Laiendienste gehören in den Altarraum

Davon geht auch das Meßbuch eigentlich aus; es kennt ein Heraustreten der Laiendienste aus der Bank zum Dienst des Lesens und Kommunionausteilens nicht. Dagegen geht das Meßbuch davon aus, daß die Laiendienste ihre Plätze im Altarraum haben (Allgemeine Einführung ins Meßbuch Nr. 65-68, im folgenden AEM genannt), es spricht vom „Einzug des Priesters und jener, die einen besonderen Dienst versehen" (AEM Nr. 25); nach AEM Nr. 82 ziehen der Priester und die Mitwirkenden in liturgischer Kleidung zum Altar: Altardiener, „die Akolythen und die übrigen Mitwirkenden, der Lektor, der das Evangelienbuch tragen kann". AEM Nr. 149 sagt in nicht mehr zu steigernder Klarheit über den Lektor, daß er „seinen Platz zusammen mit den anderen Altardienern im Altarraum einnimmt". Grundsätzlich sagt AEM Nr. 271: „Die Plätze der Teilnehmer, die einen besonderen Dienst ausüben, sollen sich an passender Stelle im Altarraum befinden, damit alle ihre Aufgaben ohne Schwierigkeiten erfüllen können." Die Allgemeine Einführung – erschienen 1969 – enthält noch eine Bestimmung, die selbst bei bestem Willen nur als Diskriminierung aufgefaßt werden kann: Heißt es in AEM Nr. 70 zunächst, daß alle Aufgaben, die nicht dem Diakon vorbehalten sind, auch von Laien ausgeführt werden können, so werden die Frauen aus dem Altarraum verbannt: „Dienste, die außerhalb des Altarraums zu leisten sind, können auch Frauen übertragen werden." Das Gewicht der Tradition (und Traditionen können auch fragwürdig oder einfachhin falsch sein!), die mit dem neuen Verständnis des auf Taufe und Firmung gründenden Allgemeinen Priestertums aller Christen nicht in Einklang zu bringen ist, war damals wohl noch zu prägend. Schon 1992 entschied man anders, veröffentlicht wurde die Entscheidung im Amtsblatt des Vatikans aber erst im Juni 1994: Acta Apostolicae Sedis 86 (1994) 541f.: Zum Altardienst, der doch zweifellos innerhalb des Altarraums zu leisten ist, können auch Frauen zugelassen werden!

Zweifellos hat der geweihte Amtsträger in der Eucharistiefeier seine besondere Aufgabe und Rolle wahrzunehmen, die er nicht an andere delegieren kann, aber er kann nach dem Liturgieverständnis des 2. Vatikanischen Konzils eben nicht mehr als der einzige Liturge angesehen werden. Auch die Tätigkeit aller anderen zum Gottesdienst Versammelten ist in der Liturgiekonstitution des Konzils mit dem Prädikat „liturgisch" versehen. Dies gilt für das Beten, Antworten und Singen des Gläubigen in der Bank, der nicht mehr nur stummer Zuschauer, sondern aktiver Teilnehmer am liturgischen Geschehen sein soll; dies gilt auch für alle Laiendienste.

Es kann also nicht mehr darum gehen, den Priester mit einer Handvoll Kinder oder Jugendlicher vorne allein agieren zu lassen und dadurch die Trennung zwischen den „eigentlich liturgisch Handelnden" und den „nur uneigentlich Handelnden", also zwischen dem „Liturgen" vorne in Chorraum und Altar und den eigentlich in die Bankreihe zu den anderen gehörenden Laien noch dadurch hervorzuheben, daß – außer den Laien als Meßdienern – die Laiendienste nur zur Wahrnehmung ihrer Funktionen den Chorraum betreten, in dem sie aber als Laien „eigentlich nichts zu suchen haben".

Die Männer und Frauen, die einen liturgischen Laiendienst übernommen haben, haben demnach ihre Plätze im Altarraum einzunehmen, nachdem sie mit dem Priester die Einzugsprozession gestaltet haben. Nur so ist das, was über die Dramaturgie als wesentlicher Aspekt liturgischen Handelns gesagt wurde und was über die Bedeutung der leiblichen Vollzüge in der Liturgie noch zu sagen ist, nur so ist ein heiliges Spiel erst in die Tat umzusetzen. Lektoren und Lektorinnen, Kommunionhelfer und -helferinnen, Kantoren und Kantorinnen, erwachsene Ministranten und jugendliche Meßdiener beiderlei Geschlechts sollen mit dem Priester die Einzugsprozession halten; nur so können Lektionar und Evangeliar (falls kein Diakon mitwirkt) beim Einzug mitgetragen werden.

Ist der Priester im Altarraum von Laiendiensten umgeben, dann ist die „Klerikalisierung von unten" abgewendet; es wird deutlich, daß auch der Priester als Glaubender trotz seines Dienstes, den er im Gegenüber zur Gemeinde an dieser versieht, zu dieser Gemeinschaft der Glaubenden gehört, daß er auch durch ihren Glauben und ihre Fürbitte getragen wird.

Wohl ist durch eine Plazierung der Laiendienste im Chorraum während der ganzen Feier eine Klerikalisierung von unten vermieden. Es bleiben aber bei nicht wenigen trotz aller schon vorgetragenen Argumente und theologischer Überlegungen Skepsis und Zweifel darüber, ob die Laien nicht doch in eine klerikale Rolle gedrängt werden, indem sie zu Diensten bestimmt und an Orte gestellt werden, die sie aus dem Großteil der Gemeinde herausheben und von den anderen trennen, schon augenfällig durch die Stufen, die den Chorraum vom Raum der Gemeinde abheben. Alte Zweifel und Ängste vor dem Dienst kehren zurück.

Es ist doch eigenartig, daß diese Frage, die von manchen Pfarrern und selbst von Laien, die einen Dienst übernommen haben, gegen eine Plazierung im Altarraum immer wieder als Argument vorgebracht wird, hinsichtlich der Meßdiener, die doch auch Laien sind, niemals aufkommt! Sie gehören zweifellos in den Chorraum, von ihnen wird ja auch ein „schöner Dienst" erwartet, der die Gemeinde „aufbaut", was doch nichts anderes heißt, als daß man Freude hat am liturgischen Spiel; dabei zweifelt heute keiner mehr am Laiencharakter unserer Jungen und Mädchen.

Die Plazierung der Laiendienste im Altarraum will nichts anderes; auch sie sind und bleiben Laien, und wenn sie „über" der Gemeinde sitzen, so beteiligen sie sich auf ihre je eigene Weise am liturgischen Spiel; sie nehmen wie alle im Gottesdienst eine wichtige liturgische Aufgabe wahr. Wie auch bei den Meßdienerinnen und Meßdienern ist immer wieder darauf hinzuweisen und auch darauf zu achten, daß die Männer und Frauen im liturgischen Dienst keinen exklusiv-elitären Kreis bilden; jedermann, der Freude am aktiven Mittun an der Gestaltung der Liturgie hat, sollte im Kreis der Laienhelfer Aufnahme finden. Grundsätzlich können ja alle Getauften und Gefirmten in Wahrnehmung ihres auf diesen beiden Sakramenten basierenden allgemeinen Priestertums einen Dienst übernehmen, aber solch aktives Mittun ist eben nicht jedermanns Sache, wie eben auch nicht alle Jugendlichen Meßdiener werden, ohne daß man von daher ein Werturteil über sie abgeben könnte.

Ästhetik des Miteinander

Kommen wir noch einmal auf die Ästhetik zurück. Die Messe beginnt, und der Priester wird nicht nur von Kindern und Jugendlichen begleitet, sondern auch von Männern und Frauen seiner Gemeinde. Alle verehren auf ihre Weise den Altar als Sinnbild Christi, alle sitzen der Gemeinde gegenüber als Gruppe, die die Liturgie als heiliges Spiel, als Drama der Zuneigung Gottes zur Welt jetzt in die Wirklichkeit umsetzt. Die Wege zu den „Funktionsorten" (Ambo, Tabernakel, Altar) sind kurz, das ist zunächst nichts mehr als praktisch und weniger störend als das Heraustreten aus der Bank.
Dramaturgisch aber kommt eine ganz andere Botschaft herüber als der Eindruck, den der Lektor und die Lektorin vermittelt, der/die vom Platz in der Bank aus seinen/ihren Dienst antritt und damit „Uneigentlichkeit" signalisiert, als gehöre man im Grunde eben doch nicht recht zu den Liturgiefeiernden, als suche man einen Ort auf, an dem man nichts zu suchen hat und müsse alsbald wieder von dort verschwinden! Dramaturgisch eindeutig führt ein von seinem Platz im Altarraum zum Ambo kommende/r Lektor/Lektorin vor Augen, daß er/sie zu der offenen Gruppe gehört, die dem Gottesdienst als heiligem Spiel Gestalt geben wollen, daß er/sie dazu beiträgt, nicht nur einen Text zu verlesen, der „bedacht" werden will, sondern im Gottesdienst der Herrlichkeit Gottes Raum zu geben und das zu Verlesende zur festlichen Verkündigung des lebensspendenden Wortes zu bringen. Kommunionhelfer und Kommunionhelferinnen tun dasselbe, wenn sie lange vor der „funktionalen" Wahrnehmung ihres Austeildienstes im Altarraum ihren Platz einnehmen und so kundtun, daß sie vom Aspekt der „Schau" her mehr tun wollen, als eben „nur auszuteilen".
Männer und Frauen im liturgischen Laiendienst sollten den Priester allerdings nicht wie Konzelebranten umstehen, auch ist der Altar

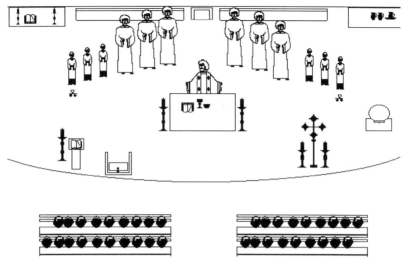

Abb. 5 Laien im Altarraum

selbst nicht ihr Platz. Sie könnten – wie dies auf alten Abbildungen die Altardiener auch tun – während des Hochgebetes hinter ihm stehen und so ihrer Dienstbereitschaft Ausdruck verleihen. Darüber hinaus könnten Männer und Frauen im Altarraum Dienste übernehmen, für die Kinder und Jugendliche nicht oder nur bedingt in Frage kommen, beispielsweise das Heranreichen des an der richtigen Stelle aufgeschlagenen Meßbuchs, damit der Priester das Tages- und das Schlußgebet weder vom Ambo noch vom Altar, sondern vom Priestersitz aus beten kann, wo es seinen passenden Ort hat. Erwachsene im liturgischen Dienst könnten sich auch bei einer feierlichen Gabenprozession beteiligen, selber auch einmal – und wie die Erfahrung zeigt, mit sichtlicher Freude an der Sache! – das Weihrauchfaß in die Hand nehmen.
Nur Böswillige könnten mutmaßen, da seien Leute, die sich profilieren wollten. Aber das ist falsch. Eine Gemeinde, die verstanden hat, warum heute im Gegensatz zu früher zusammen mit dem Pfarrer Männer und Frauen aus ihrem Bekanntenkreis da vorne stehen und Liturgie feiern, wird sich an dieser Ästhetik erfreuen, kommt doch in dem sich darbietenden Bild letztlich auch die Möglichkeit zum Ausdruck, daß man selbst, wenn man nur will, mitmachen kann. Je mehr Männer und Frauen sich zu diesem Dienst bereit finden, desto mehr wird der Gottesdienst zur ureigenen Sache der Gemeinde, die ihn mit dem Pfarrer sorgsam vorbereitet und mit viel Liebe und Freude feiert. Von Klerikalismus – von unten wie von oben – bleibt da keine Spur übrig.

Lektion 5: „Verherrlicht Gott mit eurem Leib" – oder: Der ganze Mensch feiert Liturgie

Die zweite Konsequenz aus dem Kapitel über liturgische Dramaturgie

Die zweite Konsequenz, die es aus dem (3.) Kapitel über die liturgische Dramaturgie zu ziehen gilt, betrifft die leibliche Dimension des Gottesdienstes. Über lange Zeit war der „Besucher" des Gottesdienstes ziemlich bewegungslos an seine Bank „gefesselt", der Katholik zumeist in der Haltung des Kniens. Bewegung stand fast ausschließlich dem Zelebranten und den Meßdienern zu. Man hat entdeckt, wie wichtig es ist, in das Beten auch den Leib einzubeziehen und bewußt Körperhaltungen einzunehmen, die ausdrücken sollen, was sich im Inneren des Menschen ereignet. Gerade den Laiendiensten, die ja nicht nur eine Funktion, sondern einen Dienst an der dramaturgischen Gestaltung der Liturgie übernommen haben, kommt hier im Gegenüber zu den Brüdern und Schwestern in der Bank eine kaum zu überschätzende Vorbildrolle und eine Aufgabe zur Ermutigung zu, auch mit dem Leib dem Dienst Gottes am Menschen und dem Gotteslob des Menschen Ausdruck zu geben.

Mit Leib und Seele

Es ist eine uralte Binsenwahrheit und klingt doch immer noch neu: Der Mensch ist ein Wesen aus Leib und Geist. Beide Seiten des Menschen wollen berücksichtigt werden, da jede Vereinseitigung ihn auf die Dauer krank macht. Daß dies, was schon immer zum Menschsein gehörte, so neu klingt, liegt daran, daß man bis in unsere Zeit hinein als das entscheidend Menschliche im Menschen seine kritische Vernunft ansah. Daß zu seinem Wesen aber auch die Gefühle und die vornehmlich über den Leib gemachten Erfahrungen gehören, wurde vielfach vergessen. Nicht, als ob man nicht um den Leib und seine Bedürfnisse gewußt hätte, man hielt sie aber für zweitrangig hinter der erkennenden und urteilenden Vernunft, an die es bloß zu appellieren galt, damit der Mensch eben vernünftig reagiere.

Daß das Erkennen und das Empfinden des Menschen, daß der Ausdruck seiner selber auch auf leiblich erfahrbare Größen angewiesen sind, daß ein überwiegender Teil der zwischenmenschlichen Kommunikation nicht über Worte läuft, die sich an die Vernunft richten, sondern über Symbole, Gesten, Gebärden, Farben usw., wurde zuweilen vergessen oder zu gering erachtet. Obwohl das Wort Fleisch wurde, obwohl Gott in Christus leiblich erfahrbar wurde, obwohl die Sakramente der Kirche Heilszeichen sind, die sich in eminenter Weise an die leibliche Seite des Menschen richten, hatte das Christentum mit der Leiblichkeit oft genug seine Probleme.

Der Leib – das Gefängnis der Seele?

Die neutestamentliche Zeit war eine Epoche großer religiöser Erwartung. Die Juden erwarteten zur Zeit Jesu wenigstens in verschiedenen Parteien in einer ungeheuren Spannung den Messias. Die Religion der olympischen Gottheiten (Zeus, Hera usw.) hatte ihre Überzeugungskraft verloren, der römische Staatskult war mehr ein Mittel der Politik zur Einigung des Reiches. Typisch für diese Zeiten waren die sehr unterschiedlichen Erlösungsreligionen und Mysterienkulte; Menschen schlossen sich zu verschiedenen Geheimbünden zusammen, die in ihren theologischen Vorstellungen wie in ihren kultischen Praktiken oft abstruse Formen annahmen.
Eine dieser Erlösungsreligionen war die Gnosis, von der es vielfältige Unterteilungen gab. Sie stammt aus dem persischen Raum und kann über alle Unterschiede hinweg auf folgendes Grundschema zurückgeführt werden: Einem ewigen guten Gott des Lichtes steht ein ebenso ewiger böser Gott der Finsternis gegenüber. Der gute Gott ist der Schöpfer alles Geistigen, der böse Gott hat alles Materielle und Vergängliche hervorgebracht. Der Mensch als Wesen von Leib und Seele ist Produkt beider Gottheiten. Sein böser, vergänglicher Leib ist das Gefängnis einer guten Geistseele, die danach trachtet, ihrem Kerker zu entfliehen und sich mit dem guten Gott des Lichtes zu vereinigen. „Gnosis" heißt „Erkenntnis" und qualifiziert diese Religion als Selbsterlösungsreligion: Der Mensch soll sich selbst erkennen und dafür sorgen, daß sein geistiges Ich den Weg zurückfindet zum guten Lichtgott. Obwohl die negative Wertung des Leibes allen gnostischen Richtungen gemeinsam war, gab es jedoch keine einheitliche Praxis für den Weg der Erlösung der guten Geistseele aus ihrer bösen materiellen Verstrickung. Verschiedene Richtungen meinten, nur eine äußerst extreme Enthaltsamkeit von allen fleischlichen Lüsten, eine Abtötung des Leibes durch Askese könne die Seele befreien, andere lehrten, es komme nur darauf an, um die Grundsituation der gefangenen Seele zu wissen, ansonsten könne man aber alle Bedürfnisse des Leibes erfüllen, da er in seiner Vergänglichkeit ja ohnehin eine Sache ohne Bestand sei.

Die verschiedenen Schattierungen der Gnosis verbreiteten sich oft parallel zu dem noch jungen Christentum, so daß die Bibel immer wieder Zeugnisse dafür liefert, wie man sich der gnostischen Umarmung fernzuhalten bemühte, zumal einzelne Elemente des Christentums von der gnostischen Lehre auf den ersten Blick nicht genau zu unterscheiden waren. Dennoch scheint sich gerade in der Wertung des Körperlichen und Materiellen im Christentum doch eine gewisse gnostische Tendenz durchgesetzt zu haben, wenn es auch im Gegensatz zur Gnosis immer klar blieb, daß die materielle Schöpfung und auch der Leib des Menschen Werk des einzigen, guten Schöpfergottes ist, der Tod und Vergänglichkeit nicht will, welche aber gekommen sind als Folge der Sünde, der Abkehr des Menschen von Gott.
So darf der bei Paulus öfters wiederkehrende Gegensatz Fleisch – Geist nicht gnostisch mißverstanden werden; es ist ja derselbe Paulus, der die Christen ermahnt, Gott in ihrem Leib zu verherrlichen, der ein Tempel des Hl. Geistes ist und der um den teuren Preis des Kreuzestodes Jesu losgekauft worden ist von der Todverfallenheit. „Fleisch" ist für Paulus gleichbedeutend mit „Gottferne, menschlicher Loslösung von Gott", „Geist" oder „im Geist" für ein auf Gott ausgerichtetes, wie wir in der 3. Lektion lernten, die Begrenzungen des Lebens überschreitendes, transzendierendes Leben.

„Vernunftgemäßer Gottesdienst"

Dennoch kam es im Christentum – wenn auch zu verschiedenen Zeiten in sehr unterschiedlichem Maße – zu einer Vormachtstellung der Vernunft. Auch der Gottesdienst stand im Anschluß an ein Pauluswort unter dem Anspruch des „vernunftgemäßen Gottesdienstes". „Vernunftgemäß" – da muß es doch um eine „vernünftige Sache" gehen, um eine Botschaft, die es mitzuteilen gilt.
Besonders im Abendland betrachtete man den Gottesdienst zuweilen unter diesem „rationalistischen" Blickwinkel: Der Gottesdienst sollte den Glauben wecken und ihn in den Gläubigen erhalten und bestärken. Die liturgischen Zeichen hatten diesem ersten Ziel zu dienen. Der Schmuck der Kirche und die Bilder Christi und der Heiligen hatten hier keinen großen Selbstwert wie bei den östlichen Christen, sondern waren die Bibel der des Lesens unkundigen Armen. Sicherlich gab es auch im Abendland immer Liturgie und liturgische Vollzüge, aber sie hatten nie den ihnen eigentlich zustehenden „Selbstzweck", mit dem man im Orient bis zum heutigen Tag die Liturgie als „heiliges Drama" feiert. Westliche Theologen hatten (und haben in moderner Version

nur zu oft leider immer noch!) beim „spielerischen" Vollzug der liturgischen Zeichen das bei den Gläubigen zu erreichende „Lernziel" im Hinterkopf; das leibliche „Spielen" im Gottesdienst war immer auch ein „Lernspiel", das doch wieder an die Einsicht und damit an die Vernunft des Menschen appellierte: Erhob der Priester die Arme, dann sollte der zuschauende Christ an die Kreuzigung Jesu denken und Buße tun; sah er die Stola, so sollte er an das Joch Christi denken und gerne Gottes Ratschlüsse bejahen. Die wirklich leibliche Seite des Glaubens brach sich für den mittelalterlichen Menschen Bahn in der Inbrunst seiner Volksfrömmigkeit, in Wallfahrten, Prozessionen und geistlichen Spielen.

Das Wort allein?

Die „Kopflastigkeit" des heutigen Menschen ist auch durch die Reformation mitverursacht, und dies hängt mit der Theologie und dem Menschenbild der Reformatoren zusammen. Nach Martin Luther ist der ganze Mensch ein „Sündenaas", das, auch wenn es dies aus ganzem Herzen wollte, zu keiner einzigen guten, Gott wohlgefälligen Tat fähig ist. Um zu Gott und damit zum Heil zu finden, kann der Mensch nur eines tun: Er kann glauben. Dieser Glaube ist ein Sprung ins kalte Wasser eines absoluten Gottvertrauens wider allen äußeren Anschein. Der Mensch hört das schreckliche Wort vom für unsere Schuld gekreuzigten Jesus und bekennt, daß im Bild des Hingerichteten die absolute Vaterliebe Gottes erschienen ist, er sieht das Bild des absoluten Hasses und der tiefsten Verlorenheit und glaubt wider allen vernünftigen Anschein, daß dies der – einzige – Weg zum Leben ist. Nur dieser Kraftakt des Glaubens – von Gottes Gnade überhaupt erst ermöglicht und damit letztlich Gottes Werk! – macht den Menschen vor Gott gerecht, nicht so, daß der Mensch wirklich Gott wohlgefällig würde, sondern so, daß Gott den Menschen als „gerecht" betrachtet, obwohl er es seinem Wesen nach nicht ist!
Worauf kommt es im evangelischen Gottesdienst also an? Zuallererst darauf, daß der Glaube, der allein vor Gott rechtfertigende Glaube, geweckt werde. Dazu brauchte es zuerst die Predigt, die nichts anderes zum Inhalt hat, als dem Menschen das Wort Gottes zu bringen, durch dessen Annahme er vor Gott „gerecht" wird. Alle anderen Elemente des Gottesdienstes (Gebet, Musik, Riten, konsequent weitergedacht sogar die Sakramente!) dienen diesem Grundanliegen: Predigt und Annahme des Wortes Gottes, durch das der Mensch durch den Glauben allein gerettet werden kann.

Dieser Weg der Rechtfertigung ist ein intellektueller Akt: Der Mensch hört und entscheidet sich für oder gegen die Annahme des Wortes. Die leibliche Seite wird auf ein Minimum reduziert, zumal Luther aufgrund seines skeptischen Menschenbildes der körperlichen Seite des Menschen ohnehin nicht viel Gutes abzugewinnen wußte. Luther selbst kannte noch das Kreuzzeichen, aber er rechnete es wie die restlichen Elemente körperlicher Tätigkeit in der Liturgie (Knien, Gebärden und Gesten) zu den „Adiaphora", zu den weniger wichtigen Dingen, deretwegen es keinen Streit gibt, die man schadlos beibehalten oder auch abschaffen kann, was in der Fortentwicklung des evangelischen Gottesdienstes denn ja auch eingetreten ist. Es ist mit diesen Grundlinien der reformatorischen Theologie leicht erklärbar, weshalb bislang im evangelischen Gottesdienst außer Sprache und Musik nicht viel passierte. Neue theologische Einsichten und Nachhilfen von den Humanwissenschaften haben auch bei nicht wenigen evangelischen Mitchristen zu einem Umdenken geführt. Viele neue Entwicklungen im evangelischen Gottesdienst kommen uns Katholiken doch sehr „katholisch" vor und bringen uns die Schwestern und Brüder aus der anderen Kirche sehr viel näher.

Freude am Fest?

Zu alledem kommt, daß in „aufgeklärten" Zeiten, in denen sich der Mensch gerade wegen der unbestreitbaren Leistungen seines kritischen Verstandes seiner eigenen Größe und Würde bewußt war, die Bedeutung des Leiblichen nicht hoch im Kurs stand.
Typisch für die verschiedenen Aufklärungsepochen ist das Moralisieren: Dem wirklichen Wahrheitsgehalt religiöser Aussagen mißtrauend, neigt der kritische Geist gerne dazu, sie als „Verpackungen" für moralische und gesellschaftsethische Anforderungen anzusehen. So betrachtet, dient der Gottesdienst der „moralischen" Aufrüstung der Gläubigen und damit dem Staat, für den er seine Bürger „christlich" verpackt zu Frieden und Solidarität erzieht. Wenn auch der evangelische Gottesdienst davon mehr betroffen war, so sah doch auch der katholische Gottesdienst des Aufklärungszeitalters nicht selten dementsprechend aus. Man verkannte auf der Suche nach „edler Einfalt" viele die Leiblichkeit des Menschen ansprechenden Elemente (Freude an Licht, Geruch, die sinnliche Seite der Liturgie) und richtete den Gottesdienst auf das Ziel einer zum guten und sittlichen Handeln ausgerichteten Motivationsveranstaltung aus.
Auch in der „2. Aufklärung", als die man die 60/70er Jahre unseres

Jahrhunderts nicht ohne Grund bezeichnen kann, konnte man entsprechenden Konzepten vom Gottesdienst begegnen: Der Mensch sollte hören, sollte konfrontiert werden mit einer meist schlimmen Information und daraus für sich und sein Leben in der „Gesellschaft" die notwendigen Konsequenzen ziehen; es galt, ihn zu entsprechendem Handeln zu motivieren. Vielleicht mag sich der/die geneigte Leser/in der „Motivmessen" der frühen siebziger Jahre erinnern oder manch eines progressiv-dynamischen Kaplans, der in seinen Messen kaum mehr anderes zu verkünden hatte als Anklagen gegen den Vietnamkrieg, gegen US-Imperialismus und das Elend des Kapitalismus hier und anderswo; vielleicht erinnert man sich noch leicht der „politischen Nachtgebete", in denen es mehr Ikonen des legendären Terroristen Che Guevara gab als die des Herrn Jesus und in denen es im Himmel – wenn es ihn überhaupt außerhalb dieser Erde gab – nicht anders zugehen durfte als in einer nicaraguanischen Basisgemeinde.

Man kann mit gutem Grund argwöhnen, irgendwie scheine hinter alledem wieder die alte Selbsterlösungsreligion der Gnosis durch: Das, worauf es ankommt, ist für viele Menschen die Erkenntnis ihrer selbst, ihrer mehr oder weniger gestörten Beziehungen zum eigenen Ich, ihrer Beziehungsfelder, der Autoritätskrisen; bei nicht wenigen unserer Zeitgenossen steht die gruppendynamische Bewältigung von Selbstfindungs- und Beziehungsproblemen im Vordergrund, ja in Kleingruppenmessen spielt das Gruppengespräch oftmals die Hauptrolle; unter dem Stichwort der „persönlichen Betroffenheit" werden die Seelenzustände der Teilnehmer manchmal schonungslos offengelegt.

Wohl verstanden, dies alles kann sehr christlich sein als neue Ausdrucksformen der Buße, der Versöhnung und tiefer Nächstenliebe; es kann aber ebensogut abgleiten in ein christlich verbrämtes Suchen nach Selbstannahme und Harmonie mit sich selbst, was letztlich eine Selbsterlösungsreligion ausmacht. Wo bleibt aber bei alledem die leibliche Seite des Menschen? Unsere Jugendlichen spüren dies; sie suchen nach neuen Formen, nach Tanz, Bewegung und Spiel im Gottesdienst.

Nicht überwundene Leibfeindlichkeit

Unsere normalen Pfarrgottesdienste tragen freilich noch den Makel einer dem Zeitgeist entwachsenen Leibfeindlichkeit: Wie viele Priester haben die Feierlichkeit der Liturgie bis zur Unkenntlichkeit reduziert! Wie viele haben den Weihrauch abgeschafft, tragen das ganze Jahr über denselben silbergrauen und schlechtsitzenden Kittel mehr aus Gehorsam gegenüber den liturgischen Vorschriften als aus dem Sinn für die Sache selbst! Wo ist vielerorts die durch und durch leibliche Freude an Farben, an der Fülle des Stoffes der Gewänder, an Lichtern und Düften geblieben? Nicht selten steht im Hintergrund die Überlegung, all dies sei dem vernünftigen und sich der ernsten Probleme seiner Zeit nur allzu bewußten Zeitgenossen nicht mehr zuzumuten. Der Satz Platons, der Leib sei das Gefängnis der Seele, ist scheinbar durch eine moderne Hintertür zurückgekommen: Wir schämen uns als so vernünftige Wesen unserer Leiblichkeit, wir haben keinen Mut, „leiblich" zu feiern, und dafür die Angst, in den Augen anderer, eben „aufgeklärter" Menschen, „lächerlich" zu wirken.

Ganz unverdächtig ist das „Vernünftige": Anstelle der Lust am leiblichen Feiern hat man nicht selten Wort um Wort, Kurzpredigt um Kurzpredigt, Mahnung um Mahnung, Textvortrag und Meditation, Lied um Lied in einem Maße eingeführt, daß alle es unerträglich finden, aber keiner es auszusprechen wagt. Die Freude am Gottesdienst ist einer öden Langeweile gewichen. Allzuleicht wird vergessen, daß der verkopfte und letztlich für jedes Glaubensgeheimnis unzugängliche Mensch jedweder Aufklärungsepoche in der Geschichte ein Krüppel ist, dem man nur noch moralisierend beikommen kann, der aber die Fähigkeit zu feiern verloren hat! Kein Wunder, daß die Leibfeindlichkeit unseres Zeitgeistes (dessen perverser Ausdruck der Sexismus ist!), sich auch auf die Teilnehmer des Gottesdienstes überträgt: Wie schwer tun sich viele mit dem Friedensgruß, in nicht wenigen Kirchen gibt es überhaupt keine Kniebänke mehr, und trotz der großen Betonung der „aktiven Teilnahme" am liturgischen Geschehen beschränkt sich dies in den allermeisten Fällen auf Singen, Beten und Antwortgeben an angestammten Sitzplätzen. Der Vorwurf, unser Gottesdienst sei langweilig, ist leider nur zu oft allzu berechtigt. Er gründet in einer immer noch nicht überwundenen Leibfeindlichkeit, näherhin in einer Skepsis gegenüber allem, was die rationale Seite des Menschen nicht in erster Linie betrifft. Für eine größere Einbeziehung der Gemeinde in das heilige Spiel der Liturgie – und dazu gehört doch die leibliche Seele in eminenter Weise – wird es noch mancher Überlegungen bedürfen.

Im Leib drückt sich die Seele aus

Bis dahin kommt aber denjenigen, die im Chorraum die Liturgie gestalten, um so größere Bedeutung zu. Priestern und Laien, die einen liturgischen Dienst übernommen haben, fällt hier eine in ihrer Bedeutung kaum zu unterschätzende Vorbildrolle und damit eine erzieherische Aufgabe zu. Was signalisiert z. B. ein Priester, der die Hände nie-

mals zur uralten Gebetsgebärde der Orantenhaltung ausbreitet, der nach der Konsekration der Gestalten nicht niederkniet? Was vermitteln Lektoren, die nicht wissen, wohin mit ihren Händen, oder die das Lektionar behandeln wie eine Aktenmappe?
Zu den Grundforderungen des leiblichen Betens zählt aber, daß das, was nach außen gezeigt wird, mit dem übereinstimmt, was im Inneren des Menschen vorgeht, ist doch der Leib Ausdrucksform für die Seele, durch den sie sich wie auf einem Instrument sichtbar artikuliert. Ist diese Stimmigkeit nicht gegeben, dann ist das, was der Leib vollzieht, nichts anderes als Heuchelei oder peinliche Show. Zur Stimmigkeit ist es aber nötig, daß man weiß, woher die einzelnen Gesten und Gebärden kommen und was sie aussagen wollen.

Die vornehmste Gebetsgebärde: die Orantenhaltung

Die älteste und zugleich ehrwürdigste Gebetshaltung ist die „Orantenhaltung": Der Mensch erhebt seine Hände zu Gott, die Handflächen sind nach oben geöffnet wie zum Empfang einer Gabe bereit. Es ist die Urgebärde des Menschen, der von einem anderen etwas erwartet. Genauso strecken Kinder ihre Hände aus, wenn sie etwas bekommen sollen; nicht anders sitzen die Bettler in unseren Einkaufsstraßen. So „berührt" der Mensch gleichsam den Himmel als Wohnsitz Gottes, er bittet um seine Gnadengaben und hält die geöffneten Hände für diese empfangsbereit. Das Alte Testament bezeugt die Orantenhaltung ebenso wie das Neue (z. B. Ps 28 [27], 2; Jes 1,15; 1 Tim 2,8); sie war die allgemein verbreitete Gebetshaltung der Christen.
Daß sie in der heutigen Liturgie dem vorstehenden Priester reserviert ist, hängt u. a. damit zusammen, daß man im Mittelalter das Erheben der Hände als Erinnerung an die gekreuzigten Hände Jesu verstand, den der Priester in der Eucharistiefeier darstellt. Es wäre wünschenswert, daß die Orantenhaltung wieder allen zukäme als wichtiges Element der Verleiblichung des Gottesdienstes. Manche Länder sind schon weiter; in vielen Kirchen Frankreichs nehmen die Gläubigen beim Vaterunser die Orantenhaltung ganz natürlich ein, was bei uns in Kindergottesdiensten ebenfalls problemlos einzuführen wäre. Gerade vor dem Hintergrund einer viele Jahrhunderte währenden Reservierung dieser Gebetshaltung für den Priester könnten etwa während des Vaterunsers die Laiendienste zusammen mit den Kindern durch das Einnehmen der Orantenhaltung wieder zu deren Verlebendigung beitragen; es sollte aber jeder Anschein von „Pfarrer spielen" vermieden werden.

Die gefalteten Hände

Auch die Haltung der gefalteten Hände hat ihre lange Tradition, was sie aber nicht davor schützt, mißverständlich geworden zu sein. In vielen Wohnstuben hängen Dürers „Betende Hände" als das Symbol für „Frömmigkeit" überhaupt. Ein Mensch, der die gefalteten Hände auf der Brust hält, signalisiert „Frömmigkeit", die man – kraft Weihe und Amt – am ehesten noch dem Priester „abkauft". Bei vielen Zeitgenossen aber signalisieren die gefalteten Hände ein „Zuviel" an Frömmigkeit, das mit dem normalen Leben nicht mehr viel zu tun hat, „Frömmeln" statt „Frömmigkeit".
Diese Gebetsgebärde entstammt germanischem Denken und Fühlen und war einst ein Rechtssymbol: Sollte in der Freudalstruktur des Mittelalters ein Lehen übertragen werden, dann legte der Lehensnehmer seine gefalteten Hände in die geöffneten des Lehensgebers, der seine daraufhin schloß: Man übergab seine Kampfkraft, sein Eigentum, ja sein Leben in die Hand eines Höheren. Als Rechtssymbol gibt es diesen „Handgang" noch im heutigen Weiheritus beim Gehorsamsversprechen des Weihekandidaten; dieser legt seine Person in die Hände des Bischofs, der ihn zur Seelsorge aussendet.
Vor diesem Hintergrund erinnert die Haltung der gefalteten Hände an den Antwortgesang, den die Kirche jeden Tag in der Komplet betet: „Auf dich, o Herr, vertraue ich, in deine Hände lege ich mein Leben." Nun kommt es darauf an, welches Gottesverhältnis ein Christ im liturgischen Dienst – sei er Laie oder Priester – hat. Ist es wirklich seine spirituelle Grundhaltung, was in der Komplet zum Ausdruck kommt, dann werden seine gefalteten Hände niemals Anstoß erregen, weil sie stimmig mit seiner Lebenshaltung sind, die auch sonst spürbar wird. Aber der geistliche Anspruch für diese Gebetshaltung ist so groß, daß die Bezeigung wirklicher Frömmigkeit leicht mißverstanden werden kann; nicht umsonst findet man unter den Gläubigen in den Bänken diese Gebetshaltung kaum!

Die ineinandergelegten Finger

Problemloser scheinen da die ineinandergefalteten Finger zu sein. Auch hier kommt es darauf an, was der Leib nach außen hin über den Zustand der Seele offenbart. Ein allzu lässiges Ineinandergreifen der Finger unten am Bauch zeigt keine große Beteiligung; man ist zwar irgendwie dabei, fühlt sich aber nicht voll dazugehörig. Es ist dieselbe Haltung, die man einnimmt bei der Beerdigung von Leuten, die einem

nicht allzu nahestehen, bei Feierstunden und politischen Sonntagsreden. Ineinandergelegte Hände als symbolischer Ausdruck für den inneren Vorgang können aber auch etwas ganz anderes offenbaren: So wie meine Hände miteinander verbunden sind, bin ich mit Gott verbunden; meine Hände arbeiten nichts, sie sind ruhig ineinandergelegt, ich finde meine Ruhe und Sicherheit nicht in mir selbst, sondern in der Verbindung mit dem lebendigen Gott, der mir sein Leben mitteilt.
Schon die römischen Dichter Plinius und Ovid bezeugen diese Gebetshaltung, und nach den „Dialogen" Papst Gregors des Großen bewirkte das Gebet der hl. Scholastika „mit ineinandergelegten Fingern" bei Gott das Wunder, daß ein schweres Gewitter den Besuch ihres Bruders Benedikt bei ihr verlängerte. Gerade im Gegenüber zur Gemeinde sollten die in der Liturgie einen besonderen Dienst Ausübenden eine Gebetsgebärde einnehmen, die unaufdringlich und doch überzeugend ist; die ineinandergelegten Hände scheinen gegenwärtig dies am leichtesten ausdrücken zu können, vorausgesetzt, das äußere Bild stimmt mit dem überein, was im Inneren des Menschen vorgeht.

Das Knien

Ebenfalls eine Urgebärde ist das Knien. Der sich niederkniende Mensch macht sich klein, er reduziert seine Körpergröße auf die eines Kindes. An einem Kind kann man sich nicht rächen, einem Kind wird man auch die schlimmsten Untaten vergeben, weil es „nur" ein Kind ist, dessen Einsicht in sein Tun noch nicht ausgeprägt ist und das man zum Besseren erziehen muß; ein Kind wird niemals aufgegeben. Einem Kind wird man auch das zum Leben Notwendige niemals verweigern, es ist der Sorge der Erwachsenen auf Gedeih und Verderb ausgeliefert. Ein Kind schaut aufgrund seiner kleinen Körpergröße zu den Erwachsenen auf, für das Kleinkind sind die Eltern allmächtig und benützen ihre „Allmacht" zu seinem Schutz und Lebensglück. Von daher ist es nur zu natürlich, wenn der die Körpergröße eines Kindes annehmende Mensch durch seinen Gestus Buße, flehentliche Bitte und Anbetung ausdrücken will. Vor Gott sind wir alle kleine Kinder, sind „Niedrige", die auf die Erhöhung warten.
Als Gestus, an dem der ganze Körper des Menschen beteiligt ist, tut sich mancher, der einen liturgischen Laiendienst im Angesicht der ganzen Gemeinde übernommen hat, gerade mit der Kniebeuge etwas schwer: Wie mache ich die Kniebeuge, wirke ich überzeugend, unbeholfen, komisch oder gar lächerlich? Daß eine Kniebeuge nach außen überzeugt, gründet in der inneren Überzeugung, mit der sie vollzogen wird.

Ganz gleich, ob ein hagerer oder ein korpulenter Mensch, ein jugendlich-sportlicher oder in Jahren gereifter die Kniebeuge vollzieht, es wird immer dann seine Kniebeuge sein, die nach außen hin einen seelischen Vorgang offenbart, der in jedem Fall Respekt erheischt. Eine mit der inneren Haltung stimmige Kniebeuge wirkt niemals lächerlich.

Gerade im Umgang mit dem Allerheiligsten sollten Kommunionhelferinnen und Kommunionhelfer lieber eine Kniebeuge zuviel als eine zuwenig machen, um jeden „Verdacht" von vorneherein abzuwehren, die Laien gingen weniger ehrfurchtsvoll mit der Eucharistie um als die Geweihten. Zum einen erinnert der Kommunionhelfer sich selbst durch die Kniebeuge als leibliches Beten daran, wen er in Händen hält, zum anderen bezeugt er der Gemeinde, der er den Leib des Herrn reichen soll, seinen Glauben und ist für sie ein nicht gering einzuschätzendes Vorbild. Umgekehrt wird ehrfurchtsloses Verhalten derer am Altar rasch auch eine Minderung der Ehrfurcht der ganzen Gemeinde vor dem Heiligen nach sich ziehen.

Die Verneigung

Eine weitere Form des Sichkleinmachens ist die Verneigung. Während es in der Ostkirche zu verschiedenen Gebeten einen eigenen Aufruf des Diakons gibt: „Neiget eure Häupter dem Herrn!", kennt man die Verneigung im offiziellen Verlauf der Liturgie bei uns kaum noch. Sie ist vor allem eine Ehrfurchtsbezeigung gegenüber dem Bild des Gekreuzigten oder dem Altar, wenn nicht der Tabernakel in seiner Nähe die Kniebeuge verlangt. Früher war es üblich, daß zu jedem „Ehre sei dem Vater" und zu verschiedenen Gelegenheiten im Verlauf der Messe eine Verbeugung geschah (gehalten haben sich im Meßbuch die Verneigungen aller zu den Worten des Glaubensbekenntnisses, die die Menschwerdung erwähnen, und die Verneigung des Priesters bei der Bitte um Annahme bei der Gabenbereitung).

Nichts steht im Wege, daß diejenigen, die einen besonderen liturgischen Dienst ausüben, diese Verneigungen mitvollziehen. Man will ja mehr Bewegung in der Liturgie, und die Laiendienste im Chorraum könnten dafür Vorbild, wenn nicht sogar Motor sein. Allerdings muß darauf geachtet werden, daß das Zeichen kein leerer Vollzug wird, dessen man bald überdrüssig wird, sondern wirklich eine Äußerung eines inneren Vorgangs darstellt. Dies gilt für alle leiblichen Elemente der Liturgie, für die Art und Weise des Stehens, Gehens und Sitzens, für den Vollzug des Kreuzzeichens, für die Art, wie man mit den Büchern, Geräten und sonstigen gottesdienstlichen Gegenständen umgeht.

Der Friedensgruß

Ein besonderer Aspekt der Verleiblichung der Liturgie sei mit dem Friedensgruß eigens herausgehoben, zumal man sich in unseren Breiten damit doch etwas schwertut.
Der Friedensgruß hat seine eigene Geschichte. Im Gedenken an das Wort Jesu: „Wenn du deine Gabe zum Altare bringst und es dir dort einfällt, daß dein Bruder etwas gegen dich hat, dann laß deine Gabe dort vor dem Altar liegen, geh hin, versöhne dich zuerst mit deinem Bruder und dann erst magst du deine Gabe opfern" (Mt 5,23f.), beendete man im Altertum den Wortgottesdienst vor der Bereitung der Gaben mit dem Friedenskuß. In der ältesten Beschreibung der Eucharistiefeier aus der Feder des hl. Märtyrers Justin († 165) heißt es, daß man, wenn die Fürbittgebete beendet waren, „einander mit heiligem Kuß grüßte". In der Übergangsperiode von der Antike zum Mittelalter, zur Zeit des Papstes Gregors des Großen, wurde der Austausch des Friedenskusses als selbstverständliche Vorbereitung auf die Kommunion betrachtet und zunächst nur unter Nachbarn ausgetauscht.
Das Mittelalter veränderte den Friedensgruß. War er zuvor das Zeichen brüderlichen Friedens als Voraussetzung zur Begegnung mit Christus in der Eucharistie, so nahm er nun den Charakter eines heiligen Zeichens an, das vom Altar ausging, das wie eine Gabe aus dem Allerheiligsten kam und durch den Bischof an die Priester und übrigen Altardiener und durch diese an das übrige Volk weitergeben wurde; der Friedensgruß wurde fast zu einem „sakramentalen" Geschehen. Die Liturgiereform hat die alte „horizontale" Dimension des Friedensgrußes wiederentdeckt, d. h., er geht nicht als Gabe Gottes vom Altar aus, sondern ist die Bezeigung gegenseitiger Liebe vor dem gemeinsamen Empfang der Eucharistie.
Dennoch hat es einen guten Sinn, wenn der Friedensgruß in die Gemeinde getragen wird und die Laiendienste ihn überbringen. Der Priester „beginnt" den Friedensgruß, gibt ihn den Laiendiensten weiter, die ihn in die Gemeinde tragen und somit verdeutlichen, daß es eine einzige Gemeinschaft von Brüdern und Schwestern um den Altar ist, deren Verbundenheit untereinander eine Folge ihrer Verbundenheit mit dem Leib Christi ist, den sie in der Kommunion bald empfangen sollen. Damit bleibt auch der nicht zu vergessende „horizontale Aspekt" des Friedensgrußes gewahrt als Ausdruck jenes Friedens untereinander, der nicht nur die Folge der gemeinsamen Verbindung der Gläubigen mit Christus ist, sondern auch die Voraussetzung für eine fruchtbare Begegnung mit dem Herrn in der Kommunion bildet. Nicht zuletzt dadurch, daß Laiendienste den Friedensgruß in die

Gemeinde tragen, kann es zu jener Bewegung im geschwisterlichen Zueinander kommen, die man vielerorts noch schmerzlich vermißt.

Ungenutzte Möglichkeiten

Zweifellos brauchen wir noch mehr Bewegung, Zeichen, Symbole und „nonverbale Kommunikation" im Gottesdienst. Vielen ist gar nicht bewußt, daß unser Meßbuch noch viele unausgeschöpfte Gestaltungsmöglichkeiten bietet; man studiere einmal die vielen interessanten Nummern der „Allgemeinen Einführung ins Meßbuch", die den liturgischen Texten vorgegeben sind und deren Lektüre jedem Priester und liturgisch interessierten Laien nur wärmstens empfohlen werden kann. Es bleibt aber dabei: Alles allein kann der Priester nicht tun; er soll es auch nicht, soll er nicht wieder zum einzig Aktiven im Gegenüber zu einer diesmal nicht stummen, doch aber wieder zuschauenden Gemeinde werden, die seinem Treiben mehr oder weniger interessiert folgt. Die Liturgie als heiliges Spiel verlangt nach Mitspielern, nicht nur nach kindlichen oder jugendlichen Ministranten, sondern nach gestandenen gläubigen Männern und Frauen, die aus der Gemeinde kommen und zusammen mit dem Priester Liturgie als heiliges Spiel, und das heißt doch leiblich, vollziehen.

Ohne die Bedeutung einer guten Meßdienerarbeit irgendwie zu bezweifeln: Das liturgische „Spielen" mit Weihrauch und Lichtern wird nur dann zur wirklichen Verleiblichung des Betens und Lobens, wird zum ernstzunehmenden Symbol, wenn sich auch Erwachsene dazu bereit erklären, diese Dinge „in die Hand zu nehmen", überzeugend damit umgehen und damit deren „kindlichen" Charakter aufheben, der unsere heranwachsenden Jugendlichen vom liturgischen Einsatz Abschied nehmen läßt, weil sie meinen, sie seien einfach zu alt dafür. Männer und Frauen, die sich überzeugend mit Leib und Seele in das liturgische Leben einbringen, deren Gesten und Gebärden, Gehen und Stehen, Sprechen und Singen, deren Art und Weise, mit dem Heiligen und Allerheiligsten umzugehen, überzeugend ist als Äußerung einer gesunden Frömmigkeit, helfen einer Gemeinde, ihren Gottesdienst als ihren eigenen Schatz liebenzulernen. Es bleibt dann nicht aus, daß immer neue Interessenten sich dazu melden, mitmachen zu dürfen, weil man etwas entdeckt hat, was nicht Pflicht ist, sondern tiefe Freude bereitet, und worin man mit Leib und Seele zu Hause ist.

Lektion 6: „Ihr habt Christus als Gewand angelegt" (Gal 3,27) – oder: die liturgische Kleiderfrage

Die dritte Konsequenz aus dem Kapitel über liturgische Dramaturgie

Die dritte Konsequenz aus dem, was über die dramaturgische Bedeutung der Liturgie gesagt wurde, ist für viele ein brandheißes Eisen, für andere wird eine neue Dimension des Gottesdienstes geöffnet: das liturgische Gewand. Keine Thematik hat es so mit Vorurteilen und Befürchtungen zu tun, nirgendwo trifft man so sehr auf Skepsis, festgefahrene Meinungen, ideologisch begründete Mißverständnisse und Ängste vor der praktischen Umsetzung wie beim Thema der liturgischen Kleidung für die Laiendienste.

Um hier schon die Katze aus dem Sack zu lassen: Von der liturgischen Dramaturgie her ist es nur konsequent, und es wird vom Verfasser dieses Buches – nicht zuletzt aufgrund seiner mehr als positiven Erfahrungen in Gemeinden und in der liturgischen Bildungsarbeit mit Laiendiensten – auch wärmstens empfohlen, daß Männer und Frauen im liturgischen Laiendienst zur Wahrnehmung ihrer liturgischen Rolle und ihres konkreten Dienstes darin ein liturgisches Gewand tragen. Dies stellt nicht nur eine zu erwartende Konsequenz dessen dar, was über den Altarraum als Aufenthaltsort der Laiendienste gesagt worden ist, sondern will hauptsächlich vom Phänomen des menschlichen Sichkleidens an sich ausgehen, dessen Qualität als gottesdienstliches Symbol von erheblichem Wert aufgezeigt werden soll. Denn wie für alles in der Liturgie, so gilt auch und gerade hier: Nur das, was theologisch begründet werden kann und einer Gemeinde auch so begründet und erklärt wird, das hat im Gottesdienst auf die Dauer Bestand.

„Kleider machen Leute"

Wer zieht sich nicht gerne hübsch an? Wer sieht nicht ebenso gerne eine schick angezogene Frau, einen gut angezogenen Herrn? Wer kennt nicht das gute Gefühl, in einem neuen Anzug, in einem neu erstandenen, modischen Kostüm bewundert zu werden? Wie sicher tritt man auf im Bewußtsein, korrekt und schick gekleidet zu sein, und umgekehrt, wieviel peinliche Unsicherheit erweckt die falsche

Kleidung zur falschen Zeit am falschen Ort! Wer hat nicht schon im Fernsehen die Staatsrobe der englischen Königin, das Brautkleid der Prinzessin von soundso bewundert? Welcher Vater, dessen Sohn zum Richter ernannt wurde, besitzt nicht ein Bild von seinem Sprößling in der Ehrfurcht erheischenden Robe und zeigt es voller Stolz? Welche Priestermutter zeigt nicht mit Stolz ihren Filius im Primizgewand?

Mit der Bewunderung hat das Kleid immer zu tun. Wer glaubt, die Menschen hätten im Gegensatz zu den Tieren die Kleider erfunden, weil ihnen der Pelz fehlt, um sie vor Nässe und Kälte zu schützen, der irrt. Selbst die Ureinwohner in den heißen Ländern der Tropen, die es vom Klima her gesehen eigentlich könnten, gehen niemals wirklich nackt umher. Auch sie tragen zumindest einige Kleidungsstücke, sie tätowieren oder bemalen ihren Leib, jedenfalls tragen sie alle irgend etwas auf der Haut. Dies zeigt neben anderem, daß der erste Zweck des menschlichen Kleides gerade nicht darin besteht, seinen Träger vor ungünstigen Witterungseinflüssen und damit vor Husten und Schnupfen zu bewahren, sondern darin, ihn oder sie in einem neuen Licht erscheinen zu lassen. Wer wollte leugnen, daß auch in klimatisch weniger begünstigten Zonen, in denen die Kleider schützen und wärmen sollen, die Völker Trachten entwickelt haben, die außer diesem praktischen Zweck immer auch dem Schmuckbedürfnis Genüge tun sollen?

Der erste Zweck des Kleides ist, den Menschen zu schmücken. Das Kleid dient der Schau; es soll dem Träger und der Trägerin eine Erscheinungsweise verleihen, die den anderen, die es anschauen samt der Person, die darinnen steckt, gefällt, die Bewunderung auslöst. Gefallen finden, bewundert werden – wer möchte das nicht? Dies ist weit mehr als nur menschlich-allzumenschlich einzustufen, so, wie wir Menschen halt sind. Bei anderen Gefallen zu finden, von ihnen bewundert zu werden, gesagt zu bekommen, daß man gut aussieht, das ist nichts anderes, als auf die Zustimmung zu der Tatsache zu stoßen, daß man da ist, daß man lebt, daß es einen gibt. Die anderen, die an einem Gefallen finden, sagen damit, daß es gut ist, daß man lebt. Das Dasein wird bejaht, wissenschaftlich ausgedrückt: Es findet „Daseinsaffirmation" statt. Diese Daseinsaffirmation gilt auch für die unterste Grenze von Liebe, von Angenommen- und Anerkanntsein, die „Respekt" heißt. Alle Amtsroben und Standeskleider wollen auf diesen Respekt pochen und dem Träger eine Autorität verleihen, die die anderen anerkennen bzw. anerkennen müssen.

Nacktheit ist eine theologische Größe

Weil er auf Daseinsaffirmation hinzielt, ist der letzte Grund für das menschliche Schmuckbedürfnis ein theologischer. Die Daseinsaffirmation, das allererste wie das letzte und endgültige Ja zum Dasein eines jeden einzelnen Menschen wie zu dem der ganzen Welt, kann nur allein von Gott kommen. Was das schmückende Kleid, ja jeglicher Schmuck und Zierat mit Gott zu tun haben, zeigt uns die biblische Erzählung vom Sündenfall. Ihre Bilder drücken älteste Erfahrungen der Menschheit mit sich selbst und mit Gott aus; sie gelten über alle Wechsel der Zeiten hinweg.

Gemäß dem, was uns die Bibel nach dem Sündenfall berichtet, zeigen alle künstlerischen Darstellungen Adam und Eva unbekleidet, ohne Scham. Die ersten Menschen waren wohl unbekleidet, aus der Sichtweise der frühen Theologen und Kirchenväter waren sie aber keineswegs nackt. „Nacktheit" ist etwas völlig anderes als „Unbekleidetsein"; nur die „Nacktheit" hat mit der Scham zu tun. Nackt waren die ersten Menschen des Paradieses deshalb nicht, weil sie von der Gnade Gottes unvergleichlich herrlicher umhüllt waren und so eine Herrlichkeit besaßen, die kein von Menschenhand gefertigtes Kleid je zu geben vermag.

Was das heißt, „von der Gnade Gottes umkleidet zu sein", begreifen wir wohl am ehesten am Beispiel kleiner Kinder und ihrer unschuldigen Schamlosigkeit. Wenn ein kleines Kind nach dem Bad vor Wohlgefühl prustend nackt durchs Zimmer läuft, dann kann es sich des liebenden Blicks der Mutter absolut sicher sein. Mehr noch: Es ist die tiefste Freude der Mutter, ihrem Kleinen zuzuschauen, zu sehen, daß es ihrem Kind gutgeht. Schon der Blick einer Mutter besagt „Daseinsbestätigung": Es ist gut, daß es dich gibt; du sollst leben, so gut und erfüllt es immer geht; nichts soll dich je unglücklich machen. In diesem Sinn waren Adam und Eva von der Gnade Gottes bekleidet, von seiner „Daseinsbestätigung", die Gott nur schenkt und die der Mensch sich durch nichts selbst verdienen kann: Sie waren seine Geschöpfe, dazu bestimmt, zu leben. Die Herrlichkeit, die sie besaßen, war die Freude Gottes an ihrem Dasein und sein Wille, daß sie das Leben in überbordender Fülle haben sollten. Der hl. Irenäus v. Lyon († 202), einer der größten Theologen des frühen Christentums, hat dies so ausgedrückt: „Die Ehre Gottes ist der lebendige Mensch."

Es kam anders. Die Paradiesesmenschen wandten sich von Gott und damit von seiner Daseinsbestätigung ab. Die erste Erfahrung, die sie danach machen mußten, war, daß sie nackt waren! Sie hatten die göttliche Daseinsbestätigung abgelegt und mußten erkennen, daß jetzt nie-

mand anderes mehr außer ihnen selbst sagen konnte, daß es gut ist, daß sie leben! Sie entdeckten ihre Sterblichkeit, sie sahen, daß sie von Gott losgelöst immer nur auf den Tod zugehen konnten, daß sie „Fleisch" waren.
Bewußt wählt die Bibel für den Menschen, der nach dem Sündenfall in theologischem Sinn „nackt" geworden war, weil er sich der Gnade Gottes entkleidet hatte, den hebräischen Begriff „basar", der uns an einen orientalischen Markt erinnert. „Basar" ist das Fleisch geschlachteter Tiere, wie es auf dem Markt zum Verkauf angeboten wird. Und wer einmal in der Sommerglut des Orients über einen Markt schlendert und das dort angebotene Fleisch geschlachteter Hammel von Mückenschwärmen umgeben in der Sonne hängen sieht, dessen Nase verlangt dringend nach Kölnisch Wasser und dessen Appetit auf einen saftigen Braten ist unter Garantie dahin.
Man könte sagen, daß der Mensch ebenso die Lust an sich und an seinem Dasein völlig verloren hat, als er sich von der allein sinngebenden und lebensbejahenden Liebe Gottes losgelöst hatte. Mehr noch: Ekel vor sich selbst hatte ihn ergriffen; er konnte sich selbst, entkleidet vom göttlichen Gnadenkleid, nur noch als „basar" verstehen.

Das Kleid – eine Herrlichkeit „Hausmacherart"

Vielleicht verstehen wir das Schmuckbedürfnis jetzt noch viel besser; es ist, wie die Nacktheit, im letzten ein nur theologisch zu verstehendes Phänomen.
Das Kleid bedeckt das Fleisch; auf das, was, mit einer gehörigen Portion Lebensskepsis betrachtet, sich seit der Geburt in einem Prozeß des Alterns und Absterbens befindet, kommt eine schmückende Hülle. Der Mensch aller Zeiten und Kulturen kann es nicht hinnehmen, nichts mehr zu sein als das, was die Bibel mit dem hebräischen Wort „basar" kennzeichnet. Alles in seinem Inneren sträubt sich gegen diese Wertung des Menschenlebens.
Einst besaß er eine Herrlichkeit in der ersten und letzten aller Daseinszusagen. Er hatte sie in der unverdienten Gnade, im reinen Gefallen Gottes an ihm, in der Vaterfreude des Schöpfers an seinem lebendigen Geschöpf, unverdient und vor aller menschlichen Leistung. Der Mensch hatte eine Herrlichkeit allein von Gott her; er wurde von ihm, seinem Schöpfer, bewundert wie ein kleines Kind in den Augen seiner Eltern. Diese Herrlichkeit hat er verloren und gegen das „Fleisch" („basar") eingetauscht.
Unfähig, sich damit abzufinden, nur „basar" zu sein, macht der Mensch

sich seine Herrlichkeit eben selbst. Er kann nicht anders, als nach Herrlichkeit, nach Angenommen- und Anerkanntsein, eben nach Liebe zu streben. Gerade darin ist er Gottes Ebenbild. Er gibt sich selbst den Sinn seines Lebens, er sucht die Daseinsaffirmation aus sich selbst und will sie von den anderen Menschen erhalten, sei es durch Leistung, Ehre, Geld oder Macht. Diese hausgemachte Herrlichkeit zeigt sich auch in dem Bestreben, im Kleid bewundert, beneidet oder als Macht und Autorität anerkannt zu werden. Alle Torheiten der Mode sind nichts anderes als der immer wieder zum Scheitern verurteilte Versuch, sich das verlorengegangene Gnadenkleid aus eigenen Mitteln wieder zu beschaffen.

Zu dieser „Hausmacher-Herrlichkeit" zählen eigentlich auch die Kultgewänder aller Priester aller Religionen auf Erden, außer der christlichen. Der Priester „nähert" sich Gott, um ihm die Opfer und Gebete der Gläubigen zu übergeben und den Menschen den göttlichen Segen zu vermitteln. Was geschieht, wenn die Gottheit „bemerkt", daß der Priester, der sich ihr nähert, nur „Fleisch" ist? Wird die Gottheit den Menschen, der es als fleischliches, sterbliches Wesen wagt, sich ihr zu nähern, vielleicht sogar töten? Die Kultgewänder und Kultmasken der vielen Religionen wollen den Priester, den Zauberer und Schamanen in eine Hülle von „göttlicher Herrlichkeit" kleiden, die der Gottheit verbirgt, daß sich dahinter nur ein armer, sterblicher, eben fleischlicher Mensch verbirgt.

„Christus anziehen"

Dies alles kann für Christen nicht mehr in Frage kommen, denn wir wissen ja, daß Gott niemals aufgehört hat, den Menschen zu lieben: „Als er im Ungehorsam deine Freundschaft verlor und der Macht des Todes verfiel, hast du ihn dennoch nicht verlassen, sondern voll Erbarmen allen geholfen, dich zu suchen und zu finden. Immer wieder hast du den Menschen deinen Bund angeboten und sie durch die Propheten gelehrt, das Heil zu erwarten" (Viertes Hochgebet).

Für Gott war der Mensch nie nur „basar". Er sollte das verlorengegangene Gnadenkleid zurückerhalten; mehr noch, er sollte ein völlig neues Gewand bekommen, das das göttliche Ja zu seinem Dasein noch viel stärker ausdrücken sollte als das alte vom Beginn der Schöpfung: „So sehr hast du die Welt geliebt, heiliger Vater, daß du deinen eingeborenen Sohn als Retter gesandt hast, nachdem die Fülle der Zeiten gekommen war" (Viertes Hochgebet).

Christus selbst ist das neue Gnadengewand. Im Galaterbrief (3,27)

spricht Paulus davon, die Christen hätten in ihrer Taufe Christus selbst als Gewand angelegt; im Römerbrief (13,14) befiehlt Paulus: „Zieht den Herrn Jesus Christus an!", und in der Geheimen Offenbarung (7,9) ist das weiße Kleid ein Signalbild für den durch Christus geretteten Menschen.
Mit Christus bekleidet zu sein, bedeutet demnach nichts weniger, als das sterbliche Fleisch mit dem Leben selbst bekleidet zu haben. Wer in Christus gekleidet ist, in die unübersteigbare Liebe des Vaters, ist in das Leben selbst gekleidet, so wie Gott nach den Worten des 103. Psalms „in Licht gekleidet" ist. Das Gewand, in das Menschen sich kleiden, um sich zu schmücken, wird somit zum Symbol für das neue Leben des Christen in Christus; er lebt „in Christus", in ihm ist er unübertrefflich angenommen, wird er voll bewundert und bejaht.
Als Mensch bleibt der in Christus Gekleidete er selbst mit seiner unverwechselbaren Identität und Lebensgeschichte, aber er steckt „in Christus", in Gottes unwiderruflichem Ja zu ihm wie in einem Gewand. Wie der Mensch sich in einem Kleid bewegt, so lebt und bewegt sich der Mensch „in Christus". Wie ein Kleid zum Erscheinungsbild des Menschen gehört, so gehört zum Erscheinungsbild eines Christen, zu dem, was an ihm ästhetisch wahrgenommen werden kann, sein Glaube daran, daß er das ewige Leben unverlierbar besitzt, seine Christusbeziehung.

Die Entwicklung zum liturgischen Gewand

Schon früh sollte diese Symbolik des „mit Christus Bekleidetseins" auch in der wirklichen Kleidung zum Ausdruck kommen. Schon Klemens von Alexandrien († um 215) forderte, die Christen sollten zur Feier der heiligen Geheimnisse in festlicher Kleidung erscheinen; das, was die Heilige Schrift symbolisch meint, kam schon früh im Taufkleid der Neugetauften zum Ausdruck. Zeugnisse der Kirchenväter lassen darauf schließen, daß sich schon früh die Sitte herausbildete (und zwar nicht nur für den Klerus allein, sondern für alle Teilnehmer an der Liturgie!), für die Feier des Gottesdienstes festliche Kleidungsstücke zu reservieren, wie man dies bis in unser Jahrhundert weithin mit den Trachten der verschiedenen Regionen tat. Wie sehr dieses „sakrale" Kleidempfinden bis in die Neuzeit reichte, zeigt die Bezeichnung „Abendmahlskleid" oder „Kirchenrock" sogar in protestantischen Gebieten: Die Festtagskleidung war eben mit der Liturgie verbunden; in Frankreich sagte man „s'endimancher" – sich „ansonntagen" für das Anziehen der sonntäglichen Festkleidung, des „Sonntagsstaats", und

im „Abendmahlskleid" durfte nur einmal im Leben, am Hochzeitstag, getanzt werden.
Eine eigentliche liturgische, also nur für den Gebrauch in der Liturgie reservierte Kleidung kam erst auf, als die Kirche römische Amtsinsignien übernahm und die antike Mode für den Gottesdienst beibehielt, als man dazu überging, sich auf die germanisch-keltische Art zu kleiden. Wahrscheinlich erachtete man die neue germanisch-keltische Mode der Hosen und der engen kurzgeschnittenen Röcke als nicht besonders geeignet, das Umhülltwerden des Menschen mit der göttlichen Herrlichkeit symbolisch auszudrücken, weil es ihr an „Kleidcharakter" mangelte. Wie Christus das sterbliche Fleisch des Menschen „verhüllt", so sollte das Kleid im Gottesdienst den Menschen „verhüllen", ihn mitsamt seinen leiblichen Bewegungen in einem neuen Licht erscheinen lassen. Dies konnte aber die in der Völkerwanderung aus dem Norden kommende Hosenmode und die Machart der eng anliegenden Hemdenkleider nicht leisten, die den Leib ja nicht verhüllen, sondern seine Konturen eher noch verstärkend nachzeichnen und damit das „Fleisch" herausstellen, also gerade nicht die Erlösung durch

Abb. 6   Mosaik in Ravenna: Papst, Bischöfe, Diakone, Kaiserin in liturgischen Gewändern

das Bekleidetwerden mit Christus ausdrücken. Deshalb behielt man für die gottesdienstliche Feier die antike Mode bei, die dann vollends zur liturgischen Gewandung geworden war, als nur noch die Priester mit den übrigen Liturgen derart gekleidet waren.

Im Lauf der Geschichte entwickelten sich aus dieser antiken Kleidermode die noch heute üblichen Gewandstücke: Das antike Unterkleid lebt in der Albe fort, die alle liturgischen Dienste tragen; sie kann gegürtet sein. Auch der Chorrock kommt von der Albe her; er heißt amtlich „Superpelliceum", zu deutsch: die über dem Pelz zu tragende Albe. In den Chorgebeten der kalten Winternächte mußten sich die Chorherren mit Pelzmänteln vor Erkältung oder gar Lungenentzündung schützen. Darüber eine gegürtete Albe zu tragen, sieht fürwahr ein wenig spaßig aus, man könnte dabei in der Tat etwa an eine italienische Salami im Netz denken. Kürzte man sie aber und trug sie weit und ungegürtet, so hatte man eben das Superpellizeum als sehr elegante Chorkleidung über dem schwarzen Talar für Chorgebet und Gottesdienste außerhalb der Messe.

Das Meßgewand des Priesters war – entsprechend der spätrömischen Mode – die römische Paenula, ein vornehmes, kegelartig geschnittenes Obergewand von großer Stoffülle. Geradezu wie ein „Häuschen" umgibt es seinen Träger, weshalb es auch so heißt: „Casula" oder „Kasel". Die Kasel wurde durch ihre ausschließliche Verwendung in der Eucharistiefeier im Westen seit dem 12. Jahrhundert zum „Meßgewand", während man sich in anderen liturgischen Feiern des Chormantels bediente. Die einst sehr weit geschnittene Kasel – man sprach von „Glockenkasel" – war manchen Änderungen unterworfen, bis die heutige Form in Anlehnung an die Antike erreicht war.

Auch die Dalmatik des Diakons war als weite Obertunika einst eine römische Modeerscheinung, die gerade von den besseren Leuten getragen wurde, zu denen sich wegen der kirchlichen Finanzverwaltung und der finanziell nie ganz uninteressanten Armenfürsorge die einflußreichen Diakone leider auch zählten. Manch einem zum Priester oder gar Bischof avancierten römischen Diakon tat es geradezu weh, die gesellschaftlich hoch angesehene Dalmatik gegen die „klerikale" Kasel eintauschen zu müssen.

Die Amtsinsignien haben ihren Ursprung in Rangabzeichen römischer Beamter und Richter; die Frage, wie sie dem Klerus zugewachsen sind, ist nicht endgültig geklärt. Neben den bischöflichen Amtsinsignien ist die Stola heute die auffallendste Amtsinsignie. Abendländische Bischöfe und Priester legen sie über die Schultern nach vorne herabfallend an, während der Diakon sie schärpenartig von der linken Schulter zur rechten Hüfte fallen läßt und dort zusammenbindet. Historisch richtig begründet ist es, daß die Stola unter dem Obergewand (Meßgewand oder Dalmatik) getragen wird. Heute aber ist dies weniger sinnvoll, denn eine Insignie, die man nicht sieht, kann nicht ihre Aufgabe erfüllen, Kennzeichen für ihren Träger und sein Amt zu sein. Dementsprechend gibt es heute viele moderne Meßgewänder und Dalmatiken, bei denen die priesterliche bzw. diakonale Stola für alle sichtbar darüber getragen wird.

Die „Pontifikalien" sind die Insignien eines Bischofs und haben eine lange Tradition. In den Pfarrgemeinden begegnet man ihnen nur dann, wenn der Diözesanbischof selbst oder einer seiner Weihbischöfe zur „Visitation" kommt (eine Art „Kontrollbesuch" beim Pfarrer und den verantwortlichen Gremien zur „Revision" der Bücher und der gesamten Pfarrverwaltung) und dabei ein Pontifikalamt hält, in dem dann auch meistens das Sakrament der Firmung gespendet wird. Dann sind die auffälligsten Pontifikalien die „Mitra", der bischöfliche Hut, der Stab, den der Bischof beim Ein- und Auszug sowie zum Hören des Evangeliums ergreift, sowie der Bischofsring, der andeutet, daß der Bischof Christus darstellt, der seiner Kirche verbunden ist wie ein Bräutigam mit seiner Braut. Für die Laiendienste ist wichtig, daß bei einem Pontifikalamt zu den üblichen Diensten der Ministranten noch der Dienst an Mitra und Stab hinzukommt; diese sind bereitzuhalten, wenn der bischöfliche Zeremonienmeister sie übergibt oder sie dem Bischof wieder anreicht.

Auch die noch heute üblichen liturgischen Farben sind das Resultat einer längeren historischen Entwicklung, wenn auch ihr Symbolwert etwas variierte. Die antike Färbetechnik mit dem Sekret der Purpurschnecke und unter Zugabe verschiedener Mineralien ergibt eine Farbskala von rotsatiniertem Schwarz, über Purpurviolett und Karmesinrot bis hin zu Grüntönen. Je dunkler ein Gewandstück gefärbt war, desto mehr Purpur wurde verwendet, um so vornehmer galt das Gewand. So war Schwarz nicht primär Trauer-, sondern Festfarbe: Verwendete man viel von dem teuren Sekret der Purpurschnecke zum Färben der Stoffe, so erhielt man ein rötlich schimmerndes Schwarz. Von daher rührt noch das Schwarz als Festfarbe, beim Frack des Bräutigams, bei den Herren des Symphonieorchesters ebenso wie beim schwarzen Brautkleid, wie es weit bis ins 19. und beginnende 20. Jahrhundert üblich war.

Je nach der Menge des verwendeten Sekrets, der Dauer der Sonneneinstrahlung, der Verwendung von Süß- oder Salzwasser erhielt man Rot – Violett – Grün. Geändertes Farbempfinden sowie die erweiterten Techniken führten im Mittelalter zu unterschiedlichen Gewohnheiten. Aber erst seit 1570 gibt es eine verpflichtende Farbenordnung:

Weiß für Herren- und Heiligenfeste, außer Märtyrerfeste; Rot für Pfingsten, Kreuzfeste, Apostel- und Märtyrerfeste; Violett für Advent, Fastenzeit, Quatember und Bittage; Grün für die festlosen Tage; Schwarz für Karfreitag und Requiem. Prinzipiell und mit gewissen Änderungen versehen, gilt diese Regel auch heute noch, doch wird in der Wahl der Farbe mehr Freiheit zugestanden.

Dramaturgisches Gestaltungselement

Der hl. Johannes Chrysostomos sagt in einer seiner Schriften: „Wo die Liebe sich freut, da ist Festlichkeit." Dieser Satz, der geradezu als Gestaltungsgrundsatz über der gesamten Liturgie als Heilsdrama und als heiliges Spiel stehen kann, ist auch die erste Antwort auf die Frage nach dem Warum einer liturgischen Kleidung. Die neue Qualität der Welt, in die Gott einbricht, und des Menschen, der mit Gott in lebendiger Beziehung steht, ist nach wie vor aussagbar mit dem Symbol des Kleides, wie es Paulus in Gal 3,27 zum Ausdruck bringt: Die Bejahung des Daseins durch Gott äußert sich auch in der Freude, in der liturgischen Feier schön und zu alledem so ganz anders gekleidet zu sein, in der Lust am weiten, fremden, zu sonstigen Gelegenheiten des bürgerlichen Lebens so nicht getragenen Gewand.
Die besondere Kleidung des Priesters, die sich als Gewandung in Form und Farbe von jeder anderen bürgerlichen Kleidung unterscheidet, soll den Leiter der eucharistischen Versammlung zudem als Repräsentanten Christi auch sinnfällig kenntlich machen; wie wir sahen, ist ja jede liturgische Versammlung aufgrund des Erstwirkens Christi ein Zusammenkommen von Menschen, das mit keiner anderen Gemeinschaftsveranstaltung verglichen werden kann. Wenn dies für den Priester und – wenn auch etwas anders – auch für den Diakon gilt, ist dann aber eine liturgische Kleidung für Männer und Frauen, die einen liturgischen Laiendienst übernehmen, nicht in der Tat eine unangemessene Klerikalisierung? Müssen sich die Laien in liturgischen Gewändern nicht als etwas vorkommen, was sie nicht sind? Liegen hier nicht die Ursachen für die Widerstände, wenn das Thema des liturgischen Gewandes für Laien, für Erwachsene im liturgischen Dienst angeschnitten wird? Sind es nicht konkrete Ängste vor Geschwätz und Getratsche, vor dem Schiefangesehenwerden oder gar Ausgelachtwerden, die oft ein gottesdienstliches Symbol von allererster Güte von vornherein ausschließen?

Noch einmal: Die Meßdiener machen es vor!

Daß den Meßdienern eine liturgische Kleidung zukommt, steht für die allermeisten außer Zweifel! Es ist eigentlich merkwürdig: Für die Kinder und Jugendlichen am Altar greifen die Kirchenrechner, Rendanturen und andere für die Finanzen Verantwortlichen tief in die Tasche. Je bunter die Meßdienerkleidung ausfällt, desto besser; die Frauengemeinschaft selbst greift zu Nadel und Faden, kauft Stoffe und arbeitet unentgeltlich viele Nachmittage, aber an eine liturgische Kleidung für die erwachsenen Laiendienste wagt vielleicht niemand ernsthaft zu denken.
Verräterisch ist dabei, wie vielerorts die Kinder und Jugendlichen am Altar ausstaffiert werden. Da ist beinahe alles vertreten, was die klerikale Mode im Lauf der Jahrhunderte produziert hat: Jungen (und Mädchen!) werden wie kleine Kardinäle, Mönche oder Prälaten angezogen; rote Roben, Spitzenchorhemdchen, Kragen mit Quasten, manchmal sogar „Pontifikalschuhe" sind in vielen Sakristeien zu finden. Was hier mit viel wertvollem Engagement an Geld und Arbeit getrieben wird, ist leider „Verkleidung". Man gönnt den Kindern ihre kindliche Lust am Verkleiden, um sie noch möglichst lange nach der Erstkommunion im heiligen Raum der Kirche zu behalten und sie in der Liturgie heimisch zu machen. Ähnliche Zugeständnisse an die kindliche Lust an der Verkleidung sind bei der Erstkommunionmode zu beobachten.
Protest gegen diese „pastoral" motivierten Zugeständnisse an die Lust an Verkleidungen wird sich aber bei dem regen, der bedenkt, welch überaus großen Symbolwert das Kleid an sich besitzt und welch große Bedeutung ihm als religiösem und gottesdienstlichem Ausdruckszeichen in der Liturgie zukommt. Der Protest richtet sich zu Recht dagegen, der liturgischen Kleidung einen völlig unangebrachten kindlichen oder gar kindischen Anhauch zu geben. Auch die Meßdienerkleidung muß ernsthaft und würdig sein und dem entsprechen, was das Kleid als liturgisches Zeichen und religiöses Symbol erfordert.
In diesem Fall kann wiederum von den Meßdienern, von den eigenen Söhnen und Töchtern im liturgischen Dienst, Wichtiges gelernt werden. Wer kann ihren Laienstatus in Abrede stellen, wer wirft ihnen ernsthaft profilneurotisches Nachahmen klerikaler Kleidersitten vor, wer bringt sie in böses Gerede? Machen sie es nicht vor, wie lustvoll, unbekümmert und selbstverständlich in der Liturgie Dienende sich des Taufkleides bedienen, um hier, in der Begegnung mit dem lebendigen Gott, das verlorengegangene Gnadenkleid nicht nur nach „Hausma-

cherart" immer neu zu suchen und jede Modetorheit mitzumachen, sondern ein Kleid anzulegen, das niemand Geringeres zeichenhaft versinnbildlichen soll als Christus selbst?

Stimmt nun die „Ästhetik"?

Greifen wir das bereits angeschnittene Thema der „Ästhetik" wieder auf. Nach vielen Überlegungen und Diskussionen haben sich die Männer und Frauen im liturgischen Dienst dazu entschlossen, nicht wie bisher üblich zur Wahrnehmung ihres Dienstes aus der Bank herauszutreten, sondern mit dem Priester und den Ministranten feierlich die Einzugsprozession zu halten und ihre Plätze im Chorraum einzunehmen.

Was nun „wahrgenommen" werden kann, wurde in der letzten Lektion eingehend beschrieben: Das Erscheinungsbild der mit dem Priester im Chorraum versammelten Gemeindemitglieder zur Feier des heiligen Spiels der Liturgie zeigt, daß die Messe nicht mehr Werk des einzelnen Zelebranten ist, sondern Sache der gesamten Gemeinde, aus der heraus einzelne Christen einen besonderen Dienst versehen. So weit, so gut.

„Dienstgewand"?

Zum Erscheinungsbild gehört aber eminent die Frage der Kleidung. Lassen wir einmal folgende Einzugsprozession in einem Festhochamt vor unserem inneren Auge passieren: Auf den Rauchfaßträger folgt die Kreuzgruppe, d. h., das Vortragekreuz wird von zwei Leuchterträgern begleitet. Es folgen kleine Meßdiener mit Kerzenfackeln in den Händen, gefolgt von größeren, die den eigentlichen Altardienst übernehmen werden. Hinter ihnen kommen zwei Lektorinnen, die die Lesungen, das Fürbittgebet und die Kommunionmeditation übernehmen sollen, eine Dame reiferen Alters und eine Studentin. Es folgen, da die Kirche an diesem Festtag sehr gut besetzt ist, zwei Herren mittleren Alters, die als Kommunionhelfer bei der Spendung der Eucharistie helfen sollen. Es folgen ein Diakon, der das Evangeliar trägt, und schließlich der Priester. Die Ministranten tragen helle, weitgeschnittene Gewänder, die mit einem Gürtel in der Tagesfarbe gegürtet werden. Der Diakon trägt sein Amtsgewand, die Dalmatik mit übergelegter Querstola; der Priester erscheint in seiner Gewandung: Albe, Stola und Meßgewand.

Zwischen den Ministranten und den beiden geweihten Amtsträgern fällt die Zivilkleidung der Damen und Herren in den liturgischen Laiendiensten um so mehr ins Auge, zumal heute nicht mehr davon ausgegangen werden kann, daß man sich zum Gottesdienst festlich kleidet. Für ältere Leute ist es noch ziemlich selbstverständlich, sich zur Sonntagsmesse anders zu kleiden als zum Wochenmarkt oder zum Bürodienst. Andere kommen im Mantel und vermitteln so – natürlich ungewollt – den Eindruck, etwas „nur im Vorübergehen" erledigen zu müssen. Wieder andere kommen in ihrer „Wohlfühlkleidung" mit der besten Absicht, sich „natürlich" zu zeigen, so wie man eben ist und auch von den anderen auch akzeptiert sein möchte. Angenommen aber, unsere Mitarbeiterinnen und Mitarbeiter in der Liturgie erhielten Freikarten für die Aufführung einer berühmten Opernbühne – man darf getrost annehmen, daß niemand von ihnen derart gekleidet im Theater erscheinen würde, wie sie bzw. er es zum Dienst im Gottesdienst tun. Mit dem Hinweis auf das „Laiesein" kann man in der Liturgie aber allen nur denkbaren Varianten von noch angehenden bis hin zu völlig mißglückten Vorstellungen vom Gutgekleidetsein begegnen.
Die Dame reiferen Alters trägt ein einfaches, vornehmes Kostüm, das sie – möglicherweise Chefsekretärin – guten Gewissens auch im Vorzimmer des Herrn Direktor tragen könnte. Die Studentin trägt die für ihre Generation unvermeidlichen Jeans und ein T-Shirt mit einem in schrillen Farben aufgedruckten Eiffelturm, das jedermann demonstriert, daß seine Trägerin schon mindestens einmal in Paris war und daß ihr die Stadt offensichtlich gut gefallen hat. Einer der Kommunionhelfer erscheint im offenstehenden, nicht gerade bügelfrischen Trenchcoat und ähnelt damit äußerlich ziemlich dem TV-bekannten Chefinspector Colombo von der Los Angeles Police Division. Der andere trägt die zwar sicher nicht billige, dafür aber zu jedem festlichen Anlaß unpassende Lederjacke. Stichwort Ästhetik: Was wir sehen, paßt wie die berühmte Faust aufs Auge!
Aber welcher Pfarrer, dem das liturgische wie außerliturgische Engagement seiner Gemeindemitglieder eine Herzensangelegenheit ist, wird es wagen, „seine" Herren und gar Damen – vielleicht sogar noch unmittelbar vor der Messe! – hinsichtlich ihrer Kleidung zu kritisieren! Die Gefahr, daß willige Laien verprellt werden, liegt zu nahe. Wie bringt man jemanden „friedlich" dazu, gegen den eigenen Kleidungsstil die zu respektierenden Peinlichkeitsschwellen zu respektieren, zumal man immer in dem Dilemma steht, anderen Leuten nicht den eigenen Geschmack aufzwingen zu können noch zu wollen. Aber vielleicht muß wirklich erst einmal der viel zu enge Jeansrock bei der

Kniebeuge vor dem Altar platzen oder jemand anonym aus der Pfarrei eine Packung Waschpulver zugeschickt bekommen, um an Änderungen denken zu können.
An heißen Sommertagen kann es geradezu peinlich werden, wenn – besonders weibliche – Laiendienste in einer Art von „Dienstkleidung" erscheinen, die alles andere als liturgiefähig ist, die die Schau der göttlichen Herrlichkeit vollends verunmöglicht und den Stielaugen der Herren nur eine peinliche Show bietet. Darüber hinaus kann manche grundsätzliche Bereitschaft zum liturgischen Dienst gerade an der Kleiderfrage scheitern; entweder glaubt man, kein Geld zu haben für eine Garderobe, in der man doch recht häufig vor die kritischen Blicke der Gemeinde zu treten wagt, oder man will sich hinsichtlich der Kleidung überhaupt nicht der Diskussion aussetzen. Böse Kommentare sind allzuleicht provozierbar, etwa wenn ein Kleid in der Pfingstmesse auch nur den Anschein von Rot hat oder jemand zum Dienst an einem der Fastensonntage einen violetten Pullover trägt!

Die „Sprache" der Kleidung

Lassen wir aber alle Unfälle und Entgleisungen außer acht. Wenn alle Laiendienste wirklich geschmackvoll gekleidet zum Dienst erschienen, würde nicht auch dies den Anforderungen genügen? Können nicht auch das gepflegte, allgemein als schick anerkannte Sonntagskleid und der Sonntagsanzug dem Symbolcharakter des Kleides Genüge tun? Erweitern wir den Begriff der Ästhetik noch ein wenig in dem Sinn, wie wir ihn kennengelernt haben. Seit Kindertagen ist uns geläufig, daß wir unsere Kleidung dem entsprechenden Anlaß gemäß wählen; dies galt früher selbstverständlich auch für den Sonntagsanzug oder das sonntägliche Kleid. Leider ist auch die Fähigkeit, sich sonntäglich zu kleiden, im Schwinden! Gerade an Sonntagen wählen die Menschen eine sportliche Wohlfühlkleidung, aber nicht eine „feierliche", oft genug noch nicht einmal mehr für den Besuch der Oper! Die „festliche" Kleidung ist heute eher die Arbeitskleidung der Büros und der repräsentativen Geschäftsempfänge; um so mehr signalisiert sie „Erfolgszwang" und geschäftsbedingte Umgangsformen. Der smarte Anzug riecht zu sehr nach Geschäftsessen, das kleine Schwarze mit der passenden Perlenkette zu sehr nach Diktat, Hauptabteilungsleiterkonferenz und Chefetage, um symbolisch das Gewandetsein in den Herrn Jesus auszudrücken. Unsere „Festtagskleidung" ist zu sehr von der repräsentativen Show besetzt, um der heiligenden Schau als Stilmittel dienen zu können.

Kommen wir erneut auf den Begriff der „Ästhetik" zurück: Welche Zeichen werden gesetzt – und was wird wahrgenommen! –, wenn Männer und Frauen als in der Liturgie Diensttuende unter den anderen Diensttuenden im Chorraum durch ihre Zivilkleidung – und sei sie noch so geschmackvoll und dezent! – besonders ins Auge fallen? Doch wiederum nichts anderes als ihre – vielleicht noch ideologisch begründete – Herausstellung der Laien als Laien in Abgrenzung zum Weiheamt und zur Ausgrenzung zu dem, was man gemeinhin – aber falsch – „Amtskirche" nennt! Man kommt in Anzug oder Kostüm, um klarzumachen, daß man, wenn man schon im Chorraum seinen Platz hat, als Laie dort sitzt und seine Aufgaben wahrnimmt. Manche/r hauptamtlich im pastoralen Dienst Tätige wird nicht nur eher in einer alten Jeanshose an den Altar treten als in einem liturgischen Gewand, sondern tut sich hier auch traurig hervor aus Verbitterung darüber, eine „weiheamtliche Identität" mit allem, was so als dazugehörig gedacht wird – also auch mit der klerikal mißverstandenen liturgischen Kleidung! – nicht (mehr) erlangen zu können. Oder wie soll man es denn werten, wenn eine Gemeindereferentin mit dem Hinweis auf den – nie angezweifelten – Laienstatus der Laiendienste die vor Ort übliche liturgische Kleidung der Damen und Herren so lange öffentlich ins Lächerliche zieht, bis das gottesdienstliche Symbol des Kleides endgültig kaputtgemacht ist? Durch die Zivilkleidung der Laiendienste wird eine äußerlich sofort sichtbare Trennungslinie gezogen: Hier der Klerus, der ja schon durch das Kirchenrecht „gezwungen" ist, eine Amtstracht zu tragen, da der Laie, der, endlich mündig geworden, Liturgie mitgestalten darf und von diesem Recht nun auch Gebrauch macht.

Dies und nichts anderes wird im aufgezeigten Fall signalisiert, denn die Kleidung ist unmittelbar an dem Erscheinungsbild eines Menschen beteiligt. Kleider machen nicht nur Leute, sondern das, was die Leute sind, wird vor allem auch durch ihre Kleidung offenbar: Durch die Wahl seiner Kleider und durch die Art und Weise, sich anzuziehen, offenbart sich das Innere eines Menschen; ja die äußere Erscheinungsform hat an der inneren Haltung realen Anteil, und sei es die Haltung des Protests. Als Schmuckelement des Fleisches ist das Kleid immer Programm für das Selbstverständnis und die Selbstoffenbarung des Trägers: Die genietete Lederhose eines Punkers ist schon in sich Protest, eine Richterrobe atmet kühle, sachliche Distanz, und eine Uniform symbolisiert den in der Persönlichkeit des Trägers personifizierten Machtanspruch des Staates. Die Kleidung eines Menschen kann aufreizend oder hochverschlossen, phantasielos oder extravagant sein, immer treffen alle diese Bezeichnungen im letzten weder auf Rock,

Hose, Bluse oder Hemd zu, sondern auf den oder die in diesen Kleiderstücken Steckenden. Kleider sind direkte Signale für die Persönlichkeit ihrer Träger in umfassendem Sinn. Es bleibt nun die Frage, ob diese Signale liturgiefähig sind oder nicht!

Das gemeinsame „Taufkleid"

Jeder Dienst in der Liturgie beruht auf dem in Taufe und Firmung gründenden allgemeinen Priestertum. Nun ist es aber dieser getaufte und gefirmte Christ, von dem die Heilige Schrift sagt, er habe Christus als Gewand angezogen, er sei eine Neuschöpfung. Diese grundsätzlichen Aussagen über die Würde und Bedeutung der Taufe und des allgemeinen Priestertums bilden die Grundlagen für eine liturgische Kleidung von Laien im liturgischen Dienst, von erwachsenen Lektoren und Kommunionhelfern ebenso wie von jugendlichen Meßdienern. Allein diese symbolische Beziehung macht die liturgische Kleidung über das kindisch-kindliche Zugeständnis an die Lust am „Verkleiden" erhaben.

Auch das Verhältnis zwischen allgemeinem Priestertum und besonderem Weihepriestertum kommt so in der liturgischen Kleidung zum Ausdruck: Alle Getauften und Gefirmten besitzen die Würde des allgemeinen Priestertums. Auch durch die Weihe verlieren der Diakon, der Priester und der Bischof diese Würde nicht, sie bleiben als Glieder des Gottesvolkes („Laos") immer auch „Laien". Aber sie erhalten auf der Grundlage des königlichen Priestertums aus Taufe und Firmung (1 Petr 2,9) zur Wahrnehmung ihres Dienstes am Volk Gottes etwas Neues dazu, das Amtspriestertum.

Auf dem weißen Taufkleid erst können Stola, Dalmatik und Meßgewand angezogen werden. Laien im liturgischen Dienst und geweihte Amtsträger tragen gemeinsam die Albe, das Symbol ihres Taufkleides, das ihnen vom Priester bei der Taufe übergeben wurde mit der Mahnung, es möglichst unversehrt zum ewigen Leben zu bewahren. Das Taufkleid ist das liturgische Gewand des allgemeinen Priestertums. Auf dem „Taufkleid" erst haben die amtsspezifischen Gewänder ihren Platz und ihren Sinn. Mit den geweihten Amtsträgern tragen die Laien ein liturgisches Gewand, mit ihnen haben sie die Würde des allgemeinen Priestertums gemeinsam. Also auch hier: keine ungerechtfertigte Klerikalisierung, kein „Pfarrer spielen", sondern eine zutiefst symbolische Verleiblichung der Taufwürde, auf deren Hintergrund auch die besonderen Kleidungsstücke des Weiheamts ihre volle Bedeutung entfalten. Dies ist auch die einzige Rechtfertigung für die so unangefoch-

tene liturgische Kleidung der Meßdiener, die die Qualifikation „liturgisch" verdient.
Die liturgische Kleidung für Laiendienste muß diesen Bezug zur Taufe und zum darauf gründenden allgemeinen Priestertum klar zum Ausdruck bringen. Auch die entsprechenden Stellen der Heiligen Schrift müssen den Laien im liturgischen Dienst und der ganzen Gemeinde erklärt werden, um das wertvolle Zeichen des Kleides recht zu verstehen, um alle Vorurteile und böswilligen Urteile aus der Welt zu schaffen. Dazu werden wohl viele vorbereitende und erklärende Gespräche und Predigten nötig sein, um auch den letzten Anschein einer Klerikalisierung auszuräumen und jede Gelegenheit zu dummem und böswilligem Geschwätz auszuschalten.
Vor allem muß die Gemeinde wissen: Wenn es einige Männer und Frauen gibt, die im Chorraum an der Gestaltung der Liturgie aktiv mitwirken und wie diese Laiendienste ein liturgisches Gewand tragen, so ist dies weder als persönliche Auszeichnung zu verstehen, noch als Beleihung mit einer besonderen amtlichen Würde oder Autorität, sondern einige tun und tragen etwas, was grundsätzlich allen Christen zu tun und zu tragen möglich ist, was zu tun und zu tragen aber nicht jedermanns Sache ist. Das liturgische Gewand des Laien im liturgischen Dienst ist nicht an die Person, sondern an den Dienst gebunden, der jedem und jeder Interessierten und zum Engagement Willigen offensteht! Stellvertretend für die vielen helfen einige wenige mit, und stellvertretend tragen sie in der liturgischen Kleidung „ihr Taufkleid", Symbol der Taufe, die für alles liturgische Handeln die Grundlage ist.

Einige praktische Hinweise

Darum sollte das liturgische Gewand der Laiendienste so beschaffen sein, daß es diesen Bezug zur Taufe herstellen kann. Für Herren liegt die Verwendung der Albe selbst nahe; es könnte aber auch ein Gewand sein, das heute die Funktion der Albe übernimmt (Mantelalben, gegürtet oder nicht), wie es der Handel in vielfältigen Formen anbietet. Für Damen empfiehlt sich eine weitgeschnittene helle Tunika oder ebenfalls ein helles Mantelgewand. Die liturgische Tagesfarbe könnte im Gürtel zum Tragen kommen oder in einer Art Schal, der keinerlei Verwandtschaft zu amtlichen Insignien des Klerus aufweist. Generell sollte die liturgische Gewandung der Laien so beschaffen sein, daß sie sich von den charakteristischen Gewandstücken des Weiheamts unterscheidet, ebenso sollten Anklänge an monastische Kleidung vermieden werden. Dies gilt auch für die Kleidung der Meßdiener, die eben keine kleinen Kleriker sind, obwohl man sie in Italien bis zum heutigen Tag so bezeichnet. Mehr davon soll in der 11. Lektion gesagt werden, wo über das Anlegen des liturgischen Kleides als Vorbereitung zum liturgischen Dienst, wo auch etwas über die Machart der Laiengewänder gesagt wird.

Eine liturgische Kleidung für Laien wirkt sich darüber hinaus auch auf den Dienst selber positiv aus, wenn die anfängliche Scheu vor dem Ungewohnten einmal überwunden ist. Ein Gewand nimmt die individuelle Persönlichkeit mit allen ihren Eigenheiten zurück und verobjektiviert sie. Ein mehr oder weniger günstiger Körperbau, Haltungen und Gesten werden wohltuend unter das Gewand zurückgezogen, so daß auch die Kniebeugen, das Gehen, Stehen und Sitzen vor den Augen der anderen zwangloser und entkrampfter sein können. Im Gewand ist der Träger und die Trägerin nicht mit dem ganzen Gewicht des alltäglichen Ich auf den Präsentierteller gesetzt; Fragen um den guten Geschmack der Kleidung und manche Konfliktsituationen um die Frage des noch Angehenden können als überwunden gelten. Kein ratloses Fragen vor dem Kleiderschrank wie „Was zieh' ich heute zur Abendmesse an?", keine neidische Feststellung der Nachbarin „Schon wieder ein neuer Pullover – die hat's ja!", kein Kopfschütteln und keine Modenschau sind mehr möglich. All dies ist erlösend und befreiend weggenommen unter das Taufkleid, das Christus selbst darstellt.

Noch einmal das Stichwort „Ästhetik" als „Wahrgebung" und „Wahrnehmung"

Eine Gemeinde feiert Eucharistie; eine Gruppe von Gemeindemitgliedern um den Priester teilt mit diesem die aktive Gestaltung der Liturgie, mit ihm teilt sie auch die liturgische Gewandung. Eine Gemeinde, die begriffen hat, was Gottesdienst ist, erlebt dieses Gegenüber nicht als Trennung in „die da vorne" und „wir hier unten", in „die im Gewand" und „wir im Mantel". Sie weiß, daß die Männer und Frauen, Jugendlichen und Kinder da vorne im Gewand ihre Ehepartner, Eltern und Kinder sind, die mit ihrem Priester, ihrem Diakon für die Gemeinde das heilige Heilsdrama der Liturgie spielerisch vollziehen.

Man wird dann nicht mißgünstig, verständnislos oder gar andere verdächtigend nach vorne schauen auf die, die als Laien in der Liturgie mitmachen, die ihren Platz im Altarraum einnehmen, die in eigentlich doch überzeugender Weise wichtige Dienste tun und dabei ein Gewand tragen, von dem der Pfarrer nicht nur erzählt hat, daß es

Abb. 7 Laiendienste in liturgischen Kleidern

etwas mit der Taufe zu tun hat, sondern das – je länger, desto mehr – die Leute einfach schick finden, so daß sie sich das andere, das Agieren in Trenchcoat und T-Shirt, schon gar nicht mehr recht vorstellen können. Wer diese Offenheit an den Tag zu legen fähig und auch dazu bereit ist, der wird sich vielleicht selbst eines Tages zur Mitarbeit melden, weil er die eigene Freude am Mitmachen in der Liturgie entdeckt hat; dazu haben ihn die anderen vielleicht auch angesprochen, bestimmt aber haben sie ihn mit ihrer Freude angesteckt. So groß sei die Freude, daß der Entschluß, selbst gestalterisch in der Liturgie aktiv mitzumachen und einen Laiendienst zu übernehmen, auch beinhaltet, sogar mit innerer Lust ein liturgisches Gewand anzuprobieren, zuzulassen, sich darin zu gefallen und mutig darin den Dienst zu tun zur Ehre Gottes und zur Freude der Menschen.

Lektion 7: Vom Lektorendienst

Um falschen Erwartungen vorzubeugen: In dieser Lektion soll es weniger darum gehen, technische Ratschläge für einen gelungenen Vortrag der biblischen Texte und der Gebete zu erteilen, als vielmehr Grundsätzliches zur Sprache zu bringen; Literatur mit rhetorischen Hilfestellungen gibt es genug.

Kein „Lückenbüßer"

Die Wiederentdeckung des Lektors als liturgischer Laiendienst zeigt beispielhaft, daß es der Liturgiereform des 2. Vatikanischen Konzils nicht nur darum ging, dem Menschen des 20. Jahrhunderts einen Zugang zur Liturgie der Kirche zu öffnen, sondern in gleichem Maße auch wieder an Traditionen anzuknüpfen, die „durch die Ungunst der Zeit" (Liturgiekonstitution) im Lauf der Jahrhunderte abhanden gekommen sind.
Bereits in der Schilderung der Eucharistiefeier beim hl. Märtyrer Justin wird das Amt des Lektors erwähnt. In der Ostkirche hat es den Dienst des Lektors immer gegeben; im Abendland wurde aus diesem Laiendienst aber eine der niederen Weihen, die nur Durchgangsstufen zur Priesterweihe waren und darum nur Priesteramtskandidaten erteilt wurden; für den Gemeindegottesdienst hatte der Lektorendienst überhaupt keine echte Bedeutung mehr. Diese Entwicklung im Westen ging Hand in Hand mit dem Verständnis der Messe als Werk des zelebrierenden Priesters am Altar, dem die Gemeinde teilnahmslos oder doch mit eigenen frommen Gedanken beschäftigt zuschauen sollte. Was man bei dieser Sicht der Messe brauchte, waren Priester, möglichst viele Priester für möglichst viele Messen, aber keine Vorleser, zumal die Liturgie ja in einer der Gemeinde völlig unbekannten Sprache gefeiert wurde!
In den Jahren vor dem Konzil kam der Dienst des Lektors vielerorts wieder zu neuen Ehren, wenn auch unter aus heutiger Sicht etwas eigenartigen Umständen. Bis zur Liturgiereform des 2. Vatikanischen Konzils blieb es ja bei der lateinischen Liturgiesprache. Andererseits wollte man die anwesende Gemeinde so gut wie irgend möglich in die Feier der Liturgie einbeziehen. Also gab es Lektoren (oft auch „Vorleser" und „Vorbeter" genannt), die der Gemeinde den lateinisch betenden Priester simultan übersetzten, wie es ansonsten bei den Reden

wichtiger Politiker auf internationalen Konferenzen geschieht. Betete der Priester leise und lateinisch das Tagesgebet, las er lateinisch und leise Lesung und Evangelium der Messe, dann stand der Lektor mit dem „Schott" (lateinisch-deutsches Volksmeßbuch) in der Hand am Ambo und trug für die Gemeinde verständlich die entsprechenden Stücke vor.

Die Wiedergewinnung des echten Lektorendienstes konnte nur auf der Grundlage der Liturgiereform erfolgen; damit wurde auch ein sehr vornehmes Dienstamt wiederentdeckt. So bestimmt das neue Meßbuch, der Lektor habe in der Eucharistiefeier eine eigene Bedeutung inne und solle seine Aufgabe auch dann ausüben, wenn – etwa bei einer feierlichen Konzelebration – viele Priester und Diakone anwesend seien. Diese Bestimmung richtet sich gegen die bei vielen Pfarrern und Laien leider häufig anzutreffende Meinung, in diesem Fall habe der Laie auch als Lektor „vorne" nichts zu suchen. Letztlich werden die Laiendienste dadurch doch wieder zu Tätigkeiten von Lückenbüßern herabwürdigt. Daß dem nicht so sein soll, sagt das neue Meßbuch mit aller Deutlichkeit; der Dienst des Lektors ist ein liturgischer Laiendienst und keine Vertretung für eine Tätigkeit, die eigentlich dem Priester oder Diakon zustünde. Gerade durch den Dienst des Lektors und der Lektorin wird sichtbar und hörbar vorgeführt, daß auch die geweihten Amtsträger zusammen mit ihren nichtgeweihten Brüdern und Schwestern Hörer des göttlichen Wortes sind und es als Glieder des Gottesvolkes, als „Laien" also, auch bleiben.

Der Vortrag des Evangeliums wurde früh schon dem geweihten Amtsdiener vorbehalten; ist ein Diakon anwesend, so ist die Verkündigung des Evangeliums in der Messe seine vornehmste Aufgabe. Grund für die Reservierung des Evangeliums ist die Auffassung, daß Christus selbst im Evangelium zu seiner Gemeinde redet, weshalb hier der „instrumentelle Charakter" des Weihesakramentes zum Zuge kommen soll. Der Vortrag der nichtevangelischen Lesungen aber ist ureigenste Sache des Lektors, der hier einen echten Laiendienst versieht.

„Wiedererkennendes Lesen"

Die dem Lektorendienst eigene Würde kommt ganz versteckt in dem Namen noch zum Ausdruck, mit dem man diesen Dienst bei den griechischen Ostchristen bezeichnet. Auf den ersten Blick ist der lateinische Name „Lektor" eigentlich nichts anderes als die Übersetzung des griechischen Wortes „Anagnostes". „Anagnostes" heißt zwar auch „Vorleser", aber das dahinterstehende Verbum kann auch „wiedererkennen" heißen: Der Vorleser erkennt einen Text wieder und bringt ihn zur Sprache.

Wiedererkennen kann man aber nur etwas, was man schon einmal erkannt hat, was schon zur eigenen Sache geworden war, ein Teil von einem selbst. Der Lektor und die Lektorin sollen die biblischen Texte nicht nur einfach verlesen wie andere Texte, die mit ihnen selbst vielleicht gar nichts zu tun haben, sondern sie sollen die Worte der Heiligen Schrift auch als an sie persönlich gerichtete und zu Glaube, Hoffnung und Liebe auffordernde Ansprache Gottes wiedererkennen und so auch zur Sprache bringen. Das heißt doch nichts anderes, als daß die Texte der Heiligen Schrift, die in der Messe verkündigt werden sollen, von den Vorlesenden zuerst „in Besitz genommen" werden müssen, ehe sie sie der Gemeinde weitergeben. Die im Gottesdienst vorzulesenden Abschnitte der Bibel („Perikopen") müssen *ihre* Texte geworden sein; die Vorlesenden müssen von dem, was sie vorlesen, betroffen sein, und es ist diese Betroffenheit, die die Art und Weise des Vortrages grundlegend bestimmt. Was einen selber nicht angeht, das liest man auch dann herunter, wenn man auch die rhetorischen Regeln noch so sehr zu beachten bemüht ist, und die Hörer der Botschaft werden auf Dauer die innere Distanz eines Vorlesers zu seinem Text sehr wohl bemerken. Wenn der Lektor aber beim Vorlesen den Text als etwas wiedererkennt, womit er sich auseinandergesetzt hat, wenn er einen Text weitergibt, der zu seinem eigenen Text geworden ist, dann wird er ihn mit etwas rhetorischer Schulung so vortragen, daß die Hörer merken, daß hier etwas gelesen wird, das für das eigene Leben wichtig sein könnte, und sie werden Ohren und Herz für die Lesungen öffnen.

Gemeinsame Vorbereitung

Die erste Vorbereitung für den Lektorendienst müßte also darin bestehen, sich mit den zu lesenden Texten auseinanderzusetzen. Schon das Wort „sich auseinandersetzen" ist vielsagend: Sich mit einer Sache auseinandersetzen heißt doch, sich mit ihr zu konfrontieren. Man betrachtet etwas von ferne, setzt sich mit ihm auseinander, vis à vis, betrachtet die Sache und läßt sie auf sich einwirken: Was sagt einem dieser Text selbst? Versteht man, was der Apostel oder der Prophet sagen will? Hat das, was da im biblischen Text steht, etwas mit dem eigenen Leben zu tun? Findet man darin Trost, Aufrichtung, Ermutigung, oder ärgert man sich gar über das, was da einem aus dem Text an Anspruch, als Warnung oder Verpflichtung entgegentritt? Was nimmt man aus diesem Text selber mit für das eigene Leben?

Konstruieren wir einen Idealfall: Pfarrer X versammelt einmal in der Woche seine Lektoren und Lektorinnen – auch die anderen Laiendienste könnten dazu eingeladen werden – zu einem Bibelgespräch. Man liest gemeinsam die Lesungen des bevorstehenden Sonntags, auch das Evangelium. Der mit theologischer Fachkompetenz versehene und gut vorbereitete Pfarrer gibt einige einführende Erklärungen, die das Verständnis erleichtern können, und dann tauscht man miteinander die Gedanken aus, die das ausdrücken, was der Text einem jeden persönlich sagt. Man nennt dies auch mit einem schönen Wort „Bibelteilen".

Vorsicht: Wenn ein solcher Gesprächskreis in ein bibelwissenschaftliches Kolloquium ausartet, dann ist er zum Scheitern verurteilt! Er hat nicht die Aufgabe, den Schrifttext zu analysieren („analysieren" heißt wörtlich übersetzt nichts anderes als „auflösen"!), sondern er soll es fertigbringen, daß die Teilnehmer sich gegenseitig damit beschenken, was die Bibelstelle in sehr unterschiedlicher Weise einem jeden in seine urpersönliche Lebenssituation hinein sagen kann. Man wird feststellen, daß die Sehnsüchte, Zweifel und Ängste, die sich bei der Konfrontation mit einem Schrifttext einstellen können, bei allen Menschen im Grunde doch sehr ähnlich sind. Nach einem solchen Schriftgespräch haben die Teilnehmer ihren Schrifttext im wörtlichen Sinne „begriffen", ihn besitzergreifend in den Griff genommen; er ist bei den Teilnehmern durch die Konfrontation mit dem eigenen Leben zu einem Teil ihrer selbst geworden, was zu einem überzeugenden Vortrag in der Liturgie unerläßlich ist.

Vielleicht ist hier ein Wort an die Pfarrer fällig, die einwenden könnten, ein solcher wöchentlicher Bibelgesprächskreis sei zu arbeitsintensiv. Zum einen handelt es dabei um eine höchst geistliche Sache, die als solche vor allen Verwaltungsaufgaben Priorität genießen sollte, zum anderen sei hier auch der praktische Nutzen nicht unerwähnt: Das „Bibelteilen" in einem solchen Gesprächskreis liefert dem Pfarrer den größten Teil seiner Sonntagspredigt gratis ins Haus! Aber auch dort, wo es diesen Idealfall nicht gibt, ist eine persönliche Konfrontation mit dem Text als Vorbereitung auf den Lektorendienst unerläßlich. Das heißt konkret, der Lektor muß vorher wissen, was er zu lesen hat, und darf es nicht erst in der Sakristei erfahren. Eine preiswerte Ausgabe der Meßlesungen sollte im Besitz eines jeden Lektors sein (Schott, deutsche „Meßbücher" usw.). Konkret: Auch wenn sich Lektoren und Lektorinnen allein vorbereiten, sollten sie sich den zu verkündigenden Text in dem Sinne erarbeiten, daß sie sich fragen, was er denn jedem und jeder von ihnen persönlich zu sagen hat.

Erneuerte Leseordnung

Hier ist es nun nötig, etwas über die Leseordnung im Gottesdienst zu sagen. Daß die zu verkündigenden Schrifttexte von der Kirche vorgegeben werden, mag dem einen oder anderen zwar als störende Einschränkung der Gestaltungsfreiheit vorkommen, bildet aber andererseits einen bedeutenden Schutzwall gegen feine Formen neuer Klerikalisierung. Denn letztlich wäre es fatal, wenn die Auswahl der biblischen Lesungen dem Zelebranten oder dem Prediger überlassen bliebe. Selbst wenn er es nicht wollte, er würde letztlich doch nur seine Lieblingslesungen auswählen und die anderen, die ihn aufgrund seiner persönlichen spirituellen Prägung nicht oder weniger ansprechen, auf die Dauer gesehen vernachlässigen oder gar ganz übergehen.

Die Liturgiereform hat eine in der alten Kirche verbreitete Art der Schriftlesung wieder aufgegriffen, durch die unabhängig von einzelnen Festtagen oder Gedenktagen die ganze Breite der Heiligen Schrift im Lauf einer gewissen Zeit zur Verkündigung kommt, die „Bahnlesung" („lectio continua"). Für jede sonn- und feiertägliche Meßfeier sind drei Lesungen vorgesehen; die erste aus dem Alten Testament, die zweite aus einem Apostelbrief, der Apostelgeschichte oder der Geheimen Offenbarung und als dritte Lesung das Evangelium. Für das Evangelium gibt es einen dreijährigen Lesezyklus: Im Jahr A wird Matthäus, im Jahr B Markus und im Jahr C Lukas gelesen, das Johannesevangelium kommt in den letzten Wochen der österlichen Bußzeit und in der Osterzeit eines jeden Jahres zur Verkündigung.

Ebenfalls „Bahnlesung" ist die zweite, neutestamentliche Lesung, während die erste, alttestamentliche, auf die Aussage des Evangeliums hin ausgesucht ist, d. h., sie teilt mit diesem die Thematik, während die neutestamentliche Lesung dazu überhaupt keinen Bezug zu haben braucht. Leider ist die Praxis der drei Lesungen an Sonn- und Feiertagen bei uns noch weitgehend unüblich, da die deutschen Bischöfe nur zwei Lesungen verpflichtend gemacht haben. Für die Werktagsmessen sind generell nur zwei Lesungen vorgesehen. Hier wiederholen sich die Evangelien jedes Jahr (Woche 1–9 Markus, Woche 10–21 Matthäus, Woche 22–34 Lukas), besondere Evangelien in geprägten Zeiten (Adventszeit und österliche Bußzeit), während die Lesungen aufgeteilt sind in Lesejahr I (Jahre mit ungerader Jahreszahl) und II (Jahre mit gerader Jahreszahl). Besondere Leseordnungen gibt es für die Meßfeier an Heiligenfesten, aus Anlaß der Spendung von Sakramenten und Sakramentalien, zu verschiedenen Anlässen und für die Votivmessen (Meßfeier unter einem bestimmten Grundmotiv). Für jedes Lesejahr und für verschiedene Anlässe gibt es jeweils ein unterschiedliches Lektionar, das Rollenbuch des Lektors.

Dienst an Buch und Wort

Wenn der Lektor vor der Messe die Sakristei betritt und das Lektionar in die Hand nimmt, sollte er seinen Text bereits gut kennen, es soll doch schon „sein" Text sein, den er vorträgt. Außer notwendigen Absprachen sollte eine Atmosphäre gesammelten Schweigens herrschen, denn zu jedem liturgischen Dienst ist es notwendig, daß die Ministranten „aus der Ruhe" kommen; nichts ist schädlicher, als wenn sich die Hektik des Alltags auf die Liturgie überträgt. Daß der Lektor seinen Platz im Chorraum einnimmt, ist im Meßbuch vorausgesetzt! Es heißt dort sogar, der Lektor solle – wenn kein Diakon anwesend ist – das Evangeliar bei der Einzugsprozession tragen; er geht dann unmittelbar vor dem Priester und legt es auf den Altar (vgl. die dem Meßbuch vorabgedruckte „Allgemeine Einführung in das Römische Meßbuch" Nr. 148-149). Ist eine Gemeinde (noch) nicht im Besitz eines Evangeliars, so kann auch das Lektionar auf dem Altar plaziert werden, enthält es doch auch die Evangelien und ist als „Heilige Schrift" mehr als ein technisch zum Liturgieablauf notwendiges Buch: Es ist Symbol des in seinem Wort gegenwärtigen Herrn.
Ist der Augenblick der Lesung gekommen, so stellt sich selbst bei „alten Hasen" immer noch ein wenig Lampenfieber ein. Das ist auch gut so, denn das Dienstamt am Ambo sollte niemals zur Routine verkommen. Um so wichtiger ist es, daß der Lektor bzw. die Lektorin den Ambo als den Ort der Wortverkündigung ruhig, gesammelt und gezielt angehen kann, was geradezu unmöglich erscheint, wenn er oder sie aus der Anonymität der Bank, durch den Mittelgang, über die Altarstufen erst in das Rampenlicht des Ambos tritt. Die Leute sind eben Menschen, und sie schauen eher auf die etwas komische Gangart von Frau X., ihnen fällt eher der schöne Anzug von Herrn Y. oder der etwas knapp geratene Rocksaum von Fräulein Z. auf. Wer von seinem Platz im Altarraum zum Ambo kommt, wer durch das liturgische Kleid alledem entzogen ist, der hat es doch erheblich leichter!
Vor der Verkündigung des Evangeliums sprechen Priester und Diakone ein kleines vorbereitendes Gebet, Gott möge selbst Herz und Lippen des Verkündenden bewegen. Was hindert daran, daß der Lektor oder die Lektorin auf dem Gang zum Ambo in ähnlicher Weise Gott um seinen Beistand dafür bitten, daß das, was vorgelesen wird, weder menschliche Sprache noch „Deklamation" sei, sondern Gotteswort,

das in die Herzen der Hörer eindringen soll. Dieses Gebet kann ganz kurz sein, etwa: „Herr, segne meinen Dienst!" oder in Anlehnung an die Eröffnung des Stundengebetes: „Herr, öffne meine Lippen, damit mein Mund dein Wort verkünde!" oder: „Herr, ich bin da zu deinem Dienst, laß mich dein Werkzeug sein!".
Gibt es eine erklärende Einleitung zu den Lesungen, so sollte diese vom eigentlichen Lesungstext deutlich abgehoben werden; dies geschieht durch eine kleine Pause und die Nennung der Schriftstelle: „Lesung aus dem Propheten ..." Bei den Apostelbriefen gibt es eine Anrede: Es soll dadurch zum Ausdruck kommen, daß der Brief nicht nur in einer einmaligen historischen Situation für eine konkrete Gemeinde zur Zeit des Briefschreibers Bedeutung hatte, sondern für die ganze Kirche aller Zeiten; er ist auch an die jetzt hier anwesende Gottesdienstgemeinde adressiert.
Wenn ein Lektor, besonders aber eine Lektorin die Anrede modifiziert: „Brüder und Schwestern", dann kann man leicht Stimmen hören, der oder die Verkündende habe es nun einmal mit der Emanzipation. Im griechischen Urtext wie in der lateinischen Übersetzung des NT steht aber „Geschwister"; die Mehrzahlform von „Brüder" kann auch mit „Brüder und Schwestern" übersetzt werden. Ohne in irgendwelche emanzipativen Kampfstimmungen zu verfallen: Das heutige Lebensgefühl, das von einem gleichberechtigten Partnerschaftsverhältnis zwischen Mann und Frau ausgeht, gestattet es einfach nicht mehr, die Hälfte der Gottesdienstgemeinde (meistens sogar die Mehrheit!) durch die Anrede „Brüder" einfach zu ignorieren; das ist schlechthin unhöflich.

„Wort Gottes"

Die Ordnung der Messe sieht vor, daß der Text der Lesung beendet wird mit dem Spruch: „Wort des lebendigen Gottes"; darauf antwortet die Gemeinde: „Dank sei Gott."
Manch gewissenhafter Zuhörer der Lesung kann seine Zweifel darüber hegen, ob das verkündigte Wort wirklich Gottes Wort ist, etwa wenn eine alttestamentliche Lesung von blutrünstigen Greueltaten bei der Eroberung des Gelobten Landes durch die Söhne Israels berichtet, wenn vom Mordauftrag am Manne der Batseba und dem Ehebruch des David mit dessen Frau die Rede ist oder wenn ein Weisheitstext eher zu depressiven Stimmungen verleitet als im Glauben zu stärken. Da hilft eine Besinnung auf die Heilsgeschichte weiter, wie sie auch in den eher dunkel wirkenden Schriften des Alten Testaments zum Aus-

druck kommt, etwa im Buch Kohelet, das alles andere vermittelt als die christliche Grundtugend der Hoffnung.

Für einen Christen zielt das gesamte Alte Testament auf Christus hin; nur von ihm her kann es „zurückgelesen" werden; es ist die Geschichte Gottes mit den Menschen, exemplarisch dargestellt am Schicksal des auserwählten Volkes. So gesehen ist alles „Wort des lebendigen Gottes", der mit den Menschen eine lebendige Beziehung eingegangen ist und auch menschliche Fehlformen und Mangelerscheinungen ernst nimmt. Es sind doch auch unsere Mängel, Fehler und Sünden, die von den in der Heiligen Schrift berichteten gar nicht so verschieden sind und die alle in Christus einer Lösung, der Erlösung zugeführt werden. Manch verwickelte Geschichte im Alten Testament wie im eigenen Leben zeigt für den Gläubigen, daß Gott „auch auf krummen Zeilen gerade schreiben kann". Dies zu verkündigen verdient darum stets das Prädikat des lebendigen Gotteswortes: „Wort des lebendigen Gottes". Der zuweilen noch gehörte Schluß „Soweit die heutige Lesung" ist dagegen unpassend; im Grunde genommen ist dieser Satz nichts mehr als zur sprachlichen Ausdrucksweise gebrachte Gänsefüßchen für ein vorgelesenes Zitat. Die Antwort „Dank sei Gott" ist eigentlich eindeutig; die Gemeinde dankt Gott für das an sie ergangene Wort, das ja immer Wort des Lebens ist. Allerdings ist die Antwort „Deo gratias" in der Geschichte der Kirche auch als Signal dafür bezeugt, daß die Gemeinde oder ein einzelner etwas verstanden hat. Der Pförtner im mittelalterlichen Kloster ruft „Dank sei Gott", wenn es an die Klosterpforte geklopft hat; er dankt Gott für den Besucher, der womöglich der Herr Jesus selbst ist unter der Gestalt eines Hilfsbedürftigen; der Bruder Pförtner signalisiert mit seinem „Deo gratias" aber auch: „Ich habe das Klopfen gehört, ich komme und öffne!" Ähnlich nach dem Entlassungsruf, bei dem in früheren Zeiten ja auch die Termine für andere Gottesdienste und kirchliche Termine vermeldet wurden. Das „Deo gratias" der Gemeinde sollte immer auch sagen: „Wir haben es verstanden und werden kommen!" So kann auch „Dank sei Gott" bedeuten: Wir haben das Vorgelesene wirklich gehört, es verstanden, Gottes Wort in uns aufgenommen, wo es wirken kann – auch über unsere eigenen Vorstellungen hinaus.

Kooperation von Lektor und Kantor:
das Kyrie und die „Zwischengesänge"

Die Zwischengesänge (Responsorialpsalm nach der ersten Lesung, Halleluja vor dem Evangelium bzw. der Ruf vor dem Evangelium in der österlichen Bußzeit) sind eigentlich Sache des Kantors, weshalb sie auch hier in der Lektion über diesen Laiendienst besprochen werden sollen. Da der Kantorendienst aber noch in vielen Pfarreien nicht eingeführt ist, kann sich für den Lektor die Notwendigkeit ergeben, die Zwischengesänge vorzubeten. Es liegt bereits im Wort: Zwischengesänge sollten gesungen werden; der gesprochene Vollzug kann nur eine Notlösung sein. Auf jeden Fall soll der Lektor wissen, daß sie im Lektionar abgedruckt sind.

Stellt die Aktivität des Lektors bei den Zwischengesängen als Vertreter des Kantors wirklich nur eine Notlösung dar, so können sich beide Laiendienste beim Kyrie zu einer wirklichen Kooperation ergänzen. Das Kyrie eleison am Anfang der Messe ist ja kein Bittruf, sondern eine Begrüßung des unsichtbar in seiner Gemeinde gegenwärtigen Herrn. Ihm gilt das Kyrie als Huldigungs- und Grußruf. Hier könnten Lektor und Lektorin eine Akklamation sprechen, der Kantor bzw. die Kantorin singt ein Kyrie an, die Gemeinde beantwortet es singend, und im Idealfall führt es der Chor mehrstimmig zu Ende. Mehr dazu soll bei der Behandlung der Meßliturgie selbst gesagt werden.

Wiederbelebte Fürbitten

Neben dem Vortrag der Lesungen ist das Vorbeten der Fürbitten die zweite vornehmliche Aufgabe des Lektors, auch wenn die „Allgemeine Einführung ins Meßbuch" (Nr. 66) den Vortrag der Lesungen als seine Hauptaufgabe bezeichnet. Die Fürbitten in der Messe sind ebenfalls eine Wiederbelebung einer alten Sache; sie gehören zu dem, was „durch die Ungunst der Zeit verlorengegangen" war und durch die Liturgiereform wiederhergestellt werden sollte, so Art. 50 der Liturgiekonstitution.

Schon das christliche Altertum kannte das allgemeine Gebet der Gläubigen, worin die konkreten Sorgen und Nöte der Gemeinde in der Liturgie ihren legitimen Platz erhielten. Wie in der gesamten damaligen Christenheit schloß auch in Rom der Wortgottesdienst mit der Entlassung der noch nicht getauften und damit zur Eucharistie noch nicht zugelassenen Katechumenen. Das erste gemeinsame Gebet der Gläubigen geschah in dem Anliegen der Gemeinde, wie auch heute noch in der byzantinischen Liturgie das allgemeine Gebet seinen Anfang nimmt mit den Worten des Diakons: „Nur ihr Gläubigen, wieder und wieder lasset uns zum Herrn beten!"

Dieses Gebet hatte in Rom jene Gestalt, wie wir sie heute nur noch in den großen Fürbitten der Karfreitagsliturgie praktizieren: Auf die

Nennung eines Anliegens mit Gebetsaufforderung („Lasset uns beten, Brüder und Schwestern, für die heilige Kirche Gottes, daß unser Gott und Herr ihr Frieden schenke auf der ganzen Erde, sie eine und behüte und uns ein Leben gewähre in Ruhe und Sicherheit zum Lob seines Namens.") folgen Gebetsaufforderung („Beuget die Knie!") und das stille Gebet der Gemeinde im genannten Anliegen. Die stillen Gebete der einzelnen werden im Gebet des Priesters zusammengefaßt, das darum auch „Collecta" – Sammelgebet heißt. So feierlich diese Fürbitten sind, so sehr wissen wir aus dem Karfreitagsgottesdienst um ihre Länge; für den alltäglichen Gebrauch sind sie ungeeignet.

Im Osten und auf östlichen Einfluß hin auch in Gallien und Oberitalien gab es aber eine andere Fürbittform, die Litanei: Auf die einzelnen Anrufungen des Diakons antwortet die Gemeinde mit dem „Kyrie eleison"; dies ist heute noch die Form der vielen Fürbittreihen, die der orthodoxen Liturgie ihr eigenes Gepräge geben. Papst Gelasius fand Gefallen an dieser Fürbittform und führte sie in die Messe ein, legte sie jedoch gleich an den Anfang der Feier. Papst Gregor wollte die Liturgie kürzen und strich die vom Diakon vorgetragenen Fürbitten weg, übrig blieb nur noch das Kyrie eleison und Christe eleison des Volkes, wie es bis heute zu Beginn der Meßfeier gebetet oder gesungen wird. Die heutigen Fürbitten nach dem Glaubensbekenntnis sind eine Frucht der liturgischen Erneuerung; an Sonn- und Feiertagen sind sie vorgeschrieben.

Das Gebet des Volkes

Es ist ein typischer Laiendienst, die Anliegen des Volkes zur Sprache zu bringen, nachdem der Priester als Leiter der Versammlung das Fürbittgebet eingeleitet hat und es in Art eines zusammenfassenden Gebetes oder Lobpreises abschließt. Die Fürbitten müssen aber auch wirklich Für-Bitten, d.h. sie dürfen nicht Uns-Bitten sein, sie sind keine „Nabelschau" der anwesenden Gemeinde, sondern sollen den Rahmen dieser Gemeinschaft am Altar sprengen und die Anliegen derer, die draußen sind und die Nöte der Welt in die Liturgie hereinholen. Schon die Tatsache, daß für Abwesende gebetet werden soll, bestimmt den Charakter der Fürbitten nachhaltig. Eigentlich gehören Christen ja zusammen wie eine große Familie. Wenn hier jemand zu einem wichtigen Fest oder zu einem familiären Anlaß fehlt, dann ist dies ein Grund, sich um ihn Sorgen zu machen. Wer in der liturgischen Feier nicht anwesend ist, der ist entweder krank oder auf Reisen, der ist in Gefangenschaft geraten (da hatten die Christen natürlich noch die

Verfolgungssituation im Blick) oder der hat an der liturgischen Versammlung, vielleicht sogar am Glauben selbst kein Interesse mehr. Alle diese möglichen Anlässe für sein Fernbleiben liefern den Anwesenden genug Gründe, sich um den Bruder / die Schwester im Herrn Sorgen zu machen und entsprechend ihrer bzw. seiner im Gebet fürbittend zu gedenken.

Schon in der Heiligen Schrift gibt es eine „Gedenkordnung" (1 Tim 2,1-4), die sich zur liturgischen Regel entwickelte. Gebetet werden soll für die kirchliche und weltliche Obrigkeit, für die Leidenden, Kranken, für alle Stände in der Gemeinde, um gemeinsame Anliegen, die für alle von Bedeutung sind, und für die Verstorbenen. Sicher sollen die aktuellen Bezüge zum Tagesgeschehen durch die Fürbitten einen Ort in der liturgischen Feier erhalten, es muß aber darauf geachtet werden, daß dies nicht moralisierend mit erhobenem Zeigefinger getan wird. Eine Fürbitte wie diese: „Gib den in der Rüstungsindustrie Tätigen ein schlechtes Gewissen, damit sie kündigen, und uns Mut und Phantasie, ihnen neue Arbeitsplätze zu verschaffen" ist – gelinde gesagt – eine Frechheit. Echte Friedenssorge führt hier zu einem arroganten Moralton, der den echten Charakter einer an Gott gerichteten Bitte bereits verloren hat oder von vornehmen darauf verzichtet.

Überhaupt scheint man sich mit der Formulierung von Fürbitten etwas schwer zu tun, weshalb ein Gemeindepfarrer seine Hausbibliothek mit einer ganzen Reihe von Fürbittbüchern erweitern könnte. Dabei ist die Sache im Grunde ganz einfach: Jeder Blick in eine Nachrichtensendung oder in die Zeitung bietet genug „Gebetsstoff"; in jeder Gemeinde weiß man von Menschen, die darauf warten, daß man ihrer im Gebet gedenkt. Es wäre eine dankbare Aufgabe des Lektorenkreises, die Fürbitten für den nächsten Sonntag sorgsam auszuwählen oder gar selbst zu formulieren, dann wären es wirklich Bitten, die die Bezeichnung „Gebet des Volkes" verdienen. Manche Pfarrei hat auch gute Erfahrungen mit einem ausgelegten Fürbittbuch, in das die Kirchenbesucher anonym ihre Anliegen zu Papier bringen können; echtere Fürbitten als diejenige für einen krebskranken Mann, dessen Frau all ihre Nöte und Ängste in dem ausgelegten Buch aufschrieb, kann es wohl nicht geben; die Antwort „Wir bitten dich, erhöre uns" wird alles andere als automatisch erfolgen, wie es sonst oft der Fall ist. Eine Gemeinde, die das Geschenk der Fürbitten nicht mehr zu würdigen weiß, weil sie nichts mehr mit dem Leben zu tun haben, wird auch dann noch ihren Gebetsruf erschallen lassen, wenn der Herr des Himmels und der Erde um größere Weißkraft eines Waschmittels angegangen würde! Auch hier gilt also: Je mehr man sich mit der Aufgabe, die Nöte und Sorgen des Volkes zur Sprache zu bringen, auseinandergesetzt hat, um so echter sind die Fürbitten; auch dies kann eine wichtige Vorbereitungsaufgabe des Lektors oder des Lektorenkreises sein, wenn die Vorbereitung in mehr bestehen soll, als dem Lektor irgendein Buch oder Blatt in die Hand zu drücken. Auch der Pfarrer, der sich mit der Auswahl der Fürbitten wirklich Mühe macht, ist gut beraten, auch Menschen seiner Gemeinde zur Vorbereitung heranzuziehen; was liegt näher, als die Menschen dazu einzuladen, die in der Messe das „Gebet des Volkes" zur Sprache bringen sollen?

Lektor und Lektorin als Vortragende der Fürbitten als Gebet des Volkes

In der byzantinischen Kirche ist es der Diakon, der die vielen Fürbittlitaneien vorsingt, auf deren Anliegen die Gemeinde mit dem „Kyrie eleison" antwortet. In der Alten Kirche war der Diakon ja der Armenfürsorger; als solcher kannte er natürlich die „sozialen Brennpunkte" in der Gemeinde und war darum auch ihr erstberufener Fürbitter. Auch heute kann der (gesungene) Vortrag der Fürbitten durch einen Diakon ein Zeugnis für die „diakonale Dimension" der Kirche geben – vorausgesetzt, der diensttuende Diakon ist auch wirklich in der Armenfürsorge tätig.
„Gebet des Volkes" sind die Fürbitten in idealer Weise, wenn in einem Kleingruppengottesdienst der Priester die Fürbitten eröffnet und alle Mitfeiernden einlädt, frei ihre Anliegen für Menschen zu nennen, derer sie im Gebet gedenken wollen und die sie der Fürbitte der anderen anempfehlen wollen: Fürbitten als „Gebet des Volkes" in Reinform.
Für Gottesdienste mit vielen Teilnehmern ist dies aber schon aus Gründen der Scheu, der zeitlichen Planung und der geordneten Durchführung kaum praktikabel. Die Aufteilung der einzelnen Anliegen entsprechend ihrer Zahl auf verschiedene Gläubige wird besonders in Großgottesdiensten praktiziert, entbehrt aber auch wieder nicht gewisser ideologischer Schlagseiten: Nun ist eben das „Gebet der Gläubigen" dran, also müssen Laien her, die schön am Ambo Schlange stehen und nacheinander ihr Fürbittsprüchlein aufsagen, auf das dann ja doch ein Diakon, ein Kantor oder sonst ein liturgisch Tätiger mit seinem „Lasset zum Herrn uns beten!" wieder initiativ wird.
Man wird daher im Gemeindegottesdienst auf die Eröffnung durch den Priester den Vortrag der Bitten für die Kirche und ihre abwesenden Mitglieder am besten dem Lektor oder einem eigens für die Fürbitten einzusetzenden Vorbeter überlassen. Auf andere Weise kann

sichergestellt werden, daß die vorgetragenen Bitten das „Gebet des Volkes" sind, etwa so, daß die Fürbitten stellvertretend vom Lektorenkreis nach der jeweiligen Lebenssituation in der Pfarrgemeinde gemacht werden, am besten aber dadurch, daß ein zum Aufschreiben der Anliegen in der Kirche ausliegendes Fürbittbuch – wie die Gaben bei der Gabenbereitung – zu den Fürbitten nach vorne gebracht wird.

Kommunion – Meditation

Zweifellos mangelt es unseren Gottesdiensten an Ruhe. Es passiert soviel, ein Lied nach dem anderen wird gesungen, und mancher Priester begnügt sich nicht nur mit einer Predigt, so daß oft genug die Stille zum persönlichen Beten schmerzlich vermißt wird. Es wird deshalb von vielen als Wohltat empfunden, wenn nach der Austeilung der Kommunion ein Raum der Stille gewährt wird. Andererseits weiß man auch um die Gebetsnot vieler Menschen. Für solche kann die Stille zur unangenehm empfundenen Zwangspause werden. Eine kurze Kommunionmeditation oder ein knappes Gebet vor dem Eintritt der Stille können sehr hilfreich sein. Hier wäre auch Gelegenheit, aus dem reichen Gebetsschatz zu schöpfen. Früher allgemein bekannte Gebete, die Gefahr laufen, in Vergessenheit zu geraten (z. B. „Seele Christi, heilige mich ..."), können für das persönliche Beten in der Stille Anstoß und Hilfe sein; nur ist hier das Gebot der äußersten Kürze unbedingt zu beachten, die Stille darf nicht wieder durch dieses Gebet zerstört werden. Auch dies wäre ein Betätigungsfeld für Lektor und Lektorin.

Verkünder des Wortes

Der Dienst von Lektor und Lektorin ist in seiner Bedeutung nicht hoch genug einzuschätzen. Er bzw. sie ist weder Ersatzmann für den fehlenden Kleriker noch Quotenfrau zur Herausstellung des Laienengagements, sondern VerkünderIn des Wortes, zu dessen Hörern auch der Priester zählt, der sich wie alle anderen unter das Wort Gottes stellt. Der Lektorendienst ist das Sprachrohr für die Gemeinde, für die als ganze der Missions- und Verkündigungsbefehl Jesu gilt: „Geht hin und lehret alle Völker!" Wie es nicht Sache des Zelebranten ist, „seine" Messe zu „lesen", sondern Sache der gesamten Gemeinde, so ist es auch Pflicht der Gemeinde, der Eltern, Großeltern, Lehrer, Paten usw., für die Weitergabe des Glaubens an die noch folgenden

Generationen zu sorgen. Wären Lektorinnen und Lektoren als Verkünder der Schrift in der Liturgie nicht auch die geborenen Erstkommunion- und Firmkatecheten? Wäre nicht erst so das liturgische Tun Gipfel einer Grundhaltung , die nur als „Sendung" zu bezeichnen ist und die jedem Christen als Jünger seines/ihres Herren aufgetragen ist? Es gibt noch viel zu tun …

Lektion 8: „Singt Gott in eurem Herzen Lieder" (Eph 5,19) – oder: vom Dienst des Kantors und den anderen kirchenmusikalischen Diensten

Klingendes Beiwerk

François Couperin, einer der berühmtesten Komponisten Frankreichs in der Barockzeit, hat Dienst. Es ist noch in St. Gervais, wo Couperin in jungen Jahren tätig ist, bevor er einer der vier Organisten an der königlichen Kapelle in Versailles wird. Couperin soll „die Messe spielen" und das im wörtlichen Sinn dieser Redensart. Nicht wie damals schon in Deutschland – nicht zuletzt durch evangelischen Einfluß – üblich, sollte er den Volksgesang mit dem Orgelspiel begleiten, sondern er sollte „die Messe spielen", vielleicht eine seiner eigenen Kompositionen, die „Pfarrmesse" oder die „Klostermesse" zum Beispiel.
Letztlich tat Monsieur Couperin in der Kirche nicht viel anderes als das, was knapp zwei Jahrhunderte später in den Kinos der Stummfilmzeit geschehen sollte: Pianist und Stehgeiger untermalten das Geschehen auf der Leinwand und verstärkten den Eindruck, den die auf der Leinwand laufenden Bilder vermittelten. Man hieb also kräftig in die Tasten, wenn das arme Opfer böser Gangster auf die Schienen gefesselt wurde, um vom Zug überrollt zu werden, man spielte süßliche Melodien zu entsprechenden Liebes- und Versöhnungsszenen.
Couperin tat in der Meßfeier seiner Zeit gar nichts anderes. Betete der Priester leise das Gloria, dann zog er alle Register seiner Orgel zum „plein jeu" („volles Werk") und drückte den festlichen Charakter dieses Gebets oder Gesanges phantasievoll in „Couplets" oder kleinen Konzertstücken aus; bei der Erhebung der Hostie in der Wandlung spielte er ein kleines kunstvolles Trio mit wenigen, wohlklingenden Registern, das den Geist der Anbetung vermitteln sollte und letztendlich zum „Deo Gratias", das bestenfalls allein der am Altar dienende Ministrant sagt, holte er alles raus, was in seiner Orgel drinsteckte.
O nein, es gab natürlich auch Messen, in denen wirklich gesungen wurde, aber wenn, dann war dies nicht Sache der Gemeinde. Ein Chor sang höchst kunstvoll mehrstimmige Werke in Latein, und auch der Choral des frühen Mittelalters war vor seiner kraftvollen Erneuerung im 19. Jahrhundert nicht völlig vergessen. Aber ganz gleich, wer da musizierte oder was zu Gehör gebracht wurde, es war nach damaligem Verständnis nicht amtliche Liturgie. Die seit gut einem Jahrtausend in einer dem Volk völlig fremden Sprache gefeierte Liturgie und die

immer komplizierter werdenden Chorsätze führten dazu, daß sich der liturgische Gesang zur geistlichen Musik verselbständigte, die man anläßlich einer Liturgie sang und aufführte, die aber nicht mehr Teil der Liturgie selber war. Die Musik im Gottesdienst war Beiwerk ohne eigenständige Bedeutung; sie war gottesdienstlicher Schmuck wie Kerzen, Bilder und Gewänder auch, sie sollte den würdigen Rahmen abgeben für die Messe als priesterliches Werk, sie sollte dem „anwesend abwesenden" Gläubigen in der Liturgie helfen, besser zu seinen frommen Gedanken und Privatgebeten zu finden, die er beim Betrachten des priesterlichen Wirkens verrichten sollte.

Paralleler Volksgesang

Etwa ein Jahrhundert nach Couperin sang die Gemeinde vermehrt selbst, aber auch dieser Gesang war im Grunde nur ein Ventil für den nach wie vor vom liturgischen Vollzug ausgeschlossenen Laien. Zwar wurde die Forderung, die zur Messe versammelten Gläubigen sollten wirklich in das liturgische Geschehen einbezogen werden, von Theologen der Aufklärungszeit immer wieder erhoben, doch durchsetzen konnte sie sich nicht.

Aber eine Neuerung aus dieser Zeit blieb doch erhalten, zum Teil bis in unsere Tage hinein: Man verfaßte Lieder für das Volk, die dem offiziellen Ablauf der Liturgie angenähert waren und die Motive der Priestergebete in etwa aufgriffen. Manche Lieder aus diesen „Meßreihen" enthält auch das „Gotteslob"; neue kamen gar hinzu, jetzt aber unter völlig anderen Voraussetzungen. Wenn die Gemeinde diese Lieder sang, war dies, obschon dem priesterlichen Beten angenähert, doch eine Eigenbeschäftigung. Betete der Priester das Stufengebet, dann sangen die „Besucher" der Messe „Hier liegt vor deiner Majestät im Staub die Christenschar" oder das allseits beliebte „Wohin soll ich mich wenden" aus der „Deutschen Messe" von Franz Schubert. Zu fast jedem Teil der Messe, die der Priester leise am Altar und der Gemeinde abgewandt zelebrierte, gab es ein eigenes Lied. Sicherlich war dies gegenüber der völlig teilnahmslosen Gemeinde oder gegenüber einer fremden Beschäftigung (Rosenkranzgebet, Meßandachten oder sogar Missionspredigten während der Messe – nur zur Wandlung schwieg man!) der Meßbesucher ein gewaltiger Fortschritt. Grundsätzliches änderte sich jedoch nicht.

Zu viele Lieder?

Auch heute ist man vom Vollkommenen weit entfernt: In vielen Messen werden so viele Lieder gesungen, daß man manchmal schon von einer „Überliederung" sprechen muß: Eingangslied – Glorialied – Lied zum „Zwischengesang" – Credolied – Lied zur Gabenbereitung – Sanctuslied – Agnus-Dei-Lied – Kommunionlied – Schlußlied. Ergebnis: Es ist nicht nur zu beklagen, daß eine Gemeinde durch dieses Überangebot des Singens müde wird, sondern es ist eine auf Dauer nicht zu vermeidende Folge, daß die nun endlich gewollte Teilnahme an den liturgischen Texten selbst wieder nicht stattfindet.

Wer kennt heute noch den Text des Gloria oder des großen („nizänisch-konstantinopolitanischen") Glaubensbekenntnisses so gut, daß er es sicher aufsagen kann? Vielleicht wird mancher Pfarrer aus ebendiesen „pädagogischen" Gründen das Gloria und das Credo ab und zu von der Gemeinde sprechen lassen und von einem entsprechenden Lied absehen, aber dieses Sprechen wird zu Recht als Notlösung empfunden. Der Feiercharakter des Gottesdienstes verlangt nach Gesang; keinem ostkirchlichen Priester würde es einfallen – selbst an einem ganz gewöhnlichen Werktag! –, die liturgischen Texte zu sprechen oder von den Anwesenden sprechen zu lassen!

So betrachtet, ist es nur zu verständlich, daß die „Allgemeine Einführung ins Römische Meßbuch" (Art. 67, 78 und 150) zur personellen Grundausstattung eines Gemeindegottesdienstes auch den Laiendienst des Kantors oder „Psalmisten" rechnet. Leider ist dieses Dienstamt in Deutschland noch nicht heimisch geworden. Daß vielerorts die sachgerechte Gestaltung der „Zwischengesänge" (also Responsorialpsalm nach der ersten Lesung sowie Halleluja bzw. Ruf vor dem Evangelium) noch nicht gelungen ist, liegt bestimmt auch daran, daß der Kantorendienst noch keine lebendige Wirklichkeit werden konnte.

Kantorendienst in Frankreich

Machen wir einen Sprung von der anfangs geschilderten Messe des Monsieur Couperin in einen heutigen französischen Sonntagsgottesdienst. Erster Unterschied: Nirgends liegen Gesangbücher aus, auch von zu Hause können die Gläubigen keine mitbringen, denn es gibt sie in den um vieles ärmeren Diözesen Frankreichs (weitgehend noch) nicht; man behilft sich mit Liedzetteln! Zweiter Unterschied: Im Chorraum gibt es neben dem Ambo in fast allen Kirchen ein zweites Pult, an dem ein Kantor (bzw. eine Kantorin) seinen bzw. ihren Dienst versieht. Der erste Eindruck mag befremdlich sein, denn der Kantor versteht sein Amt auch als Dirigent für den Volksgesang. Je nach Temperament versucht er mit mehr oder weniger Vehemenz den Gesang „anzuheizen", so daß man sich wie in einem großen gemischten Chor vorkommt oder noch eher an eine Touristengruppe des Club Méditeranée erinnert fühlt, die getreu das tut, was der Animateur ihr sagt oder am Strand kunstvoll vormacht.

Ansonsten aber muß man die Franzosen um diesen liturgischen Laiendienst beneiden: Im Wechsel mit dem Kantor singt die Gemeinde weit mehr als „nur" Lieder; das Gloria in seinem vollen Wortlaut, die Zwischengesänge, das Glaubensbekenntnis, Wechselgesänge jeder Art sind fester Besitz der Gemeinde geworden, und auch bekannte Lieder entfalten, wenn sie im Wechsel zwischen dem Vorsänger und der Gemeinde gesungen werden, eine ganz neue, wohltuende Dynamik.

Kantor und Psalmist

Der Unterschied, den die offiziellen Texte zwischen „Kantor" und „Psalmist" machen (Vorsänger im allgemeinen, meist in Personalunion verbunden mit dem Chorleiter, und solistischer Einzelsänger, dessen vornehmliche Aufgabe der Psalmengesang besonders zwischen den biblischen Lesungen, aber nicht allein dort, ist), wird je nach der „Personallage" einer Gemeinde eine Rolle spielen oder nicht. Dabei ist es unbestritten, daß das Aufspüren guter Kantoren und Kantorinnen wahrlich keine leichte Aufgabe ist, denn er/sie muß 1. gut singen können, 2. auch den Mut aufbringen, solistisch zu singen, und sollte 3. bereit sein, dies im Angesicht der Gemeinde zu tun. Aber auch hier gilt: „Wer suchet, der findet"; wer Geduld aufbringt, ohne sein Ziel aus den Augen zu verlieren, wer für eine gediegene Ausbildung sorgt, ständig Mut macht und immer wieder neu motiviert, dessen Mühen werden mit einem gelungenen Kantorendienst reich belohnt.

Kantorendienst in Idealform

Gestatten wir uns doch einmal den Mut zum Träumen. Für eine Gemeinde ist es selbstverständlich geworden, daß im Sonntagsgottesdienst neben den anderen Laiendiensten auch Kantoren bzw. Kantorinnen ihren Dienst versehen. Sie tragen wie alle anderen Laiendienste auch ihr liturgisches Gewand, sie beteiligen sich an der Einzugsprozes-

sion, haben im Chorraum ihren Platz. Ihre Dienstbücher sind das Gotteslob und das Kantorenbuch.
Nach dem Bußakt oder mit ihm verbunden singt der Kantor das Kyrie im Wechsel mit der Gemeinde; dank seiner Tätigkeit ist die Gemeinde in ihrem Rollenbuch, im „Gotteslob", erst richtig zu Hause. Sie beherrscht die Kyriegesänge der gregorianischen Choralmessen ebenso wie die vielen anderen neueren Datums. Das gleiche gilt für das Gloria; vorbei sind die Zeiten, besonders in den nicht geprägten „grünen" Wochen des Kirchenjahres, da man das an Sonn- und Feiertagen vorgesehene Gloria mit einer Handvoll Liedern bestritt, die auf die Dauer so ermüdeten, daß man auf andere „Lobgesänge" ausweichen mußte, die aber mit dem Gloria der Messe nichts mehr zu tun hatten. Nimmt man die Gemeinde ernst in ihrer liturgischen Aufgabe und Würde, dann muß man sie sich am Gloria beteiligen lassen und darf sie nicht mit „Lobet den Herren" abspeisen. Die Verlebendigung dieses „Volksgesanges" der Meßtexte selbst ist eine ureigene Laienaufgabe.
Dies gilt in besonderer Weise für die Gesänge zwischen den Lesungen. Im Gegensatz zu den meisten Pfarreien hört unsere „Traumgemeinde" an Sonn- und Feiertagen natürlich zwei Lesungen vor dem Evangelium, die alt- und die neutestamentliche.
Nach der ersten, alttestamentlichen Lesung durch den Lektor tritt der Kantor an den Ambo und intoniert nach dem Vorspiel der Orgel den Kehrvers, den die Gemeinde mittlerweile gut aufzunehmen und zu wiederholen imstande ist. Aus dem Kantorenbuch singt der Kantor den für diesen Sonntag vorgesehenen Psalm, der sich auf die soeben gehörte Lesung bezieht und der das Gehörte in den Herzen der Menschen vertiefen will. Mit dem Kehrvers stimmt die Gemeinde immer wieder in den Sologesang des Kantors ein. Nach der zweiten Lesung intoniert der Kantor ein Halleluja, das die Gemeinde wiederholt; darauf singt er den im Lektionar angegebenen Vers (oder in der Fastenzeit im Wechsel mit der Gemeinde den „Ruf vor dem Evangelium"), der einen Kernsatz des nun zur Verkündigung anstehenden Evangeliums aufgreift und so auch die Herzen der Menschen aufschließen will für den in seinem Wort jetzt zu seiner Gemeinde sprechenden Herrn. Auf diesen Vers antwortet die Gemeinde wieder mit dem Halleluja, das sie auch mit dem Chor teilen kann.
Vorbei sind in unserer Traumgemeinde jene trüben Zeiten, als man nach der einzigen Lesung fast allsonntäglich auf dem Liedanzeiger Gotteslob Nr. 520 erblickte: „Liebster Jesu, wir sind hier ...!" Überwunden sind die Versuche, durch Gotteslob Nr. 521 („Herr, gib uns Mut zu hören auf das, was du uns sagst ...") oder eines der anderen

Cantica depressiva (von denen es – leider Gottes – einige im Gotteslob gibt!) sich selber Mut zu machen, die Frohbotschaft zu vernehmen. Ähnliches gilt für das Glaubensbekenntnis; hier sind die Credolieder zur Ausnahme geworden. Auch ein lateinisches Credo bereitet keinen Schrecken mehr; selbst so „schwierige" Gesänge wie das Credo I sind in ihrer schlichten und doch ergreifenden Schönheit durch den Dienst von Kantoren und Kantorinnen wieder zum festen Besitz der Gemeinde geworden. Auf die Fürbitten des Lektors singt der Kantor eine Gebetseinladung, auf die die Gemeinde – vielleicht sogar mehrstimmig nach dem Vorbild des ostkirchlichen *Volks*gesanges, wo die Männer eben Baß und Tenor, Frauen und Kinder „von Kindesbeinen an" ihre Stimme kennen – mit dem Gebetsruf antwortet; so könnten die ostkirchlichen Fürbitten, die Ektenien, die bei vielen westlichen Besuchern einer heiligen Liturgie einen nachhaltigen Eindruck hinterlassen, in unseren eigenen Kirchen Wirklichkeit werden. Zur Gabenbereitung folgt ein altbekanntes Kirchenlied; wenn dieses Lied jedoch refrainartig im Wechsel zwischen Gemeinde und Kantor gesungen wird, unterstrichen durch die je sehr verschiedenartige Orgelbegleitung, wenn der Refrain dazu in schnellerem Tempo gesungen wird, dann lernt unsere Gemeinde das althergebrachte Kirchenlied von völlig neuen Seiten her kennen und neu lieben. Auch Sanctus und Agnus Dei würden durch den Dienst des Kantors wieder zu ureigenen Gesän-

Abb. 8 Kantorendienst

gen des Volkes. Statt der gesprochenen Kommunionmeditation des Lektors kann der Kantor zuweilen im Wechsel mit der Gemeinde auch einen Lobpsalm singen, wie überhaupt die Hinführung einer Gemeinde zur Freude an den Psalmen ohne den Dienst eines Kantors nur sehr schwer gelingt.

Der Schatz der Psalmen

Psalmen sind die gottesdienstlichen und religiösen Lieder des Alten Testaments und verlangen schon von daher, gesungen zu werden; gesprochene Psalmen wirken immer nur wie eine Notlösung. Sind diese Lieder mit den in ihnen enthaltenen Bildern für das heutige Lebensgefühl auch manchmal fremdartig, so kommt doch in den meisten von ihnen die Grundsituation des Menschen als Gottes Geschöpf und Bundespartner in allen Höhen und Tiefen des Lebens so gut zum Ausdruck, daß sich auch der heutige Mensch in ihnen wiederfinden kann. Freilich erhalten die Aussagen in den Psalmen ihre letzte und tiefste Bedeutung für einen Christen immer nur von Christus her; wenn vom „Gesalbten des Herrn" und von der „Heimkehr nach Zion" die Rede ist, dann ist dies für den christlichen Beter immer Christus und die Vollendung des persönlichen Lebens wie der ganzen Welt im Reich Gottes. In vielen Psalmen wird geklagt; aber es ist auffällig, daß kaum ein Psalm pessimistisch endet; am Schluß steht oft der vorweggenommene Dank für Gottes rettendes Eingreifen. So bilden die Psalmen eine Gebetsschule ersten Ranges. Zum Leben gehören Weinen und Klagen, und der Mensch darf und soll seinen Schmerz vor Gott zum Ausdruck bringen. Als gläubiger Christ weiß der Psalmensänger aber auch, daß Tränen und Tod nicht das letzte Wort haben, daß einmal alle Tränen getrocknet werden. Jauchzen, Tanzen und Springen, Klagen, Zorn und Wimmern, all das kommt in den Psalmen vor und macht sie als Spiegel des Lebens so wertvoll; aber alldies mündet in die Doxologie: Ehre sei dem Vater und dem Sohne und dem Hl. Geist. Diese Doxologie („Lobpreisung") ist mehr als ein hochtheologisches Bekenntnis zur Dreifaltigkeit; sie beinhaltet das Lob des Vaters, in dessen gütigen Händen eines jeden Menschen Leben geborgen ist, in guten wie in bösen Tagen, das des Sohnes, der uns erlöste und den Zugang zum Himmel öffnete, und das des Hl. Geistes, der als Tröster und Beistand uns näher ist, als wir es uns selbst sind, uns im Glauben und Vertrauen nährt und stützt und in uns betet. Der trinitarische Lobpreis am Schluß der Psalmen stellt somit diese selbst in den Glauben des Neuen Testaments, in das Bekenntnis zur Erlösung des Menschen aufgrund der Menschwerdung Gottes. Nur auf diesem Hintergrund kann auch ein christlicher Psalmbeter klagen, aber durch den abschließenden Lobpreis ist seine Klage schon verklärt. Gerade um einer Gemeinde diesen Schatz zu erschließen, ist der Dienst eines Kantors oder Psalmisten (um die beiden Begriffe einmal gleichbedeutend zu verwenden) notwendig,

Vorsängergruppen

Wir haben uns im vorigen Abschnitt ja den Luxus des Träumens geleistet; kommen wir zurück auf den nackten Boden harter Realität. Kantoren und Kantorinnen zu finden wird schwierig sein und eine Menge Energie, ja Hartnäckigkeit erfordern. Die Scheu, vor einer Gemeinde solistisch zu singen, ist noch viel größer als die Angst vor dem öffentlichen Vorlesen eines Textes. In vielen Gemeinden wird es realistischer sein, an die Gründung einer Schola, einer Vorsängergruppe zu denken, die das, was der einzelne Sänger vortragen soll, mit mehreren Stimmen, aber einstimmig vorsingt. Zunächst mindern sich für die einzelnen Sänger und Sängerinnen Lampenfieber und Streß erheblich, den ein solistischer Auftritt auch für den Routinier immer mit sich bringt (und bringen muß!). In einer Gruppe von Singenden mitzumachen, erlaubt eben auch, in der Gruppe zu „verschwinden" und somit die „Öffentlichkeit" des „Auftritts" für sich selbst zu mindern. Auch sind auf diese Weise die Menschen viel eher zur Mitarbeit bereit, und zu alledem gelangen so noch mehr Gläubige in den Kreis derer, die die Liturgie aktiv gestalten.
Wohl wird es in der Schola einen Leiter geben müssen, der mit der Gruppe probt und auch in der Liturgie als Leiter in Erscheinung tritt; an ihn werden wohl mindestens die gleichen Forderungen zu stellen sein wie an einen solistisch auftretenden Kantor. Er muß singen können, sich in dem „liturgischen Repertoire" zu Hause fühlen, dazu aber noch die musikalische und menschliche Führung seiner Gruppe übernehmen können. Gerade eine Schola ist geeignet, die schwierigeren Partien des gregorianischen Chorals zu übernehmen und somit ein wichtiges liturgisches wie kulturelles Erbe für die Zukunft zu sichern. Daß Kantoren und Kantorinnen, aber auch die Schola als aktiv am liturgischen Vollzug Beteiligte mit in die Einzugsprozession gehören, daß ihr Platz im Chorraum und sie selbst liturgisch gewandet sein sollen, liegt nach dem bisher Gesagten auf der Hand. Die feierlichen Gottesdienste der anglikanischen Kirche mit ihren einziehenden Chören könnte uns hier Nachhilfeunterricht erteilen.

Kirchenchor und Organist

Kantor, Kantorinnen und die Schola bilden keine Konkurrenz für den Kirchenchor und den Organisten; auch diese sind ja nach dem Verständnis der erneuerten Liturgie wirkliche liturgische Dienste. Noch 1958 sah ein römisches Schreiben im Kirchenchor eine Vertretung für die nach damaligem (Miß)Verständnis zur liturgischen „Gültigkeit" des liturgischen Gesanges eigentlich notwendigen Kleriker, weshalb Frauen darin nur einen „uneigentlichen" Dienst versehen konnten. Dies ist alles anders geworden. Sowohl Kirchenchor als auch Organist sind wirkliche liturgische Laiendienste auf der Basis des allgemeinen Priestertums.

Dennoch unterscheidet sich der Kirchenchor von der Schola schon durch die Art von Musik, die er darbringt; wohl kann es auch zwischen ihm und der Gemeinde einen Wechselgesang geben, aber die vorzüglichste Aufgabe eines Kirchenchors bleibt die mehrstimmige Kunstmusik, der oft umkämpfte „Thesaurus", der liturgisch wie kulturell wertvolle Schatz der Meisterwerke musikalischen Schaffens. Auch in der Liturgie als Sache aller hat wertvolle Kunstmusik, deren Ausübung nicht die Sache aller ist und auch niemals sein kann, einen bleibenden und höchst erzieherischen Wert. Sie erinnert daran, daß Gottes Ehre über jede menschliche Leistung erhaben ist und daß auch der kunstvollste Gesang, das Kunstvollste überhaupt, was Menschen erdenken können, vor Gott immer nur ein „Lallen" bleibt, wie es J. S. Bach in seinem Weihnachtsoratorium selbst ausdrückt. Zur Ehre Gottes und zur geheimnisvollen himmlischen Wirklichkeit hinzuführen, die sich im liturgischen Tun der Menschen verbirgt, was sich dann im – naturgemäß einfacher strukturierten – Volksgesang als antwortendem Lobpreis niederschlägt, dies bleibt eine äußerst wichtige Aufgabe der Kunstmusik.

Dies gilt ähnlich auch für den Organisten. Neben der sehr dienenden Tätigkeit der Liedbegleitung bleiben Literaturspiel und Improvisation seine Hauptaufgaben. Eine Gemeinde, die dafür reif ist, wird dem Organisten die Ehre geben, seinem Spiel am Schluß der Messe zuzuhören. Und was ist dagegen zu sagen, wenn der Meister der „Königin der Instrumente" fünf Minuten vor Beginn der Messe mit einem passenden Stück aus der Orgelliteratur „Atmosphäre" schafft, d. h., Sinne und Gemüt der Gläubigen für das liturgische Geschehen aufzuschließen versucht?

Organist, Chorleiter und der Kirchenchor selbst bleiben aber trotz aller fachspezifischen Qualifikation und Aufgabenstellung ein Teil der feiernden und betenden Gemeinde. Ein Kirchenchor, der während der

Wandlung Noten entgegennimmt oder dessen Baßstimmen sich während der Predigt im Turm ein Zigarettenpäuschen genehmigen, hat nicht entdeckt, welche Würde und Bedeutung er nach dem wiederentdeckten Verständnis von Liturgie besitzt. Trotz aller Arbeit und Mühen dürfen Organist und Chor niemals den dienenden Charakter ihres Tuns vergessen.

Es darf nicht sein, daß für die „Aufführung" eines mühsam einstudierten Stückes Teile der Meßliturgie der Gemeinde vorenthalten bleiben; kein noch so kunstvolles Benedictus darf den Priester zum leisen Gebet des Hochgebetes zwingen; wegen des Chorgesanges darf keine zweite Lesung ausfallen, noch darf eine Gemeinde zu gänzlichem Schweigen verurteilt werden, nur weil der Chor sich in der Einstudierung vieler und auch kostbarer Stücke (eigentlich mit Recht!) produzieren will; ein Kirchenkonzert oder noch besser eine kirchenmusikalische Andacht sind hierfür die besseren Gelegenheiten.

Ein weiter Weg ...

Wenn sich alle an der musikalischen Gestaltung der Liturgie Beteiligten des Dienstcharakters ihrer Tätigkeit bewußt sind, kommt es nicht zu Konkurrenzsituationen; alle haben im liturgischen Geschehen ihren eigenen, unaufgebbaren Platz, die singende Gemeinde, der einzelne Kantor, die Schola, der Kirchenchor und der Organist. Wer bleibt da – ganz im Sinn der vom 2. Vaticanum immer wieder erhobenen Forderung nach tätiger Teilnahme aller im Gottesdienst – unbeteiligt?

Doch erwachen wir aus unseren schönen Träumen, die Wirklichkeit sieht leider anders aus! Wie viele Gemeinden singen Psalmen im Gottesdienst oder die wirklichen Texte der Liturgie? Wenn Jugendliche den Vorwurf erheben, der Gottesdienst sei langweilig, dann beziehen sie dies nicht selten direkt auf die Musik. Aber machen wir uns nichts vor: Auch rhythmische Gesänge gehen, wenn sie eine alles beherrschende Stellung einnehmen, bald auf die Nerven. Dazu liegt das „Verfallsdatum" manch eines neuen geistlichen Liedes nicht viel höher als die von anderen, heute noch heiß geliebten, morgen schon wieder vergessenen Lieder und Musikstücke unserer Jugendlichen.

„Varietas delectat – Vielfalt erfreut" – dies ist auf keinem Gebiet so gültig wie auf dem der Kirchenmusik. Die Möglichkeiten, die das Gotteslob und die Menge seiner Begleitbücher für die Verwirklichung dieser Vielfalt bieten, sind nicht nur noch nicht ausgeschöpft, sondern noch gar nicht richtig entdeckt. Zu dieser Vielfalt der Möglichkeiten führt ein erster Weg, jedes V–A (Vorsänger – Alle) im Gotteslob zu

Abb. 9   Hans Memling: musizierende Engel

berücksichtigen: Dazu braucht es den Kantor und die Kantorin. Es wird nicht leicht sein, den Kirchenchor in die Liturgie zu integrieren und den Organisten für die Forderungen der erneuerten Liturgie zu gewinnen. Ein Pfarrer, der dies sich vorgenommen hat, wird viel Phantasie und Mühen investieren; ganz am Anfang muß aber die Erkenntnis stehen, daß diese Bemühungen notwendig sind.

Lektion 9: „Ich gebe weiter, was ich selbst empfangen habe" (vgl. 1 Kor 11,23) – oder: vom Dienst des Kommunionhelfers

Zur Bezeichnung

„Namen sind Schall und Rauch", heißt es. In Sprichwörtern gibt es zwar meist einen wahren Kern, ob aber in dieser Redensart das berühmte Körnchen Wahrheit steckt, darf bezweifelt werden. Wohl kann man die Namen von Menschen vergessen, und Titel und Würden sagen nichts über den Wert eines Menschen, aber die Namen, mit denen wir Sachen und Institutionen bezeichnen, sagen doch sehr wohl Wesentliches aus, sagen etwas darüber, was wir gemeinhin als „Wesen" einer Sache sehen. Wie steht es nun mit dem Namen „Kommunionhelfer" für einen liturgischen Laiendienst, der in den meisten Pfarrgemeinden zur festen Institution geworden ist?

Im Gegensatz zu den Diensten des „Lektors" oder des „Kantors", auf deren altehrwürdiges Alter bereits die Benennung hinweist, weist schon der Begriff des „Kommunionhelfers" dem modernen Klang nach darauf hin, daß dieser Dienst auch der Sache nach etwas Neues ist. Ein Zweites: Dem „Helfer" eignet etwas Uneigentliches. Er tut etwas nicht aus sich selbst, sondern geht einem anderen, dem eigentlich Wirkenden lediglich zur Hand. Die Arzthelferin ist die Gehilfin des Arztes, der Rechtsanwaltsgehilfe ist der Helfer des Advokaten. Wessen Helfer aber ist der „Kommunionhelfer"? Die Sache ist klar: Der Kommunionhelfer hilft bei der Kommunionausteilung, also ist er Helfer dessen, der eigentlich Kommunionausteiler ist; dennoch bleibt der Begriff etwas unbeholfen.

„Eigentlicher" und „ordentlicher" Kommunionausteiler

Vor dem Hintergrund dessen, was zum ikonenhaften und instrumentellen Charakter des Weiheamtes gesagt wurde, wird die Sache noch klarer. „Er nahm das Brot, brach es, gab es seinen Jüngern und sprach ...", diese Worte hören wir in jeder Messe bei der Wandlung. Christus selbst ist also der eigentliche Kommunionausteiler. Er gibt sich selbst hin, niemand kann sich das, was er gibt, selbst nehmen, sondern immer nur aus seiner Hand als Geschenk empfangen. Wenn sich Christus des menschlichen Priesters als den Sinnen zugänglicher Ikone und als Instrument seines Handelns bedient, wenn er durch ihn handelt und durch einen Menschen Worte spricht, die eigentlich kein Mensch sagen kann („Dies ist mein Leib, der für euch hingegeben wird"), dann gilt dieses ikonenhafte und instrumentelle Verhältnis zwischen Priester und Christus auch für das Austeilen der Kommunion, da die Geste des Sich-in-die-Hände-des-Menschen-Gebens letztlich Ausdruck ist für die Hingabe Jesu an jeden einzelnen Menschen wie an alle. Dieser instrumentelle Charakter gilt auch für den Diakon, der zwar kein Priester ist, der aufgrund seiner Weihe aber, wenn auch anders, von Christus unwiderruflich in Dienst genommen wird. Der „ordentliche Kommunionausteiler" („minister ordinarius") ist darum nach Überzeugung der Kirche der geweihte Amtsträger: Bischof, Priester und Diakon.

„Außerordentlicher Austeiler"

Daneben gab es aber bereits seit frühchristlichen Zeiten den „außerordentlichen Kommunionausteiler" („minister extraordinarius"). Neben den geweihten Amtsträgern trugen schon im christlichen Altertum Laien, Frauen und Männer, die Eucharistie zu den Kranken und Gefangenen. In Zeiten, da es keine tägliche Messe gab, nahm man die Eucharistie mit nach Hause und kommunizierte davon täglich im Kreis der Familie.
Wie war und ist dies mit dem soeben Gesagten zu vereinbaren? Im Hintergrund steht der Gedanke vom Weitergeben dessen, was man selbst empfangen hat. Zwar empfängt auch der zelebrierende Priester die Eucharistie von Christus selbst, aber indem er sie weitergibt, tritt er wieder als Instrument Christi in Aktion, der sich selbst den Menschen hingibt zu Speise und Trank und als Medikament der Unsterblichkeit. Was man aber empfängt, kann man auch weiterreichen, und wenn dieses Weiterreichen aus gewissen Notwendigkeiten heraus geschieht, weiß jeder, daß der Gebende der *Weiter*gebende und damit nicht der eigentlich Reichende ist. Kein Schüler käme bei der Rückgabe der Klassenarbeit auf die Idee, er habe seine Arbeit mit der darin enthaltenen Zensur von seinem Mitschüler erhalten, der bei der Austeilung nur das Heft weiterreicht! Dieser Sachverhalt verleiht dem Dienst des Kommunionhelfers sehr stark einen dienenden Charakter; dies drückt sich darin aus, daß er – anders als Lektor und Kantor! – seinen Dienst nicht ausübt, wenn genügend „ordentliche Kommunionausteiler" zur Verfügung stehen. Andererseits unterstreicht aber gerade der Dienst des Kommunionhelfers die Würde des allgemeinen Priestertums aller Christen: Durch Taufe und Firmung zu Christus gehörig und ein Glied

an seinem Leibe geworden, ist der Christ auch imstande, Christus zu empfangen und ihn dann auch an andere weiterzugeben.

Akolythat und Lektorat als echte Gemeindedienste – noch ein Traum!

Der etwas unbeholfen wirkende Name „Kommunionhelfer" hängt mit einem Dilemma zusammen, von dem auch der Lektor – wenn auch weniger stark – betroffen ist und das einer baldigen Lösung harrt.
Bereits in der kirchlichen Frühzeit begegnet uns das Amt des „Akolythen", des „Begleiters" und Helfers des Bischofs und vor allem des Diakons. Zu seinen Aufgaben gehörte auch die Überbringung der Eucharistie zu den Kranken; in Rom überbrachten die Akolythen als Zeichen der Verbundenheit aller aus der Papstmesse Teile des eucharistischen Brotes in die parallel dazu gefeierten Messen der Priester. Bis vor wenigen Jahren zählte der Akolythat zu den „niederen Weihen", die aber für die Gemeinde keinerlei Funktion mehr besaßen, sondern nur noch funktionslos gewordenene Durchgangsstufen auf dem Weg zum Priestertum waren.
Die nachkonziliare Erneuerung wollte aus dem Akolythat wieder einen wirklichen Gemeindedienst machen, und zwar einen Laiendienst. Die niederen Weihen wurden allesamt abgeschafft, und der Eintritt in den Klerikerstand erfolgt seitdem erst mit der Diakonenweihe. Neu ist, daß man die bisherigen niederen Weihestufen des Lektorats und Akolythats nicht mehr als Ausfluß des Weihesakramentes und als Vorbereitungsstufen auf dieses sieht, sondern als besondere Ausprägungen und Konkretisierungen des gemeinsamen Priestertums aller Gläubigen und somit als echte Laiendienste.
Zu einer Entwicklung hin zu einem echten Laiendienst in der Gemeinde kam es aber nicht. Lektorat und Akolythat kamen als „neue niedere Weihen" – natürlich nicht so bezeichnet, von den Theologiestudenten aber nachhaltig so erlebt! – durch die Hintertür zurück. Daß dies so geschehen konnte, lag an der Frauenfrage! Gerade von der Herleitung der liturgischen Laiendienste von der Würde des königlichen Priestertums aus Taufe und Firmung her ist der Ausschluß von Frauen von diesen auf Dauer übertragenen, „instituierten" Diensten theologisch in keiner Weise zu rechtfertigen. Auch der Hinweis auf Traditionen geht daneben, wenn man sich vor Augen führt, auf wie fragwürdigen oder einfach falschen Grundlagen manche – bei näherem Hinsehen gar nicht mehr so ehrwürdige – Tradition entstanden ist und sich in der Geschichte der Kirche leider „festbeißen" konnte.

Wie schwierig sich die Kirche mit der Frage tat und tut, Frauen und Mädchen zum liturgischen Dienst zuzulassen, ist daran ersichtlich, daß erst 1994 eine gesamtkirchliche Regelung dafür kam, was in den Pfarreien zum Teil schon seit Jahrzehnten lebendige Praxis war; manche eifrige Meßdienerin von früher ist heute schon Mutter neuer Meßdienerinnen und hat ihren Kindern überzeugt und überzeugend den Glauben weitergeben können, den sie in der eigenen Kindheit als Ministrantin am Altar feiern konnte. Offiziellerseits scheint man sich in der Kirche vor dem liturgischen Dienst von Frauen zurückzuscheuen, um dadurch die leidige und dogmatisch auch schwierige Frage nach der Frauenordination nicht zu fördern, obwohl gerade die Herleitung der Laiendienste aus dem allgemeinen Priestertum aus Taufe und Firmung diese Argumentation eigentlich von selbst verbietet!
Auch werden Jungen nicht selten bevorzugt oder gar allein zum Meßdienerdienst zugelassen, um sie eventuell für den Priesterberuf zu interessieren. Nur: Jungen, die als Kinder erlebten, etwas „Besseres" als Mädchen zu sein, die ja nicht am Altar dienen dürfen (bzw. durften!), werden zukünftig wohl kaum jene dringend notwendigen Priestergestalten werden, die einer geschwisterlichen Kirche dienen, die auch Frauen und Mädchen wirklich ernst nehmen und ihnen als ihre Schwestern gute Seelsorger und Hirten sein sollen. Und ob sich gerade über den Dienst der Frauen und Mädchen am Altar die „emanzipatorische" Forderung nach der Weihe der Frauen in Erinnerung bringt, ist sehr zweifelhaft. Diejenigen, die am lautesten nach der Frauenordination schreien, lehnen in der Regel jeden liturgischen Dienst für sich selbst aus eben diesen „emanzipatorischen" Gründen dankend ab. Leider finden sich gerade in den Reihen hauptamtlich in der Pastoral eingesetzter Laien dafür manch abschreckende Beispiele.
Nach wie vor werden also Lektorat und Akolythat als Beauftragungen durch den Bischof in einer eigenen liturgischen Feier nur Männern übergeben, die sich auf das Weihesakrament vorbereiten; damit sind diese Laiendienste eben doch wieder „niedere Weihen". Um einer Verwechslung oder Irreführung vorzubeugen: Auch unsere Kommunionhelfer und -helferinnen erhalten einen „bischöflichen Auftrag" in Form einer vom Pfarrer zu überreichenden Urkunde. Dies ist aber eine zeitlich begrenzte Beauftragung zur Hilfeleistung und keine Übertragung dieser Laiendienste durch den Bischof, die – wie gesagt – doch wieder zu „niederen Weihen" geworden sind.
Das Dilemma wird um so größer, als sich die äußeren Tätigkeiten eines vom Bischof selbst beauftragten „Akolythen" und eines „Kommunionhelfers", für den der Pfarrer beim Ordinariat die entsprechen-

de Urkunde bestellt hat, überhaupt nicht unterscheiden. Völlig gleich sind ebenfalls die Dienste des durch den Bischof beauftragten Lektors, der Priester oder Diakon werden will, und seines Kollegen, der überhaupt nicht besonderes beauftragt wurde. Dabei darf niemals vergessen werden, daß alle, Akolythen, Kommunionhelfer, beauftragte wie nichtbeauftragte Lektoren Laien sind! Es wäre endlich an der Zeit, mit diesen mehr als gekünstelt wirkenden, theologisch unmöglichen und psychologisch höchst bedenklichen Unterscheidungen aufzuräumen und Lektorat wie Akolythat wieder zu echten Gemeindediensten zu machen, zugänglich für Männer und Frauen.

Da die Ordnung des Gottesdienstes ureigene Aufgabe des Bischofs ist, sollten diese Lektoren und Akolythen auch vom Bischof beauftragt werden. Was läge näher, als daß der Bischof bei der Spendung der Firmung in einer Pfarrei auch das Beauftragen zu Lektorat und Akolythat an Männer und Frauen dieser Gemeinde vornähme, gründen diese Laiendienste doch auf Taufe und Firmung, so daß die Firmspendung zugleich mit einer Feier verbunden werden könnte, die eine Entfaltung des Tauf- und Firmsakraments allen vor Augen stellt!

Leider sind wir noch nicht soweit; begnügen wir uns daher (vorläufig hoffentlich!) mit der Hilfskonstruktion des Kommunionhelfers bzw. der Kommunionhelferin, die in einem besonderen Kurs – ob auf Regional- oder Diözesanebene – ausgebildet werden und mit einer Urkunde vom Bischof für einen gewissen Zeitraum (der aber immer wieder verlängert werden kann!) mit dem Dienst der Kommunionspendung beauftragt werden. Auch sie sollten in der Gemeinde zu ihrem Dienst besonders vorgestellt und eingesegnet werden.

Hostien aus dem Tabernakel?

In der Regel geht der Kommunionhelfer nach dem Vaterunser zum Tabernakel und nimmt die Hostienschale. Was sich in nicht wenigen Kirchen regelmäßig abspielt, muß höchst kritisch betrachtet werden. Das Wort der Einsetzung ist den meisten Gläubigen noch im Ohr: „Nehmet und esset alle davon ...", und der Priester zeigt den Gläubigen die konsekrierte Hostie, von der alle essen sollen. Dieser Auftrag Christi wird aber letztlich nicht ernst genommen, wenn nur eine einzige Hostie, die große Priesterhostie, konsekriert wird, die der Priester alleine zu sich nimmt, und die Gläubigen aus dem Tabernakel mit dem himmlischen Brot ernährt werden. Nicht wenige Pfarrer werden von dem Alptraum geplagt, sie hätten einmal nicht genügend Hostien für die Kommunion aller Gläubigen und konsekrieren dann solche Mengen, daß die Gemeinde in der Regel die Eucharistie nicht aus dieser Messe, sondern aus einer lang zurückliegenden empfängt.

Von der Lehre über die eucharistische Gegenwart des Herrn her ist dagegen nichts zu sagen, aber das Zeichen des Brotbrechens ist damit seines Sinnes entleert. Die Brechung des Brotes soll ja gerade ausdrücken, daß alle teilhaben an dem „einen Leib", der für uns alle am Kreuz „gebrochen" wurde, wie es das 3. Hochgebet selbst sagt. Von daher spielte die Brechung der Brotsgestalt immer eine große Rolle. Im Gedenken an das Leiden Christi wurde das „Lamm Gottes, das die Sünde der Welt hinwegnimmt" so oft wiederholt, bis die Brechung des Brotes beendet war und der Sängerchor diesen Gesang mit der Schlußbitte „Gib uns deinen Frieden" auf ein Zeichen hin abschloß. Ideal wäre es, wenn für die Meßfeier nur wenige wirklich große Hostien verwendet würden, die dann während des „Agnus Dei" wirklich je nach Zahl der zur Kommunion erwarteten Gläubigen gebrochen werden müßten. Damit könnte man auch den alten Brauch wieder verlebendigen, das „Lamm Gottes" als Begleitgesang der Brechung so lange zu wiederholen, bis diese selbst beendet ist. Grundsätzlich ist nichts dagegen einzuwenden, daß sich die Kommunionhelfer – vorausgesetzt natürlich, es ist kein weiterer Konzelebrant oder Diakon anwesend – an dieser Brechung der großen Hostien beteiligen, damit dieser vielsprechende Ritus nicht zuviel Zeit beansprucht. Damit sei nichts gegen die Vorteile der kleinen Hostien gesagt, aber es muß doch darauf geachtet werden, daß durch die praktische Handhabung nicht das Zeichen des Brechens verlorengeht.

Kelchkommunion für alle?

Auch in einer zweiten Hinsicht geben die Einsetzungworte der Wandlung Grund zu kritischem Nachdenken. Der Priester spricht über den Kelch: „Nehmt und trinket alle daraus!" Wie aber ist seit einem Jahrtausend im Abendland die Wirklichkeit? Es gab viele Gründe, weshalb man von der Kelchkommunion abkam: Übergroße Scheu vor der Gefahr des Verschüttens, Angst vor Ansteckung und nicht zuletzt auch die Hervorhebung des Unterschieds zwischen Klerikern und Laien. Sicher empfängt man auch in der Brotsgestalt den ganzen Christus, aber über den Verlust des Zeichens (Teilhabe am Blut der Erlösung) hinaus muß man sich die Gewissensfrage stellen, ob das Wort Christi trotz aller möglichen theologischen Gesichtspunkte nicht doch einfachhin Gehorsam verlangt!

Es ist eine Frucht der vom letzten Konzil begonnenen Liturgieerneuerung, daß die Kelchkommunion für alle Kommunizierenden grundsätzlich in allen Messen möglich wurde und Einschränkungen allein auf pastoralen und praktischen Gründen basieren dürfen. Es ist ein in seiner Bedeutung nicht zu unterschätzender Erziehungs- und auch Bekehrungsprozeß, eine Gemeinde wieder zur vollen Teilnahme an der Eucharistie hinzuführen. Die Austeilung von Brot und Wein an eine Sonntagsgemeinde ist aber nur mit mehreren Austeilern möglich; gerade hier kommt den Kommunionhelfern eine wichtige Aufgabe zu. Da die Brotkommunion schneller vonstatten geht als die Reichung des Kelches, hat die Erfahrung gezeigt, daß die Kommunionspendung dann am besten funktioniert, wenn auf einen Austeiler der Brotkommunion zwei Spender der Kelchkommunion kommen. Diese sollten in einem gewissen Abstand seitlich neben dem Spender der Brotkommunion stehen, damit sich keine Staus bilden und auch derjenige, der die Kelchkommunion nicht empfangen möchte, ohne Aufsehen daran vorbeigehen kann. Obwohl Untersuchungen gezeigt haben, daß die Teilnahme an der Kelchkommunion keine größere Ansteckungsgefahr mit sich bringt als eine Fahrt in einer vollbesetzten U-Bahn, sollten die Spender des Kelches den Rand sorgsam nach jeder Kommunion abwischen; auch sollten sie darauf achten, daß der Kommunizierende den Kelch wirklich fest in der Hand hält und jede Gefahr des Verschüttens oder einer sonstigen Verunehrung sorgsam vermieden wird.

Das „Antidoron" der Kleinkinder

In der Ostkirche gibt es am Ende der Eucharistiefeier das Antidoron, zu deutsch, die „Ersatzgabe". Darunter versteht man gesegnetes Brot – im Idealfall sind es die restlichen Brotstücke desjenigen Brotes, aus dem die für die Kommunion bestimmten Teile herausgeschnitten und konsekriert wurden –, das den Segen symbolhaft verdeutlichen soll, den die Feier der Liturgie immer bewirkt, auch demjenigen, der sich aus gewissen Gründen nicht an der Kommunion beteiligen will oder kann. Ihm dient das Stückchen gesegneten Brotes als „Kommunionersatz", eben als „Antidoron".
Heute bringen viele Mütter beim Kommunizieren ihre kleinen Kinder mit nach vorne. Man soll sich nicht täuschen, auch diese Kleinkinder „erwarten" etwas. Was ist naheliegender, als sie zu segnen und ihnen ein kleines Kreuzzeichen auf die Stirn zu zeichnen, gleichsam als „Antidoron" für die Kommunion, die sie erst später empfangen werden? Auch die Kommunionhelferinnen und Kommunionhelfer sind wie alle getauften und gefirmten Christen dazu befähigt und berufen,

Gottes Segen auf einen Menschen herabzurufen. Als Väter und Mütter haben sie ihre Kinder daheim (hoffentlich) auch gesegnet oder tun dies zuweilen immer noch. Also auch hier im Vollzug dieses Laiendienstes: Man zeichnet auf die Stirn des Kindes ein Kreuz und sagt: „Es segne dich der allmächtige Gott, der Vater, der Sohn und der Heilige Geist".

Darf die Kommunion jemandem verweigert werden?

Diese Frage beschäftigt viele Kommunionhelferinnen und Kommunionhelfer und beunruhigt sie zuweilen in ihrem Gewissen. Was ist zu tun, wenn man jemand zum Empfang der Kommunion auf sich zukommen oder an der Kommunionbank stehen sieht, von dem/der man weiß, daß er bzw. sie eigentlich gar nicht zur hl. Kommunion gehen dürften, weil sie z. B. aus der Kirche ausgetreten sind. Kurz und knapp kann auf diese Frage geantwortet werden, daß es nicht die Aufgabe des/der Kommunionausteilenden ist, sich darum zu kümmern, sondern die des zuständigen Pfarrers. Er hat auf die Menschen zuzugehen und mit ihnen ein seelsorgliches Gespräch zu führen, damit sie zu einem würdigen und fruchtbaren Kommunionempfang bereitet werden. Der oder die Kommunionausteilende hat während der Messe keine Diskussion über den Wunsch eines Menschen nach dem Empfang der hl. Kommunion zu führen, wodurch leicht jemand diskriminiert werden könnte.
Die Kommunion ist also stets zu reichen, außer in dem Fall, daß die Gabe des Herrenleibes in der gesamten Gemeinde Irritationen oder gar Ärgernisse hervorrufen könnte. Das würde mit Sicherheit geschehen, wenn sich z. B. jemand sturzbetrunken der Kommunionbank nähert oder wenn eindeutig als Muslime oder anderweitig als Nichtchristen erkennbare Menschen sich in der Menge der Gläubigen nach vorne begeben. Auch in diesem Fall ist keine Diskussion angebracht. Die Erfahrung hat gelehrt, daß diese Menschen sich wieder ohne weiteres auf den Platz zurückziehen, von dem sie gekommen sind, wenn man ihnen ein kleines Kreuzzeichen auf die Stirn zeichnet und sie so segnet.

Bei Mißgeschicken keine Panik!

Am Abend vor seinem Leiden hat sich der Herr Jesus uns Menschen wortwörtlich ausgeliefert und in unsere Hände begeben. In seiner

Weisheit muß er damit gerechnet und es in seiner unbegrenzten Güte auch wohl einkalkuliert haben, daß beim Austeilen und beim Empfangen der hl. Kommunion Mißgeschicke vorkommen können. Deshalb gilt als erste Regel für alle Austeilenden: Keine Panik!
Wenn beim Austeilen die Hostie auf den Boden fällt, dann nimmt sie der Kommunionhelfer vom Boden auf, ißt sie selbst und fährt mit dem Austeilen fort. Dies gilt natürlich nur für den Fall, daß die Hostie nicht so verschmutzt ist, daß man niemandem mehr zumuten kann, sie zu sich zu nehmen. In diesem anderen Fall legt man die verschmutzte Hostie auf den Altar und versorgt sie später. Das heißt: Man legt diese Hostie in ein Glas mit klarem Wasser, bis die Brotsgestalt sich darin aufgelöst hat. Die eucharistische Gegenwart des Herrn ist ja an die Brotform gebunden, und wenn keine Brotform mehr zugegen ist, ist auch die eucharistische Gegenwart nicht mehr gegeben. Das Wasser, worin sich die Hostie aufgelöst hat, verlangt aber doch eine gewisse ehrfürchtige Behandlung; man wird es weder in das Waschbecken oder in einen sonstigen Ausguß schütten, sondern am besten den Blumen geben. Ähnlich verfährt man bei der Krankenkommunion, wenn ein Kranker die Hostie nicht mehr schlucken kann oder sogar erbrochen haben sollte.
Ein Mißgeschick neuer Art ist gar nicht so modern: Wiederholt nehmen schlecht unterrichtete Kinder (manchmal auch Erwachsene!) die Kommunion mit, ohne die Hostie zu sich zu nehmen. Als vor der Jahrtausendwende die bis dahin übliche Handkommunion durch die Mundkommunion abgelöst wurde, da waren es auch ähnliche Gründe, die zu diesem Wechsel führten: Die schlecht unterrichteten Germanenstämme nahmen die Hostie mit nach Hause und stellten mit ihr allen möglichen abergläubischen Unfug an. Sollte hier der oder die Kommunionausteilende eingreifen, gegebenfalls sogar nachlaufen? Auch wenn manche sich dagegen wehren sollten, naheliegend wäre es! Denn wenn wir zu den eucharistischen Gestalten schon „das Allerheiligste" sagen und damit ausdrücken, daß es für uns Gläubige nichts Wertvolleres auf Erden gibt, dann können wir es nicht zulassen, daß damit Unfug getrieben wird, ohne daß unser Glaube und unsere Glaubwürdigkeit vor den anderen Gläubigen Schaden nimmt. Also, auch wenn es schwerfällt: nachlaufen, die Hostie zurückverlangen und sie behandeln wie eine zu Boden gefallene.

„Kommunion" mit den Kranken

„Kommunion" heißt im tiefsten Sinn des Wortes „Gemeinschaft". Im Empfang der eucharistischen Speise haben wir engste Gemeinschaft mit Christus dem Herrn und über ihn auch untereinander als Schwestern und Brüder, die Glieder seines Leibes sind. Fürbittend verbunden sind wir über Christus auch mit denen, die in dieser liturgischen Feier nicht bei uns sein können, seien sie krank oder ansonsten verhindert, sei es, daß sie auch den Glauben verloren oder nie recht gefunden haben.

Ein ausdrucksstarkes Zeichen für die Einheit der Christen auch mit den Kranken der Gemeinde könnte dadurch gesetzt werden, daß nach der Austeilung der Kommunion die Pyxen (Übertragungsgefäße) der Kommunionhelfer und -helferinnen vor den Augen der Gemeinde gefüllt werden, mit denen nach dem Sonntagsgottesdienst die Kommunionhelfer zu den Kranken gehen und sie durch die Eucharistie teilhaben lassen an der Feier der Gemeinde, zu der sie doch auch gehören. Gerade hier ist es höchst sinnvoll, nur solche Hostien oder Hostienfragmente zu verwenden, die erst in der Messe des Tages selber konsekriert wurden. Nichts spricht dagegen, Kranken, die nicht mehr schlucken können, die Kommunion auch in der Gestalt des hl. Blutes zu überbringen.

Abb. 10   Kommunionausteilung

Reinigung am Kredenztisch

Die sorgfältige Reinigung der Gefäße ist eine Aufgabe, die nach Sorgfalt und Ehrfurcht verlangt, ohne in Skrupel auszuarten. Mit der Zelebration zum Volk hin kann dieser Vorgang, der letztlich ein rein technischer ist, jedoch leicht eine Form annehmen, die die Gemeinde vom persönlichen Beten abhalten kann, zumal dann, wenn Stille herrscht. Es wäre deshalb sicher von Vorteil, wenn die Reinigung der Gefäße am Kredenztisch vorgenommen würde. Wird sie von Kommunionhelfern vorgenommen – was steht dem entgegen, wenn sie zuvor die Eucharistie selbst ausgeteilt haben! –, dann sind auch dem Priester wertvolle Augenblicke des persönlichen Betens geschenkt.
Der Dienst des Laien an der Eucharistie, der als vom Bischof beauftragter Akolyth oder „nur" als Kommunionhelfer immer nur einen „außerordentlichen Dienst" versieht, bringt das allgemeine Priestertum aller Christen besonders deutlich zum Ausdruck. Eine Gemeinde kann sich glücklich preisen, wenn sie Männer und Frauen hat, die diesen Dienst überzeugt und überzeugend versehen und auch in ihrem alltäglichen Leben davon geprägt werden.

Lektion 10: Von erwachsenen Ministranten

Kindlicher Dienst?

Jahr für Jahr dasselbe Geschäft: Einige Wochen nach dem Weißen Sonntag sieht man am Altar neue Gesichter; manches Erstkommunionkind ist der Einladung zum Ministrantendienst nur zu gern gefolgt. Dieser jährliche Nachwuchs ist aber auch genauso dringend nötig wie der winterliche Schneefall in den Alpen für die Wasserversorgung, denn ohne ihn würde einer katastrophalen Dürreperiode gleich die Schar der Meßdiener stetig zusammenschmelzen.
Dieses „Fluktuationsphänomen" (die Soziologie bezeichnet mit diesem Fachausdruck die ständigen Zuzugs- und Wegzugsbewegungen in den nicht ganz unproblematischen Wohngebieten unserer Großstädte!) basiert auf der Tatsache, daß die meisten Ministranten den Dienst quittieren, sobald sie das Pubertätsalter erreicht haben. Wem behutsam die ersten Bartstoppeln wachsen, wessen Mädchenfigur langsam fraulicher wird, wer aufhört, über das andere Geschlecht nur zu kichern oder auf es herabzuschauen, der bzw. die entwickelt nicht selten Rückzugsstrategien vom liturgischen Dienst. Wieso?
Der und die Pubertäre stecken in einer zur menschlichen Reifung notwendigen ersten Lebenskrise; sie fühlen sich nicht mehr als Kinder, sie erfahren ihre Leiblichkeit in einer ganz neuen Weise. Sie entwickeln – notwendigerweise im Konflikt mit anderen, meist mit der eigenen Familie – eigenständige Gedanken und Wertungen, und doch sind sie alles andere als reife, erwachsene Menschen. Der pubertäre Jugendliche hat seine kindliche Identität verloren und die des Erwachsenen noch nicht gefunden. Eines der wichtigsten Kennzeichen dieser Lebensphase ist die oft brüske Zurückweisung all dessen, was einem als Kind wichtig war, was also an die kindliche Identität erinnert. Dazu gehört für sehr viele auch der Dienst am Altar. Wie konnte es aber überhaupt dazu kommen, den Ministrantendienst als typisch „kindliches Tun" einzustufen?

Fragwürdige liturgische Entwicklungen

Daß es den Ministrantendienst überhaupt gibt, liegt in einer sehr fragwürdigen liturgischen Entwicklung begründet.
In der Alten Kirche war es üblich, daß möglichst viele eine aktive Rolle im Gemeindegottesdienst übernahmen: Lektoren, Akolythen, Ker-

zenträger, Sänger, Helfer beim Opfergang usw. Im Lauf der Zeit wurden diese Dienste, die einmal allesamt von Laien wahrgenommen wurden, klerikalisiert. Ihre Inhaber wurden dem Klerus zugerechnet, wie sich dies bis zu den Reformen nach dem Konzil in den sogenannten „niederen Weihen" noch kundtat, obwohl sie für das wirkliche Leben einer Pfarrgemeinde überhaupt keine Bedeutung mehr besaßen. Im Zug dieser Entwicklung wurden auch Lektoren und Akolythen neben den Ostiariern (Türhüter), Exorzisten und Subdiakonen (die bereits zu Zölibat und Stundengebet verpflichtet waren) zu „Klerikern", obwohl sie noch keine sakramentale Weihe empfangen hatten, die ja nur dem Kandidaten für das Amt des Diakons, des Priesters und des Bischofs erteilt wird.

Das Ideal der feierlichen, unter Mitwirkung vieler Dienste gestalteten Liturgie war ohne Einschränkung natürlich nur dort zu verwirklichen, wo es viele Menschen gab, die beim Gottesdienst mitwirken wollten und konnten. Dies war vornehmlich in den Städten, deren Gläubigen ein Bischof mit seinen Priestern und den anderen Diensthabenden der Bischofskirche vorstand. Schon in den Landpfarreien konnte die Situation aber ganz anders sein. Wo gab es hier geschulte Sänger, des Lesens Kundige, die als Lektoren eingesetzt werden konnten? Vorbildhaft war natürlich der schöne Gottesdienst der Bischofs- oder gar der Papstkirche in Rom – aber woher sollte man „auf dem flachen Land" das dazu notwendige „Personal" nehmen?

Die liturgischen Dienste von Kindern und Jugendlichen haben schon eine lange Tradition. In der ausgehenden Antike wurden Knaben in den Häusern der Bischöfe und Landpfarrer, später auch in den Klöstern auf den Priesterstand hin erzogen. Gymnasien gab es ja nicht, der „Gebildete" war bis ins Hochmittelalter hinein fast ausschließlich der Geistliche. Diese Knaben, die ja einmal als Priester oder Priestermönche selbst am Altar stehen sollten, hielt man aufgrund ihrer hellen und klaren Stimmen und nicht zuletzt auch der „kindlichen Unschuld" wegen zum liturgischen Dienst besonders geeignet. Was Wunder, wenn man diesen Dienst von Kindern, aber zukünftigen Klerikern und Priestern, nicht mehr als echten Laiendienst, sondern als Stellvertretung für den eigentlich handelnden Kleriker (Lektor, Akolyth oder gar Subdiakon) ansah. Bis weit in unser Jahrhundert hinein gab es in spanischen und italienischen Klosterschulen die sehr fragwürdige Sitte, die Schüler in die Ordenskutte zu kleiden und sie als „kleine Kleriker" zu bezeichnen, zu behandeln und so auch zum liturgischen Dienst heranzuziehen. Was Wunder, daß man dort mit den Mädchen als Meßdienerinnen seine massiven Schwierigkeiten hatte und teilweise sogar noch hat?

Als die Privatmesse so sehr überhandnahm, daß schließlich auch der Gemeindegottesdienst nichts anderes mehr war als eine Privatmesse eines einzelnen Zelebranten am Altar, der die Gläubigen nur noch mehr oder weniger stumm beiwohnten, da brauchte man auch nicht mehr viele liturgische Rollenträger, sondern nur noch einen einzigen, der dem Priester die notwendigen Hilfsdienste leistete, vom Antwortgeben in der dem Meßdiener selbst meist unverständlichen lateinischen Liturgiesprache über das Umhertragen des Meßbuches, aus dem der Priester jetzt allein, leise und lateinisch betete und las – einer verballhornten Surrogatform der mächtigen Evangelienprozession –, bis zum Anreichen der Kännchen bei der Gabenbereitung, der Händewaschung und der Kelchreinigung.

In der Barockzeit spielten die Ministranten die Rolle von Pagen des allerhöchsten Königs; bunt gekleidet bildeten sie Ehrenwachen mit einer ausgefeilten Prozessions-Choreographie. Manches davon ist in unseren Pfarrkirchen noch zu sehen und auch an sich nicht zu verwerfen, zumal dies der kindlichen Mentalität hinsichtlich des Spaßes an Verkleidung, Formen und Farben doch sehr entgegenkommt. Problematisch aber ist, daß dadurch der Ministrantendienst selbst einen kindlichen Charakter erhält, der dem richtigen Verständnis der Liturgie und ihrem dramaturgischen Anspruch nicht gerecht wird; auch wird die Suche nach erwachsenen Ministranten dadurch noch erschwert.

Notwendigkeit erwachsener Ministranten

Niemand hat vor, Kinder und Jugendliche vom Altardienst auszuschließen; dafür sind die Möglichkeiten, über den Meßdienerdienst den Glauben weiterzugeben an die künftige Generation, einfach viel zu wertvoll. Der Meßdienerdienst muß aber dringend seinen kindlich-kindischen Charakter verlieren; die Liturgie ist eben keine Sache bezahlter Funktionäre (Priester, Organist, Küster) und einiger Unmündiger, die noch nicht recht wissen, was sie tun und was sie wollen. Gottesdienst ist Gottes Dienst; Gott will an uns wirken, und dies soll im menschlichen Tun Gestalt annehmen. Dazu braucht es den Dienst von Gläubigen, sicher auch von Kindern, aber dieser Dienst ist eben mehr als ein Komplex von Handlangerdiensten, die auch Unmündige leisten können, sondern Darstellung des sich im Gottesdienst ereignenden Heils.

Wir brauchen also auch erwachsene Ministranten, Männer und Frauen. Nicht nur solche, die als LektorInnen, KantorInnen oder KommunionhelferInnen einen besonderen Dienst übernehmen, der neben dem eigentlichen Dienst des Lesens, Singens und Austeilens immer auch eine dramaturgische Seite hat (daher sollen sie ja in der Einzugsprozession mit einziehen, im Chorraum ihren Platz haben und ein liturgisches Gewand tragen), sondern auch Damen und Herren, die sich der gottesdienstlichen Dramaturgie selbst annehmen. Dabei gibt es keinen Verdrängungswettbewerb zwischen erwachsenen und kindlichen Ministranten; in einer sorgsam vorbereiteten liturgischen Feier gibt es so viele und unterschiedliche Aufgaben, daß jeder, der zum Engagement bereit ist, in ihr dafür auch einen Platz findet.

Nur wenn es auch erwachsene Ministranten und Ministrantinnen gibt, die ihren Dienst mit innerem Engagement, mit Freude und somit glaubwürdig wahrnehmen, dann bleiben auch die zu jungen Erwachsenen werdenden Meßdiener und Meßdienerinnen ihrem Dienst treu, weil sie das Vorbild der „Alten" sehen und sich nicht mehr einer Sache schämen müssen, die man sonst als „kindlich" so früh wie möglich ablegen würde.

Hinsichtlich der mancherorts *noch* heiß umkämpften Frage nach der Legitimität des weiblichen Geschlechtes zur Wahrnehmung liturgischer Dienste ist auf Canon 230 des neuen Kirchenrechts zu verweisen, der eine Unterscheidung der Laiendienste außer im Falle der bischöflich beauftragten und auf Dauer übertragenen Dienste – die völlig gegen die auf dem 2. Vatikanum grundgelegte Theologie, gegen das darauf aufbauende Menschenbild, gegen das Liturgieverständnis, gegen das Kirchenbild, gegen das Verständnis vom königlichen, auf der Taufwürde gründenden allgemeinen Priestertum, sogar gegen die Neuordnung der Weihen selbst in Wirklichkeit ja so etwas wie wiedereingeführte niedere Weihen für Priesteramtskandidaten sind – überhaupt nicht vornimmt! Wem als Pfarrer, Pfarrgemeinderatsmitglied oder ansonsten in dieser Frage verunsichertem Christenmenschen dieser Hinweis auf den entsprechenden Canon des Codex Iuris Canonici noch nicht genügen sollte, der sei auf das Amtsblatt des Heiligen Vaters verwiesen, wo dem Dienst von Mädchen am Altar ausdrücklich zugestimmt wird, unter der Voraussetzung, daß der Ortsbischof damit einverstanden ist. Zumindest in Breiten mitteleuropäischer Kultur und Mentalität ist hier aber noch kein Konfliktfall bekannt geworden. Also: Acta Apostolicae Sedis, 86. Band und Jahrgang, Nr. 6 vom 6. Juni 1994, Seite 541-542!

Aber dieser pädagogische Zweck steht bei dem Gedanken an die Gewinnung erwachsener Ministranten nicht im Vordergrund; vielmehr legen die Würde der Liturgie selbst und ihr dramaturgischer Anspruch einen Einsatz von erwachsenen Ministranten und Ministrantinnen nahe. Gerade die notwendige Abkehr vom einseitig „verkopften", einseitig auf Wort und vernünftige Auseinandersetzung ausgerichteten Gottesdienst und die Hinwendung zu Bewegung, zu Spiel und leiblichen Vollzügen einer dramaturgisch gestalteten Liturgie entdeckt die Vielzahl sehr verschiedener Arten der Beteiligung an der liturgischen Gestaltung. Je auf ihre Weise verlangen sie den erwachsenen oder den jugendlich-kindlichen Ministranten. Erst im Zusammenwirken der Generationen wird der Ministrantendienst ein von bestimmten Lebensaltern unabhängiger Dienst von Gemeindegliedern an der Liturgie ihrer Gemeinde und verliert so seinen kindlich-kindischen Anstrich. Konkret: Eine Altarschelle in der Hand eines auf der obersten Stufe des Altars knienden reiferen Herrn oder ein erwachsener Leuchterträger hinterlassen vielleicht ebenso zwiespältige Gefühle wie ein zehnjähriger Junge, der im feierlichen Hochamt die Gemeinde beweihräuchert, oder ein Knabe, der sich mit dem Prozessionskreuz so abmüht, daß das Ganze leicht wie ein echter Kreuzweg wirken kann. Einige Ministrantendienste, die besonders Erwachsenen gut anstehen würden, seien im folgenden vorgestellt.

Kreuzträger

Schon im christlichen Altertum war es üblich, bei der Einzugsprozession ein auf einen Schaft gestecktes Kreuz mitzutragen, das dann während des Gottesdienstes in der Nähe des Altares aufgepflanzt wurde. Daraus entwickelte sich das Altarkreuz, das in den letzten Jahrhunderten schließlich seinen festen Platz auf dem Altar fand.
Das neue Meßbuch empfiehlt (Allgemeine Einführung Nr. 82 und 84) eine Verlebendigung dieses alten Brauches: Das „Altarkreuz" wird zwischen Leuchtern in die Kirche getragen als symbolische Darstellung für das Kommen des Herrn selbst in unser Leben, zu Tod und Auferstehung, derer die Gemeinde jetzt in der Messe gedenkt. Man kann auch an eine symbolische Vergegenwärtigung des Jesuswortes denken: „Wo zwei oder drei in meinem Namen versammelt sind, da bin ich mitten unter ihnen" (Mt 18,20). Christus hat seiner Gemeinde seine unsichtbare Gegenwart versprochen; er ist aber auch immer als derjenige bei ihr, der für die Menschen litt und starb. So gesehen, ist die Verwendung eines Prozessionskreuzes mehr als eine traditionelle Ausschmückung der Eingangs- und Auszugsprozession. Diese Symbolik verlangt auch einen überzeugend wirkenden Kreuzträger; nicht umsonst war dies in vergangenen Zeiten sogar der Subdiakon! Damit sei keineswegs gesagt, daß Kinder und Jugendliche nicht imstande wären, glaubwürdig diesen Dienst zu versehen (bei Beerdigungen ist

dies sogar meist der Fall!), aber die Grundsätze der Ästhetik im erweiterten Sinn dieses Begriffs sollen auch hier zur Anwendung kommen: Was wird ohne Worte, ganz von selbst, vermittelt, wenn ein Familienvater, der im Leben seinen Mann steht und vielleicht manches Kreuz auf ganz andere und noch viel realistischere Weise zu tragen hat, das Kreuz mit dem Bildnis des Gekreuzigten in die versammelte Gemeinde trägt? Nichts weniger als sein Glaube an diesen Gekreuzigten, den er allein schon dadurch bekundet, daß er zu diesem Dienst bereit ist.

Der Dienst am Meßbuch

Die liturgische Erneuerung hat im Priestersitz einen wichtigen Ort in der Kirche geschaffen, denn ein herausgehobener Sitz ist schon an sich ein Sinnbild für den Vorsitz, den derjenige innehat, der sich auf ihm niederläßt. Der Priestersitz ist Symbol für die durch das Weihesakrament strukturierte Gemeinde; aber noch mehr: Der Priester, der von seinem Sitz aus der Gemeinde vorsteht und ihr Gebet leitet, ist selbst Instrument und Ikone Christi, der der unsichtbare, aber doch gegenwärtige Hirt seiner Gemeinde und der eigentliche Zelebrant ihres Gottesdienstes ist. Andere Orte des Priesters in der Liturgie sind der Ambo, der „Tisch des Wortes", von dem aus die biblischen Lesungen und die Predigt stattfinden, und der Altar. Leitet der Priester vom Priestersitz aus das Gebet der Gemeinde und spricht er selbst die Gebete, die dem Leitungsamt in der Liturgie zukommen, dann soll er auch die uralte Gebetsgebärde der erhobenen Hände einnehmen.
Um dann aber aus dem Meßbuch beten zu können, braucht er eine/n AltardienerIn, der bzw. die dem Priester sein Rollenbuch geöffnet hinhält. Hier sprechen zunächst einmal praktische Gründe dafür, daß dies ein Erwachsener sein soll. Der Inhaber des Buchdienstes muß sich ein wenig im Meßbuch auskennen; er muß sich zuvor versichern, welches Bändchen aufgeschlagen werden muß, damit der Priester auch das entsprechende Tagesgebet beten kann; zudem muß das Meßbuch ruhig und in ausreichender Höhe gehalten werden. Bei der Gabenbereitung sollte das Buch auf der richtigen Seite aufgeschlagen auf den Altar gelegt werden, auf die Richtigkeit der anderen Zeichenbändchen ist ebenfalls zu achten. Nach der Kommunion sollte das Meßbuch wieder vom Altar weggenommen und dem Priester zum Schlußgebet und zum Segen erneut am Priestersitz entgegengehalten werden. Der Dienst am Buch verlangt demnach nach einer gewissen Aufmerksamkeit für die Zeitpunkte, an denen das Meßbuch gebraucht wird; er bedarf weiterhin einiger Kenntnisse, „wo was steht" und damit auch ein Vertraut-

Abb. 11   Dienst am Buch

sein mit den Regeln des liturgischen Ablaufs. Ohne Frage benötigen besondere Gottesdienste, etwa die Feier der Osternacht mit ihren vielen Gebeten und Gesängen, gerade für den Diener des Buches eine eingehendere Vorbereitung. Aber auch hier sei der „ästhetische" Gesichtspunkt nicht außer acht gelassen: Ein Erwachsener hält dem Priester in der Liturgie das Meßbuch, aus dem er seine Amtsgebete spricht, die Gebete für die ihm anvertraute Gemeinde. Spricht nicht aus dieser Geste schon das, was die Gemeinde mit ihrem „Amen" unterschreibt, die Delegation und Beauftragung „von unten"? „Sammle unsere Gebete, trag du kraft deines Amtes in unserem Namen das Gebet der ganzen Kirche vor Gott!" Eigentlich müßte die ganze Gemeinde dem Priester das „vor Augen halten", was er betet, ist es doch die Kirche als Gemeinschaft aller Glaubenden, die dem Priester die Amtsgebete übergibt. Was tut also der Diener am Buch anderes, als Stellvertretung zu leisten für die vielen, deren Bitten und Loben im Amtsgebet des Priesters zusammengefaßt werden soll?

Die Dienste bei der Gabenbereitung

Im Gabengebet preist der Priester Gott für die Gaben „der Erde und der menschlichen Arbeit". In einer Zeit, da die Gläubigen wirklich

noch Brot und Wein von zu Hause für die Meßfeier mitbrachten, hätte dieses Gebet einen tiefen Sinn gehabt. Aber heute? Brot und Wein, kleine Hostien und wenig Wein stehen auf einem Kredenztisch und müssen nur auf den Altar überbracht werden. Was bei uns oftmals ein rein technischer Vorgang ist, haben andere Riten großartig zur Gabenprozession ausgestaltet. Was hindert uns an der Vorstellung, auch in unseren Breiten eine solche Gabenprozession einzuführen, bei der sich erwachsene und jugendliche Ministranten beteiligen könnten? Von einem Tisch inmitten der Gemeinde wären die zur Eucharistiefeier notwendigen Sachen erst einmal zu holen, aus der Mitte des Volkes also, das zumindest über die Kirchensteuer diese Gaben finanziert, so daß sie – wenn auch über fiskalische Umleitungen – doch wieder Gaben der menschlichen Arbeit werden! Als Leute aus dem Volk überbringen die erwachsenen Ministranten – auch als Kirchensteuerzahler, selbst ja auch „Spender" derselben – die Gaben des Volkes zum Altar.
Nichts hindert daran, daß jetzt erst der völlig leere Altar mit dem Altartuch bedeckt wird – wäre dies nicht geradezu eine vorzügliche Aufgabe erwachsener Ministrantinnen, die zu Hause ihrer Familie doch auch immer wieder den Tisch decken? Die liturgischen Gefäße, die Hostien und der Wein selbst, Leuchter, Blumenschmuck usw., all dies könnte sehr feierlich und damit symbolisch als Ausdruck der Festfreude von erwachsenen und jugendlichen Ministranten zum Altar gebracht werden. Erst wenn dieser bereitet ist, tritt der Priester in Vertretung des eigentlichen Hausvaters Christus an den Altar heran und betet die Gebete zur Gabenbereitung, in denen schon zum Ausdruck kommt, welche Verwandlung mit den irdischen Gaben von Brot und Wein geschehen soll. Umgekehrt sollte der Altar nach der Kommunion wieder völlig leer sein; Christus hat einmal für uns gelitten, er ist auferstanden und in die Herrlichkeit des Vaters zurückgekehrt. Wenn ein ostkirchlicher Priester das Allerheiligste auf einen Nebentisch überträgt, gedenkt er in einem Gebet eigens der Himmelfahrt. So spiegelt der Altar, der leere Altar, unsere Lebenssituation der schon erlösten, aber doch noch der endgültigen Vollendung harrenden Menschen. Der leere Altar wird somit zum Zeichen des wiederkommenden Herrn, der selbst einmal uns allen den Tisch decken wird im Hochzeitsmahl des ewigen Lebens. Darüber hinaus signalisiert der leere Altar die Bereitschaft, für die nächste Eucharistiefeier gedeckt zu werden, ist somit geradezu eine Aufforderung, wiederzukommen, um ihn erneut zu decken und von ihm her Christus erneut zu begegnen.

Ermutigendes Beispiel

Diese drei Beispiele mögen genügen; eine weitere Tätigkeit erwachsener Ministranten, die Weitergabe des Friedensgrußes, wurde an anderer Stelle schon vorgestellt. Noch einmal: In einer gut vorbereiteten Liturgie, in der alle möglichen dramaturgischen Elemente verwirklicht werden, sind so viele Dienste für alle anzubieten. Erwachsene Ministranten können zugleich Lektoren oder Kommunionhelfer sein; angemessener aber ist es, wenn jeder Dienst nur seine spezifischen Aufgaben verrichtete, damit der Kreis der sich aktiv an der liturgischen Gestaltung Beteiligten um so größer würde. Zugegeben liegt der Gedanke an erwachsene Ministranten und Ministrantinnen nicht gerade nahe; auch steht der Wert einer intensiven Arbeit mit den Jungen und Mädchen im Chorraum als religiöse Prägung der Väter und Mütter von morgen außer Frage. Dennoch haben erwachsene Ministranten ihren guten Sinn; neben dem Glaubenszeugnis wird auch durch ihren Dienst der Gemeinde vor Augen geführt, daß die Liturgie der Kirche ihre ureigene Aufgabe ist. Das kindlich-jugendliche Image des Ministrantendienstes wird die Suche nach erwachsenen Meßdienern sicherlich nicht leicht machen, aber Erlebnisse wie dieses machen Mut, weiterzumachen:

Seit Jahren feiert man in einer Großstadtpfarrei am Mittwochmorgen die Messe der Frauengemeinschaft; zu ihr kommen der günstigen Stunde wegen auch einige Herren im Ruhestandsalter. Insgesamt sind nie weniger als hundert Teilnehmer zugegen. Der Priester aber ist ganz allein im Chorraum, allein steht er am Altar, da in der Schulzeit Meßdiener für diese Messe nicht einzuteilen sind. So stehen Kelch und Hostienschale, Wein und Wasser seit Beginn der Messe zur „Selbstbedienung" auf dem Altar. Der Wortgottesdienst ist ein einziges Hin und Her der verschiedenen Bücher; die Händewaschung entfällt, und während der Wandlung erschallt auch kein Glockenzeichen, kurz: Alles macht den Eindruck des Behelfsmäßigen. So sollte der „normale" Gemeindegottesdienst wirklich nicht aussehen!

Aus dieser Einsicht wagte der Priester eine Frage an die versammelte Gemeinde zu stellen: „Wer von Ihnen hätte Freude daran und würde sich bereit finden, in dieser Messe zu ministrieren?" Wie zu erwarten war, gab es nach diesem Gottesdienst eine lebhafte Diskussion; das, was die Leute zu sagen hatten, lief auf die Frage hinaus: „Ja, dürfen wir denn ...?" Der freudig-erwartungsvolle Unterton dieser Frage war nicht zu überhören! Mancher ältere Herr berichtete stolz von seiner viele Jahrzehnte zurückliegenden Meßdienerzeit, die es nun zu reaktivieren galt, und manche reifere Dame konnte ihre Freude nicht verbergen, jetzt etwas tun zu dürfen, was in ihrer Jugendzeit für Mädchen undenkbar war. Resultat: Es entstand für die Messe am Mittwochmorgen eine neue, äußerst eifrige Ministrantengruppe. Ihren Mitgliedern könnte man nichts Schlimmeres antun, als ihnen den Dienst wieder zu nehmen. Die Begeisterung dieser Ministranten ist derart groß, daß die Gegenwart eines jugendlichen Meßdieners in Ferienzeiten in der ersten Zeit mit Enttäuschung kommentiert wurde, und der Pfarrer tat klug daran, für diese Messe die Ministranten nur noch aus seiner Frauen- und Seniorengruppe zu rekrutieren. Sollte an einem Mittwochmorgen der liturgische Kalender ein Fest vorsehen, so ist es nichts Außergewöhnliches mehr, wenn eine Mittfünfzigerin mittlerweile sehr gekonnt dem Priester das Weihrauchfaß anreicht!

Lektion 11: In der Sakristei –
äußere und innere Vorbereitung

Die Sakristei gehört zur Kirche

Wer kennt und liebt sie nicht, die beliebten Hinterstübchen und nicht jedermann zugänglichen Orte hinter den hochoffiziellen Kulissen unserer Geschäfte, Bürohäuser und Behörden, wo man schon einmal gemütlich bei einer Tasse Kaffee sitzen und plaudern kann, während draußen der Betrieb läuft? Da man nun einmal nicht päpstlicher als der Papst sein soll, muß man sich ehrlicherweise eingestehen, daß auch die Sakristei in unseren Kirchen zuweilen auch etwas von einem solchen Hinterstübchen an sich haben kann – und nicht zum Schaden für die darin Diensttuenden. Wer wird ernsthaft etwas dagegen einzuwenden haben, daß die Putzkolonne vor dem Osterfest sich in der Sakristei nach der Reinigung des Gewölbes und der Deckengemälde mit einem Kaffee stärkt und einen netten Plausch führt?
In der Sakristei entscheidet sich nicht selten mit, in welcher Atmosphäre der Gottesdienst gefeiert wird. Konkret: Eine geschwisterliche Atmosphäre, die jedem und jeder der Diensttuenden das Gefühl vermittelt, herzlich willkommen zu sein, ist für die geschwisterliche Atmosphäre „draußen" am Altar unabdingbar, wenn diese nicht ein unehrliches Schauspiel sein soll, hinter dessen falschem Schein die Leute alsbald kommen. Zur geschwisterlichen Atmosphäre gehören eine herzliche Begrüßung, ein kleiner Schwatz und bestimmt eine Menge wohltuender, entkrampfender und auch vorhandene Ängste nehmender Humor. Dies darf aber nicht vergessen machen, daß die Sakristei im letzten und auf Dauer kein solches „Hinterstübchen" der Kirche ist, in dem man sich ganz anders fühlen, benehmen und aufführen kann wie „draußen". Die Sakristei gehört zur Kirche; sie dient in umfassendem Sinn der Vorbereitung der Liturgie.

Vorbereitung gehört zum Dienst

Zu dieser Vorbereitung zählt, die benötigten Gegenstände, Geräte und Gewänder bereitzustellen. Sie werden in der Sakristei aufbewahrt und sollen im nächsten Abschnitt noch besonders vorgestellt werden. Wichtiger ist die Vorbereitung der im Gottesdienst einen Dienst ausübenden Menschen, von denen eine äußere von einer inneren Vorbereitung unterschieden werden kann; zunächst zur äußeren Vorbereitung; die nicht minder bedeutsame innere Vorbereitung soll am Schluß dieser Lektion zur Sprache kommen.

Es mag dem einen oder anderen zwar etwas „tantenhaft" anmuten, anderen wieder ist es so selbstverständlich, daß man es gar nicht erst zu erwähnen braucht, aber weil die Wirklichkeit des Menschlich-Allzumenschlichen lehrt, daß man darauf eingehen muß, sei also darauf eingegangen: Alle, die in der Liturgie einen Dienst versehen, vom gerade in die Schar der Meßdiener aufgenommenen Erstkommunionkind bis hinauf zum hochwürdigen Herrn Pfarrer, erscheinen sauber und rechtzeitig in der Sakristei!

Zur Sauberkeit gehört zunächst einmal das Einhalten jenes Mindestmaßes an hygienischen Vorstellungen, wie es zum Zeitalter der unverzichtbaren persönlichen Naßzelle im Hotelzimmer und der täglichen Dusche eben gehört. Vor allem die Hände sollten so gepflegt sein, daß die Kommunikanten keinerlei Unpäßlichkeitsempfindungen zu hegen brauchen, je nachdem, wer gerade auf dieser Seite heute die Kommunion austeilt. Dazu sollte die Kleidung entsprechend sein, auch wenn darüber noch das liturgische Gewand angezogen wird.

Die Pünktlichkeit ist – so sagt man – eine königliche Tugend; vielleicht tut man sich deshalb im Zeitalter der Republiken heute so schwer damit. Niemand kann von einer anderen Tätigkeit so ohne weiteres „an den Altar springen", ohne daß auf die Dauer der Gottesdienst und er/sie selbst Schaden nehmen. Deshalb sei die Grundregel: Alle, die in der Liturgie einen Dienst übernommen haben, erscheinen mindestens 20 Minuten vor Beginn des Gottesdienstes!

Diese Zeit scheint angemessen für letzte Absprachen und nochmalige Klarstellungen. Die Lektoren und Lektorinnen greifen zu ihren Büchern, lesen noch einmal ihre Texte und können den Priester noch um Hilfen bei der Aussprache schwieriger griechischer oder hebräischer Texte bitten. Nur so ist das Paschamahl auch ein Pas-chamahl und kein Mahl eines türkischen Paschas mit seinem Harem, und nur so wird Beerscheba auch wirklich zu Be-ärscheba! Gemeinsame Dienste werden abgesprochen, etwa die Kooperation zwischen Lektor und Kantorin; letzte Entscheidungen stehen an, wer z.B. von den Kommunionhelfern und -helferinnen zum Tabernakel geht und wer die Reinigung der Gefäße übernimmt. Bleibt die innere Vorbereitung. Vielleicht macht man sich folgendes Vorgehen zur Regel: Nach dem Ankleiden mit den liturgischen Gewändern herrscht Ruhe für die innere Vorbereitung, ganz gleich, ob sie gemeinsam geschieht oder ob jeder und jede sie einzeln für sich vollzieht. Aus dieser Ruhe beginnt mit dem gemeinsamen Kreuzzeichen der Gottesdienst.

Kleine liturgische Sachkunde

Die Dinge, die in der Liturgie Verwendung finden, kennen alle, die mit dem Gottesdienst der Kirche vertraut sind. Sie sehen und empfangen die eucharistischen Gestalten, sie erfreuen sich am schönen Kerzenlicht, am gutriechenden Weihrauch und seinen aufsteigenden Rauchwolken, am schönen Gewand des Priesters sowie seiner liturgischen Mitarbeiterinnen und Mitarbeiter. Als Männer und Frauen im liturgischen Dienst bekommt man aber zu all diesen Dingen ein ganz anderes Verhältnis, wenn man sie selbst in die Hand nimmt oder am Leibe trägt. In ihre Geschichte und Symbolik soll diese kleine liturgische Sachkunde einführen, um so ihren Anspruch im liturgischen Vollzug auch besser verstehen zu können.

Brot und Wein – die Früchte der Erde und der menschlichen Arbeit

Die wertvollsten und vornehmsten Dinge, die in der Liturgie eine Rolle spielen, sind nicht aus Gold und Edelstein. Es sind Brot und Wein, die in den Leib und das Blut Christi verwandelt werden.

Frühestens seit der Karolingerzeit verwendet das Abendland für die Eucharistiefeier ungesäuertes Brot. War das Letzte Abendmahl Jesu ein Paschamahl, dann verwendete der Herr ebenfalls im Gedenken an den Exodus ungesäuertes Brot („Mazzen"), was aber im ersten Jahrtausend keine Bedeutung hatte, nahm man doch auch im Westen zur Eucharistie „gewöhnliches", d. h. gesäuertes Brot, das die Gläubigen bei der Gabenprozession aufopferten. Doch wurde dieses Brot immer mehr vom gewöhnlichen unterschieden, als festtäglich geltende Brotsorten allein in Frage kamen. Auch bekam das für die Eucharistie bestimmte Brot eigene Namen („Hostie" von „hostia – Opfertier" oder „Oblate – das Geopferte").

Seit Gregor d. Gr. ist die „corona" bekannt, ein handgroßer, zopfähnlicher, zum Kreis geschlossener Strang, dessen innere Höhlung auch zur Scheibenform ausgefüllt sein konnte. Sehr verbreitet war auch das rundliche, mit einer Kreuzkerbe vierfach unterteilte Brot, das einer antiken Sitte gemäß mit einer Zeichnung oder Aufschrift versehen sein konnte. Die Ostkirchen kennen heute noch ein eingeprägtes Bildnis im Opferbrot: ein Kreuz, über und unter dessen Querarm die Buchstaben stehen: IC-XC-NI-KA: Jesus Christus siegt.

Im 9. Jahrhundert begann im Abendland die Entwicklung hin zur Verwendung ungesäuerten Brotes, die aber erst um die Mitte des 11. Jahrhunderts abgeschlossen war. Lange Zeit hatten Ost und West am unterschiedlichen Brauch nichts auszusetzen, bis auch er zum Streitfall wurde. Dies blieb noch lange Zeit so, obwohl das Unionskonzil von Ferrara-Florenz (1439) mit beiden Brotformen die unterschiedlichen Traditionen gleich gut hieß. Die Einführung der ungesäuerten, vorgeformten Hostien ist nicht zuletzt auf dem Hintergrund der weiteren Entwicklung der Meßfeier im Abendland zu sehen: Die Bereitstellung des Brotes durch die Gemeinde fiel weg, das eucharistische Brot wurde nur noch in Klöstern bereitet. Schon im 12. Jahrhundert formte man neben der „Priesterhostie" für die wenigen Tage, an denen das Volk kommunizierte, münzgroße „Partikel". Das „Brotbrechen" beschränkte sich von da an auf die Priesterhostie allein und verlor seine einstige Bedeutung völlig. Nicht zuletzt die Verlagerung der Eucharistiefrömmigkeit hin zur eucharistischen Schau verlangte nach einer weißen, bei der Wandlung und in der Monstranz gut sichtbaren Hostienform, die aber mit wirklichem Brot kaum noch etwas zu tun hatte.

Das erneuerte Meßbuch vollzieht bei aller Treue zur westlichen Tradition des ungesäuerten Brotes doch eine Korrektur: Das eucharistische Brot soll wieder als Brot erkennbar und so gestaltet sein, daß es der Priester in der Gemeindemesse in mehrere kleine Stücke brechen kann. So wird zumindest ansatzweise wieder deutlich, daß alle Kommunizierenden Anteil haben an dem einen Brot (vgl. Allgemeine Einführung ins Meßbuch Nr. 282-283).

„Der Wein für die Eucharistiefeier muß ‚vom Gewächs des Weinstockes' (vgl. Lk 22,18) stammen und naturrein, d.h. ohne Beimischung von Fremdstoffen sein" (AEM 284). Die Beimischung von Wasser muß schon zur Zeit Jesu auch in Palästina üblich gewesen sein. Gerne sah man darin ein Symbol sowohl für die Verbindung zwischen Christus und seinen Schwestern und Brüdern als auch für die Einheit der göttlichen mit der menschlichen Natur in seiner Person.

Liturgische Geräte für die heiligen Gaben

Eigene liturgische Geräte entstanden durch Reservierung von Alltagsgegenständen für den liturgischen Gebrauch. Kelch und Hostienschale waren ursprünglich Eß- und Trinkgeschirr, das man alsbald für den gottesdienstlichen Gebrauch reservierte, bis schließlich eigens zum liturgischen Zweck kostbar gestaltetes Gerät angefertigt wurde. Dahinter stand folgendes Denkmuster: Was einmal für die Feier der Erlösung verwendet wurde, das kann nicht mehr rein profanen Zwecken dienen.

Die vornehmsten liturgischen Geräte sind Kelch und Hostienschale für die Feier der Eucharistie. Zum Kelch gehören das Kelchtuch zum Reinigen des Gefäßes wie des Mundes, die Palla, ein stoffartiger Deckel zum Schutz vor Mücken und das Kelchvelum in der Tagesfarbe des Meßgewandes. Größe und Gestalt der liturgischen Geräte spiegeln die Kommunionhäufigkeit der verschiedenen Epochen wider, was besonders für das Behältnis des eucharistischen Brotes gilt. So reduzierte sich die Schüssel für das eucharistische Brot auf die Größe eines auf den Kelch passenden Tellers („Patene"), der nur noch die größere „Priesterhostie" aufnahm, während das Gefäß für die Aufbewahrung (Capsa, Pyxis), das einmal nur wenige Hostien für die Kranken- und Sterbendenkommunion enthielt, immer größer wurde, nachdem man angefangen hatte, in vorangegangenen Messen konsekrierte Hostien und das „Ziborium" auch dazu zu benützen, die für die Kommunion der Laien bestimmten Hostien auf den Altar zu bringen und in dem Gefäß selbst zu konsekrieren. Seit dem Hochmittelalter mit einem Fuß versehen, nahm das Ziborium im Barock die Form eines „Speisekelches" mit dem Mäntelchen an, so daß er etwas an das „heilige Zelt" Gottes erinnert, in dem er mit seinem Bundesvolk Israel auf der Wanderschaft war.

Der abendländischen Eucharistiefrömmigkeit eigen ist die Monstranz. Ursprünglich dem Zeigegefäß für die Reliquien ähnlich, wurde es für die Aussetzung des eucharistischen Brotes angepaßt. Aus einem auf einem Fuß stehenden durchsichtigen, die Hostie enthaltenden Zylinder wurde im Barock die Strahlen- oder Sonnenmonstranz.

Feuer und Licht

Das Feuer ist eine wertvolle Gabe Gottes, wie es verschiedene Mythen (z. B. der des Feuerbringers Prometheus) ausdrücken. Es wärmt, spendet Licht und reinigt (z. B. Gold wird im Feuer geprüft, d. h. von Schlacken gereinigt, 1 Petr 1,17). Vom reinigenden Feuer her stammt auch die deutsche Bezeichnung „Fegefeuer" („Reinigungsfeuer") für das Purgatorium. In der Liturgie spielt das Feuer vor allem als Licht eine Rolle – auch das Osterfeuer der Osternachtsfeier, an dem die Osterkerze entzündet wird –, während das Motiv der Reinigung (Asche) auf den Aschermittwoch und seine Aschenweihe überging, ohne daß das Feuer selbst noch eine Rolle spielt.

Christus spricht von sich als dem „Licht der Welt" (Joh 8,12); so wird er in der Liturgie der Kirche auch gepriesen, z. B. im „Lumen Christi" der Osternacht. Immer wieder begegnet das Licht als Symbol für Christus und für die zu ihrem Herrn gehörenden Christen („Ihr seid das Licht der Welt", Mt 5,14). Nicht nur als das „die Dunkelheit vertreibende Licht" (Exsultet der Osternacht) erinnert es an Christus, sondern es gilt ihm auch als Ehrung in Anlehnung an antike Ehrerweisungen an Götter und hochgestellte Persönlichkeiten durch Fackeln und Kerzen.

Eine festliche Illumination des Gotteshauses kannte man schon im Altertum. Die Verwendung von Altarkerzen geht auf das römische Beamtenzeremoniell zurück: Dem Papst wurden sieben Leuchter vorangetragen, die während der Liturgie um den Altar standen. Die Ehrung aber gilt Christus selbst, weshalb auch bei der Evangelienprozession Leuchter mitgetragen wurden. Erst im Mittelalter wurden die Leuchter auf den Altar selbst gestellt, was die byzantinische Kirche bis heute nicht kennt. In Anlehnung an den Jerusalemer Tempel steht dort ein siebenarmiger Leuchter (mit Öllichtern) hinter dem Altar und zeigt die Gegenwart des Herrn an.

Wie im Rom des Altertums können auch heute wieder die Leuchter in der Einzugsprozession mitgetragen und am Altar während der Feier abgestellt werden (vgl. „Allgemeine Einführung ins Meßbuch" Nr. 84); zur Evangelienprozession begleiten Leuchterträger den Verkünder zum Ambo und heben das Verkündigte als „Evangelium unseres Herrn Jesus Christus" hervor.

Weihrauch

Echter Weihrauch – es gibt auch falschen, billigeren und sehr, dafür aber gar nicht so gut nach den Tannen des Hochschwarzwaldes riechenden Ersatz-„Weihrauch" – ist das Harz des arabischen Weihrauchstrauches, das mit Würzkräutern oder aus Blüten gewonnenen Aromastoffen verfeinert wird und auf glühende Holzkohle gestreut als wohlriechender Rauch aufgeht (daher auch „Inzens" von „incensum – das zum Brennen Gebrachte"). Es ist wie beim Kaffee: Letztlich bleibt alles eine Frage des Geschmacks, aber wirklich guter – und damit eben nicht preiswerter – Weihrauch hat noch niemandes Nase beleidigt und noch keines Sängers Kehle geschadet. Den besten Weihrauch – mit Sortennamen wie „Rose", „Hyazinth", „Myron" usw. – gibt es in Jerusalem und in Griechenland. Wallfahrer ins Heilige Land und Sommertouristen an die griechischen Gestade könnten ihren Heimatpfarreien wertvolle Importeurdienste leisten!

Schon aus hygienischen Gründen („Deodorant") war er in der Antike weit verbreitet. Seine wohltuende medizinische Wirkung auf die Schleimhäute ist heute unumstritten; der Weihrauch gehört heute sogar zu den Mitteln einer „Dufttherapie"; andererseits weiß man auch um seine narkotisch-berauschenden Wirkungen. Weil der Weihrauch Gestank vertrieb, schrieb man ihm in der Antike auch apotropäische

(Dämonen abwehrende) Wirkung zu, weil der Gestank – der aus Verwesung eines organischen Stoffes entsteht und darum richtigerweise immer etwas mit Tod und Zerfall zu tun hat – als Werk der Dämonen galt.

Dem orientalischen Herrscherkult entstammt die ehrende Verwendung des Weihrauchs, die darin gründet, hohen Persönlichkeiten – auch dem Papst – Weihrauchpfannen vorauszutragen, um ihnen die Belästigung durch üble Straßengerüche zu ersparen. Zum eigentlichen „Weihrauch" in seiner religiösen Verwendung als Rauchopfer wurde das Räucherwerk im Alten Testament (z. B. Ex 30,1-10), aber auch im römischen Herrscherkult, so daß die in den Verfolgungen abgefallenen Christen die Bezeichnung „thurificati" erhielten, „die den Weihrauch vor dem Kaiserbild geopfert haben". Aus den Verfolgungszeiten hatten die Christen zum Weihrauch ein zwiespältiges Verhältnis, obwohl schon die Apokalypse die kultische Verwendung von Weihrauch erwähnt (Offb 5,8; 8,3-5). Räucherwerk wurde in den Kirchen zunächst aus hygienischen Gründen verwendet. Dem gleichen Zweck diente auch die Inzens am Anfang des Gottesdienstes, wie sie im byzantinischen Ritus heute noch geschieht: Nach der Inzens des Altares, der bereiteten Gaben und der Ikonen inzensiert der Diakon durch die Kirche gehend auch die Gläubigen: Ehrung der zum himmlischen Mahl zusammengekommenen Christen als Gäste des Herrn, so wie eine wohlriechende Beräucherung eintreffender Gäste im antiken Osten auch zum Begrüßungsritual vornehmer Häuser gehörte.

Das ehrende Voraustragen des Räucherwerks machte den Weihrauch in der Liturgie trotz der üblen Erfahrungen in den Verfolgungszeiten heimisch. Vor dem Hintergrund der erwähnten Stellen aus der Geheimen Offenbarung dient er in Ost und West sowohl der Ehrung des in seiner Gemeinde gegenwärtigen Herrn als auch als sinnenfälliges Zeichen für das zum himmlischen Thron aufsteigende Gebet der Gläubigen bzw. bei der Gabenbereitung zur Symbolik für das Aufsteigen der Gaben. Als dramaturgische Ausgestaltung kam die Inzens auch in die Vesper (zum Magnificat) und in die Laudes (zum Benedictus).

Die heiligen Öle

Öl diente in der antiken Kultur zu vielen guten Zwecken und galt als wertvolles Geschenk des Himmels; es war Nahrung, Stärkungs- und Heilmittel (Salbe) sowie Leuchtstoff in den Ampeln. Mit Öl wurden in Israel die Könige gesalbt, das AT berichtet von Salbungen, die priesterliche Vollmacht verleihen (Aaron und seine Söhne), andere bevollmächtigen zu prophetischem Dienst (so bei Elischa 1 Kön 19,16). Die

Salbung mit Öl versinnbildlicht die Verbindung mit der göttlichen Lebenskraft und -fülle, weshalb im Judentum zur Zeit Jesu der von Gott erwartete Retter als „Gesalbter des Herrn" (Messias, Christos) bezeichnet wurde.
Das Krankenöl für die Krankensalbung wurde einst von den Gläubigen in der Messe aufgeopfert und vom Priester gesegnet. Dann gebrauchten es die Gläubigen für sich selbst und ihre Familienangehörigen bei Erkrankungen. Hier liegen die Wurzeln des Krankenöls, das der Priester allein bei der Krankensalbung verwendet. Davon unterscheidet sich das Katechumenenöl, das in der Taufvorbereitung der Erwachsenen gebraucht wurde. Es erinnert an die Kampfsalbung der Ringkämpfer (wodurch der Gegner, hier der Teufel, abrutschen soll), weshalb auch gelegentlich Büßer damit gesalbt wurden. Das Chrisam ist das vornehmste der heiligen Öle.
Im Orient wird es „Myron" genannt und mit vielen Duftstoffen versehen. Seit dem Mittelalter fügt man im Westen dem zum Chrisam bestimmten Ölivenöl Balsam als Duftstoff zu. Außer der noch heute üblichen Verwendung von Chrisam in der Taufe und in der Firmung verwendet man Chrisam in den ausdeutenden Riten der Priester- und Bischofsweihe und im Kirchweihritus.

Weitere Naturelemente für den Gottesdienst

Weil Wasser Leben ermöglicht und reinigt, wird es außer in Taufe und Eucharistie (als Beigabe zum eucharistischen Wein) auch als apotropäisches (d. h. Böses abwendendes) Element zum Weihwasser gesegnet und innerhalb wie außerhalb des Gottesdienstes verwendet, etwa im sonntäglichen Taufgedächtnis oder zum Bekreuzigen beim Betreten und Verlassen der Kirche. Das Salz hat konservierende und reinigende Wirkung, weshalb es den Katechumenen gereicht wurde, um sie vor der Fäulnis der Sünde zu bewahren und ihren Entschluß zur Christwerdung zu konservieren. Salz fand (und findet fakultativ) noch Verwendung bei der Segnung von Weihwasser. Auch Asche gilt als Endprodukt des reinigenden Feuers als reinigend, weshalb sich der Sünder in Asche setzt (vgl. Ijob 2,8). Asche wurde und wird (am Aschermittwoch) den Büßern aufgelegt. Als Naturelemente in der Liturgie spielen auch verschiedene Speisen und ihre Segnungen eine Rolle (z. B. reich ausgestaltet bei den Byzantinern am Osterfest). Auch dienen Naturelemente im Gottesdienst als Meditationsgegenstände (Stein, Blume usw.).

Die liturgischen Gewänder

Hier ist zunächst auf das zu verweisen, was über die Bedeutung und die geschichtliche Entwicklung der liturgischen Kleidung in der 6. Lektion schon gesagt worden ist.
Zur Vorbereitung einer liturgischen Feier gehört auch das Bereitlegen der liturgischen Gewandstücke. Für die Meßfeier gebraucht der Priester: 1. die Albe (je nach deren Machart gehört dazu ein darunter anzulegendes Schultertuch, das zum Schutz vor Schweiß gedacht ist und für einen ordentlichen Halsabschluß des Untergewandes sorgt, sowie der Stoffgürtel, das „Zingulum", welches die Albe rafft und in Falten legt), 2. die Stola, das priesterliche Amtsabzeichen in der liturgischen Tagesfarbe, sowie 3. das Meßgewand („Kasel"), ebenfalls in der liturgischen Farbe des Tages (diese ist im „Direktorium" angegeben, dem in jeder Sakristei ausliegenden liturgischen „Regiebüchlein"). Viele Priester verwenden – leider – nur noch eine mausgraue oder dunkelbeige Einheitsrobe in bequem anzuziehendem Mantelschnitt mit einer darüber angelegten Stola in der liturgischen Tagesfarbe. Diese Kombination mag für nichteucharistische Gottesdienste (also bei der Feier der Sakramente oder in Wortgottesdiensten) sowie für Haus- und Feldgottesdienste passend sein, die Feierlichkeit des klassischen Meßgewandes erreicht sie aber nie; auch hebt sie die Figur des ehrwürdigen Pfarrherrn in vielen Fällen nicht gerade schmeichelnd hervor und wirkt nicht allein deshalb auf die Betrachter mit der Zeit wirklich einfallslos und damit auch lieblos. Zumindest an Sonn- und Feiertagen sollte die ästhetisch weit mehr befriedigende klassische Kombination von Albe und Kasel getragen werden. Assistiert ein Diakon, so bedient er sich ebenfalls der Albe, der Dalmatik, des diakonalen Obergewandes, sowie der diakonalen Querstola, die beiden letzteren in der liturgischen Tagesfarbe.
Wie soll nun aber die liturgische Kleidung der Laien beschaffen sein? Wie schon in der 6. Lektion gesagt, hat eine liturgische Kleidung für Laien im liturgischen Dienst etwas mit deren Würde des auf Taufe und Firmung gründenden Allgemeinen Priestertums zu tun und sollte daher in irgendeiner Weise an das Taufkleid erinnern. Deshalb sollte eine liturgische Kleidung für Laien weder Amtsinsignien der geweihten Amtsträger noch monastische (von Mönchen getragene) Kleidung imitieren. Mit den geweihten Amtsträgern tragen die Laiendienste das gemeinsame Grundgewand des Taufkleides als Ausdruck der *einen* und *allen gemeinsamen* Würde des Allgemeinen Priestertums. Bei Bischof, Priester und Diakon kommt in den auf dem Grundgewand (Albe) anzulegenden amtsspezifischen Obergewändern und Amts-

insignien zum Ausdruck, daß auch sie das Allgemeine Priestertum nicht verlieren, sondern das spezielle Weihepriestertum auf dem Allgemeinen Priestertum aufbaut.
Wie diese Tauferinnerung durch eine liturgische Kleidung für Laien geschehen kann und wie diese darum beschaffen sein sollte, dafür gibt es viele Möglichkeiten, die auch von der Gestalt des Kirchenraums beeinflußt werden. Viele Pfarreien haben für die Meßdienerinnen und Meßdiener liturgische Gewänder in Albenform angeschafft. Ein in den liturgischen Farben gehaltener Gürtel oder eine farbige Applikation im Kragenbereich sorgen bei der stets hellen oder hellbeigen Grundfarbe für etwas Abwechslung und bringen den Wechsel der Zeiten im Kirchenjahr zum Ausdruck. Noch mehr vom Wechsel der Festzeiten des Kirchenjahres sind jene Meßdienergewänder betroffen, die aus einem Manteltalar in den liturgischen Farben bestehen, auf den der weiße Chorrock angezogen wird. Diese Ministrantenkleidung paßt gerade in den architektonischen Rahmen alter oder in alten Baustilen errichteten Kirchen sehr gut. Wenn sie nicht übertrieben wird und die Jungen und Mädchen bis zur Pubertät zu kleinen Prälat/inn/en oder Kardinäl/inn/en macht (etwa mit quastenbesetzter Mozetta, Spitzenchorhemdchen und ähnlichem), kann auch diese klassische Meßdienerkleidung etwas sehr Wesentliches ausdrücken.
Die liturgischen Farben bringen ja nicht nur etwas über den Charakter der verschiedenen Fest- und Fastenzeiten des Kirchenjahres zum Ausdruck, sondern auch über deren seelische und geistliche Grundstimmungen, die ja auch Grundgestimmtheiten der menschlichen Seele sind. Karfreitagsverzweiflung und Osterjubel sind ja die Extremwerte in der Bandbreite menschlicher Erfahrungen, die sich auch im Gefühlswert der liturgischen Farben Ausdruck verschaffen. Konkret heißt das: Am Wechsel der Farben des Kirchenjahres kommt das in den wechselnden Zeiten und in den Wechselfällen des Lebens sich unwiderruflich ereignende Leben zur Erscheinung. Über allem Wechsel aber bleibt immer gleich die unverlierbare Gnadenwirklichkeit und Gotteskindschaft, die der dreifaltige Gott in der Taufe einem Menschen unwiderruflich geschenkt hat; dies drückt sich im weißen Chorrock aus, der über den farbigen Talar angelegt wird.
Was die jugendlichen Meßdienerinnen und Meßdiener zur Liturgie anziehen, kann grundsätzlich auch für ihre erwachsenen Kolleginnen und Kollegen, für Lektor(innen) und Kommunionhelfer(innen), für alle liturgischen Laiendienste in Frage kommen.
Für Herren eignet sich eine Albe (eventuell mit Schultertuch), die mit einem Zingulum (Stoff- oder Kordelgürtel) in der liturgischen Tages-

farbe gegürtet werden kann. Auch die Kombination von (schwarzem) Talar und Chorrock (oft fälschlicherweise „Rochett" genannt, das sehr enge Ärmel hat und nur den Bischöfen und Prälaten zusteht) ist für erwachsene Laiendienste in vielen Pfarreien eingeführt. Auch hier steht das weiße Chorhemd für das Taufkleid und symbolisiert Christus, der schwarze Talar sozusagen den „alten Menschen", den Sünder, der sich mit dem Leben, mit Christus, bekleidet hat.

Je nach Machart des Chorrocks kann diese Kombination auch für Damen eine sehr schicke liturgische Kleidung abgeben; dies gilt um so mehr, wenn Damen, deren Zivilkleidung ohnehin viel farbenfreudiger ist als die der Herren, einen farbigen Talar anlegen. Auf unserem Bild trägt die ersten Dame eine weitgeschnittene, rote Tunica mit einem Rollkragen von der belgischen Firma Slabbinck Modell 4; darüber trägt sie einen sehr weitgeschnittenen Chorrock der Paderborner Firma Cassau, der nach dem Vorbild der anglikanischen Kirche geschnitten ist. Der erste Herr trägt eine Albe mit Schultertuch, beschafft von der Münchener Firma Ludwig, Größe 150 cm. Die Albe ist gegürtet mit einem roten Zingulum, welches sich im Angebot der Firma Slabbinck befindet. Ebenfalls von diesem Lieferanten stammt die hellbeige Tunika, die die zweite Dame trägt; der Schnitt ist der gleiche (Modell 4) wie derjenige der roten Tunica bei der ersten Dame. Über der Tunika trägt sie – als Erfindung der örtlichen Frauengemeinschaft – einen sehr fraulich wirkenden Schal in der liturgischen Tagesfarbe. Auch die Quelle dieser Schals sei verraten: Sie wurden in einem Modehaus für bayerische Trachten erworben. Der zweite Herr trägt die klassische Kombination von schwarzem (ärmellosen) Manteltalar mit einem einfachen Chorrock (beides im Angebot der Firma Ludwig), während die dritte Dame eine eigenentworfene beige Tunika trägt, bei der in der Halspartie sogar die Zivilkleidung etwas sichtbar wird.

Bezugsnachweise:

Firma Slabbinck: Rue de Wattrelos 23, 52249 Eschweiler / Postfach 14 37, 52234 Eschweiler. Tel. 0 24 03 - 2 71 72. Katalog auf Anfrage.

Firma Cassau: Kirchliche Textilkunst Werner und Erika Cassau, Grube 13, 33098 Paderborn. Tel. 0 52 51 - 2 44 28.

Firma Ludwig: Kirchliches Kunsthandwerk Carl Ludwig, Brecherspitzstraße 8/I, 81541 München / Postfach 95 02 67, 81518 München. Tel. 0 89 - 6 92 63 10. Katalog auf Anfrage.

Abb. 12 Liturgische Kleidung für Laien

Abb. 13   Priester und Diakon

Küsterdienste

Daß der Priester unerwartet ausfällt, kann in mancher Gemeinde schon einen kleineren Katastrophenfall bedeuten; eine eigene Lektion wird sich diesem Notfall noch widmen. Nicht gerade so folgenreich ist es, wenn der langjährig treu seinen Dienst verrichtende Küster oder die nicht mehr wegzudenkende Küsterin einmal krank wird oder seinen/ihren wohlverdienten Urlaub nimmt.
Dann werden wohl einige Damen und Herren, die bei den liturgischen Laiendiensten mitmachen und ohnehin durch ihr gottesdienstliches Engagement schon vieles von dem mitbekommen haben, was die Arbeit von Küster und Küsterin so alles beinhaltet, sicher gerne dem Pfarrer aushelfen oder – sollte kein eigener Priester am Ort sein – den Küsterdienst sogar für eine gewisse Zeit – vielleicht abwechselnd – übernehmen. Damit für diesen Fall alle Unsicherheiten beseitigt werden, sei folgende Check-Liste (S. 164/165) angeboten; photokopiert und mit Platz zum Abhaken versehen, soll sie zu einer möglichst guten Vorbereitung der Meßfeier beitragen.

Innere Vorbereitung

Die Feier der Messe sollte für den Priester und auch für die Laien, die einen liturgischen Dienst versehen, schon geraume Zeit vor dem Auszug zur Eingangsprozession beginnen. Man sollte ihnen allen anmerken, daß sie aus der Ruhe kommen, daß sie, so gut es ihnen möglich ist, allen Alltagsstreß abgelegt haben und mit Gott, ihren Mitmenschen und nicht zuletzt mit sich selbst versöhnt in ihren heiligen Dienst eintreten. Die Worte des Cherubimhymnus der byzantinischen Liturgie, die zum großen Einzug, zur Übertragung der Gaben vom Rüsttisch zum Altar gesungen werden, könnten den von Hektik und Sorgen geplagten Menschen unserer Tage richtungsweisend sein: „Die wir die Cherubim jetzt geheimnisvoll darstellen und der lebensspendenden Dreifaltigkeit den Hymnus des dreimal Heilig singen, laßt uns ablegen jede irdische Sorge!"
Wie die alten Kathedralen und Klosterkirchen den Besucher zwangen, durch einen vorgelagerten Innenhof zu gehen, der den heiligen Bezirk vor Straßenlärm schützte, so brauchen auch alle Teilnehmer der Messe, besonders jedoch diejenigen, die in ihr einen besonderen Dienst übernehmen und damit irgendwie vorbildhaft wirken sollen, einen geistigen Vorhof, durch den sie zur inneren Ruhe und Gelassenheit kommen, die für die Atmosphäre des Gottesdienstes notwendiger sind

denn je. Wie kann man das Fest der Erlösung feiern, wenn einen die unerlöste Welt noch fest im Griff hat? Das heißt nicht, daß die Freuden und Plagen des Lebens an der Kirchen- oder Sakristeitür abgelegt werden müßten; unser ganzes Leben soll im Gottesdienst, im Dienst Gottes an uns Menschen, beheimatet sein. Dies gilt aber doch in der Weise, daß man Gott etwas übergibt, um es von ihm verwandeln zu lassen, d. h. offen für Gott, vor ihm in Freud und Leid ruhig geworden und damit schon die Erlösung ein wenig erahnend.

Eigentlich haben es die Gläubigen, die keinen besonderen Dienst in der Liturgie versehen, sogar besser; sie können geraume Zeit vor der Messe in die stille Kirche kommen und im Zwiegespräch mit Gott zur inneren, heiteren Ruhe finden. Bezeichnend ist die Antwort eines Afrikaners auf die Frage eines Missionars, weshalb er untätig in der Kirche herumsitze: „Ich halte meine Seele Gott hin, damit er sie bescheine!" In dieser Antwort ist zwar sehr viel afrikanische Mentalität enthalten, die uns geschäftstüchtigen Abendländern des ausgehenden zwanzigsten Jahrhunderts geradezu befremdend anmuten mag, aber es kommt in ihr doch etwas zum Ausdruck, wonach sich nicht wenige sehnen.

Um wieviel gefährdeter ist dies Ruhigwerden in der Sakristei! Da sind die schon oben erwähnten notwendigen Absprachen zu treffen, Dienste einzuteilen, Texte und Gesänge abzustimmen, eine Unruhe kann sich zuweilen breitmachen, die sich nicht sehr vom Lampenfieber großer Künstler unterscheiden mag.

Vielleicht hilft hier am ehesten eine gemeinsame Vorbereitung. Nach dem Ankleiden mit den liturgischen Gewändern richten sich alle Diensttuenden auf ein in der Sakristei stehendes oder aufgehängtes Kruzifix und sprechen ein gemeinsames Gebet, in dem man den Segen Gottes für die jeweiligen Dienste gegenseitig erbittet. Auch ein gesammeltes Schweigen kann von großer Bedeutung sein und zur notwendigen Ruhe verhelfen; dafür muß aber bei allen Beteiligten die dafür notwendige Ernsthaftigkeit und das innere Mitgehen vorhanden sein, sonst wird aus dem ernsthaften Schweigen eine peinliche Quasiruhe.

Vielleicht denkt jeder und jede der Mitwirkenden noch einmal an die ganz persönlichen Anliegen und Sorgen, die mit in diese Messe gebracht werden, an die Menschen, die darauf vertrauen, daß wir für sie beten, an all die schlimmen Fälle von schwerer Krankheit, Not und Tod aus unserem Bekanntenkreis oder unserer Nachbarschaft. Sich so vorzubereiten auf die Feier des Dienstes Gottes an uns, so beizutragen zur Heilung und Heiligung der Welt, entspricht der Würde des Allgemeinen Priestertums doch sehr, wenn seine Aufgabe, zur Heilung und Heiligung der Welt beizutragen, ernst genommen wird.

Check-Liste für die Vorbereitung einer Meßfeier	
A. In der Sakristei	erled.
1. Kelch bereiten (Kelch, Kelchtuch, Palla, Velum in der Tagesfarbe)	
2. Hostienschale/n (mit einer großen Hostie und entsprechend vielen kleinen Hostien)	
3. Kännchen mit genügend Wein und Wasser	
4. Schale und Handtuch für die Handwaschung	
5. Bücher herauslegen: Meßbuch, Evangeliar, Lektionar, Fürbittbuch, Gesangbücher	
6. Zettel oder Mappe mit den Vermeldungen und in der Messe zu nennenden Namen	
7. Gewänder für den Priester auslegen oder bereithängen: Albe – gegebenenfalls mit Schultertuch und Zingulum –, Stola und Meßgewand in der Tagesfarbe	
8. Gewänder für den Diakon auslegen oder bereithängen: Albe – gegebenenfalls mit Schultertuch und Zingulum –, Querstola und Dalmatik in der Tagesfarbe	
9. Gewänder für die Laiendienste bereithängen: Alben für die Herren und Tuniken für die Damen; helle Gewänder oder Talare in der Tagesfarbe mit Chorrock für die Kinder und Jugendlichen	
10. ggf. Weihrauchkohle entzünden, in das Rauchfaß legen und dieses schwenken, bis genügend Glut entstanden ist, Weihrauchkörner im Schiffchen auffüllen.	
11. ggf. Weihwasserkessel für das Taufgedächtnis bereitstellen	
12. ggf. Prozessionsleuchter anzünden	
13. Lichter und Lautsprecheranlage einschalten	
14. Kollektenkörbchen bereitstellen	
15. Nach ortsüblichem Brauch (ein- oder zweimal, mit welchen Glocken!) läuten	

B. In der Kirche

16. Auf den Kredenztisch: Kelch, Hostienschale/n, Kännchen mit Wein und Wasser, Schale und Handtuch

17. (Zusammengefaltetes) Corporale auf den Altar legen

18. Die Türen öffnen

19. ggf. Mikrophone anschrauben (aber vor dem Einschalten der Anlage!)

20. Kerzen anzünden

21. Schlüssel in den Tabernakel stecken

C. Nach der Messe

22. Kelch, Hostienschalen, Tabernakelschlüssel im Tresor verschließen

23. Kollektengeld ggf. ebenfalls im Tresor verschließen

24. Die Gewänder versorgen

25. Alle Kerzen löschen

26. Das Rauchfaß leeren (Restglut am besten in einen Gulli entfernen!)

27. Die Lautsprecheranlage abschalten

28. ggf. die Mikrophone abschrauben

29. Alle Türen schließen

30. Lichter löschen

Vorbereitungsgebete zur Feier der hl. Messe

1. Gebet zum Hl. Geist, das vor der Eucharistiefeier im byzantinischen Ritus gebetet wird:

Himmlischer König, Tröster, Geist der Wahrheit, der du überall bist und alles erfüllst, Geber aller Gnaden und Spender des Lebens: Komm, wohne in uns, reinige uns von allem Makel und rette uns, du Gütiger.

2. Nach dem Gebet des Papstes Clemens XI.:

Ich glaube, Herr, laß mich fester glauben; auf dich hoffe ich, laß mich noch fester hoffen; dich liebe ich, laß mich dich brennender lieben; nach dir verlange ich, laß mich noch brennender nach dir verlangen.

3. Nach einem alten evangelischen Gebet:

Schenke uns, Herr, deinen Heiligen Geist, Schutz und Schirm vor allem Argen, Stärke und Hilfe zu allem Guten. Laß unsere Augen auf dich sehen und die Zeit deines Kommens nicht versäumen. Gib uns Ruhe in der Unruhe des Tages, damit wir dich allezeit im Gebet finden und in deiner Gemeinschaft bleiben. Was wir anfangen, das segne. Wenn wir beten, so erhöre uns. Über allem gib uns deinen Frieden, o Jesu.

4. Die Abschlußoration des „Tantum ergo" (Gotteslob Nr. 544):

Herr Jesus Christus, im wunderbaren Gedächtnis des Altares hast du uns das Gedächtnis deines Leidens und deiner Auferstehung hinterlassen. Gib uns die Gnade, die heiligen Geheimnisse deines Leibes und Blutes so zu verehren, daß uns die Frucht der Erlösung zuteil wird. Der du lebst und herrschest in alle Ewigkeit.

5. Das „Seele Christi" (Gotteslob Nr. 6,7):

Seele Christi, heilige mich. Leib Christi, rette mich. Blut Christi, tränke mich. Wasser der Seite Christi, wasche mich. Leiden Christi, stärke mich. O guter Jesus, erhöre mich. Birg in deinen Wunden mich. Von dir laß nimmer scheiden mich. Vor dem bösen Feind beschütze mich. In meiner Todesstunde rufe mich, zu dir zu kommen heiße mich, mit deinen Heiligen zu loben dich, in deinem Reiche ewiglich. Amen.

6. Aus der Chrysostomosliturgie der byzantinischen Kirche:

Herr, unser Gott, deine Macht ist unvergleichlich, deine Herrlichkeit unbegreiflich, dein Erbarmen unermeßlich und deine Menschenliebe unaussprechlich. Blicke, Herr, nach deiner Barmherzigkeit auf uns und auf dieses heilige Haus, und mache reich über uns und alle, die mit uns beten, deine Gnade und dein Erbarmen. Denn dir gebührt alle Herrlichkeit und Ehre und Anbetung, dem Vater, dem Sohn und dem Heiligen Geist, jetzt und allezeit und in Ewigkeit. Amen.

7. Ein dem hl. Augustinus zugeschriebenes Gebet (Gotteslob Nr. 4,6):

Atme in mir, du Heiliger Geist, daß ich Heiliges denke.
Treibe mich, du Heiliger Geist, daß ich Heiliges tue.
Locke mich, du Heiliger Geist, daß ich Heiliges liebe.
Stärke mich, du Heiliger Geist, daß ich Heiliges hüte.
Hüte mich, du Heiliger Geist, daß ich das Heilige nimmer verliere.

8. Der Hymnus des „Stundenbuches" zur Terz:

Komm, Heil'ger Geist, vom ew'gen Thron,
eins mit dem Vater und dem Sohn;
durchwirke unsre Seele ganz
mit deiner Gottheit Kraft und Glanz.

Erfüll mit heil'ger Leidenschaft
Geist, Zunge, Sinn und Lebenskraft;
mach stark in uns der Liebe Macht,
daß sie der Brüder Herz entfacht.

Laß gläubig uns den Vater sehn,
sein Ebenbild, den Sohn, verstehn
und dir vertraun, der uns durchdringt
und uns das Leben Gottes bringt. Amen.

9. Ein Heilig-Geist-Lied von Martin Luther

Komm, Heiliger Geist, Herre Gott, erfüll mit deiner Gnaden Gut deiner Gläub'gen Herz, Mut und Sinn, dein brennend Lieb' entzünd in ihn'.
O Herr, durch deines Lichtes Glanz, zum Glauben du versammelt hast das Volk aus aller Welt Zungen. Das sei dir, Herr, zu Lob gesungen, Halleluja.

Du heiliges Licht, edler Hort, laß leuchten uns des Lebens Wort
und lehr uns Gott recht erkennen, von Herzen Vater nennen.
O Herr, behüt vor fremder Lehr', daß wir nicht Meister suchen mehr,
denn Jesus mit dem rechten Glauben und ihm aus ganzer Macht vertrauen. Halleluja.
Du heilige Glut, süßer Trost, nun hilf uns, fröhlich und getrost
in deinem Dienst beständig bleiben, die Trübsal uns nicht wegtreiben.
O Herr, durch dein' Kraft uns bereit und wehr des Fleisches Ängstlichkeit,
daß wir hier ritterlich ringen, durch Tod und Leben zu dir dringen.
Halleluja.

10. Nach einem Gebet aus der Basilius-Liturgie der byzantinischen Kirche:

Herr, du hast uns, deine unwürdigen Knechte und Mägde, gewürdigt, Diener und Dienerinnen deines heiligen Altars zu sein. Mache du uns durch die Kraft des Heiligen Geistes fähig zu diesem Dienst, damit wir untadelig vor deiner heiligen Herrlichkeit stehen und dir ein wahres Opfer des Lobes darbringen, denn du bist der, der alles in allen bewirkt. Amen.

Lektion 12: Erste Lektion über die heilige Messe: vom Beginn in der Sakristei bis zum Tagesgebet

Sinnerschließung

Nach den grundlegenden Eingangslektionen und jenen über die verschiedenen liturgischen Laiendienste in der Messe und die jeweiligen Gestaltungsmöglichkeiten widmen sich die folgenden vier Lektionen der Feier der heiligen Messe. Dabei gilt als oberster Grundsatz, daß man verstehen muß, was man vollzieht, um es überzeugt und überzeugend vollziehen zu können. Sicher sollen in diesen Lektionen – am liturgischen Ablauf der Messe ausgerichtet – die unterschiedlichen Laiendienste dargestellt werden. Doch soll hier die Ebene des „Rubrizistischen", also der reinen, im Meßbuch in roten Buchstaben abgedruckten Regieanweisungen („Rubriken") überschritten werden; es geht hier nicht nur um die Darstellung der äußeren Gestalt, auch nicht nur um die Vorstellung neuer Gestaltungsmöglichkeiten, sondern die Riten der heiligen Messe sollen ihrem geistlichen Anspruch gemäß so dargestellt werden, daß das Wissen um den inneren Anspruch des liturgischen Tuns die äußere Handlung schon mitbestimmt. So wollen diese Lektionen eine Erklärung der Messe bieten, nicht eine technische Beschreibung ihres Ablaufs, sondern „Mystagogie", d. h. Einführung in den Sinn der verschiedenen Riten, damit diese als nichtsprachliche Zeichensprache verstanden und in ein vom Glauben geprägtes Leben integriert werden können.

„... im Namen des Herrn"

Ist der Zeitpunkt gekommen, die Messe zu beginnen, dann spricht man noch in der Sakristei bei uns einen schönen Segen, der „amtlich" so nicht vorgesehen ist: „Unsere Hilfe ist im Namen des Herrn – der Himmel und Erde erschaffen hat." Dieses kleine Wechselgebet zwischen dem Priester und seiner Assistenz erinnert an sehr Wesentliches: Jetzt ist Gottesdienst, Gottes Dienst an uns. Der Schöpfer des Himmels und der Erde, der in unzugänglichem Licht wohnt (1 Tit 6,16), den die Himmel der Himmel nicht zu fassen vermögen (1 Kön 8,27), er dient jetzt uns kleinen Menschen, begibt sich in unser Leben mit seinen verworrenen Pfaden. Christus gibt sich hin als Speise und Trank als Arznei gegen den Tod, will mit uns eins werden und uns mit seinem

Fleisch und Blut ernähren, in uns das Leben Gottes einpflanzen und uns so eine Anzahlung auf den Himmel geben. Ohne diese Hilfe im Namen des Herrn, ohne dieses Herabsteigen des Himmels von oben in unsere so oft erbärmliche Wirklichkeit bleibt alles liturgische Tun Menschenwerk. Es wäre eine rein kulturelle Veranstaltung mit historisch wertvollen Elementen, aber es würde keine Liturgie gefeiert, weil sich die himmlische Liturgie nicht herabsenken würde, es käme zu keiner Gegenwart der göttlichen Herrlichkeit in unseren ärmlichen Zeichen und Worten.

Es ist auch nicht von ungefähr, daß sich alle zu diesem kleinen Wechselgebet bekreuzigen, sich mit dem Kreuzzeichen „signieren", sich „segnen". Gottes Herabsteigen in die Menschenwirklichkeit geschah in unüberbietbarer Weise durch das Kreuz des eingeborenen Sohnes. Sein Tod am Kreuz ist die Annahme der tiefsten Tiefe, in die je menschliches Leben fallen kann, einsam, verlacht und von allen verlassen abgeschlachtet zu werden. Diese tiefste aller denkbaren Situationen, in die ein Mensch nur geraten kann, ist durchlitten worden von dem, der seinem Wesen nach das Leben und die Glückseligkeit selbst ist. Vom Gekreuzigten her ist alles von Gott selbst angenommen und verwandelt; durch Gottes tiefstes Hinabsteigen in die menschliche Lebenswirklichkeit gibt es für den Menschen zusammen mit Gott, von ihm und seiner Gnade geradezu an die Hand genommen, nur noch den Weg nach „oben", zum Leben. Sich mit dem Kreuz zu bezeichnen, sich zu segnen ist demnach das Bekenntnis zum liebenden Gott, der jeden unserer Gedanken kennt (Ps 139), all unser Tun begleitet und uns alle in seinen bergenden Händen hält. So gerüstet, beginnen der Priester und alle, die einen besonderen Dienst versehen, die Einzugsprozession.

Die Einzugsprozession: Darstellung der Lebensreise zu Gott

> Das Meßbuch vermerkt: „Die Gemeinde versammelt sich. Darauf tritt der Priester an den Altar. Er wird begleitet von denen, die bei der Meßfeier einen besonderen Dienst an Altar oder Ambo versehen. Das sind in der Regel ein Lektor (zwei Lektoren), ein Kantor und ein oder mehrere Ministranten."

Jede Prozession und jede Wallfahrt ist weit mehr als ein Sichhinbewegen zu einem heiligen Ort; sie ist ein Ausdruck dafür, was – religiös gesehen – den Menschen ausmacht: Er ist ein Wesen, das während seines ganzen Lebens unterwegs zu seinem Gott ist. Gott hat den Menschen dazu erschaffen und dazu bestimmt, damit er teilhabe an seiner Lebensfülle. Der Mensch ist ein Wesen, das auf dem Weg zu seinem Ziel ist, das kein Auge geschaut und kein Ohr gehört hat. Die Heilige Schrift umschreibt es mit vielsagenden Bildern (z. B. himmlische Wohnungen, Hochzeitsmahl): Der dreieinige Gott selbst öffnet seine innige Gemeinschaft und lädt die Menschen ein zur Teilnahme an seinem unendlich glückseligen Leben. Um dieses Ziel auszudrücken, scheut sich die ostkirchliche Theologie nicht, von einer „Vergöttlichung" des Menschen zu sprechen, der dazu bestimmt ist, in einer auf Erden nicht zu verwirklichenden Gemeinschaft mit allen Mitmenschen im glückseligen Leben Gottes auf ewig glücklich zu sein.

So gesehen ist das ganze Leben eine Prozession, ein Zugehen auf Gott hin, bis der Mensch im Himmel als seiner eigentlichen Heimat angekommen ist (Phil 3,20). Auf dieser oft beschwerlichen und gefährlichen Prozession zum Vater hin wird die Gemeinde der Glaubenden von Christus begleitet und vom Heiligen Geist geführt. Ist die Liturgie aber ein Stück Himmel mitten in unserer irdischen Wirklichkeit, senkt sich in ihr Gottes Herrlichkeit in irdischen Zeichen herab und wird in ihr etwas von der kommenden Welt deutlich, dann ist die Einzugsprozession der Messe eine symbolische Darstellung der menschlichen Lebenswirklichkeit als eines lebenslänglichen Zugehens auf Gott und die Lebensfülle in ihm hin.

Dieses Zugehen betrifft die ganze Kirche. Schon in der Theologie der Kirchenväter gibt es dafür das Bild des Schiffes, in dem alle Gläubigen geborgen sind, das sich durch die Stürme der Zeit hindurch dem Hafen der Ewigkeit zubewegt. In Anlehnung an die antike Erzählung von den Irrfahrten des Odysseus scheute man sich nicht, im Kreuz Christi den Mastbaum zu sehen, an welchem Christus dem Odysseus gleich festgebunden ist, um das Schiff sicher an den Klippen der Sirenen vorbeizuführen. Der Gedanke der gemeinsamen Pilgerreise zu Gott hin kam in der Architektur des Kirchenbaus in der prozessionalen Anordnung des Gläubigenraumes zum Ausdruck: In Prozessionsordnung stehen die Menschen vor dem Altar, um ihre gemeinsame Ausrichtung auf Gott auszudrücken.

Die erneuerte Liturgie will den Altar aber in größerer Volksnähe plaziert sehen, so daß sich die Gemeinde in der Regel halbkreisförmig um ihn schart. Damit ist jedoch die Idee der Prozessionsgemeinschaft durch die Anordnung des Raumes weniger gut darstellbar. Eine um so größere Bedeutung gewinnt hier die Einzugsprozession, die somit wesentlich mehr ist als ein notwendiger Ortswechsel von der Sakristei hin zu den liturgischen Funktionsorten; sie wird zu einer wichtigen dramaturgischen Größe, zu einer vielsagenden Symbolhandlung, an der sich alle beteiligen sollen, die in der Liturgie einen besonderen Dienst versehen. Stellvertretend führen sie in der Einzugsprozession den in ihren Bankreihen stehenden und sitzenden Teilnehmern des Gottesdienstes „mystagogisch" („in das Geheimnis einführend") eine Grunddimension christlichen Lebens vor Augen: das Zugehen auf den „Gott meiner Freude" (Ps 43,4).

Anders als im funktionalen Heraustreten aus der Bank, anders als in diesen sehr fragwürdigen, aber leider weitverbreiteten (Fehl-)Formen liturgischer Bewegung beteiligen sich so gesehen Lektoren, Kantoren, Kommunionhelfer und Ministranten – Männer und Frauen, Kinder und Jugendliche – im liturgischen Gewand als für den Gottesdienst wieder angelegtem Taufkleid an der Einzugsprozession, um dadurch auszudrücken, daß die Ausrichtung des Lebens auf Gott nicht nur eine Sache von geweihten Spezialchristen (die aufgrund der Weihe nach Meinung nicht weniger ohnehin Gott näherstehen und sich von daher aus „Berufspflichten" um größere Heiligkeit bemühen müssen), sondern eine Sache der ganzen Kirche ist. Stellvertretend für die vielen Teilnehmer in den Bankreihen führen die Laiendienste zusammen mit dem Priester im Sinne der erwähnten Dramaturgie die Wanderung des ganzen Gottesvolkes auf Gott hin vor Augen.

Schauen wir uns diese Prozessionsordnung etwas genauer an; wir legen ihr den Fall eines festlichen Hochamtes zugrunde mit sieben jugendlichen Meßdienern, zwei erwachsenen Ministranten bzw. Ministrantinnen, zwei Lektoren/Lektorinnen, einem(r) Kantor/Kantorin, zwei Kommunionhelfern bzw. -helferinnen und dem Priester. In folgender Ordnung begeben sie sich von der Sakristei durch die Kirche zum Altarraum:

> *Weihrauchfaß*
> *Leuchter – Vortragekreuz (erwachsene/r Ministrant/in) – Leuchter*
> *jugendliche/r Ministrant/in – jugendliche/r Ministrant/in*
> *jugendliche/r Ministrant/in – jugendliche/r Ministrant/in*
> *erwachsene/r Ministrant/in – Kantor/Kantorin*
> *Kommunionhelfer/in – Kommunionhelfer/in*
> *Lektor/in mit Lektionar – Lektor/in mit Evangeliar*
> *Priester*

Was man alles so dabei hat – in der Einzugsprozession

> Das Meßbuch zählt auf: „Beim Einzug können mitgetragen werden: Weihrauch, Kreuz, Leuchter mit brennenden Kerzen und das Evangelienbuch. Das Kreuz wird in der Nähe des Altares aufgestellt, das Evangelienbuch auf den Altar gelegt; die Leuchter erhalten ihren Platz neben dem Kreuz oder beim Altar oder auf der Kredenz."

Es dürfte nichts Wesentliches dagegen einzuwenden sein, den hier aufgezählten Gegenständen noch das Lektionar mit den Lesungen für den Dienst des Lektors und das Meßbuch hinzuzufügen, das ein/e erwachsene/r Ministrant/in tragen kann, um zum ersten Dienst am Buch dieses dem am Sitz stehenden Priester hinzuhalten, damit er das Tagesgebet singen oder sprechen kann.

So sinnvoll das Mittragen dieser Dinge gerade im Hinblick auf die Symbolik der Prozession auch sein kann – die Ursprünge dafür lagen in römischen Statussymbolen und sind damit mit der Zweideutigkeit versehen, die Statussymbole nun einmal an sich haben. Das auf einer Stange aufgepflanzte Vortragekreuz entstammt den römischen Feldzeichen, den Symbolen römischer Macht, die den großen Feldherrn und Imperatoren vorangetragen wurden; diese Feldzeichen werden denjenigen nur zu bekannt sein, die freimütig zugeben, daß sie Verehrer von Asterix dem Gallier sind.

Jemandem nachts eine brennende Fackel voranzutragen, damit er im Dunkeln nicht gegen die Hauswände rennt oder in den Straßengraben fällt, ist sinnvoll, und wenn dies ein Sklave macht, der seinem Herrn „heimleuchtet", dann sieht alle Welt auch noch, daß da einer betucht genug ist, sich diesen Dienst leisten lassen zu können. Wenn aber mehrere Sklaven ihrem Herrn bei hellem Tageslicht brennende Fackeln vorantragen, dann hat dies mit dem wirklichen „Heimleuchten" nichts mehr zu tun, sondern war schon in Rom so sehr ein Statussymbol geworden, wie eben zu gewissen Empfängen unbedingt Frack und große Garderobe gehören, unabhängig von der Außentemperatur. Der Kaiser ließ sich sieben Fackeln vorantragen; er ehrte den römischen Bischof damit, daß auch er sich sieben Fackeln vorantragen lassen durfte, was von den Päpsten auf die Bischöfe überging, weshalb zum Teil bis heute sieben Kerzen auf dem Altar brennen, wenn der Bischof die Messe hält.

Alte Städte ziehen Touristen magisch an. Man kann sich aber kaum vorstellen, wie es in einer antiken Stadt im südlichen Sommer oder auch in einer engen mittelalterlichen Stadt bei uns gestunken hat, denn die Abwässer liefen zum Großteil über die Straße. Wenn man sich heute vielleicht ein parfumgetränktes Taschentuch vor die Nase hält, wenn ein Müllwagen vor einem an der roten Ampel steht, dann war dies in der Antike eben der Weihrauch. Damit der hohe und begüterte Herr nicht allzusehr vom Gestank der Straße belästigt wurde, trug ihm ein Sklave eine Räucherpfanne oder auch ein Rauchfaß voran, aus dem der wohlriechende Duft von Weihrauch und Kräutern entquoll. Auch dies wurde zu einem Statussymbol des antiken Rom und ging auf die Päpste und Bischöfe über.

Im Lauf der Zeit wurden diese Statussymbole aber – je weniger man sie als Statussymbole im Bewußtsein hatte, im germanischen Norden waren sie so ohnehin nie bekannt – Teil der feierlichen Liturgie. Wenn sie noch die Funktion hatten, jemanden zu ehren, dann war dies immer weniger der am Schluß der Prozession gehende Bischof oder Priester, sondern Christus der Herr selbst. So erhielt das Mittragen von Kreuz, Leuchtern, Weihrauch, Lektionar und Evangelienbuch einen symbolischen Sinn, der den Zweck erhöhter Feierlichkeit weit überschreitet. Christus geht seiner Gemeinde voraus (Prozessionskreuz), er leuchtet als das Licht der Welt die dunklen Pfade aus (Leuchter), die Botschaft des Alten und des Neuen Testaments begleitet die Menschen auf ihrem Lebensweg (Lektionar), Christus ist durch sein Wort seiner Gemeinde immer nahe (Evangeliar), die durch ihr Beten und vertrauensvolles Nachfolgen (die aufsteigenden Duftwolken des Weihrauchs werden schon in Ps 140 auf die Gebete der Gläubigen hin gedeutet) ihrem Herrn immer verbunden ist.

Am Altar angekommen

Die Einzugsprozession nimmt ihren Weg von der Sakristei zum Altar. Da dies mehr ist als ein notwendiger Ortswechsel vom Raum der Vorbereitung zu dem des Geschehens hin, sondern ein dramaturgisches Element der Meßfeier mit erheblichem Symbolwert, ist auch nichts dagegen einzuwenden, wenn man nicht auf direktem Wege geht, sondern einen Umweg durch die Kirche macht. Gerade so werden die Gläubigen in den Bankreihen „mitgenommen".

> Das Meßbuch: „Der Priester verehrt gemeinsam mit seiner Begleitung den Altar und küßt ihn. Danach kann der Priester den Altar inzensieren."

Für unser „Musterhochamt" mit vielen Laiendiensten heißt dies:

> *Am Altar angekommen, stellt der Kreuzträger das Vortragekreuz in der Nähe des Altars ab. Die beiden Leuchterträger stellen ihre Leuchter mit den brennenden Kerzen links und rechts daneben. Dann ehren der Priester und alle seine Begleiter den Altar mit einer tiefen Verneigung oder mit einer Kniebeuge, wenn sich auf ihm oder in seiner Nähe das Allerheiligste befindet. Der Priester geht zum Altar und küßt ihn. Der Lektor bzw. die Lektorin, der/die das Evangelienbuch bei der Einzugsprozession mitgetragen hat, geht mit dem Priester zum Altar und legt es – während er den Altarkuß vollzieht – mit einer Verneigung auf den Altar. Danach bereiten sich der oder die Diener am Weihrauchfaß darauf vor, daß der Priester Weihrauch einlegen kann. Darauf umschreitet der Priester mit dem Weihrauchfaß den Altar; er inzensiert ihn und das auf ihm oder in seiner Nähe befindliche Kreuz.*

Die Kniebeuge, der Altarkuß und die Altarinzens sind Zeichen der Anbetung, des Angekommenseins bei Gott, dem alle Ehre gebührt. Wir stehen vor dem Altar „im Angesicht des Herrn", und dieses Stehen ist eine Art von „Konfrontation", leitet sich dieses Wort doch davon her, daß Menschen einander Aug in Aug gegenüberstehen. Dieses Aug-in-Aug mit Gott ist jetzt nur unter den Schleiern der heiligen Zeichen der Liturgie möglich; erst im ewigen Leben ist den Menschen die seligmachende Gottesschau verheißen, „wo sie dich schauen von Angesicht zu Angesicht" (2. Hochgebet).

Zu allen Zeiten war aber auch schon der Glaube selbst eine solche Konfrontation, eine Begegnung wie auch eine Herausforderung. Denken wir nur an den „ungläubigen Thomas". Sicher war er nicht ungläubig, sonst wäre er Jesus nicht nachgefolgt; auch er war als einer aus der Schar der Apostel Zeuge der Worte und Taten Jesu, auch er hörte die Ankündigungen von Tod und Auferstehung seines Herrn. Als er aber mit der Botschaft von der Auferstehung konfrontiert wurde, da erschien sie ihm so unmöglich, so alle Horizonte des menschlich Faßbaren sprengend, daß er sich ihr zunächst verschloß. Erst die noch massivere Konfrontation mit dem Auferstandenen selbst ließ ihn zur Anbetung finden: „Mein Herr und mein Gott!" (Joh 20,28). Es ist zwar nicht so niedergeschrieben, aber doch gut vorstellbar, daß Thomas „in die Knie ging", als er dies sagte; ob er tatsächlich eine Kniebeuge vollzog, ist wirklich zweitrangig. Wenn er es tat, war dies nur die leibliche Offenbarung eines inneren Vorgangs, von dem der ungläubig Gläubige so überwältigt wurde, daß all seine bisherigen Hoffnungen und Erwar-

tungshorizonte „in die Knie gingen", verschämt klein wurden angesichts des Großen, das ihm da entgegentrat.
Genau dies ist ja auch der Sinn der Kniebeuge in der Liturgie: Der gläubige Mensch öffnet sich für die Konfrontation mit dem ganz anderen, dem absolut heiligen Gott, dessen Liebe ihn überwältigt, klein werden läßt in seinen alltäglichen Sorgen und Querelen. Er geht in die Knie vor Brot und Wein, in denen er Christus selbst gegenwärtig weiß, er verneigt sich vor dem Altar im Wissen, daß auf ihm Gottes Liebe greif- und eßbare Wirklichkeit wird. Das alles weiß der gläubige Christ seit Kindsbeinen an, aber er ist nicht ständig damit konfrontiert, d. h., er realisiert nicht ständig, macht sich nicht ununterbrochen selbst in aller Klarheit bewußt, was da zu seinem Heil geschieht und wer sich ihm darreicht, daß er von dieser Erkenntnis dauernd erschüttert sein müßte. Auch ist es nicht so, daß jede Kniebeuge oder Verneigung aus dieser konfrontativen Erschütterung heraus erfolgt, aber gerade bei diesen Gesten kann der Leib die Seele in Zucht nehmen.
Eine sorgfältig ausgeführte Kniebeuge oder Verneigung kann die Seele durch das leibliche Tun, auch wenn es zu Beginn noch reichlich unreflektiert geschieht, in die Schule nehmen und zur Konfrontation führen, was am Ende dazu führen sollte, der Gegenwart Gottes und seines Heilshandelns gewiß zu werden, was alle Alltäglichkeit weit übersteigt und hinter sich läßt. Die Selbsterziehung zu einer „schönen" Kniebeuge hat demnach nicht nur den Sinn, der Gemeinde einen „ästhetischen" Anblick geben zu wollen, sondern ist in weit größerem Maße Einübung einer Form körperlichen Ausdrucks, die über die Wechselbeziehung zwischen Leib und Seele dem inneren Menschen sagen kann, was da auf ihn konfrontativ zukommt und angenommen sein möchte: Gott selbst. So wird die sorgfältig ausgeführte Kniebeuge für den sie vollziehenden Menschen selbst zur ästhetischen Sache, indem sein eigener Leib ihn Erfahrungen wahrnehmen läßt, deren bewußte Annahme aus der Konfrontation heraus ihm nicht immer gelingt.
Gemäß den Rubriken des Meßbuchs geht der Priester zum Altar und ehrt ihn mit einem Kuß. Auf viele Menschen wirkt diese Geste fremdartig, denn unsere Zeit kennt den Kuß fast ausschließlich als ziemlich erotisch besetzten Ausdruck der Liebe zu einem anderen Menschen.
In anderen Zeiten war dies anders: Der Kuß galt als Zeichen nicht nur des Grußes, sondern auch der respekt- und liebevollen Verehrung. Je nachdem, wie dieser Restbestand des begrüßenden Kusses heute noch üblich ist, finden wir ihn nett (etwa wenn sich Franzosen nach langer Trennung zum Ausdruck der Wiedersehensfreude dreimal auf die Wange küssen), verlogen (etwa der „Bruderkuß" zwischen den heute

schon vergessenen sozialistischen Staats- und Parteigrößen, deren Geheimdienste sich unterdessen bis aufs Messer bekämpften) oder einfach nur antiquiert (wie der zum charmanten Wiener Dialekt gehörige nicht weniger charmante Handkuß, der auf manchen wie ein Überbleibsel gestriger k.u.k.-Ritterlichkeit wirken mag). Ohne Scheu küßt das Kind Vater und Mutter, solange es sich nicht zu alt dafür fühlt.

Einen Zugang zum Wesen des Kusses kann die Redensart geben: „Ich habe dich zum Fressen gern!" Was der Mensch ißt, das verleibt er sich ein, das wird zu einem Teil des eigenen Ich. Jede Liebe tendiert zur Vereinigung, zum Einswerden von Liebendem und Geliebtem. Von sakramentaler Größe und Würde wird dieses liebevolle Einswerden bei den Eheleuten, in deren seelischer wie körperlicher Einigung Gottes Liebe, die zur Einheit mit den Menschen drängt, wie sie einmal in der Vereinigung aller Menschen mit dem dreifaltigen Gott in der Herrlichkeit des Himmels wirklich wird, real gegenwärtig ist. Der liebevolle Drang nach Einswerdung kommt im Kuß zum Ausdruck: Das Berühren mit dem Mund, dem Organ der Einverleibung, ist nichts anderes als ein stilisiertes Aufnehmen des anderen in sich selbst, Ausdruck des Wunsches, der andere möge zu einem Teil des eigenen Selbst werden.

Kann man aber so gesehen tote Gegenstände küssen, und seien sie noch so heilig wie ein Altar? Das Küssen von Gegenständen hat nur dann einen Sinn, wenn sich dahinter die Beziehung zu einer Person verbirgt. Wenn eine Braut den liegengelassenen Schal ihres Bräutigams küßt, so küßt sie nicht den Wollstoff, sondern durch den Schal bringt sie ihre Liebe zum Bräutigam zum Ausdruck, dem er gehört und der in seiner Abwesenheit an ihn erinnert, ja in gewisser Weise etwas von ihm gegenwärtigsetzt. Beim Altar ist es nicht anders: Der Kuß gilt nicht dem Stein oder dem Holz, sondern dem, der sich auf diesem Tisch immer neu als Speise und Trank hingibt: Christus.

Schon früh in der Kirchengeschichte gilt der Altar als Symbol Christi. Weil es im Ps 118,22 heißt, „der Stein, den die Bauleute verwarfen, ist zum Eckstein geworden", und weil Christus dieses Bild auf sich selbst, seinen Tod und seine Auferstehung bezieht („Habt ihr nie in den Schriften gelesen: Der Stein, den die Bauleute verwarfen, der ist zum Eckstein geworden?" Mt 21,42) hat man Ps 118 nicht nur als den Osterpsalm schlechthin gesungen, sondern auch den Altar aus Stein gefertigt, als Eckstein, Felsen Golgotha und Fundament des ewigen Lebens. Auch wenn keine heilige Messe gefeiert wird, ist der leerstehende Altar ein vielsagendes Sinnbild Christi. Er ist der „heilige Thron", auf den der Herr hinabsteigt, der „heilige Tisch" (so wird er

heute noch in den Ostkirchen genannt!), auf dem die Hingabe Christi immer wieder neue Wirklichkeit wird.
Schon früh wurde der Altar mit Tüchern und Paramenten, Stufen und Baldachinen besonders geschmückt; ja er wurde als Symbol Christi im kirchlichen Altertum sogar mit Vorhängen versehen, weil man sich unwürdig glaubte, ihn wie alle anderen Dinge anschauen zu dürfen. Bis heute ist der Altar in Kirchen des byzantinischen Ritus durch die Bilderwand den Blicken der Gläubigen entzogen. Wenn uns abendländischen Christen des ausgehenden zwanzigsten Jahrhunderts auch vieles davon fremd bleiben mag, so sollten wir dennoch bedenken, daß alle diese Ehrungen nicht dem Altar als liturgischem Gegenstand galten und gelten, sondern immer Christus selbst; so auch der Altarkuß. Es liegt übrigens auf dem Hintergrund dieser Symbolik eigentlich nahe, daß der Altar als Thron und Tisch Christi wirklich bis zur Gabenbereitung leer bleibt; für Leuchter, Kreuz und Blumen sind gewiß andere würdige Orte zu finden, und den Altar als Ablage für Mappen, Brillen, Gesangbücher oder Liedzettel den zu benützen, bedeutet nichts anderes, als seine Würde zu mißachten.

Der Priestersitz und die Sitze der Laiendienste

> Das Meßbuch: „Nach der Verehrung des Altares gehen der Priester und seine Begleitung zu den Sitzen."

Traditionalisten haben der Liturgiereform gerne vorgeworfen, die zentrale Stellung des Tabernakels (der sich früher mitten auf dem Altar befand) sei durch die des auf dem Priestersitz thronenden Zelebranten ersetzt worden; dadurch werde nicht nur der Gegenwart Jesu in der Eucharistie Unehre angetan, sondern darüber hinaus einem unvertretbaren Klerikalismus Vorschub geleistet.
Erinnern wir uns aber doch des ikonenhaften und instrumentellen Charakters des Weihesakramentes. Der eigentliche Herr seiner Gemeinde ist immer Christus, alle anderen sind Schwestern und Brüder! In seinem lebendigen Bild und Instrument, im vorsitzenden Priester, leitet Christus selbst die eucharistische Versammlung. Schon der leere Priestersitz, noch mehr die bischöfliche Cathedra in den Kathedralen, verweist auf den, der in der Versammlung eigentlich den Vorsitz innehat; durch seinen geweihten Diener ist dies niemals ein anderer als Christus selbst. Als Christi Instrument „sammelt" der Priester am Vorstehersitz seine Gemeinde, begrüßt sie, faßt ihr Beten zusammen und segnet sie. Das, was die Liturgiereform neu schuf, ist eine

Wiederbelebung uralten Brauches; bis zum Mittelalter gab es den Priestersitz auch im Abendland; in anderen Riten ist er niemals verschwunden.
Vom Priestersitz abgehoben sind die Plätze der Laiendienste. Dies hat nichts mit klerikalen Privilegien zu tun, sondern soll die Rolle des priesterlichen Vorsitzes unterstreichen. Die Laien im Altarraum haben zwar nichts mit dieser „Präsidialaufgabe" („Präsidium" heißt ja „Vorsitz") zu tun, wohl aber teilen sie mit dem Priester den Dienst der Dramaturgie. So wie im Amt des Priesters Christus als der eigentliche Liturge den Sinnen erfahrbar wird, so kommt sein heilendes und heiligendes Wirken im liturgischen Tun all der Frauen und Männer, der Kinder und Jugendlichen zur Darstellung, die aus der Würde des allgemeinen und königlichen Priestertums aus Taufe und Firmung diesen liturgischen Dienst an der Dramaturgie für ihre Schwestern und Brüder in den Bankreihen versehen.

Der Beginn der Messe: Vom „Amen", denn nichts ist so sicher wie das „Amen" in der Kirche, und von einem eigenartigen Grußritual

> Das Meßbuch gibt an: „Alle stehen und machen das Kreuzzeichen. Der Priester spricht: Im Namen des Vaters und des Sohnes und des Heiligen Geistes. Amen. Der Gemeinde zugewandt, breitet der Priester die Hände aus und begrüßt die Gemeinde, indem er singt oder spricht: Der Herr sei mit euch. Die Gemeinde antwortet: Und mit deinem Geiste."

Die Messe beginnt mit dem Kreuzzeichen, beendet mit dem „Amen". Man sagt, nichts sei so sicher wie das „Amen" in der Kirche. In allen christlichen Kirchen und Glaubensgemeinschaften ist dieses hebräische Wort zu Hause. Es kommt häufig in der Bibel vor, und auch Jesus selbst bediente sich dieses Ausdrucks: „Amen, amen, ich sage euch!", wenn er seinen Zuhörern etwas von besonderer Wichtigkeit sagen wollte. In älteren Übersetzungen der Heiligen Schrift kam die Bedeutung des „Amen" gut zum Vorschein: „Wahrlich, wahrlich, ich sage euch ...!" Dies klingt wie: „Paßt auf! Jetzt kommt etwas, das euch ganz wichtig sein muß! Es steht für euch absolut fest, daß ...!"
Wörtlich übersetzen wir das hebräische Wort mit „es steht fest", „es ist sicher, daß ...". So „unterschrieb" das Volk den Lobpreis Gottes, den der Vorbeter in der Synagoge vorbetete, es übernahm diesen Lobspruch als seinen eigenen Lobpreis für Gott. Der Christ soll

nicht nur zu dem, was Christus ihm zu sagen hat, sein Ja und Amen sagen, es für sich selbst übernehmen und in seinem Herzen ganz fest machen, sondern auch das Beten des Vorstehers in der Meßfeier mit dem „Amen" „unterschreiben" und damit das Gebet für sich selbst gültig machen. Das „Amen" als Antwort des Volkes nach dem die Messe eröffnenden Kreuzzeichen ist somit die kürzeste Fassung eines Glaubensbekenntnisses an den dreifaltigen Gott, der das Heil der Menschen will; dieses Bekenntnis wird bestätigend verstärkt: „Dies ist unser ganz sicherer Glaube, in dem wir feststehen; im Namen des dreifaltigen Gottes wollen wir diese Messe miteinander feiern!"

Das Grußwort des Priesters ist in seiner Bedeutung klar; er wünscht seiner Gemeinde die Nähe und den Beistand des Herrn. Dieser Segenswunsch ist so alt wie das Christentum, ja älter. Er steht wörtlich im Buch Ruth (2,4), jener schönen Erzählung von einer fremden jungen Frau, die zum Gott Israels findet und zur Ahnfrau des Hauses David wird. So eindeutig dieser Gruß als Segenswunsch ist, so fremdartig klingt der Gegengruß der Gemeinde: „Und mit deinem Geiste."

Über die Bedeutung dieser doch merkwürdigen Redeweise ist man sich heute nicht mehr so einig wie früher, als man sie gemäß einem hebräischen Sprachmodell („mein Geist" = ich) einfach übersetzte mit: „Und auch mit dir." Warum sagt man es dann nicht so in der Messe? Die Frage ist noch zu erweitern: Weshalb hat man, als die Messe in anderen Sprachen gefeiert wurde, diese hebräische Redeweise nicht von vornherein anders, eben einfacher übersetzt?

Schon in der Zeit der Kirchenväter bezog man das Wort „Geist" auf den geweihten Amtsträger, und seltsamerweise ist dieser liturgische Gruß in allen christlichen Konfessionen und in den unterschiedlichen Riten für den geweihten bzw. ordinierten Amtsträger reserviert worden. Über den geweihten Amtsträgern wurde ja in der Spendung des Weihesakraments in besonderer Weise der Heilige Geist angerufen, der ihnen die Amtsgnade verlieh, als Instrument in Christi Hand die Gemeinde leiten zu können, ihr Worte zu sagen und Dinge zu übergeben, die nur von Christus selbst herkommen können.

„Und mit deinem Geist" wäre dann zu ergänzen: „den du in deiner Weihe empfangen hast!" Damit wäre diese Antwort des Volkes auf den Gruß des Priesters auch zu verstehen als Erinnerung des Zelebranten an seine besondere Rolle in der liturgischen Versammlung, ja als kleine Fürbitte: „Der Herr soll auch mit deinem Geist sein; Christus möge dir helfen, dich jetzt als Privatperson selbst ganz und gar zurückzunehmen und dich ihm als Werkzeug ganz und gar zu übergeben!" Dies ist eine Bitte, die dem entspricht, was Johannes der Täufer über sich und sein Amt als prophetischer Vorläufer des Herrn aussagte: „Er muß wachsen, ich aber abnehmen" (Joh 3,30). Sich selbst ganz zurückzunehmen, in der Rolle des Vorstehers einer Gemeinde keine Selbstbestätigung zu suchen, in der Predigt sich nicht als Redner zu profilieren, sondern in allem Christus allein zu dienen, ihn zur Sprache zu bringen und zu feiern, um dies zu leisten, braucht der sündige Mensch, der sich doch auch immer wieder selbst sucht und bestätigt sein möchte, Gottes Hilfe. Was wäre schöner, als wenn eine Gemeinde, der der Dienst des Priesters gilt, in ihrer Antwort auf den liturgischen Gruß diese kleine und doch so wesentliche Fürbitte leisten würde? Um dies tun zu können, braucht es nicht mehr als das Wissen darüber, was die Antwort „Und mit deinem Geiste" bedeutet.

„Mystagogie"

> Das Meßbuch empfiehlt: „Der Priester, der Diakon oder ein anderer dazu Beauftragter kann eine knappe Einführung in die Feier geben."

Aus der alten Kirche sind uns viele „mystagogische" Predigten und Katechesen der Kirchenväter überliefert. „Mystagogie" ist die Bezeichnung für die Einführung in das Verständnis der gottesdienstlichen Worte, Zeichen und Symbole. Nach vielen Jahrhunderten des Schweigens über die Bedeutung des Gottesdienstes und des bloßen Zuschauens der Gemeinde ist es heute notwendiger denn je, Herz und Verstand der Gottesdienstteilnehmer für das liturgische Geschehen zu öffnen. Dazu gehören einige Worte über den Fest- oder Gedenktag, den man gerade feiert, über liturgische Besonderheiten, wie z. B. die Tauferinnerung durch das Austeilen des Weihwassers oder die Spendung eines Sakraments innerhalb der Messe.

In dieser Einführung soll gottesdienstliche „Atmosphäre" geschaffen werden; sie ist keine liturgiewissenschaftliche Kurzstunde und keine vorweggenommene Predigt. In ihr soll die Freude über die Gegenwart eines jeden einzelnen ebenso ihren Platz haben wie die freudige Ausrichtung nach vorne, auf das, was diese heilige Versammlung zu tun sich nun anschickt. Wie die Rubrik des Meßbuches vermerkt, können für diesen Dienst auch Laien in Frage kommen; am ehesten werden Lektor bzw. Lektorin die Einführung geben, wenn der Priester sie darum bittet.

Nicht unproblematischer Buß-Akt

> Das Meßbuch: „Es folgt das Allgemeine Schuldbekenntnis mit Einladung und Stille."

Der Allgemeine Schuldbekenntnis zu Beginn der Messe steht in einer langen Tradition, die schließlich zum Stufengebet geführt hat, wie es noch alle Männer kennen, die vor dem Konzil Meßdiener waren und sich damit abplagen mußten. Um versöhnt mit Gott und den Menschen die heilige Liturgie feiern zu können, sprach der Priester Gebete um Nachlaß seiner Sünden („Apologien", „Sündenwegsprechgebete"). Im Abendland wuchs so das Stufengebet, das aber nur der Priester und die Ministranten beteten. Erst nach und nach kam das Anliegen auf, die ganze Gemeinde in die Versöhnung mit Gott einzubeziehen. Dementsprechend ersetzte das heutige Meßbuch das Stufengebet durch das Allgemeine Schuldbekenntnis. Angeboten werden dafür drei Formen: A: Confiteor der Gemeinde mit Vergebungsbitte des Priesters; B: Zwei Versikelpaare; C: Kyrierufe, die mit Christusanrufungen tropenhaft erweitert sind. Ob der Bußakt jedoch an dieser Stelle der Messe glücklich plaziert ist, kann man bezweifeln.

Das Meßbuch selbst nennt eine ganze Reihe von „Entschuldigungsgründen", nach denen das Allgemeine Schuldbekenntnis ausfallen kann, z. B. den Fall, daß eine andere liturgische Handlung der Meßfeier vorausgeht; dazu kann auch das sonntägliche Taufgedächtnis mit dem Austeilen des Weihwassers gehören. Auch kann eine besondere Festlichkeit des Gottesdienstes es nahelegen, das Schuldbekenntnis auszulassen, ebenso, wenn das nachfolgende Tagesgebet eine Bitte um Vergebung enthält. Schon diese letzte Begründung zeigt etwas von der Problematik: Wir sind als Kinder des himmlischen Vaters zusammengekommen, um durch Christus das göttliche Leben zu empfangen. Wir kommen freudig zusammen, begrüßen uns freudig und werden herzlich in der Kirche willkommen geheißen – und dann folgt die Aufforderung zu Besinnung und Schuldbekenntnis doch etwas „unorganisch" und kann in einem festlichen Gottesdienst in der Tat wie die berühmte Faust aufs Auge wirken.

Diskutiert wird eine neue Ansiedelung des Allgemeinen Schuldbekenntnisses an der Nahtstelle zwischen Wortgottesdienst und Eucharistiefeier: Nach der Versammlung zu Gebet und zum Hören des Gotteswortes erkennen die Gläubigen ihre Versöhnungsbedürftigkeit vor Gott und untereinander. Gemäß dem Wort Jesu (Mt 5,23f.) könnte hier die Vergebung untereinander ausgesprochen werden, bevor die Gabe zum Altar gebracht wird.

Um kein Mißverständnis aufkommen zu lassen: Die Versammlung zum Gottesdienst hat schon etwas mit Schuld und Sünde zu tun, aber vielleicht doch ganz anders, als man dies als gut katholisch erzogener Christ zunächst meinen könnte.
Immer wieder hat es sich in der Kirchengeschichte gezeigt, daß es für den christlichen Glauben selbst gefährlich ist, das Schuldigwerden des Menschen vor Gott moralisierend zu verengen im Sinne einer Übertretung eines Verbots, das Gott kraft seiner höchsten Souveränität erlassen hat und wofür Gott Genugtuung zusteht. Jede Verwechslung von Glaube und Moral hat noch immer – so z. B. in der Aufklärung – dazu geführt, das Wesentliche des Christentums in einer gutbürgerlichen Anstandsmoral zu sehen; für diese waren die Glaubensinhalte gar nicht mehr wichtig, sondern bildeten lediglich einen schmückenden oder mahnenden Rahmen. So konnte in der Aufklärung des 18. Jahrhunderts ein Prediger das Evangelium vom Einzug Jesu in Jerusalem (bei dem die Leute ja Zweige von den Bäumen rissen, um ihm zu huldigen) dazu verwenden, um gegen den Holzfrevel in den herrschaftlichen Wäldern zu wettern! Ein moralisierend-seichtes Christentum, das den Hauptakzent eines Christenlebens auf das Einhalten der Gebote und Verbote legt, verdirbt den Glauben selbst.
„Sünde" ist nämlich kein von Gott gesetzter Straftatbestand, sondern der Abbruch der Beziehungen zwischen Gott und Mensch durch den Menschen. Dieser Abbruch äußert sich schließlich in konkreten Taten. Warum aber brechen wir Menschen eine Beziehung ab, die uns allein glücklich machen und wahres, ewiges Leben geben kann, wie wir es alle im tiefsten Herzen ersehnen? Die Theologie versucht auf diese wahrlich nicht leichte Frage mit der „Erbsünde" zu antworten.
„Erbsünde" ist nicht etwas, das wie eine riesige Bankschuld von den Eltern auf die Kinder übergeht, ohne daß diese etwas dafür können. „Erbsünde" ist eher vergleichbar mit einer „Mutation", einer Veränderung im Erbgut, die sich auf die nachfolgenden Generationen weiterverpflanzt. Für das Aufkommen der Erbsünde und die von ihr verursachte Veränderung des Menschseins gibt die biblische Erzählung vom Sündenfall eine überzeugende Begründung: Die Menschen kündigten und kündigen immer wieder die Beziehung zu Gott aus einem tiefen Urmißtrauen auf, Gott könnte es – entgegen allen Offenbarungen, von denen der Glaube berichtet – doch nicht so gut mit dem Menschen meinen, doch nicht Ziel seines Lebens und Erfüllung aller seiner Sehnsüchte sein. Dann muß der Mensch, wie in der Bibel geschildert, die Frucht der Erkenntnis von Gut und Böse essen, um souverän entscheiden zu können, was für ihn gut ist und was nicht. Worin das Ziel seines Lebens besteht, bestimmt er dann selbst.

Dieses Urmißtrauen verführt uns dazu, unserem Leben immer wieder ohne Gott oder an ihm vorbei einen Sinn geben zu wollen, der uns das Leben erst lebenswert erscheinen läßt. Aus diesem Urmißtrauen und der Entscheidung, das Leben in die eigenen Hände zu nehmen, statt es immer neu von Gott zu empfangen, werden die bösen Taten geboren. Erst aus mangelndem oder fehlendem Glauben, aus zu geringer Hoffnung auf Gott kommen Neid und Ehrgeiz, kommen Mißbrauch der Schöpfung und Gewalt, Krieg und Tod, denn kein Mensch tut das Böse um des Bösen willen, sondern darum, weil er sich aus der Sünde ein Mehr an Lebensqualität verspricht! Erfülltes Leben kann aber nur von dem kommen, der das Leben selber ist.

Darum ist Buße nicht in erster Linie eine Bitte um Vergebung wegen der Übertretung eines Gebots, sondern „Umdenken" (wie es wörtlich im Griechischen heißt), Neuausrichtung des ganzen Lebens auf Gott hin und Öffnung des oftmals verkrampft verschlossenen Ichs für seine Liebe. Deshalb geht es auch im Allgemeinen Schuldbekenntnis nicht primär darum, vor Gott seine Unwürdigkeit zu bekennen, als vielmehr darum, sich dem zu öffnen, der an unser Herz anklopft und Einlaß begehrt, um uns all das zu schenken, was zu einem erfüllten Menschenleben gehört. So gesehen ist der Bußakt kein peinliches Erinnertwerden an unser Versagen, in das wir immer wieder hineinfallen, sondern die frohmachende Einladung zur Umkehr zum Leben selbst. Nur wenn wir diese Kehrtwendung vollziehen, kann Gott sich uns schenken, in seinem Wort und in Fleisch und Blut seines Sohnes. Damit ist die Erbsünde, das Urmißtrauen in uns Gott gegenüber, nicht machtlos geworden. Wir werden weiterhin sündigen, uns selbst suchen und profilieren wollen. Wir wissen aber auch, daß wir gerade als Sünder geliebt werden und als solche die immer neu wiederholte Einladung zur Umkehr auf Gott hin hören und beherzigen müssen. Ist Liturgie Gottes Wirken an uns im Sinne des Gottes-Dienstes, dann gehört weniger das Allgemeine Schuldbekenntnis als vielmehr die Buße selbst wesentlich zur Liturgie.

„Ich bin getauft"

Der Bußakt der Messe kann durch das gemeinsame Taufgedächtnis ersetzt werden. Wie in einer Tauffeier segnet der Priester das Wasser und teilt es an die Gemeinde aus, die währenddessen einen Gesang singt, der auf die Taufe Bezug nimmt. Von Martin Luther wird überliefert, er habe sich in den schweren Stunden der Anfechtung immer wieder selbst gesagt: „Baptizatus sum – ich bin getauft". Damit hat er etwas sehr Richtiges getan: Es kann geschehen was will, ich kann schuldig werden in noch so großen Ausmaßen, ich bin getauft, in Christus eingetaucht, er hat unwiderruflich ja zu mir gesagt, er hat mich am Kreuz erlöst und wird mich aufnehmen in seine Herrlichkeit. Wer so an seine Taufe denkt, der denkt an Christus, an die Erlösung und bekennt sich dazu; er vollzieht damit das, was die Buße ist: Umkehr zu Gott, Neuausrichtung des Lebens auf ihn hin, welche in der Taufe begann.

Das Kyrie eleison – Begrüßung Christi durch das kürzeste aller Glaubensbekenntnisse

Jeder Christ, der regelmäßig am Gottesdienst teilnimmt, ist imstande, „Kyrie eleison" zu übersetzen, auch wenn er sonst kein Wort Griechisch versteht. Schon das Kommunionkind lernt die Übersetzung: Herr, erbarme dich. Dieses kleine Gebet ist so alt wie das Christentum. Schon im antiken Herrscherkult war das Kyrie üblich als Huldigungsruf: Man rief dem in die Stadt einziehenden Herrscher das „Herr, erbarme dich" zu und anerkannte somit seine Macht. Auch den heidnischen Göttern wurde so gehuldigt. Für Christen ist die Aussage „Herr (ist) Jesus Christus" das kürzeste Glaubensbekenntnis, denn nicht nur wurden die heidnischen Götter als „Kyrios" bezeichnet, sondern in den Ohren eines aus dem Judentum kommenden Christen hatte die Aussage „Jesus Christus ist der Kyrios, der Herr" einen besonderen Klang. Es gibt für einen frommen Juden wohl nichts Heiligeres als den Gottesnamen „Jahwe", den Gott nach Ex 3 dem Mose selbst offenbarte: „Ich bin der, der für euch da ist." Mit seinem Namen offenbart Gott sein Wesen: Er ist der, der für die Menschen ganz da ist. Zugleich ist er aber auch der ganz andere, der ganz heilige Gott, vor dem sich der Mensch immer nur seiner Erbärmlichkeit bewußt sein kann. Bis auf den heutigen Tag ist der Name Gottes den Juden so heilig, daß sie ihn niemals aussprechen. Wenn in der Synagoge aus den heiligen Schriften vorgelesen wird, dann liest der fromme Jude, wenn er den Gottesnamen sieht, niemals ihn selbst, sondern sagt dafür „Herr".
Als man noch vor Christi Geburt daranging, die Heilige Schrift aus dem Hebräischen ins Griechische zu übersetzen, da gab man den ohnehin nicht auszusprechenden Gottesnamen mit „Kyrios" wieder. Ein griechisch sprechender Jude mußte also, wenn er „Kyrios" hörte, an den Gott der Väter denken, der trotz aller Nähe zu den Menschen so heilig ist, daß man seinen Namen nicht auszusprechen wagt. Nun hatte ein ehemaliger griechisch sprechender Jude die Stirn, Jesus von Nazaret als „Kyrios" zu bezeichnen, für gläubige Juden ein ungeheures

Ärgernis; doch Paulus geht im 2. Kapitel seines Philipperbriefs noch weiter: Christus war Gott gleich und ist ewig wie er; er kam aber, um unser Menschenleben zu teilen. Er starb für uns am Kreuz und ist zurückgekehrt in die Herrlichkeit des Vaters, „Herr (Kyrios) ist Jesus Christus zur Ehre Gottes des Vaters!" Es ist ein kurz gefaßtes Bekenntnis dessen, was die Konzilien späterer Zeiten so formulierten, wie wir es heute im „großen Credo" beten: „Gott von Gott, Licht vom Licht, wahrer Gott vom wahren Gott". Oder wie es ein Hymnus der griechischen Kirche sagt, den ein Kaiser (Justinian) verfaßte: „Du eingeborener Sohn und Wort des Vaters, Unsterblicher, um unseres Heiles willen wolltest du aus der heiligen Jungfrau und Gottesgebärerin Fleisch annehmen und bist Mensch geworden, ohne dich zu verändern. Gekreuzigt, Christus, unser Gott, hast du durch den Tod den Tod zertreten. Du, Einer aus der Heiligsten Dreifaltigkeit, gleichverherrlicht mit dem Vater und dem Heiligen Geist, errette uns!" Dies alles steckt in dem kleinen Gebet: Kyrie eleison.

Was so flehentlich klingt, ist aber kein Flehgebet. Wie die Einwohner einer antiken Stadt ihren Herrscher mit dem Kyrie begrüßten, so singen in der Messe auch wir das Kyrie als Huldigungsruf an Christus, der nicht nur vor nahezu zweitausend Jahren kam, um als Gottes Sohn menschliches Leben zu teilen, sondern der jetzt auch in dieser Messe unsichtbar unter uns weilt, uns sich selbst hingibt in Brot und Wein, der die Liturgie erst zum Gottesdienst macht, zum Dienst Gottes an uns. Deshalb ist das je einmal wiederholte „Kyrie eleison – Christe eleison – Kyrie eleison" nicht auf die Dreifaltigkeit zu beziehen, sondern auf Christus, auf den *Einen* aus der Heiligsten Dreifaltigkeit. Als Huldigung an ihn, der auch jetzt wieder unter uns weilt, um uns zu erlösen, sollten wir das Kyrie möglichst immer singen. Hier hätten Kantor und Kantorin ihre erste Aufgabe, die Gemeinde mit einem sorgfältig ausgesuchten Kyrie-Gesang in die Begrüßung des Erlösers hineinzuziehen. Auch Lektor und Lektorin können sich am Kyrie beteiligen, in unserem Fall sogar der Kirchenchor. Lektor und Kantor begeben sich zum Ambo und gestalten das Kyrie z. B. nach folgendem Modell, das auf der „Allerheiligen-Messe" von Hermann Schroeder basiert („Gotteslob" Nr. 443):

> *Lektor/Lektorin: Herr Jesus Christus, Gottes eingeborener Sohn, Herrscher über das All!*
> *Kantor/Kantorin: Herr, erbarme dich („Gotteslob" Nr. 443)*
> *Gemeinde: Herr, erbarme dich (Wiederholung)*
> *Kirchenchor: Herr, erbarme dich (Chorsatz von Hermann Schroeder, passend zu Nr. 443).*

> *Lektor/Lektorin: Herr Jesus Christus, du Bruder der Menschen, Begleiter auf dem Weg des Lebens!*
> *Kantor/Kantorin: Christus, erbarme dich („Gotteslob" Nr. 443)*
> *Gemeinde: Christus, erbarme dich (Wiederholung)*
> *Kirchenchor: Christus, erbarme dich (Chorsatz von Hermann Schroeder, passend zu Nr. 443).*
>
> *Lektor/Lektorin: Herr Jesus Christus, du Brot, das allen Leben gibt!*
> *Kantor/Kantorin: Herr, erbarme dich („Gotteslob" Nr. 443)*
> *Gemeinde: Herr, erbarme dich (Wiederholung)*
> *Kirchenchor: Herr, erbarme dich (Chorsatz von Hermann Schroeder, passend zu Nr. 443).*

„Gloria in excelsis Deo – wegen deiner großen Herrlichkeit"

> Das Meßbuch: „An den Sonntagen außerhalb der Advents- und Fastenzeit, an Hochfesten, Festen und bei anderen festlichen Gottesdiensten folgt das Gloria. Das Gloria wird gemeinsam oder im Wechsel von Gemeinde und Sängerchor oder von diesem allein gesungen. Kann das Gloria nicht gesungen werden, so wird es von allen gemeinsam oder im Wechsel gesprochen. Das Gloria darf durch ein Gloria-Lied ersetzt werden."

In den meisten Gemeinden wird ein mehr oder weniger passendes Lied zum Gloria gesungen. Dies hat zur Folge, daß der Text des eigentlichen Gloria in Vergessenheit geraten ist – wenn er überhaupt jemals wirklicher Besitz einer Gottesdienstgemeinde war! Nicht zuletzt um den Text zu vermitteln oder lebendig zu erhalten, verdient der Wechselgesang oder das im Wechsel gesprochene Gloria den Vorzug.

> *Der Lektor bzw. die Lektorin spricht im Wechsel mit der Gemeinde das Gloria aus dem Meßbuch oder dem „Gotteslob" Nr. 354. Besser ist auf jeden Fall der Gesang des Gloria. Für den Wechselgesang zwischen Kantor/Kantorin bzw. Sängerchor und Gemeinde stellt das Gotteslob eine Reihe deutscher und lateinischer Gloria-Vertonungen zur Auswahl.*

Doch zum Gloria selbst. Man sagt, die Kirche sei konservativ. Gott sei Dank – ist sie es! Sie bewahrt das Bewährte und Bewahrenswerte. Es wäre aber äußerst übel, wenn sie restaurativ wäre, wenn sie sich an überholte, leergewordene Vorstellungen und Formeln klammern würde. Ebenso übel wäre das Gegenteil: Wenn sie jeder neuen Mode nachhetzen würde. „Konservativ" heißt doch nichts anderes als „Bewährtes zu bewahren". In dieser konservativen Grundhaltung kam auch der wunderschöne Hymnus des „Gloria in excelsis" aus dem 4. Jahrhundert bis in unsere Tage – ein hymnischer Lobpreis auf den dreifaltigen Gott und die Erlösung des Menschen.

Sein erster Satz ist nichts anderes als der Gesang der Engel in der Heiligen Nacht: „Ehre sei Gott in der Höhe und Frieden auf Erden den Menschen seiner Gnade!" Aber halt! Früher sangen wir doch anders: „... und auf Erden Frieden den Menschen, die guten Willens sind!" Also nur den Menschen Frieden von Gott her, die zum Glauben und zu einem Leben aus dem Glauben bereit sind, während die anderen, die Ungläubigen, die eben nicht guten Willens sind, sich ihren Unfrieden selbst zuzuschreiben haben? Das wäre zu einfach: Gottes Liebe zu den Menschen würde schließlich davon abhängen, ob der einzelne bereit ist, sich vom lieben Gott lieben zu lassen oder nicht! Genauere Untersuchungen am griechischen Urtext haben aber gezeigt, daß die neuere Version richtig ist: „Frieden auf Erden den Menschen seiner Gnade!"

Die Gnade Gottes gilt aber allen Menschen. Gott zwingt sich zwar keinem Menschen auf, aber „Gnade und Friede" gelten auch dem „Unwilligen", dem, der den Schritt zum Glauben und Gottvertrauen nicht vollziehen kann. Die Hölle ist zwar nach unserem Glauben eine Realität, aber niemand kommt hinein, der nicht absolut hinein will und diesen Entschluß gegen alles Anpochen Gottes an sein Herz so fest macht, daß er ihn noch in seiner Todesstunde vor Gott kundtut. Alle Menschen sind Menschen seiner Gnade, wie es der hl. Irenäus von Lyon († 202) einmal treffend ausdrückte: „Die Ehre Gottes ist der lebendige Mensch!" So wie eine Mutter stolz ist und es ihr nicht besser gehen kann, als wenn sie ihren herumtollenden Kindern zuschaut, so ist Gott die höchste Ehre widerfahren, wenn der Mensch das Leben in Fülle hat. Welch ein Unterschied zwischen dem Gloria und der Philosophie eines Jean-Paul Sartre! Nach Sartre müßte man Gott – gäbe es ihn überhaupt – töten, damit der Mensch das Leben in Fülle erlangen kann. Für diesen Philosophen ist Gott wie ein KZ-Wächter, der durch seine erdrückende Allmacht und Allgegenwart den Menschen ununterbrochen beobachtet und kontrolliert. Will der Mensch seine Würde und damit Leben erlangen, dann muß er diesen Gott beseitigen auch um des Preises willen, daß er dann im Tode untergeht und alles im Leben seinen Sinn verliert: Besser ein Leben in der totalen Sinnlosigkeit, aber ein „Leben", das verdient, als solches bezeichnet zu werden; jedenfalls kein Leben unter dem ständigen Anspruch eines allmächtigen und allwissenden Gottes, auch wenn er vor dem Tod erretten könnte. Aber

was wäre das für ein ewiges Leben – von diesem Gott geschenktes Leben, der ja nicht aufhört, allmächtig und uns Menschen um so vieles überragend zu sein?
Ganz anders das Gloria: „Wir loben dich, wir preisen dich, wir beten dich an, wir rühmen dich und danken dir, denn groß ist deine Herrlichkeit!" Übersetzt man den lateinischen Text wörtlich, dann erhält man eine interessante Änderung des Wortlauts: „Wir rühmen dich und danken dir wegen deiner großen Herrlichkeit" oder: „für deine große Herrlichkeit" („propter magnam gloriam tuam"). Ganz im Gegensatz zu den Gedanken Sartres heißt das doch, daß der Mensch Gott dafür dankt und lobpreist, daß er so groß und allmächtig ist. Wie sollten wir auch einen Gott lieben, der nicht die Macht besitzt, uns zu erretten, der nicht allmächtig ist? Einem „Gott" anzuhängen, der nicht allmächtig ist, oder der seine Allmacht nicht dazu einsetzt, uns Menschen zu lieben und zu erretten, ist in sich unsinnig. Dies zeigen uns all die Menschen in der Geschichte, die für sich göttliche Ehren und Allmacht beansprucht haben, die man mit „Heil" begrüßte und die schließlich nur Tod und Elend zurückließen. Im Gloria lobt der Mensch Gott wegen und für seine Allmacht, die eine Macht der Liebe und des Errettens ist. Nur weil es diese rettende Allmacht gibt, endet der Mensch nicht in Grab, bleibt keine Sehnsucht unerfüllt und keine Träne ungetrocknet; nur weil unser Gott allmächtig ist, ist der Jubel überhaupt möglich.
Der Jubel des Gloria endet in einem großartigen Schlußakkord: „Denn du allein bist der Heilige, du allein der Herr, du allein der Höchste: Jesus Christus, mit dem Heiligen Geist zur Ehre Gottes des Vaters!" Gott ist allein der Höchste, das ist klar und deutlich eine Aussage aller Religionen. Aber Christus ist mit dem Vater und dem Geist der Höchste, und Christus ist nicht nur Gottes wahrer und ewiger Sohn, sondern auch ganz und gar Mensch. In Gott selbst ist schon etwas von uns Menschen zu Hause, unsere Natur ist in Christus schon vergöttlicht: In der Himmelfahrt nahm in der Person Jesu, des Gottmenschen, auch ganz „Menschliches" zur Rechten des Vaters Platz. Was in der Himmelfahrt begann, wird auch der Schlußakkord des „Konzertes Schöpfung" sein: Wir alle werden eines Tages in die Gemeinschaft des dreifaltigen Gottes einbezogen und teilhaben am glückseligen Leben ohne Ende. Ist es da nicht schade, daß das Gloria immer weniger seinem wirklichen Text nach gesungen, sondern durch ein Lied ersetzt wird? Daß es an Sonn- und Feiertagen – also in allen Gottesdiensten mit festlichem Charakter – wieder gesungen und daß dieser uralte Hymnus wieder fester Besitz der Gemeinde wird, auch dazu kann der Laiendienst des Kantors und der Kantorin wesentlich beitragen.

Collecta – das Sammelgebet

Auf das Kyrie eleison oder auf das Gloria folgt das Tagesgebet.

> Das Meßbuch vermerkt: „Der Priester lädt zum Gebet ein. Er singt oder spricht: Lasset uns beten. Nach einer kurzen Stille, in der sich alle zum Gebet sammeln, breitet der Priester die Hände aus und singt oder spricht das Tagesgebet. Die Gemeinde beschließt das Gebet mit dem Ruf: Amen."

Für die Gestaltung unseres Musterhochamtes könnte der Vortrag des Tagesgebetes unter Einbeziehung der Laiendienste so aussehen:

> *Ein/e erwachsene/r Ministrant/in nimmt das Meßbuch, schlägt das für diese Meßfeier vorgesehene „Meßformular" auf, geht zum Priester an den Priestersitz und hält ihm das aufgeschlagene Meßbuch so, daß er das Tagesgebet gut lesen kann. Mit ausgebreiteten Armen betet oder singt der Priester nach einer Einladung „Lasset uns beten!" und einer kurzen Gebetsstille das Tagesgebet. Nach dem Tagesgebet und dem zustimmenden „Amen" der Gemeinde setzen sich der Priester, die Laiendienste und alle Gläubigen zum Hören der Lesung. Das Meßbuch wird wieder an seinen Platz weggetragen.*

Am Priestersitz stehend, lädt der Priester die Gemeinde ein zum Gebet. Nach einer kurzen Zeit der Stille wird das Gebet feierlich vorgetragen, meist gesungen, das mit einer alten Bezeichnung auch „Kollekte" genannt wird, mit dem „Klingelbeutel" aber überhaupt nichts zu tun hat. Dennoch soll auch dieses Gebet etwas „sammeln", besser: zusammenfassen, nämlich das private und stille Gebet der Gläubigen. Man kann sich fragen, wo im Ablauf der Messe bisher überhaupt Zeit für das private Gebet gewesen sein soll, es ist doch immer etwas passiert!
Denken wir aber zurück an alte Zeiten: Das Kyrie entstand als Antwort des Volkes auf eine Litanei, in der so ziemlich alle Sorgen der Kirche wie des einzelnen vorkamen. Alle diese Gebete wurden in einem feierlichen Gebet des Priesters noch einmal zusammengefaßt. Seit vielen Jahrhunderten ist diese Eingangslitanei verschwunden. Um so mehr verdient die kurze Gebetsstille Beachtung, und die Einladung „Lasset uns beten!" sollte ernstgenommen werden: In einigen wenigen Augenblicken sollten alle Gläubigen sich dessen bewußt werden, daß sie jetzt mit allen Sorgen und Ängsten bei Gott sind, der mehr über uns weiß als wir selbst. Wir sollten ihm unser Herz öffnen, ihm uns und unser Leben in wenigen Worten, die aus dem Herzen kommen, anver-

trauen und ihn wirken lassen. Nur dann hat die „Kollekte" des Priesters ihren zusammenfassenden Sinn; alles private Beten geht ein in das gemeinsame Beten und Preisen der Kirche, ist doch die Sorge und Angst des einzelnen Gläubigen als Glied der Kirche immer auch eine Sache der ganzen Gemeinde.

Die Kollekte heißt aber auch „Tagesgebet", also Gebet, das jeden Tag wechselt und den Charakter des liturgischen Tages „zusammenfaßt". In den Kollekten des Weihnachtsfestes, des Ostersonntags und der anderen Hochfeste und Feste, also auch in denen der Heiligengedächtnisse, wird das Glaubens- oder Festgeheimnis dieses Tages in wenigen Worten zusammengefaßt. Auch die Kollektengebete sind sehr alt; manche von ihnen reichen zurück bis in das kirchliche Altertum. Die Sprache ist echt römischem Geist entsprechend: Nüchtern, fast unterkühlt werden die großen Glaubensgeheimnisse zusammengefaßt, damit jeder in der Kirche, mag er überschwenglich hochgestimmt oder eher bedrückt sein, dieses Gebet mit seinem „Amen" „unterschreiben" kann.

Das Tagesgebet ist das erste der sogenannten „Präsidialgebete", zu deutsch: Gebete, die der Priester als „Präsident", als Vorsitzender der Versammlung der Gläubigen spricht und in denen seine Rolle als Vorsteher zum Ausdruck kommt. Neben dem Tagesgebet gibt es noch zwei weitere Präsidialgebete: das Gabengebet nach der Bereitung von Brot und Wein und das Schlußgebet. Aber besonders im Tagesgebet verbindet sich der zusammenfassende Charakter als „Kollekte" mit der Vorsteherrolle der Priesters, sowohl von dem privaten Gebet der Gläubigen als auch vom Tagesgeheimnis her.

Eine dritte Bezeichnung klärt das Wesen dieses Gebetes noch weiter: Es ist „Oration", „öffentliche Rede" der Kirche an Gott. Der Angesprochene ist immer Gott Vater. Zu ihm wird gebetet „durch Jesus Christus, deinen Sohn, unseren Herrn und Gott, der in der Einheit des Heiligen Geistes mit dir lebt und herrscht in Ewigkeit."

In dieser Ordnung kommt die uralte Sicht der Dreifaltigkeit und der Erlösung zum Vorschein. Von den drei Personen in der Dreifaltigkeit gehen nur zwei in die Welt ein: Der Sohn wurde Mensch, er litt und starb, er erstand vom Tod und kehrte mit seiner angenommenen Menschennatur in die Herrlichkeit zurück, die er besaß, bevor die Welt entstand. Der Heilige Geist kam am Pfingstfest und bleibt bei der Kirche als Anwalt und Tröster, er ist in jedes Menschen Herz, stärkt ihn zu Glaube, Hoffnung und Liebe und betet in uns, weil wir selbst nicht wissen, um was wir in rechter Weise beten sollen (Röm 8,26). Wie der Sohn und der Heilige Geist vor aller Zeit aus dem Vater ausgingen, so gehen sie auch in die Welt ein und bringen sie dem Vater zurück, so

daß der hl. Irenäus sich nicht scheut, den Sohn und den Heiligen Geist als die „beiden Hände Gottes" zu bezeichnen, mit denen der Vater die Welt nicht nur erschuf, sondern sie auch in seine Herrlichkeit heimholen wird. Jedes christliche Beten gilt deshalb letztlich dem Vater und kann ihm nur dargebracht werden durch den Sohn im Heiligen Geist.
Aber auch die Anrede Christi ist möglich, jedoch niemals ohne Erwähnung der beiden anderen Personen; dann endet das Gebet mit den Worten „der du mit Gott dem Vater und dem Hl. Geist lebst und herrschst in alle Ewigkeit". Die erste Version bedenkt mehr die Ordnung, nach der sich die Schöpfung und Erlösung der Welt vollzog, die zweite achtet mehr auf die Wesensgleichheit des Sohnes und des Heiligen Geistes in der gleichen Gottheit wie der Vater, die aber auch in der ersten Version mit eingeschlossen ist.
Auf die Anrede folgt eine Präzisierung; als Beispiel mag das Tagesgebet vom Dreifaltigkeitssonntag gelten: „Herr, himmlischer Vater, du hast dein Wort und deinen Geist in die Welt gesandt, um das Geheimnis des göttlichen Lebens zu offenbaren. Gib, daß wir im wahren Glauben die Größe der göttlichen Dreifaltigkeit bekennen und die Einheit der drei Personen in ihrem machtvollen Wirken verehren. Darum bitten wir durch Jesus Christus, deinen Sohn, unseren Herrn und Gott, der in der Einheit des Hl. Geistes mit dir lebt und herrscht von Ewigkeit zu Ewigkeit. Amen."

Abb. 14   Einzugsprozession

Die Präzisierung nach der Anrede (Herr, himmlischer Vater, du hast ...) beinhaltet immer etwas, was Gott zu unserem Heil gewirkt hat. Es folgt eine Bitte, die zwar höchst allgemein gehalten ist, dennoch aber in ihrer Grundsätzlichkeit all das zusammenfassend beinhaltet, was christliche Existenz aus dem Glauben heraus angesichts des Tagesgeheimnisses bedeuten kann. Die Oration endet mit der Bitte durch Christus im Heiligen Geist. So ist das Tagesgebet, das der Priester in Wahrnehmung seiner Vorsteherrolle spricht, das Gebet der ganzen Kirche, das knapp und doch höchst theologisch all das zusammenfaßt, was christlicher Glaube zu einem gewissen Glaubens- oder Festgeheimnis zu sagen hat. Es ist das Gebet aller Gläubigen, es geht sie in höchstem Maße an, sie sollen es ja auch durch ihr „Amen" unterschreiben und als ihr eigenes Gebet anerkennen. Deshalb ist das Tagesgebet an die Person des Vorstehers, in der Messe also an den zelebrierenden Priester gebunden; es soll am Priestersitz gebetet werden, und die Laiendienste sollten ihm das Meßbuch geöffnet hinhalten, nicht bloß deshalb, damit der Priester die Orantenhaltung einnehmen kann, sondern auch um zu dokumentieren, daß das Gebet, das ein Vertreter der Gemeinde dem Priester entgegenhält, das Gebet der ganzen Kirche ist.

Lektion 13: Zweite Lektion über die heilige Messe: von der ersten Lesung bis zu den Fürbitten

„Wort-Gottesdienst"

„Es ist ja nur ein Wortgottesdienst!" – Manchmal kann man diese Redensart heute noch hören, wenn kein Priester zur Verfügung steht und statt der Messe eben „nur" ein Wortgottesdienst gefeiert werden kann. Für Katholiken alter Prägung war das Wort, selbst das Wort Gottes, weniger wert als das Sakrament. Und dies war eine Reaktion auf die (vielleicht aus katholischer Sicht übertriebene) Wertung des Wortes als allein Seligmachendem bei den Protestanten.
Diese problematische Geringschätzung des Wortgottesdienstes, der aus Gebeten, vor allem aber aus der Verkündigung der Heiligen Schrift bestehenden Liturgie, betraf vor der Liturgiereform sogar den Wortgottesdienst der Meßfeier. So unterschied man noch am Vorabend des 2. Vatikanums zwischen der „Vormesse" und der „Opfermesse". So konnte der Eindruck entstehen, als beginne das Eigentliche erst mit der Gabenbereitung und als sei alles Vorangehende mehr oder weniger unwesentlich, wie es denn auch in der Moraltheologie bis in die neueste Zeit hinein vertreten wurde: Den Wortgottesdienst zu versäumen galt nur als „läßliche Sünde".
Wenn aber Christus seine Gegenwart denen verheißen hat, die in seinem Namen versammelt sind (Mt 18,20), wer kann dann bezweifeln, daß auch in der Verkündigung der Heiligen Schrift wirkliche Begegnung mit dem Herrn geschieht, der aus ihr zu seiner Gemeinde spricht, bevor diese ihm im heiligen Mahl begegnet. Es muß klar sein, daß die Eucharistiefeier ein einheitliches Ganzes ist, eine einzige Feier der Begegnung zwischen Gott und den Menschen „durch Christus, unseren Herrn".
Bereits um die Mitte des 2. Jahrhunderts war die Verschmelzung von Wortgottesdienst und eucharistischer Feier zu einem einheitlichen Ganzen im heutigen Sinn vollzogen. Die Lostrennung der Eucharistie von der Agape, dem frühchristlichen Brudermahl, und ihre Anbindung an einen Gebets- und Wortgottesdienst bildete jene Einheit, wie wir sie bis heute kennen. Dabei stellte der Wortgottesdienst der Synagoge zumindest ein Vorbild dar.

Das Erbe der Synagoge

„An den Strömen von Babel, da saßen wir und weinten, wenn wir an Zion dachten. Wenn ich dich je vergesse, Jerusalem, dann soll mir die rechte Hand verdorren! Die Zunge soll mir am Gaumen kleben, wenn ich nicht mehr an dich denke, wenn ich Jerusalem nicht zu meiner höchsten Freude erhebe."
Diese Sätze aus Ps 137 lassen erahnen, wie es den Juden im babylonischen Exil erging – ähnlich wie Gastarbeitern, die abends auf den Bahnhöfen den in ihre Heimat abgehenden Zügen nachschauen, oder wie Kriegsgefangenen, die genau wissen, über welchen Lagerzaun es in Richtung Heimat geht. Den Juden in Babylon ging es sogar noch schlimmer: Sie hatten nicht nur ihre Heimat verloren, sondern mußten darüber hinaus noch fürchten, daß Gott ihnen die Erwählung entzogen und seinen Bund mit ihnen aufgekündigt hatte. Waren sie noch sein Volk? Sollte gegen allen äußeren Anschein die Geschichte Israels doch noch einen guten Ausgang nehmen? Woher sollte man die Kraft nehmen, um als religiöse Gemeinschaft wie auch als Volk in der Fremde überleben zu können?
Da begann im Exil etwas, was die Juden bis zum heutigen Tag beibehalten haben: Man versammelte sich allwöchentlich, um gemeinsam die heiligen Schriften zu lesen und zu beten. Aus dem Gesetz und den Propheten suchte man die Antworten auf die brennenden Fragen und erhielt sie auch: Gott ist treu; er wird alles Unglück wenden, vorausgesetzt, der Mensch bleibt ihm auch treu. Sie hatten sich nicht getäuscht: Sie konnten nach Jerusalem zurückkehren, sie bauten die Stadt und den Tempel wieder auf und begannen natürlich auch wieder mit den Opfern und Liturgien des Tempels. Aber zu Hause in den Dörfern und Städten Palästinas behielt man das bei, was in der babylonischen Gefangenschaft zu einem wertvollen Schatz geworden war. Man baute Synagogen und traf sich auch weiterhin am Sabbat zum gemeinsamen Beten und Lesen der Heiligen Schrift. Zur Zeit Jesu gab es schon eine feste Ordnung dieses Synagogengottesdienstes: Mehrere Männer aus der Gemeinde lasen abwechselnd einen Abschnitt des Gesetzes (der „Tora") und einen aus den prophetischen Büchern, auch wurde eine Predigt gehalten und für die gemeinsamen Anliegen gebetet. Die ersten Christen, die ja auch aus dem Judentum kamen, übernahmen diesen Lesegottesdienst der Synagoge und verbanden ihn schließlich mit der Eucharistiefeier. Allerdings spielten die Schriften des Alten Testamentes jetzt eine ganz andere, eine völlig neue Rolle; man las sie im Bewußtsein dessen, daß alle Verheißungen in Christus ihre Erfüllung gefunden haben.

Der Ambo und seine Zeichenhaftigkeit

> Allgemeine Einführung ins Meßbuch Nr. 272: „Die Würde des Wortes Gottes erfordert für seine Verkündigung einen besonderen Ort in der Kirche, dem sich im Wortgottesdienst die Aufmerksamkeit der Gläubigen wie von selbst zuwendet. In der Regel soll dies ein feststehender Ambo, nicht ein einfaches, tragbares Lesepult sein ... Am Ambo werden die Lesungen, der Antwortpsalm und der österliche Lobgesang ‚Exsultet' vorgetragen; er kann auch für die Homilie und für die Fürbitten benutzt werden. Kommentator, Kantor und Chorleiter sollten an sich ihren Dienst nicht vom Ambo aus versehen."

War für den eröffnenden Teil der Messe der Priestersitz der herausragende Ort, so ist es für den Lesegottesdienst der Ambo, der seinen Namen vom griechischen Wort für „hinaufsteigen" (anabeinein) herleitet und so noch auf seine Gestalt hinweist. Die Verlagerung der Handlung an einen ihr eigenen Ort bezeugt den eigenen Charakter dieses Teils der Messe: Die Gegenwart Christi in der feiernden Gemeinde (vgl. Mt 18,20) ist hier der in seinem Wort redende Herr, der „selbst spricht, wenn die heiligen Schriften in der Kirche gelesen werden" (Liturgiekonstitution Artikel 7).

Dies fand in der Vergangenheit Ausdruck in der Aufteilung der Kirche – und später auch des Altars – in eine „Epistelseite" und „Evangelienseite". In der altkirchlichen Basilika bestimmte die in der Apsismitte stehende Kathedra des Bischofs die rechte (von der Gemeinde aus gesehen also linke) Seite der Kirche als die „Ehrenseite"; rechts vom Bischof, dem Volk zugewandt, ohne dem Bischof aber den Rücken zuzuwenden – also seitwärts, im Profil stehend –, las der Diakon das Evangelium je nach Süden bzw. Norden, wenn die Basilika geostet bzw. gewestet war. Die Leserichtung nach Norden wurde schließlich zur festen Leserichtung des Evangeliums. Dafür lieferten die mittelalterlichen Meßerklärer als Erklärung, daß das Evangelium wirkkräftig gegen den Norden hin als Region des Teufels und der kalt-feuchten Nebelfinsternis der germanischen Heiden verkündigt werden sollte. Dies war auch die symbolische Begründung für das Herumtragen des Meßbuchs von der rechten auf die linke Altarseite, woran sich manch gestandener Familienvater von heute vielleicht noch unter Schweißausbrüchen aus seiner Meßdienerzeit erinnern mag.

Die Neubesinnung auf die Würde des Gotteswortes und die Gegenwart des Herrn im verkündigten Schriftwort führte in der Reform zur Wiedergewinnung des Ambos in enger Zuordnung zu Altar und Altar-

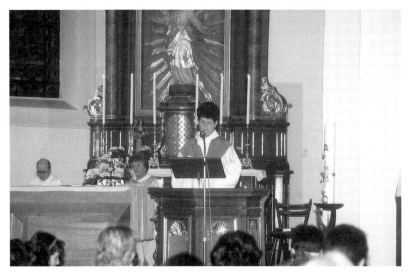

Abb. 15 Lektorin am Ambo

raum. Diese Zuordnung zeigt symbolisch die verschiedenartigen Gegenwartsweisen des Herrn in der versammelten Gemeinde: Der Gegenwart Christi im eucharistischen Opfer und in den konsekrierten Gestalten entspricht der Altar; seiner Gegenwart im verkündigten Wort der Ambo und derjenigen in der versammelten Gemeinde unter dem Vorsitz des geweihten Amtsträgers der Priestersitz. Wie es nur einen Christus gibt, so soll es in der Kirche auch nur einen Altar und einen Ambo geben.

Der Lesungen gibt es zwei:
Verheißung an Israel, Erfüllung durch Christus

Das Meßbuch erwähnt etwas in den roten Buchstaben der Rubriken, was in unseren Landen weithin eine auf dem Papier bleibende Fiktion ist: Vor dem Evangelium gibt es eigentlich zwei Lesungen.

> Das Meßbuch: „An Sonn- und Festtagen sind als Norm vor dem Evangelium zwei Lesungen vorgesehen. Wo aus pastoralen Gründen nicht beide vorgetragen werden können, ist es gestattet, eine von ihnen auszuwählen."

Schon die Alte Kirche kannte diese Dreizahl der Lesungen, die Lesung

aus dem Gesetz bzw. aus den Propheten, eine Lesung aus den Apostelbriefen bzw. der Apostelgeschichte und das Evangelium: die Verheißung des Alten Bundes, das Zeugnis des Neuen Bundes, das Sprechen Christi im Evangelium selbst.
In den Festzeiten des Kirchenjahres ergab sich die Tendenz, die alttestamentlichen Lesungen zu beschränken oder gar ganz fallenzulassen, um das Erlösungsgeheimnis durch die Verkündigung des Neuen Testamentes allein, also im Licht der Erfüllung des Verheißenen allein, hervorzuheben. Eine ähnliche Entwicklung kannte auch die römische Liturgie: Die zunächst üblichen drei Lesungen (eine alttestamentliche, eine neutestamentliche und das Evangelium) wurden auf die „Epistel" (strenggenommen also auf die Apostelbriefe!) und das Evangelium reduziert.
Gemäß dem Auftrag der Liturgiekonstitution, „daß den Gläubigen der Tisch des Gotteswortes reicher bereitet werde, soll die Schatzkammer der Bibel weiter aufgetan werden, so daß innerhalb einer bestimmten Anzahl von Jahren die wichtigsten Teile der Heiligen Schrift dem Volk vorgetragen werden" (Liturgiekonstitution Artikel 51), wurde eine völlig neue Leseordnung erarbeitet. Für Sonn- und Festtage sind nach altem Vorbild drei Lesungen vorgesehen: alttestamentliche Lesung, neutestamentliche Lesung, Evangelium. Die Leseordnung folgt einem dreijährigen Zyklus (Lesejahre A, B und C), wobei jedes der drei („synoptischen") Evangelien nach Matthäus, Markus und Lukas einem Lesejahr zugeordnet ist, während das Johannesevangelium zu bestimmten Zeiten jedes Jahr gelesen wird. Besonders zwischen der alttestamentlichen Lesung und dem Evangelium wurde auf einen inneren Zusammenhang geachtet. Dieser kann darin bestehen, daß die alttestamentliche Lesung eine Schriftstelle bringt, die das nachfolgende Evangelium als Zitat aufgreift. Oder sie zeigt einen bewußten Gegensatz zwischen Altem und Neuem Bund auf; die Kontinuität der Heilsgeschichte wird herausgestellt, oder das Evangelium erscheint im vollen Licht alttestamentlicher Verheißung.
Das neue Lektionar für die Werktagsmessen kennt nur zwei Lesungen, die in den geprägten Zeiten einem einjährigen, außerhalb derselben, also in den 34 Wochen des Jahreskreises, einem zweijährigen Zyklus (I für ungerade, II für gerade Jahreszahlen) folgen. Besondere Leseordnungen gelten für die Meßfeier an den Heiligenfesten sowie für die Feier der Sakramente und Sakramentalien, für Messen zu verschiedenen Anlässen sowie die Votivmessen. Neu sind die gegebenen Auswahlmöglichkeiten, die für Sonn- und Festtage nur sehr beschränkt, für die Werktage, die Heiligenfeste und für Messen zu besonderen Anlässen dafür aber um so größer sind.

Die (erste) Lesung aus dem Alten Testament

> Das Meßbuch: „Der Lektor geht zum Ambo und trägt die erste Lesung vor. Alle hören sitzend zu."

Wir hören aus der Geschichte Israels, von heiligen Königen wie von verbrecherischen Despoten, wir hören von guten und bösen Tagen des durch die Wüste wandernden Volkes und die Mahn-, Droh- und Trostworte der Propheten. Aber gilt das alles für uns? Es wäre fatal, würde man das Alte Testament als Christ nicht anders lesen als zu Zeiten des Alten Testamentes selbst.

Ein Christ kann und darf z. B. nicht Gewaltanwendung rechtfertigen, indem er sagt, der Satz „Aug' um Aug', Zahn um Zahn" stehe ja in der Bibel. Wenn Christen die Bibel lesen und hören, dann können sie es gar nicht anders tun als auf Christus hin und von Christus her. Jede alttestamentliche Prophetie hören wir dann als Verheißung des kommenden Messias, von dem wir Christen wissen, daß er längst erschienen ist. Jede Kultvorschrift, die Erwähnungen des geschlachteten Lammes, der ungesäuerten Brote, das Bild von der ehernen Schlange, die Mose errichtete und die alle heilte, die sie anschauten, der Durchzug durch das Rote Meer, all dies ist für einen Christen nicht nur Bericht über die Geschichte oder den Gottesdienst des jüdischen Volkes, sondern Schatten dessen, was in und durch Christus Wirklichkeit wurde.

Wie ein Christ das Alte Testament lesen und hören soll, macht uns der Hebräerbrief klar. Er wurde geschrieben, um den Christen, die aus Enttäuschung über die ausbleibende Wiederkunft des Herrn wieder ins Judentum zurückkehren wollten, durch Erklärungen des Alten Testamentes selbst zu beweisen, daß alle Verheißungen und Erwartungen in Christus in Erfüllung gegangen sind. Der Hohepriester, der am Versöhnungsfest stellvertretend für das ganze Volk Gott um Vergebung der Sünden bittet, ist nur ein Schatten für Christus, der diese Erlösung nicht nur erbittet, sondern erwirkt. Alle Opfer, vom Opfer des Abraham über das geschlachtete Paschalamm bis hin zu den täglichen Brand- und Weihrauchopfern des Tempels, sind für den Christen nur eine schattenhafte Ankündigung des Selbstopfers Christi am Kreuz.

Sehr radikal sagt Paulus im Römerbrief und in anderen Schriften, daß das Gesetz für den an Christus Glaubenden keine Bedeutung mehr besitzt. Andererseits sagt Christus selbst im Matthäusevangelium (5,18), daß vom Gesetz kein Jota vergehen wird. Wie ist das miteinander zu vereinbaren? Wie wir alle wissen, hatte Christus zu den Pharisäern seiner Zeit ein nicht gerade herzliches Verhältnis. Pharisäer waren fromme Leute, die bestrebt waren, alle Einzelvorschriften des alttestamentlichen Gesetzes genau einzuhalten, weil sie überzeugt waren, sich damit Gottes Gnade verdienen zu können. Im einzelnen hieß das: Abzählen der Schritte am Sabbat, kein Feuer anzünden am Sabbat, zwei getrennte Geschirre und Bestecke für Milch- und Fleischspeisen, genaueste Speise- und Waschungsvorschriften usw. Das Gesetz des Alten Testamentes war so umfangreich, daß man es beim besten Willen nicht vollständig einhalten konnte. Was soll aber ein Gesetz, das man nicht einhalten kann?

Zur Antwort entwickelt Paulus folgenden Gedanken: Gott gab das Gesetz, damit der Mensch daran verzweifle: Er sollte erkennen, daß er aus eigenen Kräften Gott niemals wohlgefällig sein kann, daß er ihn aber nur zu lieben braucht, um von ihm als Kind liebend angenommen zu werden und dadurch das Heil zu erlangen. Nein, am Gesetz war nichts mehr zu ändern. Aber es wurde erfüllt, d. h., seine Funktion, den Menschen zur Gnade zu führen, war durch das Kommen Christi beendet, ist er doch in Person das Gnadenangebot Gottes.

Wie das Gesetz auf Christus hinweist, so entwickelte sich auch die ganze Geschichte Israels auf Christus hin. Am Anfang des Matthäusevangeliums steht die Reihe der Ahnen Christi; jeder Pfarrer fürchtet sich zu Beginn der Adventszeit etwas vor diesem Evangelium, muß er doch eine ganze Reihe unaussprechbarer Namen vorlesen. Unter diesen Vorahnen gab es höchst heilige Leute, aber auch Sünder, ja Verbrecher. Sie spiegeln die gesamte Geschichte Israels, die ein Auf und Ab war von Glaube und Abfall, Elend und Bekehrung; das vierte Hochgebet erinnert daran mit den Worten: „Immer wieder hast du den Menschen deinen Bund angeboten und sie durch die Propheten gelehrt, das Heil zu erwarten." Nur weil aus dem Geschlechte Davids Christus geboren werden sollte, hat auch der Ehebruch des David mit der Batseba und der Mord an ihrem Mann Urija einen „Sinn"; Batseba wird die Mutter Salomos, der die Reihe des Geschlechtes David fortsetzt.

Nur von Christus her hat die schöne Geschichte des Buches Rut einen Sinn, nach welcher eine fremde Moabiterin zum lebendigen Gott findet und so zur Stammutter des Hauses David wird. Nur von Christus können Christen auch die höchst erotischen Liebeslieder des Hohenliedes beten als Ausdruck für die eifernde Liebe Gottes, der seinen „eingeborenen Sohn als Retter gesandt hat, nachdem die Fülle der Zeiten gekommen war" (4. Hochgebet). Nur im Lesen und Hören des Alten Testamentes durch Christus hindurch hat das Glaubenszeugnis des Alten Bundes für Christen eine solche Bedeutung, daß der Lektor nach seiner Lesung „Wort des lebendigen Gottes" sagen kann und die Gemeinde mit „Dank sei Gott" darauf antwortet.

Psalmengesang – im Antwortpsalm

Auf die erste (alttestamentliche) Lesung folgt der Antwortpsalm. Er nimmt auf die soeben verkündigte Schriftstelle Bezug und lädt dazu ein, durch den Gesang des Psalmes und seines Kehrverses meditativ in das Gehörte einzudringen und es zu vertiefen.

> Das Meßbuch sagt dazu: „Dann trägt der Kantor als ersten Zwischengesang den Antwortpsalm vor. Die Gemeinde übernimmt den Kehrvers. Der Antwortpsalm ist ein wesentliches Element des Wortgottesdienstes; dafür gibt es verschiedene Möglichkeiten ... Im Notfall darf der Antwortpsalm durch einen anderen dazu geeigneten Gesang ersetzt werden."

Leider hat die zuletzt genannte „Notfallregelung" in vielen Pfarrgemeinden den Aufschwung zum „Normalfall" geschafft: Aus dem Antwortpsalm als „wesentliches Element des Wortgottesdienstes" ist wirklich ein „Zwischengesang" geworden, ein notwendiger Pausenfüller und eine Übergangshilfe. Sie wirkt dann besonders peinlich, wenn auch in der Melodie so depressiv wirkende Lieder wie „Gotteslob" Nr. 521 („Herr, gib uns Mut zum Hören, auf das, was du uns sagst ...!") statt der Frohbotschaft eine Hiobsbotschaft erwarten lassen. Doch zurück zu dem, wie es eigentlich gedacht ist.

Viele Modelle und Handreichungen sind heute auf dem Markt, die die in den Lektionarien angegebenen Psalmen und Psalmverse vertonen und für den Wechselgesang zwischen Kantor und Gemeinde einrichten. Ohne direkt Reklame machen zu wollen, sind beste Erfahrungen zu machen mit dem vom Amt für Kirchenmusik im Ordinariat des Erzbistums München und Freising unter der Federführung von Markus Eham herausgegebenen und im „promultis"-Verlag Planegg erschienenen „Münchener Kantorale", von dem mittlerweile vier Bände vorliegen. Neben dem sehr günstigen Preis seien die wertvollen Gesangsvorschläge genannt. Besonders hervorzuheben sind die in den meisten Fällen als sehr gelungen zu wertenden Vertonungen der vorgesehenen Psalmverse für Kantor bzw. Kantorin, auf die die Gemeinde mit Kehrversen aus dem Gotteslob antwortet.

Doch zum Psalmengesang generell: Zum Alten Testament gehören auch die Psalmen, die geistlichen Lieder des alten Bundesvolkes Israel. In der frühen Kirche las man sie wie die ganze Heilige Schrift als Lesung im Wortgottesdienst, waren doch auch die Psalmen heilige Texte, die nur auf Christus hin verstanden werden durften.

Als verschiedene Sekten und Abspaltungen der frühen Kirche daran gingen, auf die Erlösung neue Hymnen zu dichten, in denen jedoch auch eigenes Gedankengut steckte, zog die Kirche die Notbremse: Diese Hymnen waren gefährlich. Denken wir nur daran, wie auch in unserer jüngsten Vergangenheit schmissige Marschlieder ganz und gar unheilige Gedanken populär machen konnten. Ganz ähnlich konnten diese Hymnen andersgläubiges Gedankengut in die Herzen der Menschen lenken. Also griff man auf die Psalmen zurück, die man als biblische Textstücke, als von Gott selbst inspirierte Lieder verstand, die wie die gesamte Schrift des Alten Testamentes ja auf Christus hinweisen sollten. So wurden die Psalmen schließlich nicht mehr gelesen, sondern im Gottesdienst der Kirche auch gesungen.

Schon sehr früh gab es einen Psalmengesang nach der ersten Lesung, der das Gehörte aufgreifen und meditativ weiterführen wollte. Dazu stieg der Kantor auf den Platz, an dem die Lesungen verkündigt wurden, auf den Ambo (das Wort leitet sich ab vom griechischen Wort für „hinaufsteigen"), jedoch nicht bis ganz oben hin, dort, wo die Lesungen selber stattfanden, sondern er blieb auf einer Stufe stehen und sang dort wechselweise mit der Gemeinde den Psalm. Von daher erhielt dieser Gesang die Bezeichnung „Graduale", d. h. Gesang, der beim Aufstieg gesungen wird.

Die ursprüngliche Aufgabe dieses Psalmes, die zuvor gehörte erste, alttestamentliche Lesung meditativ weiterzuführen, ist auch in unserer heutigen Messe unverändert beibehalten worden. Wir werden, wenn wir die Psalmen singen, das darin Erwähnte wiederum nur christlich verstehen dürfen: Ist von Gott die Rede, dann ist dies immer der Vater Jesu Christi; natürlich ist der Messias, der Gesalbte des Herrn und der Sohn Davids niemand anderes als Christus selbst; und findet das Wort „Israel" Erwähnung, dann ist es niemand anderes als die Kirche Christi, die als das neue Israel das neue Volk Gottes ist. Die Wallfahrtsmotive der Psalmen beziehen sich dann nicht mehr auf das irdische Jerusalem und auf den aus Steinen errichteten Tempel, sondern auf das himmlische Jerusalem der Geheimen Offenbarung, das sich vom Himmel herabsenkt und als Symbol für den Himmel dient.

Die (zweite) Lesung aus dem Neuen Testament

> Dazu sagt das Meßbuch: „Folgt eine zweite Lesung, so wird auch sie durch einen Lektor vom Ambo aus vorgetragen. Sie wird in der gleichen Weise abgeschlossen wie die erste Lesung."

Schon in der Alten Kirche kannte man drei Lesungen. Sicherlich stand im Hintergrund die Zweizahl der Lesungen aus Gesetz und Propheten im Synagogengottesdienst der Juden. Nun las man die erste Lesung aus dem „Gesetz" überhaupt, also aus dem gesamten Alten Testament. Die dritte Lesung aber war die Verkündigung des Evangeliums. Es galt also, die zweite jüdische Lesung, die Lesung aus den „Propheten", zu ersetzen. Man tat dies durch eine Verkündigung neutestamentlicher Schriften außerhalb der Evangelien, also der Apostelgeschichte, der Briefe und der Geheimen Offenbarung.

Man könnte diese Schriften auch als „neutestamentliche Prophetie" bezeichnen: Im Gegensatz zu einem weitverbreiteten Mißverständnis ist nämlich ein Prophet nicht jemand, der imstande ist, die Zukunft vorauszusagen. Der Prophet ist nicht Wahrsager, sondern Sprecher Gottes für die Menschen einer ganz bestimmten Zeit. So verstand auch das Alte Testament seine Propheten: Sie waren Leute, durch die Gott selbst seinem Volk etwas zu sagen hatte. Nach dem Zeugnis des Neuen Testamentes gab es auch in der Urkirche prophetisch begabte Menschen, in deren Reden und Handeln Gott selbst sich mitteilte. Ohne sie so zu bezeichnen, gibt es auch heute noch prophetische Menschen, die durch ihren überzeugt vorgelebten Glauben niemand anderes vermitteln als Gott selbst. Wenn ein solch überzeugend vorgelebter Glaube nicht Menschenwerk sein kann, was hindert dann daran, diese Menschen als „Propheten" zu bezeichnen? Wer wird wohl behaupten, daß die Worte eines Paulus, daß die Gedanken der anderen Briefe den Menschen nichts von Gott her mitzuteilen hätten?

Als sich die Gemeinde von Korinth darüber unklar war, welches denn das Schicksal ihrer Verstorbenen sei, ja wie man überhaupt die Auferstehung Jesu verstehen müsse (geistig oder real), da war es das kraftvolle Zeugnis des Paulus, das den Glauben wieder eindeutig machte: „Wenn aber von Christus gepredigt wird, daß er von den Toten auferweckt worden ist, wie können einige unter euch sagen, daß es keine Auferstehung der Toten gäbe? Gibt es aber keine Auferstehung der Toten, so ist auch Christus nicht auferweckt worden; ist aber Christus nicht auferweckt worden, so ist ja unsere Predigt leer, leer auch euer Glaube ... Haben wir nur in diesem Leben auf Christus gehofft, so sind wir bejammernswerter als alle anderen Menschen ... Wenn Tote nicht auferweckt werden, dann lasset uns essen und trinken, denn morgen sind wir tot!" (1 Kor 15,13.19.32). Wie oft wurde auch im Lauf der Kirchengeschichte immer wieder versucht, die Bedeutung der Auferstehung Jesu zu relativieren und die Auferstehung des Menschen anders zu verstehen, so daß sie kein wirkliches neues Leben wäre! Deshalb ist die Lesung dieser und anderer Apostelstellen doch so etwas wie neutestamentliche Prophetie, die das einer Gemeinde Gesagte für alle Orte und Zeiten ebenso verpflichtend meint.

Oder kann in unserer Zeit, die sich Sorgen macht um die Weitergabe des Glaubens an unsere Kinder und Kindeskinder, die einen ängstigen kann angesichts unserer leeren Kirchen, nicht die Verkündigung der kleinen Anfänge der Christengemeinde, wie sie in der Apostelgeschichte beschrieben werden, geradezu prophetische Wiederaufrichtung und Motivation zum Weitermachen sein? Wurden die Schreckensbilder der Geheimen Offenbarung in den Bombennächten des Weltkriegs und im Feuerschein der Lagerkrematorien nicht handgreifliche Wirklichkeiten? Können nicht so auch die Hoffnungsbilder dieses Buches von Gott kommen und an eine Heimat erinnern, die nicht hier auf Erden ist? Ist die Verkündigung eines solchen Textes nicht auch Prophetie?

Leider wird immer wieder beklagt, daß sich die zweite Lesung inhaltlich meistens nicht auf den nachfolgenden Evangelientext bezieht, wie es die alttestamentliche erste Lesung tut, sondern etwas unvermittelt mit ihren Aussagen zwischen den beiden anderen Lesungen im Raum steht. Das hat dazu geführt, daß in vielen Pfarrgemeinden meist nur eine Lesung, und zwar die alttestamentliche, gelesen wird. Sollten wir uns aber dieser Prophetie der neutestamentlichen Lesung berauben lassen? Die Messe ist doch Gottes Handeln an uns und keine Schulstunde, die es inhaltlich so vorzubereiten gilt, daß möglichst viele Schüler die Lektion dieses Tages begreifen. Sollten wir die zweite Lesung nur deshalb ausfallen lassen, weil sie nicht in die pädagogische Zielsetzung dessen paßt, was wir unseren Leuten in der Predigt glauben sagen zu müssen? Lassen wir doch Gott selbst wirken, der es selbst ist, der durch die heiligen Schriften zu den Menschen spricht und an ihr Herz anklopft. Ob der einzelne öffnet oder nicht, ist seine ureigene Entscheidung. Wir aber sollten die Gelegenheiten für das Anklopfen Gottes nicht von vornherein zerstören, indem wir etwas in der Messe streichen, an dessen Ende der Lektor ebenso wie bei der alttestamentlichen Lesung mit Fug und Recht „Wort des lebendigen Gottes" sagt.

Österlicher Jubel begrüßt den im Evangelium redenden Herrn

> Das Meßbuch: „Auf die zweite Lesung folgt als zweiter Zwischengesang das Halleluja bzw. der an dessen Stelle vorgesehene andere Gesang."

Ist der Antwortpsalm rückwärtsgerichtet, indem er das in der ersten Lesung Gehörte meditativ durch den Psalmengesang durchdringen und vertiefen will, so kündigt das Halleluja das Kommende erst an: Die Gemeinde erhebt sich, im Halleluja begrüßt sie den unsichtbaren Herrn in ihrer Mitte, der in einer neuen Weise seine Gegenwart bekundet im Wort des Evangeliums, aus dem er selber zu seinen Schwestern und Brüdern spricht. Gemäß alter Tradition wird das Halleluja in der österlichen Bußzeit durch den „Ruf vor dem Evangelium" ersetzt, an Ostern und Pfingsten wird das Halleluja zur Sequenz erweitert.

> *Für unseren Mustergottesdienst heißt dies: Nachdem der Lektor bzw. die Lektorin den Ambo verlassen hat und auf seinen/ihren Sitz im Altarraum zurückgekehrt ist, betritt der Kantor oder die Kantorin den Ambo. Er bzw. sie singt das Halleluja vor, das die Gemeinde wiederholt. Aus dem Lektionar singt er bzw. sie den Vers, auf den die Gemeinde erneut mit dem Halleluja antwortet. In festlichen Gottesdiensten kann das Halleluja mehrstimmig vom Chor noch einmal gesungen werden.*

„Halleluja" ist neben „Amen" das zweite hebräische Wort, das jeder Christ, gleich welcher Konfession, im Gottesdienst spricht. Wie wir noch sehen werden, gibt es noch ein drittes. „Halleluja" heißt übersetzt nichts anderes als „Lobet Jahwe", da aber der Name Jahwe nicht ausgesprochen werden darf, heißt es eben „Lobet den Herrn!". Auch derjenige, der diese wörtliche Übersetzung nicht kennen sollte, weiß, daß das Halleluja etwas mit dem Gotteslob zu tun hat; wenn es gesungen wird, ist meist ein Sonn- oder Festtag. Man braucht nur an das berühmte Halleluja aus Händels Messias zu denken, das auch dem unter die Haut geht, der sich ansonsten mit klassischer Musik schwertut.
Unter die Haut ging das Halleluja schon den frommen Israeliten; sie sangen es immer dann, wenn sie die rettende und bergende Nähe Gottes besonders verspürt haben, etwa auf einer Wallfahrt nach Jerusalem, beim Einzug in den Tempel und überhaupt bei allen religiösen Festlichkeiten und Festen. Schon die ersten Christen wußten, daß der Gott, den die Israeliten mit dem Halleluja lobten, niemand anderes war als der Vater Jesu Christi. So konnten sie in das Halleluja einstim-

men, ja es auch zu ihrem Gesang machen vor dem Hintergrund dessen, was der Gott des Bundes, der Vater Jesu Christi, den Menschen durch seinen Sohn und durch das Wirken des Heiligen Geistes wohlgetan hat.

Schon früh erhielt der Gesang des Halleluja seinen österlichen Charakter. Weil jeder Sonntag als Tag, der dem Gedächtnis der Auferstehung Christi als Grundlage unseres Glaubens besonders geweiht ist, auch ein kleines, allwöchentlich wiederkehrendes Ostern ist, hat man das Halleluja auch in jeder Sonntagsmesse gesungen, allerdings nicht in den Zeiten, die besonderen Bußcharakter trugen, so in der vorösterlichen Buß- oder Fastenzeit. Man verabschiedete das Halleluja feierlich vor Beginn der Fastenzeit und begrüßte es feierlich wieder in der Osternachtfeier, so wie es heute noch geschieht in der dreimaligen Wiederholung des Halleluja vor der Verkündigung des Osterevangeliums. Das Halleluja ist das Jauchzen des Menschen darüber, daß er erlöst ist, daß er einen sicheren Platz im Himmel hat, daß ihm gar nichts mehr passieren kann.

Aber wann ist uns so zum Jubeln? Sieht unsere Wirklichkeit nicht ganz anders aus? Es ist das Kreuz der Christen, in einer oft unerträglichen Spannung leben zu müssen zwischen „schon" und „noch nicht", zwischen dem Bekenntnis, durch Christus erlöst und mit einem Leben in Fülle beschenkt worden zu sein in der Taufe, und der Erfahrung von Schmerz, Sinnlosigkeit, Angst, der Erfahrung eben, doch noch nicht ganz erlöst zu sein, ausharren zu müssen, den zu erwarten, der versprochen hat, alle Tränen zu trocknen, in jener anderen Welt und manchmal auch schon hier. An wenigen Tagen im Leben erscheint uns ein Stück vom Himmel, wenn wir so glücklich sind, daß wir jauchzen könnten oder es wirklich tun. Es war diese Spannung, die die ersten Christen wachhielt, nach ihrem Herrn Ausschau zu halten; sie taten dies in aller Bedrängnis nicht ohne den Jubel des Halleluja, weil sie in einem festen Glauben wußten, daß letztlich alles gut werden wird.

Ganz gleich, wie es den einzelnen Menschen in der zur Messe versammelten Gemeinde geht, ob sie Kummer und Leid ertragen müssen oder ob sie freudig gestimmt sind, die Kirche stimmt vor der Verkündigung des Evangeliums den Jubelruf des Halleluja an. Sie konfrontiert die Gemeinde mit dem Erlöser, der jetzt durch die Heilige Schrift selbst zu ihr spricht und nichts anderes verheißt, als daß alles gut werden wird, da im Glauben der Menschen der Kern der Erlösung durch die Taufe und die anderen Sakramente unausrottbar steckt. Der Jubel des Halleluja verweist auf das Evangelium, auf die Frohe Botschaft, deren Inhalt für den Menschen immer Grund zum Jubel ist, besagt sie doch nichts anderes, als daß der Mensch nicht nur einst gerettet werden wird, sondern es anfänglich zwar, aber unumkehrbar bereits ist. Deshalb wird das Halleluja mit einem Vers aus dem nachfolgenden Evangelium verbunden, der wie ein Kernsatz die Botschaft dieses Tages zusammenfassen will. Wir sollten zumindest versuchen, das Halleluja immer so zu singen, daß sein Charakter als Jubelruf auf Gott doch irgendwie, und sei es noch so versteckt, zum Vorschein kommt. Neben dem Halleluja dienen auch andere Zeichen der Vorbereitung auf das Evangelium, also auf die Begegnung mit Christus selbst, der durch es spricht.

„Begleitriten"

Auch die das Evangelium begleitenden Worte und Riten sollen die Gegenwart Christi im verkündigten Wort herausstellen. Das Meßbuch stellt sie vor:

> „Der Priester kann Weihrauch einlegen. Der Diakon, der das Evangelium verkündet, verneigt sich vor dem Priester und erbittet mit leiser Stimme den Segen. Der Priester spricht ebenfalls leise die Segensworte ... Ist kein Diakon da, verkündet der Priester selbst das Evangelium. Er verneigt sich vor dem Altar und spricht leise: Heiliger Gott, reinige mein Herz und meine Lippen, damit ich dein Evangelium würdig verkünde. Der Diakon oder der Priester (holt das Evangelienbuch vom Altar und) geht zum Ambo; Ministranten (mit Kerzen und Weihrauch) begleiten ihn. Am Ambo: Der Herr sei mit euch. – Gemeinde: Und mit deinem Geiste. – Aus dem heiligen Evangelium nach N. – Dabei bezeichnet er das Buch, sich selbst (auf Stirn, Mund und Brust) mit dem Kreuzzeichen. – Gemeinde: Ehre sei dir, o Herr. Wird Weihrauch verwendet, so inzensiert der Diakon (Priester) zunächst das Buch; dann verkündet er das Evangelium. Danach küßt der Diakon (Priester) das Buch und spricht leise: Herr, durch dein Evangelium nimm hinweg unsere Sünden."

Alle diese Riten heben einen geradezu sakramentalen Charakter der Schriftverkündigung und besonders der Verkündigung des Evangeliums hervor. Die dreifache Bekreuzigung der Gläubigen, zurückgehend bis ins 9. Jahrhundert, wird als Ausdruck des Verlangens gedeutet, das heilige Wort zu ergreifen und seinen Segen festzuhalten. Ein Kreuzzeichen am Schluß des Evangeliums sollte das gehörte Gotteswort gegen die Angriffe des Bösen versiegeln. Die dreifache Selbstsegnung gilt als Ausdruck für das freimütige Eintreten für die Botschaft Christi, für deren freimütiges Bekennen und treues Bewahren im Herzen.

Das Evangelium selbst – die „Gute In-Formation"

Man sagt, unser heutiges Lebensgefühl sei unter anderem auch von der allgegenwärtigen Information bestimmt. In der Tat: Nichts Wichtiges – oder was man dafür hält – kann sich auf dem ganzen Erdkreis ereignen, ohne daß es wenige Stunden später über die Fernseher und Radios in unsere Wohnstuben dringt. Aber was erreicht uns aus der Überfülle der Informationen wirklich? Muß es nicht nachdenklich machen, wenn es zu den schwersten Aufgaben einer beliebten Quizsendung gehörte, daß die Kandidaten Fragen zu Nachrichtensendungen beantworten sollten, die erst ganz kurz vorher gesendet wurden? Was für einen Wert haben Informationen, „die zu einem Ohr rein- und zum anderen wieder rausgehen"?

Eine echte Information ist etwas ganz anderes als das, was uns tagtäglich als „Informationen" überrollt. Sie will den Hörer mit einer Nachricht informieren, eine Nachricht so in seine Persönlichkeit einsenken, daß sie als Neuheit in ihm Form und Gestalt annimmt. Eine echte Information trifft den Hörer ins Herz; sie geht ihn absolut an und verändert ihn auf vielfältige Weise; nach dem Empfangen einer echten Information ist der hörende Mensch nicht mehr der gleiche wie vorher.

Zum Menschsein gehört das Warten auf Informationen, die in den wenigsten Fällen Neuigkeiten bringen. Jeder Mensch wartet darauf, daß man ihn darüber informiert, daß er angenommen, gewollt, geliebt ist, daß er leben soll und darf. Jeder erwartet Informationen über den guten Ausgang des Lebens, über das Ende aller Widrigkeiten und Bedrohungen. Wir alle warten auf solche Nachrichten, damit sie uns „in-formieren", in uns Gestalt annehmen, uns zu anderen Menschen machen, uns erlösen. Kein Mensch aber kann solche Botschaften aus eigener Vollkommenheit bringen. Im Gegenteil, die Nachrichten der Menschen sind eher Hiobsbotschaften, die eine gewisse Lust an Untergang und Götterdämmerung in der gaffenden Sensationslust wecken.

Soll aber die Botschaft vom endgültigen Sieg des Lebens mehr sein als ein Ausdruck unerfüllbaren Wunschdenkens, dann kann sie nicht vom Menschen ausgehen, sondern nur von Gott. Jede gute Information hat dann nur ihn allein als Ausgangspunkt, jede noch so unscheinbar anmutende Nachricht über Leben, Glück und Erfüllung verweist auf die gute Botschaft überhaupt, daß das Leben der Menschen in Gott geborgen ist, auf das Evangelium.

Schon die Begleitriten zur Verkündigung des Evangeliums wollen deutlich machen, daß es sich nun um die Information schlechthin handelt, um eine Botschaft, die uns zu neuen Menschen verwandelt, wenn sie in uns Form angenommen, uns informiert hat. Es ist Gottes erlösende Information, gesprochen von seinem eigenen Sohn, zu deren Verkündigung die Stimme des menschlichen Verkünders nur als Werkzeug dient. Priester und Diakon leihen Christus ihre Stimmen, bleiben dabei als Redende vor allem auch selber Hörende, die sich von dem, was sie vorlesen, selbst informieren lassen müssen.

„In jener Zeit ...", so beginnen die meisten Lesungen des Evangeliums. „In jener Zeit" – ist damit nicht eine Grundproblematik unseres Glaubens ausgesprochen? Sind wir nicht schon viel zu weit weg von dem Geschehen damals, das da berichtet wird? Fiele uns der Glaube nicht viel leichter, wenn wir Christus selbst sehen und hören könnten, wenn wir von seinen Wundern nicht nur hören, sondern sie miterleben könnten? Oder wenn wir selbst krank, blind, verzweifelt sind, wären wir nicht allzugern selbst seine Geheilten, Aufgerichteten und Getrösteten, von denen wir im Evangelium leider nur hören? Vorsicht: Wer sagt uns, daß es uns anders ergangen wäre als den vielen Zeitgenossen Jesu, die seine Zeichen und Wunder wohl sahen, sie aber gründlich mißverstanden, an ihnen Anstoß nahmen und gerade nicht zum Glauben an ihn kamen? Zehn Aussätzige wurden geheilt, doch nur einer kam zurück, um Gott die Ehre zu geben. Wären wir garantiert anders, wenn wir damals, „in jener Zeit", dabeigewesen wären? Uns allen gilt das Wort Jesu an den „ungläubigen" Thomas: Selig, die nicht sehen und doch glauben! Was wir glauben sollen, sagt die Frohe Botschaft aus jener Zeit in unser heutiges Jetzt hinein: Gott liebt jeden von uns so sehr, daß er seinen eingeborenen Sohn dahingab, damit wir durch den Glauben an ihn zum ewigen Leben gelangen.

Da werde ich selbst beim Hören des Evangeliums zum Blindgeborenen, dem der Herr die Sinne öffnet, zur Sünderin, die er nicht verurteilt, zum Jünger, der in die Nachfolge gerufen wird. Andere Namen aus jener Zeit stehen für mich in meiner Zeit, die Botschaft ist die gleiche. Ganz gleich, ob die Augen des Leibes oder die der Seele geöffnet werden, wenn die Schuld vergeben wird, es sind beispielhafte Ausdrücke für den Kern jeden Evangeliums, daß Gott die Menschen unaussprechlich liebt und sie an seinem unendlich glückseligen göttlichen Leben teilhaben lassen will. Diese Information, die einen Sprengsatz enthält, der, wenn er zündet, den Kern des Menschseins als Gottes geliebtes Geschöpf offenzulegen vermag, ist genau die gleiche damals, „in jener Zeit", und heute. Die Information wurde und wird immer wieder gegeben; ob sie Annahme fand und findet, ist freie Entscheidung des Hörenden, ob er sich in-formieren lassen will oder nicht.

In der Liturgie bekunden die Christen dazu ihre Bereitschaft: Sie bekreuzigen sich auf Stirn, Mund und Brust und geben Christus die

Ehre: „Ehre sei dir, o Herr." Seit dem Mittelalter wurden diese kleinen Kreuzzeichen in einer Weise gedeutet, die auch dem Christen unserer Tage noch etwas zu sagen hat. Das erste Kreuzzeichen gilt der Stirn, also dem Kopf als Ausdruck für den denkenden Menschen. „Stirn" heißt lateinisch „frons". Der Mensch segnet mit dem kleinen Kreuzzeichen seine Fähigkeit zum kritischen Denken, zur Konfrontation mit den Wirklichkeiten dieser Welt und seines Lebens. Der kritisch abwägende Verstand möge die Sinnangebote der Welt und die des Glaubens vergleichen; er möge sich öffnen für die Konfrontation des an ihn ergehenden Wortes Gottes, es aufnehmen, auch wenn das Gehörte seine Alltagserfahrung weit übersteigt. Das Christentum beansprucht eine Religion zu sein, die die rationale Seite des Menschen ernst nimmt; was gegen alle Vernunft ist, kann nicht die Botschaft unseres Glaubens sein. Der Mensch aber ist mehr als nur kritisch abwägende Vernunft, diese ist nur eine Zugangsmöglichkeit zur Wirklichkeit neben anderen. „Verstehen" heißt „in den Griff bekommen"; das kann für ein technisch-naturwissenschaftliches Problem gelten, aber wenn es schon für eine Beziehung zwischen Menschen nicht absolut gilt, um wieviel weniger dann für eine Beziehung zwischen Mensch und Gott! Darum das Kreuzzeichen auf die Stirn, auf den Verstand: Der Segen möge ihn demütig machen, das Gehörte aufzunehmen, auch ohne es ganz verstehen zu können, und es an das Herz des Menschen weiterzuleiten.

Das zweite Kreuzzeichen gilt dem Mund; es erinnert an die Redensart: „Wenn das Herz voll ist, dann läuft der Mund über." Eine Botschaft, die alle betrifft, kann nicht in den Tiefen des Herzens verborgen bleiben. Jedem Christen gilt der Missionsbefehl Jesu, jeder wird zum Verkünder des Evangeliums auf seine Art, durch sein Leben, Reden und Handeln. Daß man sich vom im Evangelium redenden Herrn informieren ließ, daß seine Botschaft im eigenen Herzen Form angenommen hat, das muß durch den Mund bezeugt werden in der Weitergabe dieser Botschaft und im Lobpreis Gottes, so wie er sich in den Worten bereits ausdrückt, die diese drei kleinen Kreuzzeichen begleiten.

Das dritte Kreuzzeichen gilt der Brust, dem Sitz des Herzens, das in der Bibel als Symbol für das Menschsein überhaupt gilt. Das Herz ist „die Mitte" des Menschen, Ausdruck für sein Ich. „Dorthin" muß die Information des Evangeliums gelangen, um ihre in-formative Wirkung entfalten zu können; dort wird das Gehörte „Form", wandelt den Menschen zum Jünger, dem Christus begegnet ist. Dort ist der Ort, in den der Same gesetzt wurde, uns vielfältige Frucht zu bringen; dort wird aus einem Verzweifelten ein Getrösteter, aus einem Ängstlichen ein Zuversichtlicher, aus einem Zornigen ein Gütiger.

Wie „sakramental" das Wort des Herrn im Evangelium wirkt, zeigt ein kurzes Gebet nach der Verkündigung, das der Priester leider leise spricht: „Herr, durch dein Evangelium nimm hinweg unsere Sünden." Was ist die Sünde anderes als die Gottferne des Menschen? Durch das Evangelium soll Christus sie hinwegnehmen, durch sein Wort, das in unsere Herzen gelangt ist, letztlich durch die Gegenwart seiner selbst in uns durch sein Wort. Wie realistisch die Gegenwart Jesu im Wort des Evangeliums angenommen werden darf, zeigen zwei Beispiele aus der Liturgiegeschichte: Bei Prozessionen las man in die vier Himmelsrichtungen die Anfänge der vier Evangelien, und bis zur Liturgiereform gab es am Schluß der Messe das „Schlußevangelium", die Anfangsverse des Johannesevangeliums, die der Priester leise las. Beides waren nichts anderes als Segensformeln, die, ganz ähnlich wie der „sakramentale Segen" mit der Monstranz, den Segen mit der „sakramentalen" Gegenwart Christi in seinem Wort vollziehen wollten.

Predigt oder Homilie?

> Das Meßbuch sagt: „Die Homilie ist ein Teil der Liturgie. Sie ist an allen Sonntagen und gebotenen Feiertagen vorgeschrieben, sonst empfohlen."

So hoch das Evangelium in der Messe immer im Ansehen stand, so unterschiedlich war die Bewertung der Predigt. Es gab Zeiten, da gehörte es zum guten Ton, daß man die Predigt nicht hörte, sondern in einem Gasthaus bei der Kirche wartete, bis ein Zeichen gegeben wurde, daß die Messe weiterging. Noch vor wenigen Jahrzehnten legte der Priester zum Zeichen dafür, daß die Predigt nicht zur eigentlichen Messe gehörte, den Manipel (ein inzwischen abgeschafftes Gewandstück, das man am linken Unterarm trug) oder gar das Meßgewand ab. Noch heute gibt es Pfarrer, die sich auf altes diözesanes Gewohnheitsrecht berufen, wenn sie während der Sommerferien sich und den Teilnehmern der Meßfeier die Predigt „ersparen". Wie konnte es dazu kommen?
Wie wir aus der ältesten Beschreibung der hl. Messe durch den hl. Justin († 165) wissen, war die Homilie im christlichen Altertum zweifellos ein wichtiger Teil der Eucharistiefeier. Wieder ein Fremdwort: „Homilie"! Am besten übersetzt man es mit „Unterredung in vertrauter Umgebung". Diejenigen, an die sich die Homilie richtete, waren ja bereits getaufte Christen, die man nicht mehr durch die „Predigt" erst missionieren mußte. In der Homilie wurde Glaubenszeugnis

abgelegt, und dazu griff man auf die biblischen Lesungen oder aber auf die liturgischen Texte des jeweiligen Sonntags zurück. Die Homilie sollte vertiefend in die Geheimnisse des Glaubens und der Eucharistiefeier als Feier dieses Glaubens einführen.

Im Gegensatz dazu sollte die Missionspredigt den Glauben erst einmal wecken, die Menschen mit dem Christentum konfrontieren. Während die Homilie immer mehr zurückging, wurde die Predigt, die sich nicht an die sonntäglichen Lesungen und Texte hielt, immer beliebter, auch nachdem die Aufgabe der Heidenmission in Europa als erledigt angesehen werden konnte. Besonders die Bettelorden des Hochmittelalters (Dominikaner, Franziskaner und, aus ihnen hervorgegangen, die Kapuziner) fanden eines ihrer Haupttätigkeitsfelder in der Predigt, die sich nunmehr an Christen wandte mit dem Ziel, Ketzer zu bekehren, den Glauben der Treugebliebenen zu stärken und sie alle zu einem Leben aus dem Glauben zu ermahnen.

Immer mehr trennte sich die auch zeitlich immer längere Predigt von der Messe, bis sie zu einem Kernstück eines eigenen Predigtgottesdienstes wurde, um das herum man beliebte Gebete in der Muttersprache sprach und Kirchenlieder sang. Der normale evangelische Gottesdienst (also ohne Abendmahlsfeier) zeigt noch heute die Strukturen eines solchen mittelalterlichen Predigtgottesdienstes. Als man um der Einheit im Glauben willen und zur Abgrenzung gegenüber den Protestanten im Meßbuch von 1570, das auf die Entscheidungen des Konzils von Trient zurückging, jedes Wort und jede Gebärde in der Messe genauestens vorschrieb, da konnte man die Predigt natürlich nicht einbeziehen, da sie als lebendiges Wort des Predigers von jeder kontrollierenden Normierung ausgeschlossen war. Als solches frei gesprochenes Wort war sie aber auch nicht integraler Bestandteil der Messe, d. h., man konnte sich ihrer entziehen, ohne die Erfüllung der Sonntagspflicht zu verletzen.

Heute gilt die Homilie – die vertraute Ansprache an „Insider" – als integraler Bestandteil der Liturgie. Sie nimmt Bezug auf die biblischen oder liturgischen Texte der Messe und ist in ihr (aber auch nur hier!) dem geweihten Amtsträger vorbehalten. Der Zelebrant als Leiter der eucharistischen Versammlung soll seiner Gemeinde nicht nur den Tisch des eucharistischen Brotes bereiten, sondern auch den des Wortes, wozu auch sein Glaubenszeugnis in der Homilie gehört. Ganz gleich, wie kurz oder wie lang, wie unbeholfen oder rhetorisch kunstvoll aufgebaut, eine Homilie wird dann die Herzen einer Gemeinde erreichen, wenn diese spürt, daß das, was gesagt wird, auch von Herzen kommt. Für die ganze Liturgie, besonders aber für die Homilie gilt das Gesetz, das Prosper von Aquitanien aufgestellt hat: „lex credendi, lex orandi" – oder: ohne Glaubensüberzeugung besser keine Homilie als Unverbindlichkeiten aufzusagen, derer eine Gemeinde sehr schnell überdrüssig wird. Auch hier gilt wieder die Redensart: Wovon das Herz voll ist, davon läuft der Mund über. Es wäre auch Aufgabe einer Pfarrgemeinde, für ihre Priester zu beten, daß sie stets die Gnade eines lebendigen Glaubens haben. Ein solches Gebet kann einer Gemeinde letztlich fruchtbringend sein in der Freude an den guten Predigten ihres Priesters.

„In Gott hinein glauben"

> Das Meßbuch: „An Sonntagen, an Hochfesten und bei anderen festlichen Gottesdiensten folgt das Credo ... Das Glaubensbekenntnis soll im Regelfall in seinem Wortlaut gesprochen oder gesungen werden. Ausnahmsweise darf es durch ein Credo-Lied ersetzt werden."

Da wir für unsere Musterliturgie stets im Auge haben, daß die für die Gemeinde bestimmten Originaltexte der Messe soweit wie möglich auch von der ganzen liturgischen Versammlung gesprochen oder gesungen werden und daß dabei die liturgischen Laiendienste ihren Anteil erhalten, heißt dies für das Glaubensbekenntnis:

> *Der Kantor oder die Kantorin singen im Wechsel mit der Gemeinde die Vertonungen des Glaubensbekenntnisses, wie sie vom „Gotteslob" geboten werden. Darunter kann auch eine kehrversartige Wiederholung eines Satzes wie „Amen, wir glauben" fallen, wie sie das „Gotteslob" unter Nr. 448 vorschlägt.*

Die Einführung des Glaubensbekenntnisses in die Messe hat die Kirche einem deutschen Kaiser zu verdanken. Schon viel früher war es im Orient heimisch, als ein Patriarch von Konstantinopel, den man verdächtigte, nicht ganz rechtgläubig zu sein, anfing, demonstrativ das Glaubensbekenntnis in der Messe zu beten, das vorher nur im Taufgottesdienst seine wichtige Bedeutung hatte. Von Griechenland wanderte das Glaubensbekenntnis über Spanien bis ins Frankenreich. Nur Rom war von dieser Entwicklung unberührt geblieben. So wunderte sich der fromme Kaiser Heinrich II. im Jahr 1014 nicht wenig, als er in Rom das Glaubenbekenntnis in der Messe vermißte. Die doch etwas arrogant wirkende Antwort, man sei sich in Rom anders als anderswo seines Glaubens stets so sicher gewesen, daß man ihn nicht immerzu wiederholen müsse, befriedigte den Kaiser nicht. Auf sein Drängen führte Papst Benedikt VIII. das Credo in der Messe ein, beschränkte seinen Gesang aber auf die Sonntage und auf Feiertage, die im Wortlaut des Credo als Glaubensgeheimnis vorkommen.

Schon von seinem Namen her ist das Glaubensbekenntnis kein Gebet – es paßt irgendwie nicht in den Rahmen der anderen Lob- und Bittgebete der Messe. Was soll es dort also? Ursprünglich hatte das Glaubensbekenntnis seinen Ort in der Tauffeier: Der Priester stellte dem erwachsenen Täufling das Glaubensbekenntnis als Fragen, nach deren Beantwortung er jeweils (dreimal) untergetaucht wurde: „Glaubst du an Gott, den allmächtigen Vater, den Schöpfer des Himmels und der Erde?" – „Ich glaube." – 1. Untertauchen usw. Das sogenannte „Apostolische Glaubensbekenntnis" geht auf ein uraltes Taufbekenntnis zurück, das man in Rom, davor aber schon in der Jerusalemer Kirche sprach. Das sogenannte „große" oder „Nizäno-Konstantinopolitanische" Glaubensbekenntnis zeugt von den großen Auseinandersetzungen des 4. Jahrhunderts um die Person Jesu. Ist Jesus – wie der alexandrinische Priester Arius behauptete – nur Gottes erstes und vornehmstes Geschöpf, oder ist er von derselben göttlichen Würde wie der Vater? Ist der Heilige Geist Gott oder nur ein Geschöpf des Vaters wie die Engel? Die Konzilien von Nizäa (325) und Konstantinopel (381) definieren als christliche Lehre über den Sohn Gottes: „Gott von Gott, Licht vom Licht, wahrer Gott vom wahren Gott, gezeugt, nicht geschaffen, eines Wesens mit dem Vater." Und über den Heiligen Geist: „Der Herr [‚Kyrios' s. o. beim Kyrie!] ist und lebendig macht, der aus dem Vater [und dem Sohn] hervorgeht, der mit dem Vater und dem Sohn angebetet und verherrlicht wird, der gesprochen hat durch die Propheten." Zur Bedeutung des Glaubensbekenntnisses in der Taufe trat noch eine zweite: Es wurde zum Ausdruck des rechten Glaubens an den dreifaltigen Gott.

Aber noch einmal: Was soll das Credo, sei es als Tauf- oder als Bekenntnistext, in der Meßfeier? Zur Beantwortung dieser Frage sei auf zwei Besonderheiten verwiesen. Als Tauf- und Bekenntnistext ist das Glaubensbekenntnis in der Einzahl verfaßt: Credo – ich glaube. Völlig zu Recht: Wohl muß die Gemeinschaft der Glaubenden den Glauben des einzelnen Christen mittragen, aber die Entscheidung zum Glauben muß jeder Mensch in völliger Freiheit und Eigenverantwortung treffen, sie ist als urpersönliche Sache nicht delegierbar. Ich muß mich zum Glauben entscheiden, dann erst gelange ich zur Gemeinschaft derer, die ebenfalls diese Glaubensentscheidung gefällt haben; dann wird aus dem „ich" ein „wir glauben". Wenn es heißt „wir glauben", dann geht es nicht um die Entscheidung für die Annahme des Glaubens, die in die Taufe mündet, auch nicht um die persönliche

Zustimmung zum Glauben der Kirche, sondern um das Bekenntnis des einen Glaubens, in dem wir alle stehen und der uns als Glaubende in der Kirche verbindet.

Ein Zweites: Weil uns der Text des Glaubensbekenntnisses von Kindheit an geläufig ist, merken wir gar nicht mehr, daß die Wortverbindung „glauben an" im Deutschen doch recht ungewöhnlich ist. Geläufiger ist „glauben, daß", was soviel bedeutet wie „vermuten": „Ich glaube, daß es morgen regnet." Für eine solche Vermutung gibt es schon nähere Hinweise: Ein bedeckter Himmel, ein fallendes Barometer und andere Anzeichen lassen diesen „Glauben" recht plausibel erscheinen. Die zweite geläufige Wortverbindung „jemandem glauben" ist durch das Wort „vertrauen" ersetzbar. „Ich glaube ihm" heißt dann nichts anderes als „Ich vertraue ihm, daß er die Wahrheit sagt". Es ist nun nicht bedeutungslos, daß das griechische Wort für „Glaube" (Pistis) wie auch das lateinische (fides) ebenfalls mit „Vertrauen, Treue" übersetzt werden können. Unser deutsches „glauben an" geht auf das griechisch-lateinische „glauben in" zurück: „Ich glaube in Gott" heißt dann soviel wie „Ich setze all mein Vertrauen in Gott", „ich verankere mein ganzes Leben in Gott", ebenso wie ein Schiff seinen Anker in einem soliden Untergrund festmacht und darin verankert den Stürmen trotzen kann.

Spricht die Gemeinde in der Messe „wir glauben", dann sagt sie etwas ganz Wichtiges, und dieses Bekenntnis zeigt zugleich den Grund dafür auf, weshalb das Credo in die Messe kam: Wir sind eine Gemeinschaft von Menschen, die ihre ganze Existenz in Gott verankert haben, die fest in der Geschichte verwurzelt sind, die Gott mit uns Menschen eingegangen ist, indem er uns seinen Sohn sandte, der unsere Menschennatur annahm, der litt, starb und auferstand, um uns zu Gottes Söhnen und Töchtern zu machen; bei uns ist der Heilige Geist, der uns lehrt und tröstet, der in uns betet und „alle Heiligung vollendet" (4. Hochgebet). Nur als solche Gemeinschaft können wir das, was weiter folgt, überhaupt feiern. Nur als in Gott verankerte Menschen sind wir für die Feier der Eucharistie überhaupt liturgiefähig, sollen wir doch durch die Teilhabe an Christi Fleisch und Blut noch inniger mit Gott verbunden, in ihn hinein verankert werden und durch ihn auch miteinander.

Allgemeines Gebet

Die Wiedereinführung der lange verlorengegangenen Fürbitten in der Messe wurde vom 2. Vatikanum selbst gemäß der Forderung verlangt, daß „nach altehrwürdiger Norm der Väter wiederhergestellt werden" sollte, „was durch die Ungunst der Zeit verlorengegangen ist" (Liturgiekonstitution Artikel 50 und 53). Die Berufung auf die Väter reicht im Fall der Fürbitten zurück bis auf den Märtyrer Justin, der die Fürbitten „für alle anderen, die sich allerorten befinden", erwähnt.

> Das Meßbuch: „Es folgen die Fürbitten. Als ‚Allgemeines Gebet der Gläubigen' umfassen sie die Anliegen der Weltkirche und der Ortsgemeinde, die Regierenden, die Notleidenden, alle Menschen und das Heil der ganzen Welt. Sie werden vom Priester eingeleitet und abgeschlossen. Die einzelnen Anliegen können vom Diakon, Lektor, Kantor oder anderen vorgetragen werden."

Für unsere Musterliturgie kommen natürlich soweit wie möglich die liturgischen Laiendienste zum Einsatz. Dazu schauen wir darauf, daß nur wirkliche Fürbitten zum Vortrag kommen, die der Würde und dem Anspruch christlichen Betens auch genügen können. Moralisierende Abweichungen oder sonstige verbale Entgleisungen seien von vornherein ausgeschlossen. Konkret sieht unsere Gestaltung der Fürbitten so aus:

> *Kantor und Lektorin gehen zum Ambo. Der Priester eröffnet die Fürbitten am Priestersitz. Nach der Eröffnung liest die Lektorin das erste Anliegen. Der Kantor singt einen Gebetsruf und lädt dadurch die Gemeinde zum eigentlichen Fürbittgebet ein, z. B.: „Lasset zum Herrn uns beten." Die Gemeinde antwortet mit einem Gebetsruf, z. B. „Gotteslob" Nr. 358,3: „Herr, erbarme dich." Gegebenenfalls kann der Chor den Gemeindegesang durch Übersingen bereichern oder im Wechsel mit der Gemeinde mehrstimmig singen. Nach der Nennung des letzten Anliegens kehren Lektorin und Kantor zu ihren Plätzen zurück, der Priester beschließt – gesungen oder gesprochen – an seinem Sitz das „Allgemeine Gebet".*

Daß zwischen dem Glaubensbekenntnis und der Gabenbereitung die Fürbitten liegen, hat seinen besonderen Sinn. Im Credo bekennt sich die Gemeinde als Gemeinschaft derer, die ihr Leben in Gott verankert haben, damit aber auch als Schicksalsgemeinschaft; man sitzt in einem Boot, im Schiff der Kirche, das durch die stürmische See der Weltgeschichte unterwegs ist zum Hafen des ewigen Lebens. Gleich wird diese Schicksalsgemeinschaft Brot und Wein auf den Altar bringen, sinnfällige Zeichen für das eigene Leben. Was liegt nun näher, als derer zu gedenken, die jetzt nicht dabei sind, derer, deren Platz jetzt leer ist, die aber auch dazugehören, und der ganzen Welt, der Menschen, die noch nicht Glieder dieser Gemeinschaft sind, als Mitmenschen und Schicksalsgenossen aber doch zum eigenen Leben gehören? In der Alten Kirche hatte man Scheu davor, zusammen mit Ungläubigen und noch nicht getauften Katechumenen zu beten. Man begründete dies damit, daß nur die Gläubigen als Glieder des königlichen und allgemeinen Priestertums durch Taufe und Firmung zum Dienst der Fürbitte berufen seien. So begründet auch noch die „Allgemeine Einführung ins Meßbuch" in Nr. 45 die Fürbitten: Weil die Gemeinde in den Fürbitten für alle Menschen ihr priesterliches Amt ausübt, sollen sie zu jeder Meßfeier gehören. Die Aufforderung zu solch priesterlichem Tun der Gläubigen steht schon im Neuen Testament (1 Tim 2,1-4). Demgemäß sind die Fürbitten wirkliche FÜR-Bitten, also Bitten für solche, die nicht in der liturgischen Versammlung zugegen sind, und keine UNS-Bitten, die dem liturgischen Wir der versammelten Gemeinde entsprechen (wie die Preces in den Laudes der erneuerten Stundenliturgie). Schon allein die Tatsache, daß Gemeindeglieder in der Liturgie als Versammlung der Familie Gottes fehlen, ist ein hinreichender Grund, für sie zu beten, für die Kranken, Gefangenen, im Glauben Gefährdeten. Die Fürbitten drücken so die Zusammengehörigkeit der Christen und ihre geschwisterliche Verantwortlichkeit füreinander und für die ganze Welt aus. Fürbitte zu leisten gehört zu den vornehmsten Aufgaben des Christen als Glied des allgemeinen Priestertums. Wer Fürbitte leistet, schließt sich niemand Geringerem an als Christus, der selbst unentwegt beim Vater für uns eintritt. „Durch Christus, unseren Herrn", bringt der Christ die Nöte und Ängste der Welt vor den Vater. Durch Christus wird der Christ zum Mittler, der durch sein Beten den Kranken, Bedrohten und Weinenden, den Menschen in der Gottferne mit Gott verbindet. Die ganze Welt wird vor Gott gebracht, damit er sie heile und heilige. Durch Christus, der seit Ewigkeit Gott ist und uns als Mensch in allem gleich wurde und bleibt, haben wir den Zugang zum Vater. Was liegt näher, als daß wir, wenn wir uns durch ihn zum Vater wenden, nicht nur uns selbst mitbringen, sondern auch unsere Mitmenschen und die ganze Welt?

Lektion 14: Dritte Lektion über die heilige Messe: von der Gabenbereitung und dem Hochgebet

Gabenbereitung

Zu Beginn der Gabenbereitung wird der Altar für die Eucharistie bereitet. Waren bisher der Priestersitz und der Ambo die zentralen Orte der Feier, so ist es nun der Altar.
Zum Herbeibringen der Gaben bemerkt das Meßbuch:

> „Es empfiehlt sich, daß die Gläubigen ihre Teilnahme durch eine Gabe kundtun. Sie können durch Vertreter Brot und Wein für die Eucharistie oder selber andere Gaben herbeibringen, die für die Bedürfnisse der Kirche und der Armen bestimmt sind. Auch die Geldkollekte ist eine solche Gabe. Sie sollen darum an einem geeigneten Platz im Altarraum niedergestellt werden. Es ist dafür zu sorgen, daß das Einsammeln der Kollekte vor dem Gabengebet abgeschlossen ist. Die Ministranten bringen den Kelch mit Korporale und Kelchtüchlein und das Meßbuch zum Altar."

Dies könnte für die Umsetzung in die liturgische Praxis unserer angenommenen Musterliturgie bedeuten:
Ideal wäre es, wenn der Altar bis jetzt absolut leer geblieben wäre, gleichsam als der leere Thron Christi, der auf die Ankunft des Herrn wartet. Im Sinne der Dramaturgie könnte die Gabenbereitung damit beginnen, zunächst den Altar für die Ankunft des Herrn in den eucharistischen Gestalten zu bereiten.

> *Erwachsene Ministranten – und hier verdienen, wie wir es in der 10. Lektion vorgeschlagen haben, die Damen einmal eindeutig den Vorzug – bedecken den Altar mit dem Altartuch, breiten in der Mitte das Korporale aus (ein kleineres zweites Altartuch, auf dem die eucharistischen Gestalten stehen sollen), legen ein Kreuz darauf und stellen eventuell kleine Altarleuchter und ein kleines, dafür aber geschmackvolles Blumenarrangement nieder. Andere Ministranten bringen den Kelch mit anderen Gefäßen, Geräten und Tüchern sowie das Meßbuch zum Altar. Zwei Gläubige bringen von einem im Mittelgang stehenden Gabentisch die Hostienschale und die Kännchen mit Wein und Wasser. Der Priester nimmt die Gaben am Altar entgegen.*

Was die Altardiener dem Priester an den Altar bringen, ist Brot und Wein, wirkliche menschliche Nahrung. Auch wenn das Brot im

Abendland seit einem Jahrtausend die Form ungesäuerter Oblaten hat, es ist dennoch wirkliches Brot. Man könnte es genauso gut mit Butter und Kaviar zu einem kalten Buffet reichen und den Wein zum Essen oder in gemütlicher Runde genießen. Brot und Wein sind wie andere Lebensmittel auch durch und durch profane Dinge, die der Sättigung des Hungers und der Lust am guten Geschmack dienen. Darüber hinaus zeigen das Urnahrungsmittel Brot und der Wein als uraltes Festtagsgetränk viel vom menschlichen Wesen: Wie alles Lebendige auf Erden hat der Mensch sein Leben nicht aus sich selbst; vom ersten bis zum letzten Tag muß er sich ernähren, braucht er „Lebensmittel", Mittel, um zu leben, muß er Leben „tanken", wofür anderes Leben hingegeben werden muß. Körner und Reben, Pflanzen und Tiere müssen sterben, damit sich der Mensch ihr Leben einverleiben kann.

Dieses Prinzip der Hingabe gilt auch unter den Menschen selbst: Das saugende Kind nimmt etwas vom Ureigenen der Mutter, der die Brötchen für seine Familie verdienende Vater gibt mit seiner Arbeitskraft etwas von seinem eigenen Leben hin, damit die Seinen leben können. Als „Frucht der Erde und der menschlichen Arbeit" kommt jedes Lebensmittel wie auch jedes Leben letztlich von Gott. Nichts ist, ohne daß er es ins Dasein ruft: die Erde, die Pflanze, das Tier, der arbeitende Mensch, die das gemeinsame Mahl haltende Gemeinschaft. Der tiefste Sinn des Tischgebets besteht darin, dafür zu danken.

Ein Tischgebet ist es auch, das der Priester über das Brot spricht: „Gepriesen bist du, Herr, unser Gott, Schöpfer der Welt. Du schenkst uns das Brot, die Frucht der Erde und der menschlichen Arbeit. Wir bringen dieses Brot vor dein Angesicht, damit es uns das Brot des Lebens werde." Sehr ähnlich betet der jüdische Hausvater beim Sabbatmahl am Freitagabend und beim Ostermahl, so daß wir mit guten Gründen annehmen dürfen, auch Jesus selbst habe im Kreis seiner Jünger so gebetet. Gepriesen wird Gott, der Geber aller Gaben und des Lebens, ohne den eben nichts anderes wäre als das bloße Nichts. Allein christlich ist aber der letzte Satz: Wir bringen dieses Brot vor Gottes Angesicht, damit es uns wiedergegeben werde als das Brot des Lebens, als Christi Leib, den die Kirchenväter früherer Jahrhunderte schon als „Arznei der Unsterblichkeit" bezeichnet haben. Jene Wechselbewegung kündigt sich in den Gebeten der Gabenbereitung an, die die Messe zum Opfer macht und von der im Kontext des Hochgebetes noch eingehender zu sprechen sein wird: Brot und Wein stehen symbolisch für die Hingabe des Menschen an Gott, der damit eintritt in die Hingabe des Sohnes an den Vater am Kreuz, und als Frucht dieser Hingabe Christi Leib und Blut empfängt.

Fast wortgleich betet der Priester auch über den Kelch. Zuvor tut er

jedoch etwas, was dem antiken Menschen ganz alltäglich war, was bei Weinkennern und -genießern heute jedoch eindeutig als Frevel gilt: Er gießt ein wenig Wasser in den Wein. In der Antike trank man den meist sehr schweren Wein niemals pur, sondern vermischte ihn mit Wasser. Auch hier dürfen wir wieder annehmen, daß Jesus selbst nicht anders handelte. Sehr bald schon wurde dieser ganz und gar weltliche Brauch geistlich gedeutet. Der im Jahre 258 hingerichtete Märtyrerbischof Cyprian von Karthago bringt die Beimischung von Wasser in Zusammenhang mit Christus selbst: Wie der Wein das Wasser in sich aufnimmt, so hat Christus die Menschen und ihre Sünden auf sich genommen. Wie Wein und Wasser sich so verbinden, daß man sie nicht mehr voneinander zu trennen vermag, so sind die Gläubigen untrennbar mit Christus verbunden. So schreibt Cyprian: „Wenn jemand nur Wein darbringt, so beginnt das Blut Christi zu sein ohne uns, wenn aber nur Wasser, so beginnt das Volk zu sein ohne Christus."
Die Mischung von Wein und Wasser bezog man also schon sehr früh auf die Kerndaten der Erlösung; sie wurde deshalb auch beibehalten, als man im profanen Gebrauch schon längst den Wein pur zu trinken pflegte. Entsprechend lautet heute noch das Gebet, das zur Mischung gesprochen wird: „Wie das Wasser sich mit Wein verbindet zum heiligen Zeichen, so lasse uns dieser Kelch teilhaben an der Gottheit Christi, der unsere Menschennatur angenommen hat." Einer aus der Dreifaltigkeit ist Mensch geworden, mit allen Menschen teilt er das Menschsein, die menschliche Natur. Dabei blieb er aber, was er seit Ewigkeit war, der Sohn Gottes. Seine Menschennatur ist für alle anderen Menschen die „Quelle der Gottheit", durch Christus erlangt der Mensch Anteil am göttlichen Leben, durch ihn steht ihm der Zugang zum Vater offen.
Nach dem Gebet über den Kelch ist zum ersten Mal vom Opfer selbst die Rede; der Priester spricht leise: „Herr, wir kommen zu dir mit reumütigem Herzen und mit demütigem Sinn. Nimm uns an und gib, daß unser Opfer dir gefalle." Ein Opfer ist ein Geschenk des Menschen an Gott. Was aber könnte der Mensch Gott schenken, das er nicht von ihm hat? Zu glauben, Gott bedürfe menschlicher Opfergaben oder er sei durch menschliche Geschenke gnädig zu stimmen, hieße, unwürdig über Gott zu denken. Vor der falschen Ansicht, der Mensch könne Gott durch seine Opfergaben im Sinne eines Kuhhandels beeinflussen, warnt bereits der 50. Psalm: „Höre, mein Volk, ich rede. Israel, ich klage dich an, ich, der ich dein Gott bin. Nicht wegen deiner Opfer rüge ich dich, deine Brandopfer sind mir immer vor Augen. Doch nehme ich von dir Stiere nicht an, noch Böcke aus deinen Hürden. Denn mir gehört alles Getier des Waldes, das Wild auf den Bergen zu Tausenden.

Ich kenne alle Vögel des Himmels, was sich regt auf dem Feld, ist mein eigen. Hätte ich Hunger, ich brauchte es dir nicht zu sagen, denn mein ist die Welt und was sie erfüllt. Soll ich denn das Fleisch von Stieren essen und das Blut von Böcken trinken? Bring Gott als Opfer dein Lob, und erfülle dem Höchsten deine Gelübde! Rufe mich an am Tag der Not; dann rette ich dich, und du wirst mich ehren."

Was also kann Gott als Opfergabe dargebracht werden, was ihm nicht schon als Schöpfer von allem zu eigen wäre? Die Liebe seines Geschöpfes Mensch allein! Diese absolut freie Gegenliebe des Menschen zu Gott, der ihn zuerst geliebt hat, äußert sich in der „Opfergabe" des Lobes, der Hingabe und des Gottvertrauens. Die Opfergabe, die Gott gefällt, ist nichts anderes, als die Selbstaufopferung des Menschen, der im Glauben und Vertrauen (beides wird ja im Griechischen wie im Lateinischen durch ein und dasselbe Wort ausgedrückt!) sich Gott ganz anheimgibt. Als sinnenfällige Zeichen dieser Hingabe dienen Brot und Wein, die Christus im Abendmahlssaal genommen hat als Zeichen seiner Hingabe an den Vater, wie sie sich am Tag darauf am Kreuz vollziehen sollte; aus Brot wird sein gebrochener Leib und aus Wein sein vergossenes Blut. Damit ist die Verbindung zum Opfer auf Golgota hergestellt: Die Hingabe des Menschen an den Vater geht niemals am Kreuz Christi vorbei, an dem er seine angenommene und mit uns allen gemeinsame Menschennatur mit all ihren Zweifeln, Ängsten, Sünden und ihrem Sein zum Tode dem Vater als Geschenk aufopferte. Wie alles Beten der Christen zum Vater durch Christus geschieht, so auch das Aufopfern seiner selbst durch die Opferhingabe Christi; mehr jedoch davon im Kontext des Hochgebetes. Zum Zeichen der Buße wäscht sich der Priester die Hände; unter diesem Bußaspekt können sich, wie oben gesagt, durchaus auch Laienhelfer an dieser Händewaschung beteiligen. Die Gabenbereitung wird durch das Gabengebet beschlossen, in dem der Gedanke der Opferhingabe mit dem Zentralgedanken des jeweiligen liturgischen Tages zusammengefaßt wird.

Die Inzens der Gaben, aller Gaben

> Das Meßbuch schlägt vor: „Der Priester kann die Gaben und den Altar inzensieren; anschließend inzensiert der Diakon oder ein Ministrant den Priester und die Gemeinde."

Mit ihrer Darbringung und Niederlegung auf dem Altar sind die Lebensmittel Brot und Wein ihrer natürlichen Zielsetzung entzogen;

dadurch daß sie „vor Gottes Angesicht" gebracht werden, erhalten sie einen neuen Zweck, sie sind nicht mehr profane Lebensmittel, sondern als Zeichen unserer Hingabe und als künftige Gestalten des Leibes und Blutes Christi besonders geheiligt, ausgesondert aus dem Bereich des Profanen und Gottfernen. Nach den Gebeten der Gabenbereitung sind Brot und Wein zwar noch nicht Leib und Blut Christi, aber auch schon nicht mehr nur bloßes Brot und bloßer Wein.

Ausgedrückt wird dies auch durch die Verwendung von Weihrauch: Wie der Wohlgeruch nach oben steigt, so soll unsere Opferhingabe Gott wohlgefällig sein. Irgendwie werden die Gaben von Brot und Wein durch die Rauchkreise, die der Priester mit dem Weihrauchfaß um sie zieht, „ausgegrenzt" aus der profanen Wirklichkeit als Lebensmittel für den sterblichen Leib. Ausgegrenzt werden aber auch der Altar, der Zelebrant und alle in der Kirche; um sie alle als „lebendige Opfergabe" soll sich symbolisch so etwas wie ein Rauchkreis legen, wie ihn der Priester um die Hostienschale und den Kelch gezogen hat. Wir alle sind ja Opfergaben, die Gaben auf dem Altar stehen für uns selbst, die wir sie als Früchte der menschlichen Arbeit und damit als Zeichen für unsere eigene Hingabe dargebracht haben. Und wie die Rauchkreise um Kelch und Hostienschale ja nicht still stehenbleiben, sondern nach oben steigen, so soll alles Ausgegrenzte sich nach oben durch Christus zum Vater erheben.

Händewaschung zum Zeichen der Buße

> Das Meßbuch: „Zur Händewaschung an der Seite des Altares spricht der Priester leise: Herr, wasche ab meine Schuld, von meinen Sünden mach mich rein."

Diese Händewaschung, zu der die Ministranten eine Schale mit Kanne und Handtuch bringen, soll „ein Ausdruck des Verlangens nach innerer Reinigung sein" (so die Allgemeine Einführung ins Meßbuch Nr. 52). Waschungen zum Ausdruck der Bitte um innere Reinigung sind ein häufig vorzufindendes religiöses Phänomen, denken wir z. B. an die rituellen Waschungen bei Juden und Muslimen. In fast allen Religionen steht die Reinigung des Körpers symbolisch für die Reinigung der Seele, für die Bereinigung des Verhältnisses zwischen Mensch und Gott, für das, was der Christ unter „Buße" versteht. Frühchristlicher Brauch war auch das Waschen der Hände zum Gebet, so daß bei den Handwaschungen in der Liturgie immer schon die symbolische Aussage in den Vordergrund gestellt war. Daneben war das Waschen der

Hände auch aus hygienischen Gründen so lange erforderlich, wie die Gemeinde bei der Gabenbereitung nicht nur die für die Eucharistiefeier bestimmten Gaben, sondern auch noch Gaben aller Art für die Armenfürsorge darbrachte, so daß sich der sie entgegennehmende Priester oder Bischof schon die Finger schmutzig machen konnte und anschließend reinigen mußte. Vornehmlich aber blieb die symbolische Bedeutung als äußerer Ausdruck der inneren Bitte um Reinheit und Vergebung der Sünden.

Könnten sich Kommunionhelfer und Kommunionhelferinnen nicht an der Händewaschung beteiligen? So sehr dies auf den ersten Blick gegen die symbolische Vorrangstellung der Händewaschung gegenüber der hygienischen Notwendigkeit auch sein mag, hier könnten zunächst einmal auch hygienische Aspekte eine Beteiligung dieser Laiendienste an der Händewaschung empfehlen.

Natürlich kann heute im Zeitalter eines ausgeprägten Gefühls für Sauberkeit davon ausgegangen werden, daß alle Damen und Herren im Kommunionhelferdienst sich in der Sakristei vor der Messe die Hände waschen. Ein „öffentliches" Händewaschen der Laiendienste kann den letzten Zweifler gerade in heißen Wetterperioden zur Beruhigung verhelfen. Aber auch unter dem wichtigeren Aspekt, dem des äußeren Ausdrucks der inneren Bitte um Sündenvergebung, kann eine Beteiligung der Kommunionhelfer und -helferinnen an der Händewaschung sinnvoll sein und ein altes Mißverständnis aus dem Weg räumen helfen, das in der Geschichte der Kirche und ihrer Liturgie fatale Auswirkungen hatte.

Im Mittelalter nahm die Händewaschung mit dem Meßopferverständnis leider einen fatalen Charakter an: Weil man meinte, der Priester bringe dem Vater seinen Sohn in der Messe als neues Opfer neben dem einmaligen Opfertod auf Golgota dar, sah man die Händewaschung des Priesters in Parallele zu derjenigen des Pilatus bei der Verurteilung Jesu. So wie Pilatus Christus einst mit dieser Geste zur Hinrichtung, also zum Kreuzesopfer freigab, so deutete man auch die Handwaschung des Priesters als Bereitung zur erneuten Hinopferung auf unblutige Weise. Ein unerträglicher Gedanke: Der Priester, der die Messe hält, schlüpft in die Rolle des Pilatus und im Grunde genommen auch in die der römischen Soldaten, die die Kreuzigung vollzogen. Was Wunder, wenn man im Zeitalter der Reformation das höhnische Argument hören konnte, der Vorsteher des Abendmahls im katholischen Sinn sei ein Christusschlächter! So unkatholisch diese gesamte Opfervorstellung immer war, sie spukte immer wieder in den Köpfen der Menschen herum, wie Gesangbücher und Meßandachten sogar noch in unserem Jahrhundert beweisen.

Mit solch schiefen Ansichten (die hier und da noch heute anzutreffen sind!) wird aber schnell aufgeräumt, wenn sich die Kommunionhelfer als Laien an der Händewaschung beteiligen und diese selbst wieder in ihrem Bußcharakter eindeutig machen. Ein Bußgebet vor Beginn des Dienstes an der Eucharistie ist niemals verfehlt, weder für Priester noch für Laien. Kein verwandschaftlicher oder nachbarschaftlicher Konflikt, kein Gefühl der Abneigung soll den Kommunionausteilenden befallen, wenn er/sie den Leib des Herrn in die ausgestreckten Hände des Empfängers legt. Was steht auch dagegen, daß die Kommunionhelfer und -helferinnen das gleiche Gebet sprechen, wie es der Priester zur Händewaschung tut: „Herr, wasche ab meine Schuld, von meinen Sünden mache mich rein."? Eine solch tiefe spirituelle Vorbereitung des Dienstes wird auf die Damen und Herren im Kommunionhelferdienst auch über die liturgische Tätigkeit hinaus auf Dauer nicht ohne Wirkung bleiben.

Das eucharistische Hochgebet

Mit dem eucharistischen Hochgebet beginnt der Kern der Meßfeier, in ihm geschieht die Wandlung von Brot und Wein zu Leib und Blut Christi. Zum dritten Mal in der Messe grüßt der Priester die Gemeinde: „Der Herr sei mit euch." Besonders hier ist die Antwort der Versammelten „und mit deinem Geiste" auf dem Hintergrund des Amtspriestertums zu verstehen: Gerade im Hochgebet aktualisiert sich der instrumentelle Charakter des priesterlichen Amtes. In der Verherrlichung des Vaters, in der Konsekration der Gaben und im Emportragen der Bitten vollzieht sich das Tun Christi selber, der sich unaufhörlich dem Vater hingibt und sich seinen Gläubigen als Speise und Trank darreicht.
Der Priester tritt allein an den Altar. Er repräsentiert seinen Schwestern und Brüdern den eigentlichen Liturgen Christus. Er repräsentiert aber auch die Kirche, er tritt als der Sprecher seiner Schwestern und Brüder betend vor den Vater und bittet ihn im Namen Christi, des Hauptes seiner Kirche, der allezeit beim Vater für uns eintritt. Im Römischen Hochgebet wird von den anwesenden Gläubigen von den „Circumstantes", den Umherstehenden gesprochen. Wenn auch seit vielen Jahrhunderten die meisten Katholiken während des Eucharistischen Hochgebetes in ihren Bankreihen knien, so kann doch dieses Umrahmen des betenden Priesters durch die Gläubigen am besten dadurch dargestellt werden, daß die Laiendienste hinter ihm stehend ein großes Kreissegment bilden und so zusammen mit den Gläubigen

an ihren Plätzen jenen Kreis der „Umherstehenden und Umherknienden" bilden, in dessen Mitte der Priester als ihr Bruder und Diener ihres Glaubens seinen Dienst verrichtet.

Die Herzen beim Herrn

„Erhebet die Herzen." – „Wir haben sie beim Herrn." Denken wir dabei an Jesu Wort: „Wo euer Schatz ist, da ist auch euer Herz" (Lk 12,34) oder auch an das Wort des Paulus, nach dem wir das suchen sollen, was droben ist (Kol 3,1). Diese Aufforderung ist uralt; schon der hl. Cyprian versteht sie in dem Sinne, daß alles Irdische jetzt zurücktreten soll, und nach dem hl. Augustinus ist das „Sursum corda" der Ausdruck für das christliche Beten überhaupt: Christus, unser Haupt, ist im Himmel, also müssen auch unsere Herzen bei ihm sein. Was dieser kurze Dialog zwischen Priester und Gemeinde sagen will, erklären gut die Worte eines Hymnus, den die Ostchristen bei der Übertragung der Gaben zum Altar singen und der mit den Worten endet: „Laßt uns nun ablegen alle irdische Sorge."
Ob das immer so gelingt, zu Beginn des Hochgebetes alle Sorgen, Ängste und Ärgernisse einfach abzustreifen und die Herzen allein beim Herrn zu haben? Immer sicherlich nicht. Wir sollten diese wenigen Worte aber als Mahnung und Einladung verstehen, es immer wieder zu versuchen, die Welt, unser Leben, die Mitmenschen mit den Augen Gottes zu betrachten, zumindest im Glauben darum zu wissen, daß Not und Sorge nicht das letzte Wort haben, unsere Herzen jetzt in dem Sinn bei Gott festzumachen (zur Erinnerung: Wir glauben in Gott!), daß alle Sorge sich dahingehend relativiert, daß wir von Gott die Erlösung von allen Bedrohungen und Widrigkeiten erwarten. In Sorgen und Ängsten, aber wir leben; wir leben und lassen uns nicht von ihnen erdrücken, weil wir in der Messe immer wieder „unsere Herzen beim Herrn haben". Das ist kein billiger Trost, sondern ein Grundvollzug des Glaubens. Sofortige Antwort auf unsere Lebensfragen wird nicht gegeben, das Leid wird nicht von einer auf die nächste Minute in Freude verwandelt, aber im gläubigen Vertrauen auf Gottes rettende und erlösende Liebe darf man vorwegnehmend alle Not als grundsätzlich erledigt betrachten, so wie auch jene Psalmen, in denen die Not und alles Elend menschlicher Existenz hinausgeschrien werden, nicht enden, ohne in gläubiger Vorwegnahme der göttlichen Hilfe für diese bereits zu danken und Gott zu loben.
So erinnert das „Sursum corda" an den 131. Psalm: „Ich ließ meine Seele ruhig werden und still; wie ein kleines Kind bei der Mutter ist

meine Seele still in mir. Israel harre auf dem Herrn von nun an bis in Ewigkeit." Gerade Christen haben allen Grund, in ihren Herzen still zu werden, wenn sie sie nach oben erheben, denn sie erheben sie zu Christus, in dem unsere Erlösung unwiderruflich feststeht, in dem all unser Weinen, unsere Nöte und unser Sterben bereits ausgestanden sind. „Lasset uns danken dem Herrn, unserem Gott." – „Das ist würdig und recht." Wer seine Seele in Gott festgemacht hat, kann eigentlich gar nichts anderes tun, als loben und preisen. Er weiß darum, daß Gott die Bedürfnisse eines Menschen genau kennt, noch bevor sie ausgesprochen sind („Euer Vater weiß ja, was ihr braucht, noch bevor ihr ihn gebeten habt", Mt 6,8); was bleibt anderes übrig als das gläubige Vertrauen, daß Gott genau das geben wird, was mir zum Heil, zum Erreichen des Zieles meines Lebens dienlich sein wird? Wenn man zu dieser radikalen Anerkennung der göttlichen Liebe gelangt ist, was bleibt dann anderes übrig als Preis, Lob und Dank?

Im christlichen Altertum betrachtete man die gesamte Feier des Abendmahles unter diesem Gesichtspunkt, so daß sie von hier ihren Namen erhielt, der uns Heutigen wohl geläufig, in seinen Tiefen aber doch noch nicht ganz klar ist: Eucharistiefeier, Feier der Danksagung. So lesen wir in der ältesten Beschreibung der Messe beim hl. Justin, daß der Priester nach dem allgemeinen Gebet (d. h. den Fürbitten) und der Gabenbereitung „Danksagungen" nach oben sendet, „so viel er vermag". Von daher erhält die gesamte Messe den Charakter der Eucharistie, der Danksagung; man dankt und preist Gott für die Heilsgeschichte, die er in seinem Sohn mit uns Menschen eingegangen ist. Diese Heilsgeschichte wird in den Lesungen gegenwärtig, in der Wandlung von Brot und Wein hier und jetzt greifbare Wirklichkeit und verweist auf die noch ausstehende Vollendung der Menschen bei Gott am Ende der Zeiten.

Dank und Preis

Das Dankmotiv prägt die Präfation, die ihres preisenden Charakters wegen geradezu danach verlangt, gesungen zu werden. Die Präfation ist der erste Teil des Hochgebetes. Vom Namen her könnte man anderes vermuten, heißt im Französischen „préface" und im Italienischen gar „la prefazione" doch eben „Vorwort". Der Eindruck eines Vorwortes zum Eigentlichen konnte sich vor der Liturgiereform auch leicht einstellen: Die Präfation wurde stets laut gesprochen oder gesungen (wenn auch lateinisch), und nach dem Sanctus folgte die „Kanonstille" mit leise gebetetem Hochgebet, die allenfalls durch den Klang

der Altarschellen bei der Wandlung unterbrochen wurde. Aber gerade vom lauten Vortrag her hat dieses Preisgebet seinen Namen.
Während das 4. Hochgebet eine feststehende Präfation hat, ist diese bei den anderen Hochgebeten auswechselbar. Inhalt jeder Präfation ist die Preisung eines besonderen Heilsgeheimnisses je nach dem liturgischen Festcharakter des Tages oder der Zeit im Herrenjahr. Allen Präfationen gemeinsam ist der Schluß: Die an einem konkreten Ort und zu einer bestimmten Zeit zur Feier der Eucharistie versammelte Gemeinde reiht sich ein in die göttliche Liturgie des Himmels: „Darum preisen wir dich mit allen Engeln und Heiligen und singen vereint mit ihnen das Lob deiner Herrlichkeit." Jede Liturgie auf Erden ist nur dann mehr als Menschenwerk, wenn sich die himmlische Liturgie am Thron Gottes unsichtbar mit dem irdischen Tun der Menschen vereinigt, so wie es im Hebräerbrief heißt: „Ihr seid vielmehr zum Berg Zion hingetreten, zur Stadt des lebendigen Gottes, dem himmlischen Jerusalem, zu Tausenden von Engeln, zu einer festlichen Versammlung und zur Gemeinschaft der Erstgeborenen, die im Himmel verzeichnet sind" (Hebr 12,22f.). Hier kommt das Wesen christlicher Liturgie noch einmal klar zum Ausdruck: Liturgie ist nicht in erster Linie Predigt, Mahnung und Motivation zu einem christlichen Leben, sie ist auch keine Gebetsveranstaltung im Sinne einer Einbahnstraße von unten nach oben, sondern eine Wechselbewegung von oben nach unten und zurück. Auf die Gemeinde der Feiernden und ihr Tun senkt sich der Himmel; erst dadurch werden die Menschen befähigt, ihre Herzen nach oben, zum Herrn, zu richten. So stimmt die Gemeinde ein in das Sanctus, den Preisgesang der Engel.

Der Preisgesang auf Gottes Herrlichkeit

Das Sanctus ist ein Teil des Hochgebetes, der der Gemeinde gehört (vgl. Allgemeine Einführung ins Meßbuch Nr. 55b). Deshalb darf man der Gemeinde diesen ihren Teil des Eucharistischen Hochgebets auch nicht dadurch nehmen, daß man sie statt des Sanctus irgendein mehr oder weniger passendes Loblied singen läßt. Im Wechsel mit Kantor bzw. Kantorin und/oder Chor kann aber ein feierliches Sanctus gesungen werden, dessen Schönheit die Würde dieses Gesanges als Teil des Eucharistischen Hochgebets noch hervorhebt.
Auf die Liturgie des Himmels verweist der erste Teil des Sanctus. In seiner Berufungsvision schaute der Prophet Jesaja die Herrlichkeit Gottes; er war umgeben von Engeln, die einander zuriefen: „Heilig, heilig, heilig ist der Herr Sabaoth! Von seinem Ruhm ist die ganze

Erde erfüllt" (Jes 6,3). Jede christliche Liturgie hat diese Worte aufgegriffen.

„Sabaoth" heißt „Heerscharen". Unübersetzt blieb fast allgemein die Bezeichnung Gottes als „Dominus Deus Sabaoth", womit die „Heerscharen" gemeint sind. Über ihre Bedeutung gehen die Meinungen auseinander (z. B. entthronte heidnische Götter, Dämonen oder die religiös verstandenen Sternbilder), gemeint aber ist die allumfassende Macht Jahwes. Das Alte Testament wollte damit ausdrücken, daß Gott Herr ist über alles, was ist, über die von den anderen Völkern als Götter verehrten Gestirne, über alle Macht und Gewalt im Himmel und auf Erden. Es gibt nichts, was nicht von Gott erschaffen worden wäre und über das er nicht Gott sein könnte. Kein irdischer Führer, kein genialer Geist, keine Ideologie, keine Macht des Himmels und der Erde ist Gott, sondern nur Gott, und ihm allein gebührt die Anbetung. Treffend übersetzt daher das deutsche Meßbuch: „Gott, Herr aller Mächte und Gewalten".

Gottes Herrsein über alles, was ist, zeigt sich in den Spuren seiner Herrlichkeit in seiner Schöpfung. Dabei haben alle christlichen Liturgien den Jesajatext um das Wort „Himmel" erweitert: „Erfüllt sind Himmel und Erde von deiner Herrlichkeit." Was heißt das anderes, als daß man nur die Augen aufzumachen braucht, um Gottes Herrlichkeit gewahr zu werden? Im ersten Kapitel seines Römerbriefes macht es Paulus den Heiden geradezu zum Vorwurf, die sie umgebende Herrlichkeit Gottes nicht erkannt zu haben. Alles Dasein zeugt von Gott, dem Seienden überhaupt. Alles Schöne legt Zeugnis ab von dem einen Schönen, von dem alle Schönheit ausgeht; alles Gute lenkt den Blick auf den einen Guten. Wir brauchen nur auf den Menschen zu sehen, auf sein Streben nach Glück, seinen Durst nach Leben und Erfüllung, den diese Erde nicht stillen kann: Legt er nicht gerade dadurch ein Zeugnis ab vom absolut heiligen und herrlichen Gott, von dem er herstammt und auf den hin er angelegt ist? Sagen wir es philosophischer: Ist nicht das in jeden Menschen unausrottbar hineingelegte Transzendenzbedürfnis (d. h. Bedürfnis nach Übersteigung seiner weltlichen Wirklichkeit) eine Offenbarung der überall anwesenden göttlichen Herrlichkeit? Jeder Versuch des Menschen, sich diese Herrlichkeit, auf die hin er „konstruiert" ist, aus eigener Macht zu beschaffen, endet in Tod und Ruinen, wie die vielen Herrenmenschen in der Geschichte von Nero bis Hitler beweisen, die sich als Götter ausgaben, fühlten und gebärdeten.

Die Herrlichkeit, auf die hin der Mensch als Geschöpf Gottes angelegt ist, kann nur die Herrlichkeit des heiligen Gottes sein, der den Menschen an sich zieht und an seiner Herrlichkeit Anteil nehmen läßt. Diese Herrlichkeit kann, wie das Dasein überhaupt, nur Geschenk der göttlichen Liebe sein.

Darum fährt das Sanctus fort: „Hosanna in der Höhe." „Hosanna" ist das zweite hebräische Wort in der christlichen Liturgie, das neben „Amen" immer unübersetzt blieb. Wörtlich übersetzt heißt es „Hilf uns doch" und wurde ähnlich wie das „Herr, erbarme dich" zum Huldigungsruf an jemanden, dem man damit auch die Macht zuerkannte, helfen zu können. Hosanna in der Höhe – Hilf uns doch, Gott im Himmel, erbarme dich unser, ein Huldigungs- und Flehruf in einem. Der weitere Fortgang des Sanctus erinnert an den Einzug Jesu in Jerusalem: Die Menschen rufen laut: „Hosanna dem Sohne Davids! Gepriesen sei, der im Namen des Herrn kommt! Hosanna in der Höhe!" (Mt 21,9). Ganz ähnlich heißt es im 118. Psalm, der zum Ostergesang der Kirche schlechthin geworden ist: „Ach Herr, bring doch Hilfe! Ach Herr, gib doch Gelingen! (= Hosanna!) Gesegnet sei er, der kommt im Namen des Herrn!"

Damit vollzieht das Sanctus eine Wende von der Herrlichkeit des Vaters auf Christus hin: Die Herrlichkeit Gottes, von der Himmel und Erde erfüllt sind, ist in ihrem vollen Glanz erst aufgestrahlt, als sein eingeborener Sohn auf die Erde kam. Christus ist gekommen, um die Menschen zu erlösen, um sie der göttlichen Herrlichkeit teilhaft werden zu lassen. Aber dieses Werk ist noch nicht vollendet. Die Kirche erwartet die „zweite und herrliche Wiederkunft" am Ende der Tage, da die Erlösung vollendet sein wird. Darum spricht das Sanctus: „Hochgelobt sei, der da kommt im Namen des Herrn." Dies kann man mehrfach verstehen: Gepriesen wird die erste Ankunft des Gottessohnes in der Menschwerdung, aber auch sein immer neues Kommen in die Nähe der Menschen durch das Sakrament, letztlich aber sein Kommen in Herrlichkeit am Jüngsten Tag; bis dahin wird die Kirche auf Erden nicht aufhören, sein Kommen in der Liturgie im Sanctus zu preisen.

Die gemeinsamen Strukturelemente der verschiedenen Hochgebete

Sicherlich nimmt der Priester beim Beten des Eucharistischen Hochgebetes eine ihm eigene Aufgabe wahr, die niemand anderem übertragen werden kann, der nicht durch die Priesterweihe in den Dienst gerufen ist, seinen Schwestern und Brüdern als lebendige Ikone des unsichtbar gegenwärtigen Herrn zu dienen. Dies rechtfertigt jedoch keineswegs die klerikalistischen Mißbräuche und Engführungen, die gerade beim Eucharistischen Hochgebet ihre Spuren hinterlassen haben.

Im beginnenden Mittelalter dachte man, das Hochgebet sei so sehr Sache des Priesters, daß sein Wortlaut den Gläubigen vorenthalten werden müsse. Viele abergläubische Vorstellungen rankten sich um dieses geheimnisvoll in fremder Sprache vorgetragene Gebet. Es ist bezeichnend, daß aus der Verballhornung der lateinischen Wandlungsworte „Hoc est enim corpus meum" das Zauberwort „Hokuspokus" wurde! Wenn der Priester leise lateinische Worte murmelte, unzählige Kreuze über Kelch und Hostie zeichnete, geheimnisvoll, über die Hostie gebeugt, mystische Formeln sprach, in den Kelch mysteriös Worte hineinhauchte, dies alles in eine Atmosphäre mystischer Stille getaucht, die nur von Glocken und Altarschellen jäh unterbrochen wurde, dann machte das Ganze schon einen sehr magischen Eindruck!
Das Beten des Hochgebets ist zwar ureigenste Sache des Priesters, nicht jedoch das Hochgebet selbst! Die Gemeinde soll daran teilnehmen durch Hören und Mitbeten, sie soll am Schluß des Hochgebetes das Gesagte mit ihrem „Amen" unterschreiben. All dies kann sie ja heute aufgrund der allen verständlichen Volkssprache. Damit sie aber auch innerlich alles versteht und mitvollziehen kann, dazu bedarf es noch einer Menge Arbeit!
Im neuen Meßbuch gibt es vier Hochgebete; andere Hochgebete (Kinderhochgebete, solche für Behinderte und regional zur Erprobung zugelassene) müssen ihren Weg ins Meßbuch erst noch finden. Das erste Hochgebet ist der „Römische Kanon", der bis in die Zeit des hl. Ambrosius († 397) zurückreicht. Bis zur Liturgiereform war er das einzige Hochgebet der Westkirche. Die Liturgiereform hat daneben drei weitere Hochgebete ins Meßbuch aufgenommen: Das zweite Hochgebet ist eine Bearbeitung eines Eucharistiegebetes, das der hl. Hippolyt von Rom (frühes 3. Jahrhundert) verfaßte; das dritte ist eine Neuschöpfung aus unserer Zeit, und das vierte möchte mit den Gedanken und Ausdrücken des christlichen Ostens und in dessen theologischer Tradition das abendländische Beten und Feiern bereichern. Alle vier Hochgebete, mögen sie in ihrer Sprache und in ihrem Aufbau sich auch noch so sehr voneinander unterscheiden, weisen gemeinsame Strukturelemente auf, die zum Wesen eines Hochgebetes gehören.

1. Danksagung

Das erste dieser Strukturelemente ist die Danksagung; in ihr wird der Lobpreis, wie er bereits in der Präfation und im Sanctus erklungen ist, wieder aufgegriffen: „Ja, du bist heilig, großer Gott, und alle deine Werke verkünden dein Lob" (Hochgebet III), „Wir preisen dich, heiliger Vater, denn groß bist du, und alle deine Werke künden deine Weisheit und Liebe" (IV).

2. Herabrufung des Heiligen Geistes (Epiklese)

Die Danksagung führt über zum zweiten Strukturelement eines Hochgebetes, zur Epiklese, zur Herabrufung des Heiligen Geistes zur Wandlung der Gaben. Im alten Römischen Kanon ist sie auch vorhanden, jedoch weniger deutlich als in den drei anderen Hochgebeten. Dort ist sie ganz deutlich: Der Priester streckt seine Hände aus über Brot und Wein; indem er die Gaben bekreuzigt, betet er: „Sende deinen Geist auf diese Gaben herab und heilige sie, damit sie uns werden Leib und Blut deines Sohnes, unseres Herrn Jesus Christus" (II). Von ostkirchlichen Theologen wird den Katholiken manchmal vorgeworfen, sie würden in ihrem theologischen Denken wie in ihrem Beten den Heiligen Geist vernachlässigen; völlig unrecht haben sie nicht. So ist denn auch die Epiklese mit der ausdrücklichen Nennung der dritten Person in der Dreifaltigkeit eine Frucht theologischer Neubesinnung, wie sie sich auch in vielem anderen in der Erneuerung der Liturgie niederschlug.

Welche Bedeutung aber hat diese Herabrufung des Heiligen Geistes zur Wandlung der Gaben? Der um das Jahr 202 gestorbene große Theologe und Märtyrerbischof Irenäus von Lyon gebraucht ein sehr schönes Bild, um das Wirken der Dreifaltigkeit in der Welt zu beschreiben: Der Sohn und der Heilige Geist sind die beiden Arme des Vaters, mit denen er in der Welt das Heil wirkt („Gegen die Häresien" IV,20,1). In diesem Heilswerk haben der Sohn und der Heilige Geist ihre ganz persönliche Wirkweise; der Heilige Geist ist derjenige, der „alle Heiligung vollendet", der den Menschen die Gnadengaben des dreifaltigen Gottes schenkt und in ihnen wirkt. So wird die dritte Person in der Dreifaltigkeit auch über die Gaben von Brot und Wein herabgerufen, damit er die Heiligung dieser irdischen Gaben vollkommen mache. Die irdischen Elemente Brot und Wein werden durch die Epiklese ganz Gott überantwortet, damit er sie wandle in Leib und Blut Christi.

3. Die Einsetzungsworte

Als innerer Kern der Hochgebete folgen als drittes Strukturelement die Worte der Einsetzung. Der Priester berichtet zunächst erzählend vom Geschehen des Abendmahles am Abend vor Christi Leiden. Die Worte über Brot und Wein „Nehmet und esset alle davon: Das ist mein Leib, der für euch hingegeben wird", und: „Nehmet und trinket alle daraus: Das ist der Kelch des neuen und ewigen Bundes, mein Blut, das für euch und für alle vergossen wird zur Vergebung der Sünden", diese Worte sind aber nicht die Worte des menschlichen Priesters, sondern die Worte Christi selbst, durch die er mittels seines menschlichen Dieners spricht und durch welche er die über die Orte und Zeiten verstreuten Gemeinden an seinem letzten Abendmahl teilnehmen und damit an sich selbst teilhaben läßt.

Christus ist nun in Brot und Wein wirklich gegenwärtig. Der Priester zeigt der Gemeinde das verwandelte Brot und den konsekrierten Kelch und verbindet diesen Zeigegestus mit einer Gebärde der Anbetung.

Wir dürfen diese reale Gegenwart Jesu in Brot und Wein nun nicht so isoliert betrachten, als sei der Herr vor der Wandlung einfach abwesend. Von ihm selbst stammt die Verheißung, nach der er immer da ist, wenn zwei oder drei in seinem Namen versammelt sind (Mt 18,20). Seine Gegenwart in Brot und Wein ist eine anders geartete, eine den Sinnen des Menschen zugängliche, wenn auch nur im Glauben zu erfassende Gegenwart. Christus ist da, jetzt aber berührbar, eßbar, trinkbar. Um unserer Erlösung und Heiligung willen gibt er sich hin in sinnfälliger Weise, bietet er sich dem Menschen dar, welcher nicht nur Geist und Verstand ist, sondern ebenso Gefühl und Sinn.

Was Christus uns gibt, ist sein Leib und Blut. Das dürfen wir aber nicht so mißverstehen wie die Leute von Kafarnaum, die auf die Rede Jesu den Kopf schüttelten und sagten: „Wie kann er uns sein Fleisch zu essen geben?" (Joh 6,52). Was gegessen wird, ist nicht sein aus Maria geborener menschlicher Leib, und was getrunken wird, ist nicht unter der Gestalt des Weines sein am Kreuz vergossenes Blut, sondern in Brot und Wein er selbst, Christus in Person, der wahre Mensch und Gott.

Der menschgewordene Sohn Gottes gibt sich in der Messe hin als Speise und Trank, damit die Christen ihn sich einverleiben, ihre Einheit mit ihm nicht nur ausdrücken, sondern wirklich vollziehen und über die Einheit mit ihm in der menschlichen Wesenheit Zugang und Teilhabe erlangen an der göttlichen Wesenheit und am unsterblichen, unendlich glückseligen Leben Gottes. Was der Priester der Gemeinde zeigt, ist Christus selbst, der sich für die Seinen hingibt als Speise zum ewigen Leben. Diese Hingabe ist aber aufs engste verknüpft mit seinem Sterben, mit seiner Auferstehung und Wiederkunft, wie die Gemeinde dies auf den Ruf „Geheimnis des Glaubens" hin bekennt: Das Geheimnis der Eucharistie wurzelt in der Kreuzeshingabe Jesu, die in der Auferstehung ihre Vollendung findet; dieses Verkünden seines Todes und seiner Auferstehung wird erst enden, wenn wir ihn bei seiner Wiederkunft von Angesicht zu Angesicht sehen werden.

4. Das „Gedächtnis" des Opfers Christi (Anamnese)

Die enge Verbindung zwischen Eucharistie und Kreuzeshingabe Jesu bildet den Inhalt des vierten Strukturelementes des Hochgebetes, der Anamnese, die deshalb auch mit einem Ausdruck des Aufopferns verbunden ist. „Anamnese" heißt nichts anderes als „Gedächtnis", ist aber anders zu verstehen als der geläufige Sinn dieses Wortes. „Gedächtnis" heißt gewöhnlich, an etwas in der Vergangenheit Zurückliegendes zu denken; damit ist der Gedächtnisakt eine Sache des subjektiven Erinnerungsvermögens. Anders die Anamnese; wir kennen diesen Begriff vielleicht aus dem Bereich der Medizin. Der Arzt erstellt eine Anamnese, d. h., er befragt den Patienten gezielt nach den Symptomen seiner Krankheit. Auch wenn sich der Patient im Augenblick der Untersuchung recht wohl fühlt, werden durch die geschickt gestellten „provozierenden" Fragen des Arztes die Schmerzen und Übelkeitsgefühle der Patienten jetzt Wirklichkeit; im Idealfall empfindet dieser jetzt genau die Schmerzen, die er dem Arzt beschreibt. „Anamnese" ist also die Hereinholung von etwas in der Vergangenheit Liegendem in die aktuelle Wirklichkeit. Was aber wird in der Messe anamnetisch hereingeholt? Nichts anderes als das, was Christus zum Heil der Menschen tat von seiner Menschwerdung bis zu seiner Rückkehr zum Vater in seiner Himmelfahrt. Gipfel all dessen war sein Sterben am Kreuz, und dieser Tod war ein Opfer.

Wieso? Viele Stellen in der Bibel schärfen uns immer wieder ein, daß Gott keiner Opfergabe bedarf; was könnte der Mensch ihm schon geben? Nichts außer seiner Liebe, die darin gipfelt, sich Gottes Führung ganz anzuvertrauen. Damit hat aber der Mensch, dem die Entscheidung zum Urmißtrauen, wie sie im Sündenfall getroffen wurde und ihm als Erbsünde anhaftet, seine massiven Schwierigkeiten. Bohrende Fragen bestimmen das Leben gleich welcher Generation und Kultur: Gibt es Gott überhaupt? Kann ich von ihm die Erfüllung aller Sehnsüchte nach Leben erwarten? Gibt es ein Leben nach dem Tod? Warum läßt er mich leiden? Gibt es irgendeinen Sinn hinter allem?

Wir selbst vollziehen in uns den Sündenfall in der Entscheidung zum Urmißtrauen, zum Nein Gott gegenüber, zur Sünde, zum „Sund", der uns von Gott durch einen unüberwindlichen Graben trennt. Wer sich so entscheidet, der ist auf sich selbst zurückgeworfen, der ist dazu verdammt, seiner kleinen Lebensspanne um jeden Preis irgendeinen Sinn zu geben, seinen Tod irgendwie akzeptabel zu machen, was aber niemals gelingen kann, ist doch der Mensch als Gottes Geschöpf auf unendliches Leben hin angelegt.

Der wahrer Gott von Gott ist, wurde wahrer Mensch; Gottes Sohn nahm Menschennatur an, unsere Menschennatur, die im beschriebenen Sinn eine „gefallene Natur" ist. Christus nahm ganz und gar teil an dieser gefallenen Menschennatur; auch er wurde vom Teufel versucht, er (Gottes Sohn!) solle sich von Gott abwenden, auch er litt unter Hunger und Durst, unter Ablehnung und Haß. Vor allem aber teilte er mit allen Menschen die Angst, Todesangst. Die in den Evangelien geschilderte Ölbergszene ist die menschlichste aller Begebenheiten Jesu. Hier brach die gefallene Menschennatur im Angesicht des Todes mit aller erschreckenden Klarheit hervor. Schließlich aber zu sagen: „Mein Vater, wenn dieser Kelch nicht an mir vorübergehen kann, ohne daß ich ihn trinke, dann geschehe dein Wille" (Mt 26,42), darin wurzelt der Opfercharakter des Kreuzestodes, weil der wahre, in allem uns gleiche Mensch Jesus zugleich der ewige Sohn Gottes ist, deshalb konnte es ihm gelingen, die Entscheidung des Sündenfalls zum Urmißtrauen rückgängig zu machen und dafür das Urvertrauen zu seinem Vater zu setzen, dem er diese gefallene, ängstliche, nach Sinn und Leben dürstende Menschennatur aufopferte, indem er sich als wahrer Mensch in der bewußten und freiwilligen Annahme des Todesschicksals vertrauensvoll in des Vaters gütige Hände fallen ließ.

Der da litt und starb war aber niemals nur ein bloßer Mensch! Christus schenkt sich dem Vater. Das tat er in der Fülle der dreifaltigen Liebe schon vor der Erschaffung der Welt. Nun aber schenkt er sich auch als Mensch, und das ist das absolut Neue! Damit steht der Weg zum Vater unwiderruflich offen; keine noch so schlimme Lebenssituation eines Menschen ist mehr denkbar, sei es im Konzentrationslager oder auf der Krebsstation, die vom Gottmenschen nicht durchlitten und im Urvertrauen an den Vater aufgeopfert wurde. Dieser Opferakt wird in jeder Messe anamnetisch reale Wirklichkeit, und deshalb ist die Messe ein Opfer. In dieses Opfer Christi tritt die eucharistische Versammlung ein: „Darum, gütiger Vater, feiern wir ... das Gedächtnis (Anamnesis) deines Sohnes, unseres Herrn Jesus Christus. Wir verkünden sein heilbringendes Leiden, seine Auferstehung von den Toten und seine glorreiche Himmelfahrt. So bringen wir aus den Gaben, die du uns geschenkt hast, dir, dem erhabenen Gott, die reine, heilige und makellose Opfergabe dar: das Brot des Lebens und den Kelch des ewigen Heiles" (Hochgebet I).

Kein anderes Opfer kann Gott wohlgefällig sein als das der Selbsthingabe, zu der aber nur der menschgewordene Gottessohn imstande ist.

Seinem Opfer schließt sich die Kirche an, sie opfert ihn nicht neu auf, sie tätigt keine neue Darbringung, sondern tritt in seine Opferbewegung ein, indem sie sich ihr anschließt in der vertrauensvollen Überantwortung an den Vater. So gesehen, ist die Messe auch ein Sühnopfer, denn was heißt es anderes, als sich mit dem Vater auszusöhnen, wenn der Mensch in die Hingabe Jesu eintritt und sich und sein Leben vertrauensvoll dem Vater anheimstellt? Die Gabe der Kirche, die sie Gott darbringt, ist das eine Opfer des Sohnes, in dessen Opferbewegung zum Vater sie immer wieder eintritt: „Schau gütig auf die Gabe deiner Kirche. Denn sie stellt dir das Lamm vor Augen, das geopfert wurde und uns nach deinem Willen mit dir versöhnt hat" (Hochgebet III).

5. Die Herabrufung des Heiligen Geistes auf den „Leib Christi"

Ein fünftes Strukturelement ist wiederum eine Epiklese: Nicht nur die Gaben sollen verwandelt werden, sondern auch die Gemeinde, die durch die Teilhabe an Christi Leib und Blut, an seiner dem Vater aufgeopferten Natur neu zur Einheit der Kirche als Christi mystischem Leib zusammengeschlossen werden soll: „Stärke uns durch den Leib und das Blut seines Sohnes und erfülle uns mit seinem Heiligen Geist, damit wir ein Leib und ein Geist werden in Christus" (Hochgebet III). Im Opfer Christi sind also alle eins geworden; durch ihn übergibt sich die Kirche an den Vater, durch den Empfang seines hingeopferten Leibes und Blutes werden alle untereinander verbunden zu Christi mystischem Leib, an dem jeder Mensch ein unverwechselbares Glied ist.

6. Die Interzessionen – „Einschreitungen" für die Einheit der Kirche aller Orte und Zeiten

Diese Einheit aller durch Christus findet ihren Ausdruck in zwei weiteren Strukturelementen des Hochgebetes, im Gedächtnis der Heiligen und in den Fürbitten für Lebende und Verstorbene, wobei die (immer gefährdete) Einheit der Kirche auf Erden ihren Ausdruck in der Nennung des Papstes und des Bischofs findet und wir uns im Gedächtnis der Verstorbenen durch Christus mit ihnen verbunden wissen. Christus ist unser Fürsprecher beim Vater; er tritt allezeit für uns ein (Hebr 7,25). Durch ihn bitten wir für alle Glieder der Kirche, mit denen wir über Christus ja verbunden sind. Wir bitten für die Lebenden, besonders für diejenigen, denen der Dienst der Leitung der Kirche anvertraut ist. Gerade durch die Fürbitte für sie kommt die Einheit aller Eucharistiefeiern in der Kirche zum Ausdruck. Wir bitten für unsere

Verstorbenen im Vertrauen darauf, daß sie die Fülle des Lebens bei Christus schon haben oder noch erhalten werden. In der Fürbitte für sie kommt unsere bleibende Verbundenheit mit ihnen zum Ausdruck, über die Grenze des Todes hinaus, aber auch über alle Schuld hinweg; wir vergeben ihnen und freuen uns auf ein Wiedersehen mit ihnen im Reich Gottes.

7. Der große Lobspruch (Doxologie)

Jedes Hochgebet schließt mit der großen Doxologie, dem großen Lobspruch als letztem Strukturelement: „Durch ihn und mit ihm und in ihm ist dir, Gott, allmächtiger Vater, in der Einheit des Heiligen Geistes alle Herrlichkeit und Ehre jetzt und in Ewigkeit." Noch einmal greift das Hochgebet als großes eucharistisches Preisgebet abschließend die Grundbewegung der Erlösung auf: Durch Christus, allein in und mit ihm steht dem Menschen der Zugang zum Vater und damit zum ewigen Leben offen; nur seinetwegen hat der erlöste Mensch Grund und Ursache, Gott zu preisen, nur in ihm ist er dazu überhaupt imstande.

8. Die Unterschrift der Gemeinde

Dem „Amen" der Gemeinde kommt gerade an dieser Stelle eine hervorragende Bedeutung zu; schon nach dem Märtyrer Justin bekundet sie damit ihre Zustimmung. Damit erscheint das Hochgebet noch einmal als Gebet der Gemeinde, das der Priester als Werkzeug Christi spricht, der es vor den Vater trägt, in dessen Hingabe die Gemeinde eintritt und der sich ihr durch den Dienst seines menschlichen Dieners wieder neu schenkt.

Lektion 15: Vierte Lektion über die heilige Messe: vom Vaterunser bis zur Entlassung

Das Gebet, das Jesus uns gelehrt hat

Aufgrund der in diesem Gebet enthaltenen Bitte um das tägliche Brot bezogen schon die Kirchenväter das Vaterunser auf die Eucharistie, zumal seine nachfolgende Bitte um die Sündenvergebung ja auch als Voraussetzung für einen würdigen Kommunionempfang verstanden werden kann. So wurde das Gebet des Herrn zum eucharistischen Tischgebet.

Schon der Rahmen, der das Vaterunser umgibt, die Einleitung und die Fortsetzung des Gebets danach, zeugen von seiner besonderen Wertschätzung. Die Einleitungsformeln zum Vaterunser sprechen vom Freimut der Kinder Gottes, auf Lehre und Geheiß Jesu den allmächtigen Gott als „Vater" ansprechen zu dürfen. Dem Vaterunser folgt als vom Priester zu sprechende Gebetsfortsetzung in den Anliegen des Vaterunsers der sogenannte „Embolismus". Darauf antwortet die Gemeinde mit dem Lobpreis: „Denn dein ist das Reich und die Kraft und die Herrlichkeit in Ewigkeit. Amen." Dieser Lobpreis („Doxologie") entstammt ältestem gottesdienstlichem Brauch. Er ist so alt, daß der Lobspruch sogar in einige Bibelhandschriften rutschte und so der Eindruck entstehen konnte, als gehörte er mit zu dem, was wir „getreu seiner göttlichen Weisung" als von Jesus überliefertes Gebet kennen.

Als Martin Luther die Bibel übersetzte, benutzte er eine griechische Vorlage, die diesen Lobspruch an das Herrengebet anschloß. So führte ihn Luther auch in die evangelische Liturgie ein, die sich damit sogar in dem Gebet, das Christus selbst uns gelehrt hat, vom katholischen Gottesdienst unterschied. Unter diesem Aspekt war die Aufnahme dieses Lobspruches auch eine ökumenische Tat; Katholiken und Protestanten sprechen wieder ein allen gemeinsames Gebet, auch wenn der Gebetsfluß in der Messe durch das eingeschobene Gebet des Priesters unterbrochen wird, das wir wiederum mit vielen orientalischen Liturgien gemeinsam haben.

Friedensgebet und Friedensgruß

Das Meßbuch: „Der Gemeinde zugewandt, breitet der Priester die Hände aus und singt oder spricht: Der Friede des Herrn sei allezeit mit euch. Die Gemeinde antwortet: Und mit deinem Geiste. Der Diakon oder der Priester kann dazu auffordern, in einer den örtlichen Gewohnheiten entsprechenden Weise einander die Bereitschaft zu Frieden und Versöhnung zu bekunden; etwa: Gebt ein Zeichen des Friedens und der Versöhnung. In diesem Fall entbietet der Priester selbst dem Diakon oder einem Ministranten den Friedensgruß."

Auch der Friedensgruß ist liturgisches Urgestein. Die ursprüngliche Stelle war am Ende des Wortgottesdienstes als Besiegelung des vorausgegangenen Gebetes und als Ausdruck der geschwisterlichen Liebe vor dem Beginn der Eucharistie.

Das Friedensgebet und der Friedensgruß erinnern an das Wort Jesu: „Wenn du deine Gabe zum Altar bringst und es dir dort einfällt, daß dein Bruder etwas gegen dich hat, dann laß deine Gabe dort vor dem Altar liegen, und versöhne dich zuerst mit deinem Bruder, dann komm und opfere deine Gabe" (Mt 5,23f.). Genaugenommen müßte also das Zeichen des Friedens untereinander vor dem Hochgebet plaziert sein, wie es heute auch noch im christlichen Osten geschieht. Dort spricht der Priester beim Friedensgruß zu seinem Konzelebranten: „Christus ist unter uns", worauf dieser antwortet: „Er ist es, und er wird es sein."
Christus ist unsichtbar bei denen, die sich in seinem Namen versammelt haben. Er ist auf andere Weise zugegen in den konsekrierten Gestalten der Eucharistie, und wiederum ganz anders, nämlich offenbar in all seiner Herrlichkeit, wird er ankommen am Ende der Zeiten. Nur in ihm finden die Menschen zur festen Einheit untereinander. Aber auch die Verlegung des Friedensgrußes vor den Empfang der Eucharistie hat ihre Aussagekraft: Die Gemeinde bereitet sich auf die Kommunion vor; jeder einzelne „kommuniziert" mit Christus, was ja nicht geschehen kann, ohne über ihn immer auch mit den Brüdern und Schwestern verbunden zu werden. Nichts ist darum unangemessener, als mit Haß oder Zorn im Herzen zur Kommunion zu gehen und sie dadurch in ihrem Sinn zu verkehren! Der Friedensgruß soll mehr sein als eine bloße Gebärde, er soll wirklich feststellen, daß nichts zwischen einem steht, vielleicht sogar letztes Verzeihen erbitten und gewähren, bevor man gemeinsam zum Tisch des Herrn geht: Zu „einem Leib und zu einem Geist" (Hochgebet III) sollen wir alle werden in Christus. Wie das Herrengebet schließlich selbst in einem engen Zusammen-

hang mit der Kommunion gesehen wurde, so auch der Friedensgruß; er galt sogar einmal als so etwas wie ein Kommunionersatz für die Nichtkommunizierenden. Dies fand darin seinen Ausdruck, daß der Friedensgruß vom Altar ausging und wie eine Gabe vom Altar an das Volk weitergegeben wurde. Als eine solche Gabe mußte auch der Priester den Friedensgruß erst selbst empfangen, und er tat dies, indem er den Altar küßte. Die Intimität des Kusses führte aber schon früh zu gewissen Regelungen: Männer durften nur Männern, Frauen nur Frauen den Friedenskuß geben. In dieser Bestimmung wurzelt letztlich die früher stark, heute aber immer weniger beachtete Unterscheidung der Kirche in eine sogenannte „Frauenseite" und eine „Männerseite".

Das gegenseitige Küssen wurde schließlich ersetzt durch nur angedeutete Gebärden und durch den Kuß der „Paxtafel". Die Paxtafel war ein Bild des Gekreuzigten, das der Priester küßte, nachdem er „vom Altar" den Friedenskuß empfangen hatte; dann ging diese Paxtafel durch die Reihen der Gläubigen, die so vom „Gekreuzigten" den Friedenskuß erhielten.

Im Gegensatz dazu soll der Friedensgruß heute wieder ganz klarmachen, daß ihn die Menschen nicht von Gott empfangen, sondern untereinander geben, bevor sie in der Kommunion dem Herrn begegnen werden. Der horizontale Aspekt rangiert also eindeutig vor dem vertikalen, der in der Kommunion zu seinem Recht kommen soll. Den-

Abb. 16   Überbringung des Friedensgrußes

noch ist es sinnvoll, wenn erwachsene Ministranten den Friedensgruß in die Gemeinde tragen, damit auf diese Weise alle, der Priester, die liturgischen Laiendienste und alle zur Meßfeier Versammelten, in dieses gegenseitige Bezeigen der geschwisterlichen Verbundenheit einbezogen sind. Um jeden Eindruck zu vermeiden, der Friedensgruß sei eine vom Altar ausgehende Gabe, sollte sich der Priester selbst daran beteiligen, ihn weiterzugeben, indem er z. B. den in den ersten Bankreihen stehenden Christen die Hand reicht.

Das eucharistische Brot wird gebrochen

Vom Brechen des Brotes hatte die Eucharistiefeier in den frühesten Zeiten ihren Namen. Solange viele die Kommunion empfingen und gesäuertes Brot verwendet wurde, war die Brechung des eucharistischen Brotes ein bedeutsamer Vorgang. Man erachtete sie unter Hinweis auf 1 Kor 10,16f. als einen Ausdruck für die gesamte Eucharistiefeier: Alle, die teilhaben an dem einen Brot, bilden den einen Leib Christi, weil dieses eine Brot die Gemeinschaft mit dem Leibe Christi ist. Diese Begründung liefert auch das heutige Meßbuch:

> „Der Priester bricht die Hostie über der Schale in mehrere Teile zum Zeichen, daß alle von demselben Brot essen und an dem einen Leib Christi teilhaben. Es können auch mehrere große Hostien gebrochen werden."

Damit alle, „die Anteil erhalten an dem einen Brot und dem einen Kelch, ein Leib werden im Heiligen Geist" (Hochgebet IV), muß das eucharistische Brot geteilt werden. Die Teilhabe aller an dem einen Christus wird ausgedrückt durch die Teilhabe an dem einen eucharistischen Brot, das gebrochen wird, so wie Christi Leib am Kreuz für das Leben aller „gebrochen" wurde. In allen christlichen Riten spielt deshalb die Brechung der Brotsgestalt eine wichtige Rolle; eigentlich ihres Sinnes beraubt wurde sie im Abendland durch die Einführung der kleinen Hostien, die die Brechung eines oder mehrerer großer Opferbrote für die Kommunion der vielen unnötig machten; ihres symbolischen Bezuges zum gebrochenen, hingegebenen Leib Christi wegen wurde sie jedoch immer beibehalten.

Empfohlen sei die generelle Verwendung von sogenannten „Konzelebrationshostien" in jeder Meßfeier. Die Erfahrung lehrt, daß man von einer solchen Hostie von ca. 12 cm Durchmesser ungefähr 20 Partikel für ebenso viele Kommunionen gewinnen kann. Für manche Werktagsmesse in einer Stadtgemeinde genügt also schon diese eine Hostie, damit das Ideal, daß alle von diesem einen Brot essen, wie sie auch an dem einen Christus Anteil erhalten, erreicht werden kann. Doch auch bei vielen Kommunikanten braucht man auf die reiche Symbolik der Brechung nicht zu verzichten. Nimmt man mehrere dieser Konzelebrationshostien und legt sie zur Wandlung aufeinander, dann hat der Priester bei den Worten „nahm er das Brot in seine Hände" wirklich etwas in der Hand, das auch „Brot" genannt werden kann und an dem alle Anteil erhalten.

Neben der vielsagenden Symbolik hilft die Brechung auch zur Verwirklichung eines Wunsches, den nicht nur die Liturgiewissenschaftler und andere Fachleute des Gottesdienstes mit der leider notwendigen zähen Sturheit immer wieder vortragen, sondern dessen Erfüllung Papst Pius XII. schon im Jahr 1947 gefordert hat: Die Kommunion, die in der Messe gereicht wird, soll auch in der gleichen Eucharistiefeier konsekriert werden. Die Austeilung von Hostien aus dem Tabernakel, die in einer anderen Messe konsekriert worden sind, sollte auf wirkliche Ausnahmesituationen beschränkt bleiben, unbeschadet der Lehre von der bleibenden Gegenwart Christi in den konsekrierten Gestalten (vgl. auch die Allgemeine Einführung ins Meßbuch Nr. 56h).

Zur Brechung singt man das „Agnus Dei"

Sicherlich braucht die Brechung ihre Zeit. Um die zuschauende Gemeinde in das Geschehen der Brechung einzubeziehen, wird währenddessen das „Agnus Dei" gesungen. So auch das Meßbuch:

> „Inzwischen wird der Gesang zur Brechung (Agnus Dei) gesungen bzw. gesprochen. Falls die Brechung länger andauert, kann der Ruf öfter wiederholt werden. Der letzte Ruf schließt: Gib uns deinen Frieden."

Es heißt, Papst Sergius I. (687-701), der syrischer Abstammung war, habe das Agnus Dei in die Messe eingeführt. Aus dem griechisch-syrischen Raum stammt auch sicher dieser Gesang, den man zur Brechung der vielen konsekrierten Opferbrote in Rom übernahm. Im Orient heißt bis heute das verwandelte Opferbrot „Lamm"; es erinnert an das Wort des Täufers Johannes, der auf Christus hinwies als das Lamm, das die Sünde der Welt hinwegnimmt (Joh 1,29). In Rom sang man das „Lamm Gottes", solange das „Lamm", das zum Leib Christi verwandelte Opferbrot, gebrochen wurde. Dies ist auch heute wieder möglich;

werden für die Kommunion mehrere große Hostien verwandt, dann dauert auch ihre Brechung als sehr symbolträchtiger Vorgang eine ganze Weile; die Bedeutung dieses Tuns wird durch den begleitenden Gesang „Lamm Gottes, du nimmst hinweg die Sünde der Welt" sehr hervorgehoben. Der Gesang kann dabei so oft wiederholt werden, bis die Brechung vollendet ist.

Doch schauen wir auf den Inhalt: Es heißt, das hingeopferte Lamm Gottes, Christus also, nehme hinweg die Sünde der Welt. Immer wieder hat man sich in der Theologie darüber Gedanken gemacht, ob die Erlösung des Menschengeschlechtes nur durch den Kreuzestod des Gottessohnes zu bewerkstelligen war oder ob auch eine andere Weise möglich gewesen wäre. Ganz im Sinne des nach Ordnung strebenden Denkens des Mittelalters sagte der hl. Anselm von Canterbury, der Tod Christi am Kreuz sei das stellvertretende Erleiden der Strafe gewesen, die Gottes Gerechtigkeit den Menschen auferlegen mußte. Weil es aber Gottes Sohn selbst war, der starb, sei der Gerechtigkeit Genüge getan und der göttlichen Barmherzigkeit Tür und Tor geöffnet. Wenn dieser Gedanke auch manch Richtiges enthält, so stellt sich doch die Frage, ob man die Erlösung so „juristisch" sehen kann.

Es fällt auf, daß im Gegensatz zu früher im Deutschen heute „die Sünde" in der Einzahl steht: „Du nimmst hinweg die Sünde der Welt." Der Tod Christi am Kreuz ist nicht so sehr Genugtuung für die vielen einzelnen Übertretungen göttlicher Gebote als vielmehr die Bereinigung des Verhältnisses zwischen Mensch und Gott. Noch einmal begegnet die Dimension des Opfers: Christus wurde freiwillig zum Opferlamm, er gab sich in die Hände des Vaters und will alle Menschen in die Bewegung zum Vater einbeziehen; dadurch wird die Sünde der Welt überhaupt hinweggenommen, die Verweigerung der Liebe, wie sie im Urmißtrauen wurzelt. Wer sich Christus anschließt, wer durch ihn und mit ihm zum Vater geht, der findet den Frieden, den Frieden Christi, der sich von jedem anderen unterscheidet.

Ein Zeichen der Einheit aus alter Zeit

Nach der Brechung geschieht etwas Seltsames, das vielen Christen heute gar nicht mehr auffällt: Der Priester bricht ein kleines Stück vom eucharistischen Brot ab und senkt es in den konsekrierten Wein.

> Das Meßbuch: „Ein kleines Fragment der (einer) Hostie senkt er in den Kelch. Dabei spricht er leise: Das Sakrament des Leibes und Blutes Christi schenke uns ewiges Leben."

So unscheinbar dieses Einsenken eines Hostienteilchens in den konsekrierten Wein auch sein mag, so vielgestaltig ist seine Geschichte.
Im Rom der ausgehenden Antike und des beginnenden Mittelalters bewahrte man ein Stückchen des eucharistischen Brotes von einer Messe zur nächsten auf. Diese Aufbewahrung hatte nicht den Sinn, für etwa fällige Krankenkommunionen oder Versehgänge zu dienen, sondern hatte einen besonderen Zweck: Es sollte dadurch ausgedrückt werden, daß alle aufeinanderfolgenden Meßfeiern, auch wenn Tage oder Stunden dazwischen lagen, im Grunde die eine große Eucharistiefeier der erlösten Welt bilden, die einmündet in die Herrlichkeit des wiederkommenden Christus. Dieses Stück konsekrierten Brotes, das „Heilige" genannt („Sancta"), senkte der Papst im Papstgottesdienst des 8. Jahrhunderts bei den Worten „Der Friede des Herrn sei allezeit mit euch" in den Kelch.
Aber mit dem eucharistischen Brot sollte noch eine andere Symbolik ausgedrückt werden: Nicht nur zeitlich, auch räumlich bilden alle Meßfeiern die eine Eucharistie der erlösten Welt. Also sandte der Papst Stücke des konsekrierten Brotes in jene Meßfeiern der Stadt Rom, die zeitlich parallel zu seiner Papstmesse gefeiert wurden, als Ausdruck der kirchlichen Gemeinschaft. Die Priester gaben diese ebenfalls beim Friedensgruß in den Kelch.
Der Name dieser Partikel verweist auf seinen einstigen Sinn: „fermentum – Sauerteig"; die Eucharistie ist der Sauerteig für die Einheit der Kirche. Daher auch der Name „Sauerteig", der sich auf das Gleichnis Jesu bezieht: „Das Himmelreich gleicht einem Sauerteig. Ihn nahm eine Frau und vermengte ihn mit drei Maß Mehl, bis alles durchsäuert war" (Mt 13,33). Wie der Sauerteig die Teigmasse durchdringt, so durchdringt die eine gemeinsame Eucharistie die Kirche und eint sie.
Daß der Brauch des Einsenkens der Hostienpartikel aber erhalten blieb, nachdem man die Versendung der Fermentumpartikel längst eingestellt hatte, liegt an einer Symbolik, die ebenfalls aus dem Osten kam und die im Westen ebenfalls heimisch wurde: Zeichen für einen gewaltsamen Tod ist es, daß Blut fließt; die Trennung von Leib und Blut ist damit ein sicheres Anzeichen für den Tod. Bei der Wandlung wurden Brot und Wein zu Leib und Blut Christi, und zwar getrennt durch jeweils verschiedene Wandlungsworte und auch räumlich getrennt in Hostienschale und Kelch – Zeichen dafür, daß die Eucharistie eine Frucht des Kreuzestodes ist. Die Mischung von Brot und Wein, das Zusammenfügen von Leib und Blut Christi, des Auferstandenen, ist es, das den Christen das ewige Leben schenkt, die sich nach den Worten der ostkirchlichen Liturgie nicht vor Fleisch und Blut verneigen, sondern vor dem in den Gestalten gegenwärtigen lebendigen

Herrn, der ihnen Anteil gibt am ewigen Leben. Eine dritte Vermischung gab es im Papstgottesdienst im Zusammenhang mit der Kelchkommunion, die zu dieser Zeit ja noch allen Teilnehmern der Eucharistiefeier gereicht wurde.

Die Einladung zur Kommunion

> Das Meßbuch: „Der Priester macht eine Kniebeuge, nimmt ein Stück der Hostie, hält es über der Schale und spricht, zur Gemeinde gewandt, laut: Seht das Lamm Gottes, das hinwegnimmt die Sünde der Welt. Gemeinsam mit der Gemeinde spricht er einmal: Herr, ich bin nicht würdig, daß du eingehst unter mein Dach, aber sprich nur ein Wort, so wird meine Seele gesund."

Mit den Worten des Täufers lädt der Priester die Gläubigen zur Kommunion ein: „Seht das Lamm Gottes, das hinwegnimmt die Sünde der Welt" (Joh 1,29). Die Gemeinde antwortet mit den nur wenig veränderten Worten des Hauptmanns von Kafarnaum (Mt 8,8), dessen Knecht krank daniederlag und der sich in allem demütigen Vertrauen auf das Erbarmen Christi nicht würdig erachtete, daß der Herr bei ihm eintrat.

Die Reihenfolge des Empfangs

Fast überall im Christentum gibt es eine Reihenfolge beim Kommunizieren, nach der der Priester zuerst kommuniziert. Dadurch soll ausgedrückt werden, daß nicht der Zelebrant der Mahlherr ist, sondern Christus. Eine Anpassung an heutige Gepflogenheiten – der Gastgeber bedient zunächst seine Gäste und nimmt dann sich selbst – könnte verdunkeln, daß auch der Priester zunächst Gast am eucharistischen Tisch ist. Nur in der Kraft Christi kann er das seinen Brüdern und Schwestern weitergeben, was er selbst als Geschenk erhält, Christi Leib und Blut.
Dennoch wäre eine Anpassung an andere Bräuche bedenkenswert, wenn damit ein klerikalisierender Beigeschmack „hochwürdiger Sonderstellung" überwunden würde. Bei kleineren Gemeinschaften wäre die Ordnung bestimmt so zu gestalten, wie konzelebrierende Priester die Kommunion empfangen, nämlich so, daß der Priester zwar nacheinander austeilt, dann aber alle gemeinsam den Herrenleib genießen. Dies wäre, was den Großgottesdienst betrifft, zunächst bei den im Altarraum anwesenden Laiendiensten der Fall.
Dies heißt für unseren Mustergottesdienst mit vielen Laiendiensten:

> Sie kommunizieren in der dargestellten Weise zusammen mit dem Priester, der ihnen den heiligen Leib reicht. Alle warten, bis der Priester mit dem Austeilen fertig ist, und nehmen den Leib des Herrn zusammen zu sich. Der Priester kann den Laiendiensten auch das heilige Blut reichen. Nach der Kommunion begeben sich die Laiendienste auf ihre Plätze. Die Kommunionhelfer und -helferinnen erhalten vom Priester ihre Schalen und ggf. Kelche zur Kommunionausteilung, begeben sich an die vorgesehenen Plätze und beginnen mit der Austeilung.

Hand- oder Mundkommunion?

In unseren Breiten hat sich die Handkommunion so durchgesetzt, daß die Mundkommunion geradezu als Ausnahme erscheint. Von traditionalistischer Seite wird der Einwand erhoben, die Handkommunion habe zur Abnahme der Ehrfurcht gegenüber der Eucharistie geführt. In der Tat muß man einen Schwund an Ehrfurcht gegenüber dem innigsten Geheimnis unseres Glaubens beklagen. Wie oft gehen in Braut- oder Sterbeämtern oder an verschiedenen Hochfesten des Kirchenjahres Menschen zum Kommunionempfang, deren Verhalten den Verdacht nahelegt, sie wüßten eigentlich nicht, was sie da tun und wen sie empfangen. Ob aber dieser Schwund an Ehrfurcht mit der Handkommunion zusammenhängt, erscheint mehr als fraglich; er wurzelt vielmehr in einem allgemeinen Schwinden der Ehrfurcht, in durch verschiedene Theologien verursachten Verunsicherungen und in einer unserer Zeit eigenen Unsicherheit dem Heiligen gegenüber.

Man könnte die Traditionalisten fragen, was wohl weniger unwürdig wäre, Zunge oder Hand. Mit welchem Körperteil sündigt der Mensch wohl mehr? Nehmen wir uns zum Vorbild, was Kyrill von Jerusalem im 4. Jahrhundert zur Kommunion schrieb: „Wenn du nun hingehst, so gehe nicht so hin, daß du die flachen Hände ausstreckst oder die Finger auseinander spreizest, sondern mache die linke Hand zu einem Thron für die Rechte, die den König empfangen soll, und dann mache die flache Hand hohl und nimm den Leib Christi in Empfang und sage das Amen dazu."

Zunehmende Scheu vor der Eucharistie und vor dem Kommunionempfang überhaupt führte schließlich zur Mundkommunion, oft verbunden mit der Sorge, die in die Hand gereichte Eucharistie könne zu abergläubischen Praktiken mißbraucht werden. Schließlich ging man nur noch so selten zur Kommunion, daß ein Konzil im Jahr 1215 die

einmalige Kommunion im Jahr als Pflicht jedes Christen vorschreiben mußte. Man begnügte sich mit der Schau der verwandelten Hostie bei der Wandlung oder in der Monstranz. Daß heute wieder die meisten Teilnehmer an der Messe auch zur Kommunion gehen, ist eine Frucht der Erneuerung des Gottesdienstes und geht auf die Initiativen des hl. Papstes Pius X. zurück. Für einen Christen, der in lebendiger Beziehung zum Geheimnis der Eucharistie lebt, ist die im Zuge der Liturgieerneuerung wieder möglich gewordene Handkommunion eine äußerst würdige und angemessene Weise des Kommunizierens.
Denken wir an die Worte des Kyrill von Jerusalem, und bereiten wir dem Herrn einen Thron mit den Händen, mit denen wir die Kinder waschen und ihnen das Essen bereiten, mit denen wir für unsere Familien in der Arbeit das tägliche Brot besorgen. Die zum „Thron" geformten Hände werden so zum Ausdruck für uns selbst, für unser Leben. Durch die Haltung unserer Hände zeigen wir, daß wir selbst bereit sind, den Herrn zu empfangen.

Heiliges Fragespiel

Die heute verwendete Spendeformel „Der Leib Christi" bzw. „Das Blut Christi" geht auf die Alte Kirche zurück. Schon damals wurde sie als Frage nach dem Bekenntnis des Kommunizierenden verstanden, der seinen Glauben mit einem „Amen" bestätigte.
Kurzformeln aber verleiten dazu, ausgeweitet zu werden. Im Osten kamen ehrende Beifügungen hinzu, auch die Früchte des Kommunionempfangs werden genannt. So lautet die Spendeformel bei den Byzantinern unter Beifügung des Namens des Empfängers: „Es kommuniziert der Knecht (die Magd) Gottes N. N. am kostbaren und heiligen Leib und Blut unseres Herrn und Gottes und Heilandes Jesus Christus zur Vergebung der Sünden und zum ewigen Leben." Auf fränkischem Boden wurde aus der Spendeformel ein Segenswunsch, dessen Grundform im 8. Jahrhundert lautete: „Der Leib und das Blut unseres Herrn Jesus Christus bewahre dich zum ewigen Leben." Gerade der Bekenntnischarakter der heute wieder verwendeten altkirchlichen Formel verdient gegenüber dem Segenswunsch den Vorrang, zumal sie den Empfänger aktiv einbezieht.
Der Austeilende zeigt dem Empfänger den Leib des Herrn in der Gestalt des Brotes und spricht: „Der Leib Christi", Feststellung und auch Frage zugleich: „Dieses Stückchen Brot ist nach dem Glauben der Kirche der Leib Christi, hier ist Jesus wirklich gegenwärtig und will sich dir schenken als Speise zum ewigen Leben. Glaubst du das?"

Abb. 17   Kommunionausteilung

Der Empfänger spricht nicht mehr, aber auch nicht weniger als sein „Amen" – „Ja, das ist auch mein Glaube, in dem ich feststehe; ich empfange unter der Gestalt des Brotes Christus selbst!" Er nimmt und ißt und folgt so der Einladung Christi, wie sie noch kurz zuvor in den Wandlungworten zu hören war: „Nehmet und esset." Wird die Kommunion unter beiden Gestalten gereicht, so erfolgt die Spendung des Kelches in analoger Weise. In der sehr anzuratenden Stille nach der Kommunion sollte jeder Kommunizierende realisieren, sich selbst vor Augen halten, wen er empfangen hat und was mit ihm geschehen ist: Er hat sich Christus „einverleibt", ist mit ihm aufs engste verbunden und durch ihn mit dem lebendigen Gott und mit allen Menschen. Muß dies nicht zur Anbetung führen, zum Zwiegespräch mit dem, der nach den Worten des hl. Augustinus mir näher ist, als ich selbst es bin?

Die Kelchkommunion

Allgemeine Einführung ins Meßbuch Nr. 240: „Ihre volle Zeichenhaftigkeit gewinnt die Kommunion, wenn sie unter beiden Gestalten gereicht wird. In dieser Form wird das Zeichen des eucharistischen Mahles auf vollkommenere Art zum Ausdruck gebracht."

Die Kelchkommunion kam im Abendland erst seit dem 12. Jahrhundert mehr und mehr außer Gebrauch. Obwohl in den Wandlungsworten selbst der Befehl des Herrn: „Nehmet und trinket alle daraus ..." enthalten war und ist, gab es eine ganze Reihe von Gründen für diese schwerwiegende Veränderung.

Zunächst die Angst vor dem Verschütten oder vor sonstiger Verunehrung des Sakraments. Sie führte zu Kommunionformen, die kein eigentliches Trinken mehr aus dem einen Kelch waren, z. B. das Eintauchen der Hostie in den Kelch oder das Trinken mit Hilfe eines Saugröhrchens. Sicher steht hinter dem Kelchentzug auch die Schaufrömmigkeit des Mittelalters, die sich ganz auf die Brotsgestalt konzentrierte und den Kelch einfach aus dem Blick verlor. Die theologische Begründung für die Abschaffung der Kelchkommunion der Laien lieferte die Konkomitanzlehre, nach der in jeder Gestalt der ganze Christus gegenwärtig ist. Daraus leitete man ja auch schon vorher die Möglichkeit der alleinigen Brotkommunion her, etwa bei der Haus- und Krankenkommunion. Durch die Kelchkommunion des Priesters allein sah man den Auftrag Christi, sein Blut zu empfangen, als erfüllt an.

Daß die Forderung nach der Kelchkommunion für alle schon Programmpunkt vorreformatorischer Kirchenkritik (Jan Hus) war und schließlich von den Reformatoren aufgegriffen wurde, machte u. a. den Verzicht auf die Kelchkommunion der Laien zum unterscheidenden

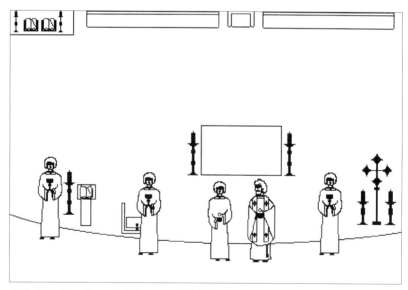

Abb. 18   Verteilung bei Brot- und Kelchkommunion

Merkmal des Katholizismus. So blieb es beim Kelchentzug bis zur Liturgiereform des 2. Vatikanums. Zunächst sah man die Kelchkommunion nur für besondere Gelegenheiten vor, die aber schon durch das neue Meßbuch erheblich erweitert wurden. Heute ist die Möglichkeit zur Reichung des Kelches sehr weit gefaßt.

Der Kommuniongesang

Er begleitet die Kommunion des Priesters und der Gläubigen, und er soll die geistliche Gemeinschaft der Kommunizierenden durch gemeinsames Singen zum Ausdruck bringen, „die Herzensfreude zeigen und die brüderliche Verbundenheit beim Hinzutreten zum Kommunionempfang vertiefen" (so die Allgemeine Einführung ins Meßbuch Nr. 56i).
Der Kommuniongesang ist wie der Introitus ein Prozessionsgesang, der das gemeinsame Gehen der Gläubigen zur Kommunion begleiten soll, und war schon im 4. Jahrhundert als Responsorialgesang zwischen dem Kantor und den zur Kommunion Schreitenden bekannt. Vorzugsweise sang man die Psalmen 33 und 144; der Kantor sang die Psalmverse, die Gemeinde antwortete mit einem Refrain. Auch heute ist der Kommuniongesang ein angebrachtes Betätigungsfeld für Kantor und Kantorin und/oder Sängerchor. Aber auch der Organist kann mit meditativer Orgelmusik zur geistlichen Atmosphäre beitragen, die dem Kommuniongang eigen sein muß.

Das Schlußgebet

> Das Meßbuch: „Nach der Kommunionausteilung kann der Priester an seinen Sitz zurückkehren. Auch kann man einige Zeit in stillem Gebet verweilen. Es empfiehlt sich, einen Dankpsalm oder ein Loblied zu singen. Der Priester steht am Altar oder am Sitz. Er singt oder spricht: Lasset uns beten. Falls schon vorher Zeit zum stillen Gebet gegeben war, folgt sofort das Gebet. Der Priester breitet die Hände aus und singt oder spricht das Schlußgebet."

Das Schlußgebet zeigt schon durch seine lateinische Bezeichnung „Postcommunio" (oder „post communionem" im neuen Meßbuch), daß es zur Kommunion gehört. Es hat seine Wurzeln in der gemeinsamen Danksagung nach der Kommunion. Das Schlußgebet ist das dritte der Präsidialgebete, teilt also auch den „sammelnden" Charakter der „Kollekte" wie das Tagesgebet und das Gabengebet: Es faßt die still verrichteten, privaten Danksagungen der Gläubigen zusammen und erwähnt darum auch die Wirkungen des empfangenen Sakraments. Von daher kommt dem Schlußgebet aber noch eine weitere Zusammenfassung zu: So wie der Segen der gesamten Messe in der sakramentalen Begegnung mit Christus durch den Empfang der eucharistischen Gaben gipfelt, so dankt das Schlußgebet unter eucharistischem Aspekt für alle empfangenen Gnadengaben der Meßfeier. So betrachtet, sind beide Ortsangaben des Meßbuches für das Schlußgebet, Altar oder Priestersitz, sinnvoll; entweder betet der Priester es am Altar (besonderer Akzent auf dem Dank für die empfangene Kommunion) oder am Priestersitz (besonderer Akzent auf dem zusammenfassenden Dank für die ganze Meßfeier). Wird das Schlußgebet am Priestersitz gebetet, dann hält ein/e erwachsene/r Ministrant/in dem Priester das aufgeschlagene Meßbuch hin.

Verlautbarungen

> „Auf das Schlußgebet folgen gegebenenfalls kurze Verlautbarungen an die Gemeinde", die auch der Diakon vornehmen kann (Allgemeine Einführung ins Meßbuch Nr. 123, 139).

Ob dies wirklich der geeignetste Augenblick ist, Mitteilungen an die Gemeinde zu machen, darf angezweifelt werden. Sicher ist diese Gelegenheit besser als nach der Predigt, wo Mitteilungen auch sehr weltlicher Art eher von der heiligen Handlung ablenken. Verlautbarungen mit einem herzlichen Grußwort an die Versammelten vor der eigentlichen liturgischen Handlung, also noch vor dem Einzug, kundzutun ist zumindest eine bedenkenswerte Alternative. Immerhin haben die Verlautbarungen im Kommunionkreis eine alte Tradition: Sie gehen darauf zurück, daß die Nichtkommunizierenden vor der Kommunionspendung die Kirche verließen und man ihnen vor ihrem Weggang nach römischen Quellen des 7. und 8. Jahrhunderts noch den nächsten Stationsgottesdienst, bevorstehende Märtyrerfeste, Fasttage und andere kirchliche Nachrichten vermeldete.

Der Segen

Eine Segnung der Gemeinde vor der Kommunion hatte zunächst den Sinn, die Gläubigen für eine würdige Kommunion zu bereiten. Dieser

Segen, feierlich vom Bischof, schlichter vom Priester gesprochen, galt immer mehr als Kommunionersatz für die Nichtkommunizierenden, die darauf die Kirche verließen. Von diesem Segen beim Weggang oder bei der Entsendung („Missio") der Taufbewerber (Katechumenen) erhielt schließlich der ganze Gottesdienst seinen Namen: „Missa", im eigentlichen Sinn als „Entlassungssegen" zu übersetzen. In Gallien gab es eine Segensform für den Bischof, die in Anlehnung an den biblischen Priestersegen in Num 6,22-26 dreigliedrig war, wobei jedes Glied von der Gemeinde mit „Amen" beantwortet wurde; auch kam das Kirchenjahr darin zum Ausdruck, nirgends mehr aber eine Beziehung zu der nachfolgenden Kommunionausteilung. Als man die Nichtkommunizierenden aber dazu verpflichtete, bis zum Schluß der Messe anwesend zu bleiben, rückte auch der Segen hinter die Kommunion.

Eine frühe Segnungsweise wird die gewesen sein, die wir noch vom feierlichen Pontifikalamt her kennen, wenn der Bischof mit Mitra an und Stab segnend durch die Reihen schreitet. Erst vom Mittelalter an wurde der Segen vom Altar selbst gespendet, und dem bischöflichen Brauch glich sich immer mehr der priesterliche Schlußsegen an, wobei aber durch kleine Details der Unterschied zwischen Bischof und Priester ausgedrückt wurde. So segnete im Mittelalter der Bischof mit der Hand, der Priester aber mit einem geheiligten Gegenstand, einer Reliquie, einer Kreuzpartikel oder auch mit der Patene oder dem Corporale. Heute besteht diese Unterscheidung noch durch die dem bischöflichen Segen vorausgehenden Versikel.

Das erneuerte Meßbuch bietet wieder an bestimmten Tagen die Möglichkeit einer feierlichen dreigliedrigen, von der Gemeinde mit dreimaligem Amen beantworteten Segensformel nach Art der gallischen Segensformeln; ebenso in der Tradition der „oratio super populum" und des Inklinationsgebetes Segensgebete für das Volk. Beide Formen werden aber mit der trinitarischen Segensformel und dem Kreuzzeichen verbunden.

Der Entlassungsruf

Es folgt der Entlassungsruf „Gehet hin in Frieden", von dessen lateinischer Version „Ite missa est" her die Messe ihren Namen hat. „Missa" kommt von „mittere" = „senden, schicken". Frei übersetzt könnte man den lateinischen Entlassungsruf wiedergeben mit: „Geht, jetzt seid ihr geschickt, die Geheimnisse der gerade gefeierten Eucharistie in eurem Alltag, in eure Lebenswirklichkeit hinein, umzusetzen." Der Gottesdienst eines Christen, jetzt von unten nach oben gedeutet als Dienst an der Ehre Gottes, endet nicht mit der liturgischen Feier, ebenso wie Gottes Dienst an uns sich fortwährend im Alltag – wiederum ganz anders als in der sakramentalen Handlung – ereignet. Christen gehen nach der Meßfeier auseinander, um sich bei nächster Gelegenheit wieder zu ihr zusammenzufinden; immer wieder soll ein kleines Stückchen Himmel aufstrahlen, bis das Feiern der Messe aufhören wird, wenn die Geschichte der Welt und der Menschen in der Herrlichkeit Gottes vollendet ist. Bis dahin lebt der Christ von einer Messe zur nächsten; die Zeit dazwischen darf nicht das Lügen strafen, was in der Meßfeier an ihm geschieht und was er dort redet und tut.

Mit dem Entlassungsruf wird das „amtliche Ende" der Meßfeier festgestellt, denn schon soziologische Gründe machen eine deutliche Kennzeichnung des Endes einer geordneten Versammlung notwendig. So wurde schon im vorchristlichen Rom eine Trauerfeier mit „Ilicet = ire licet, man darf gehen" beendet. Das Wort „missa" hat hier noch seine ursprüngliche Bedeutung von „Entlassung", die jedoch mit dem damit zusammenhängenden Segen den Namen der Eucharistiefeier prägen sollte. Dem römischen „Ite missa est" entsprach das aus Gallien kommende „Benedicamus Domino – Singet Lob und Preis". Im Mittelalter gab es für Requiemsmessen einen eigenen Entlassungsruf „Requiescant in pace". In der erneuerten Liturgie gibt es nur noch das „Ite missa est"; der Entlassungsruf entfällt jedoch, wenn sich an die Messe noch eine andere liturgische Feier anschließt.

Die Antwort der Gemeinde: „Deo gratias – Dank sei Gott, dem Herrn" war in der nordafrikanischen Kirche des Altertums eine auch außerhalb des Gottesdienstes weitverbreitete Weise der Zustimmung oder auch des Grußes gewesen. Als Antwort auf die Lesung hatte sie den Sinn, daß die Hörenden dadurch erklärten, die Lesung verstanden zu haben; ähnlich soll der Pförtner nach der Benediktsregel das Pochen an die Klosterpforte mit „Deo gratias" beantworten, um kundzutun, daß er den Einlaßbegehrenden wahrgenommen hat. Ebenso drückt das „Deo gratias" am Schluß der Messe neben dem Dank für die empfangenen Gnadengaben auch aus, daß die Verkündigung vom Ende der Meßfeier verstanden worden ist. Daß das „Ite missa est" besonders dem Diakon zukommt, wird aus dem Dienst des Herolds abgeleitet, der mit lauter Stimme vermeldet, während der Richter oder Staatsbeamte und so auch Priester und Bischof im Bewußtsein ihrer Würde mit eher verhaltener Stimme sprechen.

Altarkuß und Auszug

> Das Meßbuch: „Wie zu Beginn des Gottesdienstes küßt der Priester den Altar. Gemeinsam mit allen, die bei der Meßfeier einen besonderen Dienst versehen haben, macht er die vorgesehene Ehrenbezeigung und kehrt zur Sakristei zurück."

Der Schluß der Messe entspricht spiegelbildlich ihrem Anfang. Mit allen Laiendiensten kehrt der Priester in die Sakristei zurück. Was bei der Einzugsprozession mitgetragen wurde, kann auch bei der Auszugsprozession wieder mitgenommen werden: Weihrauch, Vortragekreuz, Leuchter, Lektionar und Evangeliar. Die Meßfeier schließt mit der gemeinsamen Verneigung aller vor dem Sakristeikreuz.

Lektion 16: „Liturgie" ist nicht nur „Messe" – Laiendienste, Stundenliturgie und Wortgottesdienst

Allzu viele Messen?

Samstagsausgabe einer Regionalzeitung einer deutschen Großstadt. Unter den Terminen des Wochenendes finden sich neben dem vielgestaltigen Angebot sportlicher, kultureller und geselliger Art auch die Gottesdienstordnungen der vielen Pfarrkirchen. Sie lesen sich fast wie der Fahrplan einer vielbefahrenen Intercity-Strecke: Neben den „eingefahrenen" Abendmessen am Samstag- und Sonntagabend wird am Sonntagmorgen fast zu jeder beliebigen Uhrzeit irgendwo in unserer Stadt eine Eucharistiefeier angeboten. Vielfältig und variantenreich ist auch das Angebot selbst: In der Stiftskirche St. A. feiert man eine „Orchestermesse", in St. B. ein lateinisches Choralamt, im Franziskanerkloster St. C. eine Jugendmesse mit rhythmischen Liedern, St. D. bietet „Betsingmessen", St. E., Teil des örtlichen Jesuitenkollegs, ist bekannt für seine guten Prediger, die „integrierte Gemeinde" bietet im Kirchenzentrum St. F. ihren Gottesdienst an, der sich nicht nur in der äußeren Gestalt, sondern vor allem auch in seiner zeitlichen Länge von den anderen unterscheidet. In den vielen anderen Kirchen unserer Großstadt werden sich die Gottesdienste in der äußeren Gestaltung aber kaum besonders voneinander unterscheiden.

Meßfeiern gibt es zuhauf. Wenn man aber wissen will, ob, wo und wann in irgendeiner der vielen Kirchen unserer Großstadt die Stundenliturgie gefeiert wird, dann muß man schon genauer hinsehen und vielleicht sogar intensiv danach suchen.

Die Stunden-Liturgie

Vielleicht hat es der geneigte Leser/die geneigte Leserin noch im Gedächtnis, jenes Bild vom Brevier betenden Pfarrer, der geheimnisvoll, leise lateinische Worte murmelnd und sich ab und zu bekreuzigend, mit einem schwarzen Buch in der Hand um die Kirche herumspazierte. Soviel wußte man: Er ist dazu verpflichtet; er muß „sein Brevier beten", so wie er auch „seine Messe lesen" muß.

Soviel dürfte schon klargeworden sein: „Messe lesen" war früher eine zwar selbstverständliche, aber nichtsdestoweniger falsche Redeweise,

die nur vor dem Hintergrund der Entwicklung der Privatmesse verstanden werden kann. Ähnlich verhält es sich auch mit der Redeweise vom Pfarrer, der sein Brevier zu beten hat. Und noch etwas ist klarzustellen: Auch das Gebet ist Antwort auf Gottes Zuwendung zu uns Menschen. Wir können gar nicht beten, Gott loben, ihm unsere Bitten anvertrauen, wenn er in unseren Herzen nicht zuvor den Glauben, das Gottvertrauen und die Liebe zu ihm entzündet hat. Wenn wir beten, dann antworten wir Gott; wir lassen ihn herein in unser Herz und über dieses in unsere Welt und schließen dabei auch die Menschen ein, mit denen wir besonders verbunden sind. Gebet ist also „Liturgie", ist Werk Gottes für die vielen Menschen. Durch das Gebet wirkt Gott; nicht, als ob er unsere Wünsche nicht kennen oder sie erst dann erfüllen würde, wenn wir nach Kleinkinderart artig „bitte" sagen. Gott wirkt durch unser Gebet, weil wir uns darin für ihn und seine Gnade öffnen und damit beitragen zur Heiligung und Heilung der Welt. Je mehr Menschen beten, je öfter sie beten, um so mehr findet die göttliche Gnade Einlaß in die Welt, um so mehr wird sie geheiligt. Deshalb spricht man heute auch mehr von „Stundenliturgie" als von „Stundengebet", und den Ausdruck „Brevier" sollte man künftig besser für Hobbybücher aller Art reservieren wie z. B. „Weinbrevier" und ähnliche Anleitungen.
„Stundenliturgie" heißt dann, daß Menschen die ganze Zeit des Tages dadurch heiligen, daß sie sich zu bestimmten Stunden zum Gebet versammeln. Dies geschieht ja in den Klöstern, deren Mönche und Nonnen den stellvertretenden Dienst für die „in der Welt" lebenden Schwestern und Brüder leisten, durch ihr Gebet diese Welt für die Gnade Gottes offenzuhalten.

Kleine Geschichte der Stundenliturgie

Im christlichen Altertum hatte man die Weisung Jesu, zu wachen und zu beten, allezeit zu beten und nicht darin nachzulassen (Mk 13,35; Lk 18,1 z. B.), noch gut im Ohr. In Anlehnung an die antike Einteilung des Tages, der mit der 1. Stunde um 6 Uhr in der Frühe begann, teilte man das dem Christen auferlegte unentwegte Beten auf den Tag auf. Zu gewissen Stunden versammelte man sich in der Kirche und betete die „Horen" (griech./lat. „hora" = die Stunde), auch „Tagzeiten" genannt. Dabei unterschied sich die Stundenliturgie, wie sie in den Bischofskirchen gefeiert wurde, schon früh von derjenigen der Mönche. Im Lauf der Zeit kam es zu einer Vermischung beider Arten. Die Hauptsäulen dieses Gebetes waren das Morgengebet zum Sonnenaufgang (die Laudes, das Morgenlob) und das Abendgebet zum Sonnenuntergang (die Vesper). Beide Male spielte hier das Motiv des Lichtes eine große Rolle. Die im Osten aufgehende Sonne war für Christen stets ein Symbol für den auferstandenen Christus. Das am Abend angezündete Licht, das die Dunkelheit vertreibt, wurde natürlich auch auf Christus, das Licht der Welt, hin gedeutet. Darum stand früher – und heute wiederentdeckt und vermehrt geübt – im Zentrum der Vesper ein „Luzernarium", ein festliches Preis- und Dankgebet für das Licht, verbunden mit dem Anzünden aller Leuchter in der Kirche.

Neben diesen „großen Horen" spielten die „kleinen Horen", die Gebetsstunden zur 3. Stunde (die „Terz" um 9 Uhr), zur 6. Stunde (die „Sext" um 12 Uhr) und zur 9. Stunde (die „Non" um 15 Uhr), eine nicht geringe Rolle wegen ihres zeitlichen Bezugs zu heilsgeschichtlichen Daten: Die 3. Stunde ist sowohl der Zeitpunkt der Verurteilung Jesu als auch der Herabkunft des Heiligen Geistes am Pfingstfest. Zur 6. Stunde wurde Christus gekreuzigt und hatte Petrus die Vision von den „unreinen Tieren", was für die Heidenmission von Bedeutung war (vgl. Apg 10,9-23). Die 9. Stunde ist der Zeitpunkt des Todes Jesu am Kreuz, ebenfalls ereignete sich zu dieser Stunde das Heilungswunder des Petrus und des Johannes an der Schönen Pforte des Tempels (vgl. Apg 3,1-10).

Besonders Morgen- und Abendlob waren wirkliche Gemeindegottesdienste, während die „kleinen Horen" zuerst mehr privat gebetet, dann aber in den Klöstern auch gemeinsam gefeiert wurden. Tertullian, der erste lateinisch schreibende Theologe aus Nordafrika, bezeichnet das Morgen- und Abendgebet als für alle verpflichtende Gottesdienste. Immer mehr wurde das Stundengebet aber von den Mönchsgemeinschaften gepflegt, die es noch durch weitere Gebetsstunden (Horen) ausweiteten. Schließlich wurde es als „Chorgebet" zu dem typischen gottesdienstlichen Charakteristikum der Mönche und Nonnen, an dem die „normalen" Gemeindemitglieder schließlich überhaupt keinen Anteil mehr hatten, sei es aufgrund der Tatsache, daß die beruflichen Verpflichtungen dies unmöglich machten, sei es wegen der lateinischen Liturgiesprache, durch die dem dieser Sprache Unkundigen fast die ganze Welt der Stundenliturgie verschlossen war. In den Sog klösterlicher Mönchsfrömmigkeit geriet immer mehr auch der Weltpriester. Auch ihm wurde die Stundenliturgie zur Pflicht gemacht, stellvertretend für seine ihm anvertraute Gemeinde, die keine Zeit und Möglichkeit hatte, an der Stundenliturgie teilzunehmen. Das (stellvertretende) Gebet der Horen der Stundenliturgie wurde so zur Amtspflicht des Priesters; ihre Unterlassung galt als Untreue

gegenüber den Menschen seiner Pfarrei, die ihm für seinen Dienst ja schließlich auch den Lohn gaben.
Wie soll aber ein einzelner Priester allein in der Kirche etwas vollziehen, wozu er selbst auch überzeugt „Liturgie" sagen kann? Einer allein ist dazu wohl kaum imstande; alle liturgischen Zeichenhandlungen (etwa das Beräuchern des Altars mit Weihrauch) sind auf das gemeinsame Feiern einer Gemeinschaft hin angelegt; sie wirken sogar ein wenig sonderbar, würden sie von einem einzigen Priester in der Kirche vollzogen, nur damit sie eben vollzogen sind. Je weniger Menschen an der Stundenliturgie teilnahmen, desto mehr wurde sie zum reinen Gebet und verlor die entsprechenden liturgischen Handlungen.
Außerdem war die klösterliche Stundenliturgie viel zu lang, man brauchte viel zu viele Bücher, als daß sie von einem Weltpriester, der doch auch viele andere Termine wahrzunehmen hat, so ohne weiteres übernommen werden könnte. Was man brauchte, war eine „Kurzfassung" des ausgedehnten monastischen Chorgebetes, das „Brevier" („Breviarium" heißt „Kurzform"!). Es wurde zum typischen Amtsgebet und Standesgebetbuch des Priesters. Vor der Liturgiereform wäre ein Laie schwerlich auf die Idee gekommen, sich ein „Brevier" zu kaufen, galt dieses doch als das Standesgebetbuch des Priesters schlechthin.
Schließlich ging auch der richtige zeitliche Ansatz der Horen verloren. An sich dachte man logisch: Wenn das Breviergebet ein stellvertretendes Gebet des Priesters und der anderen dazu Verpflichteten für die ihnen anvertraute Gemeinde oder für ihre Gemeinschaft ist, dann ist es im Grunde doch gleichgültig, wann man es betet; Hauptsache, es wird gebetet. Also haben die Priester früher „antizipiert", sie nahmen eine Hore des nächsten Tages schon am Vorabend vorweg und hatten am anderen Morgen eben mehr Zeit. Auch beteten sie die Horen des Breviers manchmal in einem Stück, unabhängig, ob das Morgenlob am frühen Nachmittag oder die Komplet vor dem Abendessen stattfand.
Das „Brevier" gibt es heute nicht mehr, dafür aber das die „Stundenliturgie" enthaltende „Stundenbuch". Nach der Liturgiereform versteht man das Stundengebet wieder als Gebet der ganzen Kirche, der Priester wie der Laien. Als Liturgie im eigentlichen Sinn hat es dialogischen Charakter und verlangt eigentlich danach, als wirklicher Gebetsgottesdienst gefeiert zu werden. Wenn einzelne aufgrund ihrer Weihe oder eines besonderen Gelübdes auch zur Stundenliturgie verpflichtet sind, so ist dieses dennoch nicht „ihr" Gebet, sondern das der ganzen Kirche. Auch legt man heute großen Wert auf die zeitgerechte Feier der Horen. Laudes und Vesper dürfen nur noch wirkliches Morgen-

und Abendlob sein, und für die Komplet gilt, daß sie wirklich ein geistlicher Tagesabschluß sein soll.

Für einen gemeinsamen feierlichen Vollzug des Stundengebetes werden in unseren Pfarrkirchen wohl vor allem die beiden Haupthoren Laudes und Vesper sowie das Nachtgebet der Kirche, die Komplet, in Betracht kommen. Diese Horen sind im „Gotteslob" in vielen Variationen enthalten, und es gibt eine Reihe von wertvollen Büchern, die Hilfen für die konkrete Gestaltung anbieten.

Morgenlob (Laudes) und Abendlob (Vesper)

Morgen- und Abendlob, Laudes und Vesper, ähneln sich sehr in ihrem Aufbau; er wird hier übersichtsartig angegeben.

LAUDES	VESPER
Eröffnung (Gotteslob Nr. 683)	Eröffnung (Gotteslob Nr. 683)
Hymnus	Hymnus
1. Psalm	1. Psalm
Alttestamentliches Canticum	2. Psalm
2. Psalm	Neutestamentliches Canticum
Schriftlesung	Schriftlesung
Responsorium (Antwortgesang)	Responsorium (Antwortgesang)
Homilie	Homilie
Benedictus (Gotteslob Nr. 680-681)	Magnificat (Gotteslob Nr. 688-689)
Bitten zur Tagesweihe	Fürbitten
Vaterunser	Vaterunser
Schlußoration	Schlußoration
Segen (Segenswunsch)	Segen (Segenswunsch)
Entlassung	Entlassung

Auf die Eröffnung folgt ein Hymnus, meist ein der liturgischen Zeit im Herrenjahr entsprechendes Kirchenlied. Es folgt die Psalmodie; in den Laudes sind dies zwei Psalmen, die ein alttestamentliches Canticum einrahmen, in der Vesper folgt ein neutestamentliches Canticum auf wiederum zwei Psalmen. Unter „Cantica" versteht man den Psalmen ähnliche Stücke der Bibel. Für sie gilt das gleiche wie für die Psalmen selbst: Sie werden stets auf Christus hin bezogen und von ihm her verstanden. Eingerahmt werden jeder Psalm und jedes Canticum durch eine Antiphon, einen Kehrvers, der den Grundgedanken des biblischen Liedes ausdrückt. Auf die Psalmodie folgen eine

Schriftlesung und das Responsorium, der Antwortgesang. Laudes und Vesper gipfeln in zwei neutestamentlichen Gesängen, die den Anfängen des Lukasevangeliums entnommen sind und auf das Geheimnis der Erlösung hinweisen. Weil auch sie psalmenähnliche Stücke der Heiligen Schrift sind, dazu auch noch in einem der Evangelien – im Lukasevangelium – stehen, nennt man sie auch „Cantica de Evangelio". Diese beiden Höhepunkte der Haupthoren Laudes und Vesper – noch hervorgehoben durch die Inzens (Beweihräucherung) des Altares – sollen etwas genauer in den Blick genommen werden.

Das „Benedictus" – der Lobgesang des Zacharias (Lk 1,68-79)

Das „Benedictus" der Laudes ist der Lobgesang des Zacharias auf die Geburt seines Sohnes Johannes. „Er hat uns geschenkt, daß wir, aus Feindeshand befreit, ihm furchtlos dienen in Heiligkeit und Gerechtigkeit, vor seinem Angesicht all unsere Tage." – Wären diese Worte es nicht wert, daß der Beter sie zu Tagesanfang auf sich selbst bezieht und, gestärkt durch die Botschaft von der durch nichts zu bezwingenden Liebe Gottes, sich an sein Tagwerk begibt?
„Und du, Kind, wirst Prophet des Höchsten heißen, denn du wirst dem Herrn vorangehen und ihm den Weg bereiten." Auch dies, was einst von Johannes dem Täufer gesagt wurde, kann der Christ auf sich beziehen: In den zu bewältigenden Aufgaben soll er dem Herrn den Weg bereiten, damit durch diese Vorbereitung Christus den Weg in die Herzen der Menschen finde. „Durch die barmherzige Liebe unseres Gottes wird uns besuchen das aufstrahlende Licht aus der Höhe, um allen zu leuchten, die in Finsternis sitzen und im Schatten des Todes, und unsere Schritte zu lenken auf den Weg des Friedens." Damit ist natürlich die Ankunft Christi in unserer armen Menschennatur gemeint, seine Menschwerdung, die ja vom Lauf der Geschichte her für den Vater des Täufers noch ausstand. Dennoch hat der Zukunftscharakter dieser Worte auch für den Beter des zu Ende gehenden zweiten nachchristlichen Jahrtausends seinen guten Sinn: Wir erwarten das aufstrahlende Licht aus der Höhe am Ende unserer Zeit und am Ende der ganzen Welt. Aber auch heute, an diesem Tag, dessen Anfang durch die Laudes geheiligt wird, kann dieses Licht aufstrahlen, auch wenn es „nur" in den Menschen und Erlebnissen sein sollte, die dieser Tag bereithält. Das Benedictus hält die betende Kirche in jenem adventlichen Elan, in jener lebendigen Erwartung des Herrn, von der die frühe Kirche so stark geprägt war.

Das „Magnificat" – der Preisgesang der Gottesmutter Maria (Lk 1,47-55)

Der Gipfel der Vesper ist das Magnificat, der Preisgesang der Jungfrau Maria bei ihrem Besuch bei ihrer Cousine Elisabeth. „Meine Seele preist die Größe des Herrn, und mein Geist jubelt über Gott, meinen Retter. Denn auf die Niedrigkeit seiner Magd hat er geschaut. Siehe, von nun an preisen mich selig alle Geschlechter. Denn der Mächtige hat Großes an mir getan, und sein Name ist heilig." So spricht Maria, die Gottes eingeborenen Sohn unter ihrem Herzen trägt, zunächst einmal von sich. Durch das Kind, das sie in ihrem Leib trägt, vollzieht sich die Erlösung, die ganz konkret geschildert wird: Reiche werden arm, Arme werden reich. Mächtige werden erniedrigt und die Ohnmächtigen erhoben, Gott nimmt sich seines Volkes an und löst seine Versprechen ein. All dies ist von Christus gesagt, der aus Maria geboren wird. Als Leib Christi singt die Kirche das Magnificat aber auch als ihr Lied, und jeder Mensch kann es als sein Lied singen, der Christus zwar nicht unter dem Herzen, aber im Herzen trägt.

Auch der Platz des Magnificat im Abendlob ist sehr sinnvoll; der Beter schaut zurück auf sein Tagewerk; diese Rückschau wird nur selten zur vollen Zufriedenheit ausfallen. Dennoch ist das alles Entscheidende von Gott vor jeder menschlichen Anstrengung bereits getan; der Mensch ist „groß" zu nennen, weil er von Gott geliebt ist. Der Tag kann gewesen sein, wie er will, wenn man sich letztlich auch nur darum bemüht hat, Gottes Liebe in einem Leben aus dem Glauben zu beantworten, dann war er gut, dann gab es auch durch seine Gnade an diesem Tag „Großes, was er an mir getan hat". Und das Große, das er noch tun wird, wird sich durchsetzen als Umkehrung sämtlicher menschlicher Werte; was bleiben wird, ist seine unwiderrufliche Liebe und Treue.

Bitte und Fürbitte

Auf das Benedictus der Laudes folgen Bitten für die Betenden selbst, sogenannte Uns-Bitten. Sie haben in den Laudes auch ihren legitimen Platz, soll doch durch diese Hore der noch bevorstehende Tag geheiligt werden. Das heißt aber nicht, daß die Beter egoistisch allein auf ihr persönliches Heil achten; wirkliche Selbstheiligung ist immer zugleich auch ein Dienst an der Welt, in der der nach Heiligung strebende Mensch mit den anderen zusammenlebt. Laudesbitten wie „Erneuere uns heute im Heiligen Geist" oder „Mache uns heute zu Dienern deines Erbarmens" sprengen die individualistische Engführung auf die eigene Person: Der im Heiligen Geist neu gewordene und zum Diener des göttlichen Erbarmens gewordene Mensch hat immer auch das Heil seiner Mitmenschen und das der ganzen Welt im Blick. Alle Begegnungen und Ereignisse dieses Tages sollen durch den nach Heil und Heiligkeit strebenden Menschen ebenfalls heil und geheiligt sein. Der nach Heiligkeit Strebende soll wie eine Schale sein für die göttliche Gnade und die Welt daran teilnehmen lassen.

Anders in den echten Fürbitten nach dem Magnificat der Vesper. Hier stehen wie in der Meßfeier die Abwesenden im Vordergrund, die Menschen, die jetzt nicht mit der zur Vesper versammelten Gemeinde beten, denen man an diesem Tag begegnet ist, die Kinder und Jugendlichen, die Eheleute und Familien, die Leidenden und Kranken und die Verstorbenen. Auch die großen Anliegen der Welt und der Kirche haben darin Platz, so die Bitte um Frieden und Wohlfahrt wie auch die für die verschiedenen Stände und Dienstämter in der Kirche. Nichts verbietet es, nach dem lauten Gebet der Bitten bzw. Fürbitten eine kurze Gebetsstille folgen zu lassen, in der jeder einzelne seine Anliegen vor Gott tragen kann.

Gebet des Herrn und Abschluß

Es folgt in den Laudes wie in der Vesper das Gebet des Herrn. Schon eine frühchristliche Kirchenordnung, die „Didache" (8,3), mahnt einen jeden Christen zum dreimal täglichen Gebet des Vaterunsers, gleichsam als Minimum des Stundengebetes, wie es jeder Gläubige verrichten soll. Beschlossen werden Laudes und Vesper mit einem Gebet, das in seiner Struktur genau an das Tagesgebet der Messe angepaßt ist und in sehr vielen Fällen (so an Sonn- und Feiertagen, in den „geprägten Zeiten" Advent, Weihnachtszeit, österliche Bußzeit und Osterzeit, Gedenktage der Heiligen) mit diesem identisch ist. Nach dem Segen oder Segenswunsch geht die Gemeinde auseinander.

Das kirchliche Nachtgebet (die Komplet)

Im Gegensatz zur Vesper als Gebet zum Sonnenuntergang ist das eigentliche Nachtgebet der Kirche vor dem Schlafengehen die Komplet. Der ganze Tag ist nun vergangen, und der Mensch begibt sich zur Ruhe bis zum Erwachen am neuen Tag. Schon die immer wiederkehrenden Parallelen zwischen Schlaf und Tod in Sprache und Dichtung unterstreichen den eschatologischen, d. h. endzeitlichen Charakter dieses Teils des Stundengebetes. In einer Zeit ohne die künstliche Erhellung des nächtlichen Dunkels und ohne Möglichkeit, die Stille der Nacht zu vertreiben, empfanden unsere Vorfahren die Analogie zwischen Schlaf und Tod noch viel bewußter. Wie der Tod machte auch das Dunkel Angst, war es bedrohlich als Zeit der bösen Mächte und Menschen. Vor dem Einschlafen empfiehlt sich der Christ Gott und übt somit täglich, sich Gott ganz anzuempfehlen im Sterben, damit er, so wie er am folgenden Tag geweckt wird, dann auferweckt wird zum ewigen Leben.

Nach der Eröffnung beginnt die Komplet mit einer Gewissenserforschung und der Bitte um Vergebung. Der gläubige Mensch überschaut den Tag und muß, auch ohne skrupulant zu sein, feststellen, daß er immer zu wenig geliebt, geglaubt und auf Gott vertraut hat. Nichts anderes wird sich jeder aufrichtigerweise am Ende seines Lebens sagen müssen. Dabei wird es sich höchstwahrscheinlich gar nicht so sehr um verschiedene böse Taten handeln als um die Feststellung, daß die Grundausrichtung des Lebens auf den liebenden Gott bestimmter und intensiver hätte sein können. Wer sich tagtäglich die Vergebung Gottes vor Augen hält in der Komplet, dem wird auch die „Bußdimension" seines Lebens mehr und mehr aufgehen; „Buße" nicht als etwas Schlimmes und Angstmachendes, sondern als das frohe Laufen in die geöffneten Arme des Vaters, der jeden Menschen liebt, als sei er sein einziges Kind.

Auf den Bußakt folgt ein Hymnus, der den Charakter dieser Hore ausdrückt, beispielsweise der Hymnus der Freitagskomplet aus dem „Stundenbuch": „Geht unser Erdentag zu End', schenk Leben, das kein Ende kennt ... Vollenden wir den Lebenslauf, nimm uns in deine Liebe auf ..." Zur Komplet gehört ein Psalm mit einrahmender Antiphon, dessen Gedankengang meist „Zuversicht" ausdrückt, so z. B. Ps 91 in der Sonntagskomplet: „Er beschirmt dich mit seinen Flügeln, unter seinen Schwingen findest du Zuflucht, Schild und Schutz ist dir seine Treue." Auf eine kurze Lesung folgt der Antwortgesang, der sehr an die letzten Worte des Gekreuzigten erinnert, wie sie das Lukasevangelium überliefert („Vater, in deine Hände empfehle ich meinen Geist", Lk 23,46). In der Komplet betet der Christ: „Herr, auf dich vertraue ich, in deine Hände lege ich mein Leben. Laß leuchten über deinem Knecht dein Antlitz, hilf mir in deiner Güte." Dieser zweite Vers des Antwortgesangs erinnert an den 104. Psalm: „Verbirgst du dein Gesicht, sind sie verstört; nimmst du ihnen den Atem, so schwinden sie hin und kehren zurück zum Staub der Erde." Wenn Gott den Menschen anblickt, so ist dies nicht der alles kontrollierende

Blick eines übermächtigen Wächters, der den Menschen unaufhörlich bedroht, so daß er nach dem französischen Philosophen Sartre abgeschafft werden müsse, damit der Mensch zwar sinnlos, dafür aber menschenwürdig leben könne, sondern nichts anderes als der gütige Blick dessen, der will, daß die Menschen das Leben in Fülle haben, dessen Blick selbst „Leben" bedeutet. In die Hände dieses gütigen Vaters legt der Christ am Ende des Tages wie am Ende seiner Jahre voll Vertrauen sein Leben, was doch nur ein anderes Wort ist für „Glaube".
Nicht von ungefähr folgt das „Nunc dimittis", der Lobgesang des greisen Simeon, als er den neugeborenen Christus bei der Darstellung im Tempel in seinen Händen hielt (Lk 2,29-32): „Nun läßt du, Herr, deinen Knecht, wie du gesagt hast, in Frieden scheiden. Denn meine Augen haben das Heil gesehen, das du vor allen Völkern bereitet hast, ein Licht, das die Heiden erleuchtet, und Herrlichkeit für dein Volk Israel." Christus ist die fleischgewordene Liebe Gottes; mit ihm in den Händen oder im Herzen läßt sich gut scheiden, sterben, sich dem Schlaf hingeben; mit ihm und in ihm kann sich der Mensch ganz im Sinne des im Sündenfall verlorenen Urvertrauens fallen lassen in die Hände Gottes und in ihm zur Ruhe gelangen, zur Ruhe von den Anstrengungen des Tages und zur ewigen Ruhe, bis zu deren Erlangung unser Herz nach den berühmten Worten des hl. Augustinus unruhig sein muß, weil es dafür von Gott geschaffen wurde.
Die Komplet schließt mit einem Gebet, einem Nachtsegen und einer „marianischen Antiphon", einem je nach der Zeit im Kirchenjahr wechselnden Gesang zur Gottesmutter. Diese Gesänge sind: für die Zeit des Jahreskreises das „Salve Regina" – „Sei gegrüßt, o Königin, Mutter der Barmherzigkeit" (GL 570, 571); für die Advents- und Weihnachtszeit das „Alma redemptoris mater" – „Erhabne Mutter des Erlösers" (Umdichtung GL 577); für die österliche Bußzeit das „Ave Regina caelorum" – „Maria Himmelskönigin" (GL 579) und für die Osterzeit das „Regina caeli laetare" – „Freu dich, du Himmelskönigin" (GL 574, 575, 576). Maria ist in ihrem Gottvertrauen der Modellmensch; ihr Glaube war so groß, daß Gottes Sohn aus ihr Mensch werden konnte. Ihr Vorbild und ihre Fürsprache sollen am Ende unseres Tages wie unseres Lebens stehen.

Die verschiedenen Andachten

Neben dem offiziellen Stundengebet der Kirche gibt es die Vielzahl der regional sehr unterschiedlichen Andachten. Sie waren in einer Zeit, da der Durchschnittschrist wegen der unverständlichen lateinischen Liturgiesprache und auch der räumlichen Trennung in der Kirche (viele Kirchen hatten im Mittelalter einen Lettner, eine Trennwand zwischen dem den Klerikern vorbehaltenen Chor und dem Raum der Gläubigen, dem „Schiff") der offiziellen Liturgie entfremdet war, „Ventile" der Volksfrömmigkeit. Auch heute, nachdem das offizielle Stundengebet wieder zur Sache aller geworden ist und auch demnach gefeiert werden soll, haben diese Andachten (Kreuzweg, Fastenandacht, Maiandacht usw.) ihren guten Sinn. Anders als die „hochoffizielle Liturgie", deren Sprache und Gedanken unsere Alltagswelt doch weit übersteigt und die Menschen auf ihr hohes Niveau heraufziehen will, kann und soll eine Andacht zu Herzen gehen, womit nicht gesagt ist, daß dies nicht auch eines der Ziele des „Stundengebetes" sein kann, nur wird es hier zugegebenermaßen (noch) schwerfallen.

Einer Zeit, die ihre Horizonte dank Verkehrs- und Kommunikationsmöglichkeiten immer mehr erweitern kann, wird auch der Rosenkranz wieder wertvoll werden als Meditationsübung über die Geheimnisse der Erlösung, die sich von modisch gewordenen fernöstlichen Meditationsmethoden gar nicht so sehr unterscheidet. Wie das „Mantra" eines Yogameisters (ein Klanggebilde ohne eigenen Aussagewert, das zum „Vehikel" der Gedanken wird) dient der englische Gruß des „Ave Maria" dazu, die „Clausula" (z. B. „... deines Leibes Jesus, der für uns gekreuzigt worden ist") immer mehr in sich aufzunehmen und wirken zu lassen.

Finden am Ende einer Vesper oder einer Andacht eine Aussetzung des Allerheiligsten und der eucharistische Segen statt, so ist dies mehr als eine bloße Erhöhung der Feierlichkeit und hat seine eigene Bedeutung. Im Gegensatz zur mittelalterlichen Frömmigkeit müssen wir die Kritik der Reformatoren zunächst einmal akzeptieren: Christus hat die Eucharistie als Speise und als Trank eingesetzt und nicht dazu, daß man die Hostie in der Monstranz verehrt und die Gemeinde mit ihr segnet. Sofort dazu das katholische „Aber": Diese Liebe, die sich nicht scheut, für die Menschen zu Speise und Trank zu werden, ist höchst verehrenswert. In Brot und Wein ist Christus wirklich gegenwärtig, um gegessen und getrunken zu werden. Die feierliche Aussetzung des konsekrierten Brotes, seine Verehrung und der Segen, den man mit ihm erteilt, dürfen vom eigentlichen Zweck der Eucharistie, so wie er in jeder Messe in den Wandlungsworten selbst zum Ausdruck kommt („Nehmet und esset alle davon"!), nicht isoliert werden. Die Verehrung des in der Eucharistie gegenwärtigen Herrn muß den Hunger nach der Begegnung mit Christus in der Eucharistie und nach dem Empfang der heiligen Speise wecken und wachhalten. Das betend-meditative Betrachten jenes intimen Glaubensgeheimnisses, daß sich der Herr des Himmels und der Erde nicht scheut, sich in Brot und Wein hinzugeben, muß die Lust wecken, ihm in der Kommunion immer häufiger und inniger zu begegnen. Deshalb muß jede Aussetzung des Allerheiligsten mit einer kurzen Anbetung verbunden sein, die am besten mit Texten und Gesängen geschieht, die auf das Geheimnis der Eucharistie Bezug nehmen.

Stundenliturgie und Wortgottesdienste mit liturgischen Laiendiensten

Beten kann man auch zu Hause in der Verborgenheit des stillen Kämmerleins, wie es Christus selbst wärmstens empfiehlt. Im liturgischen Beten der Gemeinde kommt aber zum Ausdruck, was die Kirche als Ganzes ist, eine betende Gemeinschaft oder, um bei einem klassischen Bild zu bleiben, eine Braut, die mit ihrem Bräutigam unaufhörlich im liebenden Zwiegespräch ist. Wenn die Kirche so betet, dann gehören alle dazu, die die Kirche bilden, die Amtsträger und alle Gläubigen als „Laien", als Glieder des heiligen Gottesvolkes (des „Láos tou theou"). Auch in einer von einem Priester oder Diakon geleiteten Hore oder Andacht haben die liturgischen Laiendienste ihre Bedeutung und nehmen ihre Aufgaben wahr. Neben Lektoren und Lektorinnen für die Lesungen der Heiligen Schrift sowie die Bitten und Fürbitten, Kantoren und Kantorinnen für das Vorsingen der Psalmen und Cantica mit ihren Antiphonen kommen für die verschiedenen Dienste (z. B. Weihrauch) auch die Ministranten in Betracht, erwachsene wie jugendliche.

Beim heutigen Priestermangel und bei der Überforderung nicht weniger Geistlicher wird es aber immer öfter auch von den Laiendiensten selbst abhängen, ob Stundenliturgie und Wortgottesdienste in einer Pfarrgemeinde überhaupt eine Heimstatt finden können. Konkret: Männer und Frauen im liturgischen Dienst werden Horen der Stundenliturgie und Andachten, die sich zumal ja gerade dann nahelegen, wenn kein Priester für die Meßfeier zur Verfügung stehen kann, vorstehen und gestalten, oder diese Gottesdienstformen finden überhaupt nicht mehr statt. Darüber hinaus ist die Feier der Stundenliturgie mit Laiendiensten und ohne Priester mehr als nur eine Notlösung anzusehen. Eine Gemeinde, in der dies eingebürgert ist, hat wirklich begriffen, daß das liturgische Leben in ihrer Pfarrkirche wirklich ihre ureigene Angelegenheit ist, natürlich immer mit und niemals in Frontstellung gegen ihre geweihten Amtsträger.

Frauen und Männer im Lektoren-, Kantoren- und Kommunionhelferdienst gestalten eine Hore des Stundengebetes oder eine Andacht fast genauso, als ob diese Gebetsgottesdienste unter priesterlicher Leitung gefeiert würden; lediglich der priesterliche Schlußsegen wird durch einen Segenswunsch ersetzt. Man schließt mit einem Segenswunsch, in den sich der Leiter bzw. die Leiterin selbst einschließt („Es segne uns der allmächtige Gott ...") und sich zusammen mit der Gemeinde selbst bekreuzigt.

Nach wie vor ist auch die Aussetzung des Allerheiligsten am Schluß eines Wortgottesdienstes sinnvoll. Jede Aussetzung muß aber mit einem Anbetungsteil verbunden werden; d. h., man darf das Allerheiligste nicht allein zum eucharistischen Segen aussetzen. Für Wortgottesdienste, die von Laien gehalten werden, legt sich dieser Anbetungsteil ohnehin zwingend auf, da der eucharistische Segen nur geweihten Amtsträgern vorbehalten ist. Doch steht nichts im Weg, daß Männer und Frauen im Kommunionhelferdienst das Allerheiligste in der Monstranz zur Anbetung aussetzen – dabei auch Weihrauch verwenden – und nach dem Anbetungsteil (etwa ein eucharistisches Gebet aus dem Gotteslob zusammen mit einem passenden Eucharistielied oder einer passenden Litanei) wieder reponieren (in den Tabernakel zurückbringen).

Ansonsten halten sich die Laiendienste ganz an den üblichen Aufbau der Hore der Stundenliturgie oder der Andacht, wie er hier besprochen wurde und im „Gotteslob" wiedergegeben ist. Kantoren bzw. Kantorinnen übernehmen das Vorsingen der Psalmen und Cantica mit ihren Antiphonen, Lektoren und Lektorinnen übernehmen die Schriftlesungen und die Bitten bzw. Fürbitten. Ministranten übernehmen den Weihrauchdienst zu Benedictus bzw. Magnificat oder zur eucharistischen Aussetzung. Unter allen Laiendiensten versieht einer oder eine den Dienst der Leitung. Er bzw. sie eröffnet die Hore und beschließt sie mit Oration und Segenswunsch. Gegebenenfalls (wenn z. B. dazu die theologische Ausbildung vorhanden ist und der vorstehende Laie als Pastoralreferent/in im hauptamtlichen pastoralen Dienst steht, kann er bzw. sie auch eine Homilie halten.

Am Beispiel der Vesper sollen die verschiedenen Dienste aufgezeigt werden.

	Leiter/in	Gemeinde	Lektor/in	Kantor/in	Meßdiener/in
Eröffnung (GL 683)	X	X		X	
Hymnus		X		X	
1. Psalm		X		X	
2. Psalm		X		X	
Neutest. Canticum		X		X	
Lesung			X		
Responsorium		X		X	
Homilie	X				
Magnificat		X		X	
Inzens zum Magn.	X				X
Fürbitten		X	X		
Vaterunser	X	X			
Schlußoration	X				
Segenswunsch und Entlassung	X				

Da man nicht davon ausgehen kann, daß genügend Exemplare des „Stundenbuches" zur Verfügung stehen, wird man auf die Vespern und Psalmen zurückgreifen müssen, die im „Gotteslob" enthalten sind. Anders verhält es sich mit den Lesungen, den (Für-)Bitten und der Schlußoration; gerne wird der Pfarrer aus seinem „Stundenbuch" die entsprechenden Texte des jeweiligen Tages fotokopieren, wenn nicht die Damen und Herren aus dem Kreis der liturgischen Laiendienste ohnehin schon als Dankeschön für ihren Einsatz das „Kleine Stundenbuch" geschenkt bekamen, das die Haupthoren Laudes und Vesper des großen Stundenbuches und die Komplet enthält.

Aber auch dann, wenn „nur" alle für eine Vesper zu gebrauchenden Materialien des Gotteslobes ausgeschöpft werden, erhält man eine Vielfalt liturgischer Gestaltungsmöglichkeiten, die man zumeist gar nicht vermutet. Für die Gestaltung einer Andacht halten sich die Laiendienste ganz an die im Gotteslob wiedergegebenen Strukturen; es wäre jedoch wenig attraktiv, eine Andacht, so wie sie abgedruckt ist, im Wechsel mit der Gemeinde „runterzubeten". Zu einer „gelungenen" Andacht gehören passende Lieder. Auch ist zu überlegen, ob es nicht besser wäre, nur einen Teil einer Andacht zu beten und andere Elemente des Wortgottesdienstes ebenfalls einzubauen, etwa eine Schriftlesung mit anschließender Stille, Litaneien oder ein Gesätz des Rosenkranzes.

Neue Gestaltungselemente, die aber in Wirklichkeit uralt sind

Eines davon ist bereits kurz angesprochen worden: das Luzernarium der Vesper. Gerade das Morgen- und das Abendlob haben ja viel mit dem aufgehenden Licht des Morgens bzw. mit dem Anzünden des die abendliche/nächtliche Dunkelheit vertreibenden Lichtes als Symbol für Christus zu tun. So wird für die Vesper vorgeschlagen, daß auf den Eröffnungsvers das Licht hereingetragen wird; sodann könnte eine feierliche Danksagung für das Licht Christus erfolgen, auf die die Gemeinde mit einer Akklamation oder auch einem Hymnus antwortet, worauf erst alle Kerzen in der Kirche angezündet werden und man das Licht an die Gemeindemitglieder austeilt.
Auch das Weihrauchopfer könnte in der Vesper wieder Gestalt gewinnen. Weihrauch kam als dramaturgische Ausgestaltung von Vers 2 des Abendpsalmes 141 in die Stundenliturgie: „Wie ein Rauchopfer steige mein Gebet vor dir auf; als Abendopfer gelte vor dir, wenn ich meine Hände erhebe." Der aufsteigende Weihrauch ist Zeichen des aus den Herzen der Betenden zu Gott aufsteigenden Gebets. Darum könnte – außer der ehrenden Beweihräucherung des Altars zu Benedictus und Magnificat – eine Schale mit brennenden Kohlen vor dem Altar aufgestellt werden, auf die zu den Fürbitten die Weihrauchkörner gestreut werden, deren Rauch das ausgesprochene wie unausgesprochen gebliebene Bitt- und Fürbittgebet symbolisch zu Gott tragen soll. Wenn die Gruppe der Teilnehmenden klein ist, können alle unter Nennung einer Fürbitte oder Bitte ein Weihrauchkorn auf die Glut auflegen.
Auch für die Laudes gibt es einen interessanten Vorschlag, der sich an den alten Brauch der Taufvesper (einer Vesper in der Osterzeit mit Tauferinnerung und Austeilung von Weihwasser) sowie des Austeilens von Weihwasser zum Taufgedächtnis vor der Messe zu den Worten des 51. Psalms („Asperges me") anlehnt. Die Laudes könnten nach dem Eröffnungsvers mit einem Dankgebet für das Weihwasser beginnen, das dann an die Gläubigen ausgeteilt wird, es folgt sodann der Hymnus der Laudes.
Zu diesen drei Vorschlägen sei auf das Buch von Guido Fuchs verwiesen: Singet Lob und Preis. Stundengebet mit der Gemeinde feiern. Regensburg 1993.
Zu viele Gemeinden erwarten alles von ihrem Priester. Damit überfordern sie ihn nicht nur, sondern sie treiben ihn in die Rolle eines „liturgischen Alleinunterhalters", die ihn auf die Dauer als Mensch und Priester kaputtmacht. Ein reiches gottesdienstliches Leben in einer Pfarrei ist die Aufgabe vieler; wenn es im Gottesdienstangebot einer

Gemeinde neben den vielen Messen auch Andachten und die Feier der Stundenliturgie gibt, dann auch deshalb, weil es Laien gibt, Männer und Frauen, die sich dafür einsetzen, daß das gottesdienstliche Leben einer Pfarrgemeinde nicht verarmt; sie feiern Wortgottesdienst, sei es mit dem Priester oder auch ohne ihn.

Lektion 17: Der Kranz der Sakramente und Sakramentalien – liturgische Laiendienste in den sakramentlichen Feiern

Wirkliches Heil durch geheimnisvolle Zeichen

Nach den ersten Lektionen ist dem geneigten Leser klargeworden, was unter dem sonderbaren Begriff der „Heilsökonomie" zu verstehen ist: Der dreifaltige Gott ist sich in seinem unendlichen und glückseligen Leben nicht genug, sondern erschafft sich die Welt und den Menschen, um sie teilhaben zu lassen an seinem göttlichen Leben. Gott ist mit den Menschen eine Geschichte eingegangen, die in der Menschwerdung des eingeborenen Sohnes gipfelt und in der Herrlichkeit des Himmels ihre Vollendung findet.

Von der Himmelfahrt des Herrn bis zu seiner Wiederkunft ereignet sich die Heilsökonomie in den Sakramenten. Der heilige Bischof Ambrosius von Mailand († 397) sagt wie in einem Gebet zu Christus: „Von Angesicht zu Angesicht hast du dich mir gezeigt, Christus. Ich begegne dir in deinen Sakramenten." Derselbe Kirchenvater lehrt, daß Christus durch seine Himmelfahrt nicht nur in den Himmel, sondern auch in die Sakramente der Kirche eingegangen sei. Wie will dies verstanden werden?

Unter Menschen gibt es keine Beziehung untereinander, ohne daß etwas „zwischen" ihnen liegt. Weil wir alle Wesen aus Leib und Seele sind, legen sich immer leibliche, also sichtbare, hörbare, den Sinnen zugängliche Dinge zwischen das Ich und das Du, die miteinander in Beziehung treten. Ein Beispiel: Hans kann Lisa gegenüber niemals seine Liebe bekennen, wenn er nicht durch seinen Mund, seine Stimme, den Klang der Worte, die entsprechenden Gesten, den entsprechenden Blick der Augen, über die Umarmung seine Liebe zu ihr aus den Tiefen seiner Seele wirklich „nach außen setzt", wenn er sich nicht wortwörtlich äußert. Nur über das Dazwischen unserer Leiber, unserer Sinne können wir Menschen aus Leib und Seele miteinander in Beziehung treten.

Daran hält sich auch Gott, wenn er mit uns in Beziehung tritt: Er kommuniziert mit uns immer mit Leib und Seele. Dies galt schon für die (hörbaren) Botschaften der Propheten im Alten Testament, erst recht für die Menschwerdung des Gottessohnes, wodurch er sichtbar, hörbar, berührbar wurde, dies gilt auch für die Sakramente. Sie sind sichtbare heilige Zeichen und Handlungen, durch die Gott selbst am Menschen zu dessen Heil wirkt.

Der Kranz der Sakramente

Das Sakrament der Sakramente ist die Eucharistiefeier, die Feier des Todes und der Auferstehung Christi. Wer an ihr teilnimmt, erhält Anteil an Christus und durch ihn das göttliche Leben. In der Eucharistiefeier ist das Wesen der Kirche zutiefst verankert, darin findet sie am ehesten zu sich selbst und drückt sich darin am vollkommensten aus.

Um das Zentrum der Eucharistie legen sich die übrigen Sakramente wie ein Kranz. Sie alle haben einen Bezug zum eucharistischen Zentrum: Die Vollform der christlichen Initiation (Taufe, Firmung und Erstkommunion) macht den Menschen eucharistiefähig und begründet in ihm den Lebensaustausch zwischen Gott und Mensch. Durch die Taufe mit Christus verbunden als Glied seines Leibes und des Gottesvolkes, erhält der Mensch durch Christus das Leben Gottes. In der Firmung mit dem Beistand des Heiligen Geistes versehen, hilft die göttliche Gnade zum Glauben und zu einem Leben aus dem Glauben, wie es sich in der Eucharistiefeier nicht nur immer neu ausdrückt, sondern auch gestärkt und erneuert wird. In der Erstkommunion bekommt ein (neugetaufter) Christ seinen Platz in der Gemeindeversammlung, am eucharistischen Familientisch.

Buße und Krankensalbung sollen den Menschen, der sich in einer Krise befindet (einer Krise der Beziehung zu Gott und Mitmensch bzw. in einer Krisensituation des Leibes) und deshalb der Eucharistie fernbleibt, wieder der eucharistischen Gemeinschaft zuführen. Der Mensch, der sich durch schwere Schuld von der Gemeinschaft der Glaubenden und Feiernden abgetrennt hat, wird durch das Bußsakrament wieder mit ihr und damit auch wieder mit ihrer Feier verbunden. Durch den Zuspruch von Gottes heilender Gnade in der Krankensalbung soll der leidende Mensch wieder aufgerichtet werden, nicht nur, damit er „sich wieder seinen Aufgaben widmen kann" (Oration der Krankensalbung), sondern damit er auch wieder an der eucharistischen Festversammlung der Kirche teilnehmen kann.

Die Ehe als „Kirche im kleinen" oder „Keimzelle der Kirche" bildet den Grundstock der Kirche als Eucharistiegemeinschaft und sorgt durch den Nachwuchs für den Bestand der Gemeinschaft. Das Weihesakrament strukturiert die Eucharistiegemeinschaft durch die unterschiedlichen Dienste.

Die Sakramente – Feiern der Kirche

Wenn Gott in den Sakramenten am Menschen handelt, wenn er ihn stärkt, aufrichtet, neu beginnen läßt, heilt und heiligt, dann sind die Sakramente eine so froh machende Sache, daß sie als Ursache für Freude und Zuversicht grundsätzlich immer gefeiert werden müssen. Vielfach hört man noch die Redensart, die Sakramente würden gespendet. Dies liegt ja manchmal auch näher als die Feier, denkt man beispielsweise an die Intimität eines Beichtgespräches oder an die eigentlich gar nicht zum Feiern geeignete Atmosphäre am Bett eines Schwerkranken bei der „Feier" der Krankensalbung. Grundsätzlich bleibt es aber dabei: Wenn Gott sich zum Menschen herabneigt, um ihm seine Liebe und Güte zu erweisen, dann ist dies immer ein Grund zu Freude und Feier.
Auch lebt kein Mensch für sich allein; dies gilt für unseren Alltag, viel mehr aber noch für unsere Zusammengehörigkeit in der Kirche, die nach dem hl. Paulus der geheimnisvolle Leib Christi ist, an dem jeder Christ als absolut einmaliges und unverwechselbares Glied mit den anderen Gliedern aufs engste verbunden ist: „Leidet ein Glied, so leiden alle Glieder mit, und wird ein Glied geehrt, so freuen sich alle Glieder mit" (1 Kor 12,26). Es betrifft also die ganze Kirche, wenn einzelne Menschen in sie aufgenommen werden, wenn sie Versöhnung und Heilszusage empfangen oder in ihr eine besondere Aufgabe zugeteilt bekommen. Weil alle Sakramente somit die ganze Kirche betreffen, werden sie in ihr zwar auch an einzelne gespendet, immer jedoch gefeiert als gnädiges Handeln Gottes an einem Glied des Leibes Christi oder des Gottesvolkes, was aber durch dieses eine auch alle anderen Glieder angeht.
Wo alle Glieder des Gottesvolkes betroffen sind, wo viele Glieder der Gemeinde in der Feier zugegen sind, da versteht sich schon von selbst, daß die Sakramente im eigentlichen Sinn „gefeiert" werden wollen. Dies gilt von verschiedenen Sakramentsfeiern, die sich stets in großer Öffentlichkeit ereignen wie beispielsweise eine Priesterweihe. Wie aber sieht es bei den anderen Sakramenten aus?

Tauffeiern

Früher fand eine Tauffeier sozusagen unter Ausschluß der Öffentlichkeit statt, obwohl doch die Eingliederung neuer Gemeindemitglieder für eine Pfarrei eine Angelegenheit von höchster Bedeutung sein sollte. In der Alten Kirche war dies auch so; die Taufe der Katechumenen war eine Jubelfeier der ganzen Gemeinde. Mit der Kindertaufe wurde dies anders. Als schließlich die Theologen des Mittelalters meinten, ungetaufte Kinder kämen nie und nimmer in den Himmel, da wurden die Neugeborenen so früh wie möglich getauft – verständlich bei der damaligen Kindersterblichkeit! Wenn die Taufe aber so früh wie möglich stattfinden mußte, dann lag die zweitwichtigste Person nach dem Täufling, die Mutter, noch im Wochenbett. Als seltsamer Brauch entwickelte sich die Sitte, daß auch der Vater bei der Taufe seines Kindes nicht zugegen war, sondern in einem nahe gelegenen Wirtshaus schon auf seinen Sohn oder seine Tochter anstieß. Die Folge war, daß die „Taufgemeinde" aus dem Täufling, seiner Patin (die ihn auf ihren Armen trug, was sich bis vor nicht allzu langer Zeit noch erhalten hat), seinem Paten und dem die Taufe spendenden Priester bestand. Hauptsache war, das Kind war gültig getauft und hatte dadurch sicheren Zugang zum Himmel; an eine Tauffeier im eigentlichen Sinn dachte damals kaum einer.

Was sich früher unter Ausschluß der Öffentlichkeit abspielte, hat heute schon größeren Öffentlichkeitscharakter. Die Tauffeiern finden an bestimmten Sonntagnachmittagen für mehrere Kinder statt, der Organist und die Meßdiener sind dabei, und je nach Größe der Familien kann sich eine recht ansehnliche Gemeinde zusammenfinden. Geradezu traurig ist eine solche Feier dann, wenn die anwesenden Familien wirklich keine „Stammkunden" in der Kirche sind und infolgedessen der ganzen Feier etwas fremd und hilflos gegenüberstehen. Wie wichtig wäre es, wenn in einer solchen Feier eine Atmosphäre herzlichen Willkommens herrschen würde, nicht nur für das zu taufende Kind, sondern ebenso für seine Eltern und die anwesenden Familien! Wie wichtig wäre gerade bei einer Tauffeier – schon aus Gründen der hohen Würde und Bedeutung dieses Sakraments – eine schöne Liturgie und damit auch die Mitwirkung von liturgischen Laiendiensten. Lektoren und Lektorinnen, Kantoren und Kantorinnen, jugendliche wie erwachsene Ministranten können in der Tauffeier ihre jeweiligen Dienste versehen und damit den Anwesenden kundtun, wie wichtig die Pfarrei die Taufe eines neuen Christen nimmt und wie würdig sie dessen Eintritt in die Gemeinschaft der Glaubenden zu gestalten weiß. Lektoren könnten die Lesungen und die Fürbitten übernehmen; Kantoren singen im Wechsel mit der Gemeinde (z. B. den sehr zur Taufe passenden Gesang im „Gotteslob" Nr. 46: „Ein kleines Kind, du großer Gott, kommt in dein Haus ..."), sie singen die – beispielsweise durch die Heiligen, deren Vornamen die Täuflinge tragen, zu erweiternde – Allerheiligenlitanei. Ministranten übernehmen die verschiedenen Hilfsdienste, von denen mancher eher von einem Erwachsenen als von einem Jugendlichen oder gar einem Kind übernommen wird, z. B. das Halten der Schale unter den Kopf des Kindes bei der Taufe. Wäre es darüber hinaus nicht ein schönes Zeichen, wenn ein Mann oder eine Frau im liturgischen Dienst den Eltern im Namen der Pfarrgemeinde gratuliert oder gar ein kleines Geschenk zur Erinnerung an die Taufe überreicht, das die Freude der Gemeinde darüber ausdrückt, daß ein Mensch durch die Taufe zu ihr gehören wird? Eine solche Geste könnte Schwellenängste und Ärgernisse über „die Kirche" abbauen helfen und vielleicht „müde" gewordene Christen neu aktivieren.

Aber – so wird man einwenden – kann man das denn den Laien, die sich zum liturgischen Dienst bereitgefunden haben, auch noch zumuten? Ist es realistisch, die Leute, die doch am Sonntagnachmittag etwas mit ihren Familien unternehmen möchten, auch noch zu Tauffeiern liturgisch dienstzuverpflichten?

Vielleicht ließe sich dieses Problem mit einem anderen kombinieren und lösen, das manchmal viel Unmut auslöst: die Wahl des Tauftermins, der im Hinblick auf grantige Schwiegermütter und aus Fernost einzufliegende Patinnen manchmal schwieriger ist, als sich das der zölibatäre Pfarrherr in seiner Junggesellennaivität vorstellen mag.

Sollte der Pfarrer nicht auch den Terminwünschen für die Tauffeier entgegenkommen? Wieviel Zwist und neuer Ärger entsteht durch ein stures Festhalten an einmal eingeführten Terminen, den sogenannten „Taufsonntagen"! Kann ein Taufgespräch mit zehn Elternpaaren, wie es mancherorts üblich ist, persönlich sein und als Gespräch über den Glauben „unter die Haut gehen"? Ist die individuelle Persönlichkeit dessen, der da Christ werden soll, nicht zu wertvoll, um in einer „Massentaufe" unterzugehen? Was diese „Massentaufen" einbrachten, zeigt die Kirchengeschichte zur Genüge!

Man wird dem Autor entgegenhalten: „Lieber Liturgiker, wie steht es mit dem von dir selbst geforderten Gemeindebezug? Fällst du zurück in überwundene Privattaufen hinter verschlossenen Türen?" Auch der gestreßte Pfarrer wird einwenden: „Soll nun jeder Sonntagnachmittag durch Tauffeiern besetzt sein? Habe ich denn gar keine Freizeit mehr?"

Auf beides lautet die Antwort: Absolut nicht! Die die Individualität des Menschen als Spiegel seiner Gottebenbildlichkeit besonders hervorhebende Einzeltaufe (man denke hier nur an das Wort Jesu vom guten Hirten, der 99 Schafe zurückläßt und dem einen nachgeht!) mit all ihren pastoralen Chancen einer individuellen Ansprache und Betreuung, die Einbindung dieser Tauffeier in das Leben der Gemeinde und der Anspruch des Pfarrers auf Schutz vor einem überfordernden Terminkalender, all das ist „unter einen Hut" zu bringen, wenn die Tauffeier direkt im Anschluß an den Hauptgottesdienst am Sonntagmorgen stattfindet. Viele, besonders ältere Leute und Kinder, bleiben in der Kirche, Organist und vielleicht sogar auch der Kirchenchor sind noch da, alle Ministranten und Laiendienste sind zugegen. Die Atmosphäre der Gottesdienstgemeinschaft wird so aus der gerade zu Ende gegangenen Messe herübergetragen in die Tauffeier, die doch prinzipiell jeden Sonntag stattfinden kann, ohne den Nachmittag neu mit Terminen zu belegen; der Sonntagsgottesdienst dauert dann eben jene halbe Stunde länger, die man für eine Tauffeier benötigt. Die Taufe innerhalb der Meßfeier selbst sollte aber die Ausnahme bleiben und auf wenige Höhepunkte im Herrenjahr (Osternachtfeier, Fest der Taufe des Herrn) beschränkt werden.

Das Sakrament der Firmung

Wahrscheinlich ist kein Sakrament im Laufe der Jahrhunderte seinem ursprünglichen Sinn so entfremdet worden wie die Firmung. Einst war sie – wie heute noch im christlichen Osten – zusammen mit Taufe und Erstkommunion ein unverzichtbarer Bestandteil der „Initiation", der Christwerdung durch den Empfang dieser drei Sakramente. Weil man im Westen die Spendung der Firmung aber nur den (Weih-)Bischöfen überlassen hat, wurde es in den riesigen Bistümern in den keltischen und germanischen Missionsgebieten unmöglich, die neugeborenen Kinder nach der Taufe direkt auch zu firmen, wie dies im Osten die Priester bis zum heutigen Tag tun. Man koppelte die Firmung also von der Taufe ab und verlegte sie auf einen späteren Zeitpunkt, dann eben, wenn der Bischof kam, um zu firmen.

Dies hatte aber Auswirkungen auf das Verständnis des Sakraments. Zweifellos hat die Firmung etwas mit dem Heiligen Geist zu tun – und dies im Zusammenhang mit der Taufe. Gott, der Vater, wirkt das Heil in der Welt durch den Sohn und im Heiligen Geist. Während der Vater also der der Welt Gegenüberstehende ist, kommen der Sohn und der Heilige Geist in die Welt, um den Menschen Erlösung und Heil zu schenken. Der Sohn schenkt den Menschen das ewige Leben, der Heilige Geist pflanzt dieses Leben in die Herzen der Menschen ein, läßt es wachsen und bringt es als derjenige, der als Tröster und Beistand tröstet, zum Glauben ermuntert und beim Beten hilft, zur Vollendung. Deshalb heißt es ja auch im vierten Hochgebet vom Heiligen Geist, er sei derjenige, „der alle Heiligung vollendet". Ein orthodoxer Theologe verglich einmal einen Christen, der getauft, aber nicht gefirmt ist, mit einem Tempel, der einer Gottheit geweiht wurde, in den die Gottheit aber noch nicht eingezogen ist.

Das Abendland hat das Interesse an der Firmung alsbald etwas verloren. Viel wichtiger war doch die Taufe, durch die der Mensch in den Himmel kommen soll – aber was bewirkt denn die Firmung? Im Lauf der Zeit wurde sie zu einem Sakrament der Erwachsenwerdung, so ähnlich entstand ja auch die der Firmung verwandte Konfirmation bei den evangelischen Christen. Den Wangenschlag – an den sich die Älteren noch gerne erinnern und der als Erinnerungszeichen einem germanischen Rechtsbrauchtum entstammte, wonach man nie mehr vergessen sollte, daß man einmal die Firmung empfangen hatte! – verstand man als „Ritterschlag" des an der Schwelle zum Erwachsenenleben stehenden Jugendlichen, als Beauftragung zu einem christlichen Lebenswandel. Firmung nicht als Verleihung des göttlichen Beistandes, als Ankoppelung an den Heiligen Geist, sondern als katholischer Ritus einer Erwachsenenerklärung in pubertärer Zeit – die Rede vom „Wegwerfsakrament" ist leider berechtigt!

Was Wunder, wenn die Firmung zu etwas wurde, womit die allermeisten Priester (ja auch Bischöfe) herzlich wenig anzufangen wissen, würden sie ehrlich antworten; wenn die allermeisten Jugendlichen durch Versprechen und Geschenke zu Firmkursen getrieben werden müssen, die mit der lebensbejahenden Botschaft unseres Glaubens oftmals herzlich wenig zu tun haben, in denen dafür aber institutionelle „Informationen" und moralische „Ratschläge" für ein Christendasein geboten werden, das so im Grunde niemand will! Für wie viele Pfarrer ist die Meldung seines bischöflichen Oberhirten, dann und dann sei im Dekanat wieder einmal Firmung und die Jugendlichen der Jahrgänge xx bis xy seien vorzubereiten, ein ernstzunehmender pastoraler Störfall!

Aus diesen Gründen sollte auch bei uns die ursprüngliche und im Osten niemals verlorengegangene Einheit der Initiationssakramente wiederhergestellt werden. Kurz: Der taufende Priester sollte das Kind sogleich auch firmen! Bis es soweit ist, wird es weiterhin jährliche oder einem anderen Zeitrahmen entsprechende Firmgottesdienste geben, bei denen nach den Ideen mancher Pfarrer und Kapläne Jugendliche Aufgaben der Laiendienste (z. B. Lektorendienst) übernehmen. Dies darf aber nicht dazu führen, die Männer und Frauen, die normalerweise ihren Dienst versehen, in einem vielleicht bewußt – auch kirchenmusikalisch – jugendbetont gestalteten Firmgottesdienst auszugrenzen. Sie sollten auch im Firmgottesdienst als einem Gottesdienst der Gemeinde ihren Dienst wie immer tun und die Firmlinge nicht zuletzt dadurch anregen, sich vielleicht selbst in einem liturgischen Laiendienst zu engagieren.

Die Feier der Trauung

Wir verweisen auf die in der dritten Lektion geschilderte Großbürgerhochzeit und erinnern an das anfangs zitierte, beißende Kritik ausdrückende Gedicht von Kurt Marti. In der Tat sind die Trauungsfeiern manchmal eine arge Zumutung. Alles, was nach dem eher gewöhnlichen oder gehobenen Geschmack der Leute mit „Feierlichkeit" und „Rührung" zu tun haben kann, wird in die Feier hereingepackt. Wieviel Kitsch und Flitterware kann man in Trauungen begegnen; Michael Schanzes „Flitterabende" und Linda de Mols „Traumhochzeiten" mit ihren herabschwebenden Tauben auf das Brautpaar, die schmachtenden Blicke der Bräute und die in Tränen ausbrechenden Bräutigame sind leider nur zu oft Vorbilder. ARD und RTL lassen grüßen!
Andererseits ist kein anderes Sakrament so sehr juristisch durchwachsen wie das der Ehe. Ein Großteil des Kirchenrechts bildet das Eherecht, das für das gültige Zustandekommen des Ehesakramentes genaue Vorschriften nennt. Nicht wenigen Theologen kommen angesichts der juristischen Durchdringung des Ehesakraments Bedenken, aber soviel ist daran richtig: Wenn sich zwei Christen verheiraten, dann ist dies keine Privatsache von diesen beiden und ihren Familien, sondern es geht die ganze Kirche an und ist damit auch eine Sache der Gemeinde. Für die Glaubenden soll nun feststehen: Max und Thea sind nicht mehr Herr X und Fräulein/Frau Y, sondern Herr und Frau X, Vater und Mutter ihrer Kinder und Partner im Leben. Nichts und niemand darf diese Ehe und Familie stören oder gar gefährden.
Die eigentlich theologische Dimension der Ehe kommt aber erst: Max und Thea heiraten nicht nur deshalb, weil sie sich gegenseitig hübsch, lieb oder sonstwie attraktiv finden, sondern weil Gott sie zusammengeführt hat, damit der Mann seiner Frau und umgekehrt Gottes Liebe und Nähe leiblich erfahrbar werden lasse bis hin zur Weckung neuen Lebens. Der Mann wird für seine Frau, die Frau für ihren Mann zur Ikone Gottes. Wenn sie ihm seine Strümpfe stopft, das Frühstücksbrot bereitet, ihn nach dem Ärger im Büro aufmuntert, wenn er ihr beim Hausputz hilft, für sie den Einkauf erledigt und sich für ihr berufliches Fortkommen einsetzt, dann bekommt in alledem, was Menschen aus Liebe füreinander tun, Gottes Liebe und Sorge eine leibliche Gestalt! Deshalb ist auch verständlich, weshalb das Ehesakrament bis zum Tod eines der beiden Partner andauert: In allem, was Menschen, die im Ehesakrament verbunden sind, einander Gutes tun, ist Gott selbst gegenwärtig. Stirbt einer der beiden Partner, dann ist für den Zurückbleibenden diese Ikone Gottes zerstört; er muß warten, bis er seine

Frau oder sie ihren Mann in der Herrlichkeit Gottes an einer ganz anderen Hochzeitstafel wiederfindet.

Vielleicht ist jetzt auch gut zu verstehen, weshalb man gerne die Trauung mit einer Eucharistiefeier verbindet. In beiden Sakramenten, in der Eucharistiefeier ebenso wie in der Trauung, wird etwas Irdisches vor Gott gebracht, damit er es wandle. In der Messe sind dies die Gaben der Erde und der menschlichen Arbeit, Brot und Wein; sie werden verwandelt in Leib und Blut Christi. In der Trauung werden vor Gott gebracht die Liebe und Zuneigung zweier Menschen, die miteinander die Ehe eingehen wollen; ihre Liebe, ihr Mut, ihre Entscheidung, gemeinsam das Leben zu meistern, sind die „Gaben" der Trauungsfeier. Auch sie sollen verwandelt werden in eine Liebe, die von Gott kommt und alle Krisen und Sünden übersteht; in einen Mut, der von Gott kommt, der seinen Beistand verheißt; in eine Entscheidung, die in Gottes Ruf ihren letzten Grund hat. Kurz: Bräutigam und Braut sollen zu Mann und Frau verwandelt werden durch Gott, der ihrer Ehegemeinschaft letzte Sicherheit und Vollendung garantiert. Darum stellen die Theologen auch zunehmend in Frage, daß die Brautleute sich selbst das Ehesakrament spenden; zunehmend werden sie als die „Gabendarbringer" gesehen, deren Gaben – sich selbst und ihre gegenseitige Liebe – der Priester im feierlichen Segensgebet über Bräutigam und Braut „verwandelt".

Abb. 19   Lektorinnen wirken bei einer Trauung mit

Gerade wenn die Eheschließung mit der Meßfeier zum „Brautamt" verbunden wird, haben alle Laiendienste, wie sie in der Messe vorkommen, ihren Platz. Lektoren und Lektorinnen übernehmen die Lesungen und die Fürbitten, Kantoren und Kantorinnen die Gesänge wie in der Pfarrmesse; Kommunionhelfer und -helferinnen versehen ihren Dienst, der gerade im Brautamt durch die Spendung der Kelchkommunion erweitert werden kann. Bei der Trauung selbst ist der Dienst am Buch besonders wichtig, den – wie auch in der Meßfeier – ein/e erwachsene/r Ministrant/in am besten übernehmen könnte. Ähnlich wie bei der Taufe könnte von einem Mann oder einer Frau, der/die in der Liturgie seinen/ihren Dienst versah, im Namen der Pfarrgemeinde ein kleines Präsent (vielleicht eine Bibel oder ein kleines Kreuz) überreicht werden, das die Teilnahme der ganzen Gemeinde ausdrücken könnte, wie ja auch schon durch das Mitwirken von liturgischen Laiendiensten aus der Pfarrei der „Privatcharakter" einer Trauung überwunden wird.

Die Feier der Versöhnung

Die falsche Gegenüberstellung von „Ohrenbeichte" und „Bußandacht" hatte für das Bußsakrament fatale Folgen; die Bußandachten waren überfüllt, und die Beichtstühle bzw. -zimmer blieben leer. Es scheint, als hätte sich auch die Attraktivität der Bußandachten merklich gemindert; die Krise der Beichte ist deshalb dennoch nicht überwunden. Die sakramentale Einzelbeichte und den nichtsakramentalen Bußgottesdienst einander gegenüberzustellen ist genauso falsch, wie eine schwierige Operation des Atmungsapparates gegen heißen Zitronensaft und Vitamin C im Falle einer Erkältung auszuspielen. Die sakramentale Einzelbeichte wie die Bußandacht haben ihre eigene „Kundschaft" und ihre speziellen Sünden. Einer Frau, die abgetrieben hat, oder einem Mann, der angetrunken einen tödlichen Verkehrsunfall verursacht hat, muß gegen die eigene verzweifelte Gefühlslage Gottes Vergebung „auf den Kopf" zugesagt werden. Deshalb ist die Absolutionsformel auch kein Gebet, sondern eine feste Zusage, die Christus durch den menschlichen Priester den Menschen macht. Diese Vergebung kann sich kein Mensch selbst zusprechen, um Ruhe zu finden, sondern er muß sie hören, und zwar von Gott selbst durch den Dienst des Priesters: „Ich spreche dich los von deinen Sünden ..."
Bei den kleineren Verfehlungen des Alltags ist dies anders. Da genügt es, daß man von der alles heilenden und vergebenden Liebe Gottes

erneut hört und diese Botschaft auf sich selbst anwendet. Im Gebet und Vollbringen guter Werke kann sich ein Mensch dieser Vergebung vergewissern.

Anders jedoch, wenn ein Mensch Gott gegenüber fremd geworden ist. Diese Entfremdung ist keine Sache von heute und morgen, sondern ein längerer Prozeß, der seine Auswirkungen im Leben so zeigt, daß Gott keine Rolle mehr spielt und sich der Mensch seinen eigenen Lebenssinn konstruieren muß. Dieser innere Abfall von Gott äußert sich in der äußeren Sünde, in der Hinwendung zu „selbstgemachten Göttern" und in einer Lebensweise, die das Leben bis zu einem sinnlos bleibenden Ende bis zur Neige an „Freude" ausschöpfen muß – und sei es auf Kosten anderer.

Hier kann sich der Mensch die Versöhnung mit Gott nicht selbst sagen, sondern sie muß ihm von Gott selbst gesagt werden. Wenn eine Beziehung in ihrer Grundsubstanz angegriffen oder gar zerstört ist, kann man sie nicht einseitig wiederherstellen. Dies gilt bereits für das Verhältnis von Menschen untereinander, mehr noch für das Verhältnis inniger Liebe zwischen Mensch und Gott. Aber auch ohne eine tiefgreifende Zerrüttung zwischen Mensch und Gott ist die sakramentale Beichte sinnvoll, wenn in ihr in Form eines Beichtgespräches über eine gewisse Zeit „Revision" geübt wird über die Entwicklung im Glaubensleben und in einer dem Glauben entsprechenden Lebensführung.

Bußandacht/Bußgottesdienst und sakramentale Beichte können auch zur „Feier der Versöhnung" verbunden werden: Auf eine gemeinschaftliche Gewissenserforschung und Vorbereitung folgt die Einzelbeichte, wozu natürlich genügend Beichtpriester zugegen sein müssen.

Die Krise der Beichte beruht letztlich auf einem falschen Verständnis von „Buße". Wenn wir dieses Wort hören, denken wir an „Bußgeld", „Bußbescheid", also an „Strafe" – und wer will sich dem schon freiwillig stellen? Richtig verstanden ist „Buße" etwas ganz anderes! Am besten tritt ihr Wesen im Gleichnis vom verlorenen Sohn zutage, der zu seinem Vater heimkehrt mit der Erfahrung, daß alle Trennung von ihm nichts einbringt. Noch viel wichtiger aber ist, daß der Vater ihn tagtäglich erwartet und ihm keinerlei Vorwürfe macht, als er heimkehrt, sondern sogar das Mastkalb schlachten läßt und ein Freudenfest ausrichtet.

Die Feier der Versöhnung braucht Mitarbeiterinnen und Mitarbeiter. Da es anders als in anderen Sakramenten bei der Buße wesentlich auf Verkündigung ankommt, haben von den liturgischen Laiendiensten besonders Lektoren und Kantoren zu tun. Sie lesen die biblischen Lesungen, beteiligen sich eventuell an der gemeinsamen Gewissenserforschung und an den Fürbitten. Frauen und Männer im Lektoren- und Kantorendienst können hier ihren verantwortungsvollen Dienst versehen, indem sie durch die Art ihres Lesens und Singens die Herzen der Menschen zu treffen vermögen.

Die Krankensalbung – das Sakrament der Aufrichtung

In einer ähnlichen Krise wie das Bußsakrament steckt – wenn auch nicht in diesem Ausmaß – die Krankensalbung. Es ist nur zu begrüßen, daß die liturgische Erneuerung den im 12. Jahrhundert aufgekommenen Namen „Letzte Ölung" für dieses Sakrament verschwinden ließ. Die „Letzte Ölung" erinnert schon vom Namen her sehr an den Tod eines Menschen, und tatsächlich wurde sie im Lauf der Geschichte als eine Art „Todesweihe" angesehen. Ab und zu begegnet heute noch die volkstümliche Redeweise, jemand sei (für das Sterben) „fertiggemacht" worden, wenn er die Krankensalbung empfangen hat. Wie kam es dazu?

Diese Entwicklung ist eng mit der des Bußsakramentes verknüpft: Im frühen Mittelalter schob man das Bußsakrament möglichst bis zur Todesstunde auf, um so den harten Bußwerken zu entgehen. Da man glaubte, man dürfe die Krankensalbung erst nach dem Bußsakrament spenden, rückte auch diese an die Todesstunde heran. Damit ging ein Bedeutungswandel Hand in Hand: Was zuvor ein Sakrament der Wiederaufrichtung und des Trostes war („Salbung" als „Salbe" auf die Wunden des Leibes und der Seele), wurde zusammen mit der Buße zur letzten Sündenvergebung, bevor der arme Sünder nach seinem Ableben vor den Richterstuhl Gottes trat. Kein Wunder, daß die so verstandene „Letzte Ölung" dem Empfänger alles andere brachte als Trost und Wiederaufrichtung, sondern ihn voll Angst und Schrecken geradewegs vor die Schranken des göttlichen Gerichts führte. Dieses Sakrament der Genesung und der Zusage göttlichen Beistandes wurde zum Sterbesakrament schlechthin, nach dem zu verlangen bedeutete, mit dem Leben abgeschlossen zu haben. Der Priester, der die Krankensalbung anbot oder den man um sie anrief, wurde zum Todesengel.

Bereits im Mittelalter erhob sich von orthodoxer Seite Protest. Der Metropolit Symeon von Thessaloniki († 1429) bezeichnete es als typisches Beispiel für die „abendländische Dekadenz", daß der Westen ein Sakrament, das von Christus zum Trost und zur Wiederaufrichtung eines Menschen seiner Kirche geschenkt worden sei, zu einer Vorbereitung auf das Sterben pervertiert habe. So brach das Zweite Vatikanische Konzil endlich mit einem tausendjährigen Mißverständnis; klar und deutlich sagen die Texte der Krankensalbung aus, was dieses Sakrament will. So heißt die neue Spendeformel, die der Priester spricht, während er die Stirn und die Handflächen des Kranken salbt: „Durch diese heilige Salbung helfe dir der Herr in seinem reichen Erbarmen, er stehe dir bei mit der Kraft des Heiligen Geistes. Der Herr, der dich von Sünden befreit, rette dich, in seiner Gnade richte er dich auf."

Trotz dieser Eindeutigkeit der Texte selbst bleibt aber noch viel zu tun, um den Menschen die Angst vor der Krankensalbung zu nehmen, bis sie wirklich nach ihr als Zusage von Trost verlangen. Dies kann auch dadurch geschehen, daß man sie aus der Atmosphäre eines Kranken- oder gar Sterbezimmers ins Licht der Öffentlichkeit bringt. In jeder Pfarrei sollte es Krankentage geben, an denen die Kranken in die Kirche gefahren werden, in der sie an einer festlichen Messe mit Beteiligung aller Laiendienste teilnehmen, in der nach der Predigt die Krankensalbung gespendet wird. Die Kranken erleben ja festliche Gottesdienste nur noch im Fernsehen und fühlen sich vom Leben der Pfarrgemeinde, zu dem sie als Jüngere und Gesunde noch zweifellos zählten, regelrecht abgeschnitten. Um so mehr erfahren sie eine festliche Messe in ihrer Pfarrkirche als große Freude. Wenn nach dieser Festmesse auch noch Kaffee, Kuchen und Unterhaltung geboten werden und so die Feier der Krankensalbung innerhalb der Liturgie und auch nachher als Trost und Aufrichtung erlebbar wird, dann dürfte es auf die Dauer mit dem makabren Schrecken der „Letzten Ölung" vorbei sein.

Der Empfänger der Krankensalbung ist der kranke Mensch, d. h. jener, der sich in einem Zustand befindet, der ihn am Ausschöpfen seiner Lebensmöglichkeiten hindert und des Trostes bedürftig macht. Dazu gehört nicht nur die Lebensgefährdung oder gar das sichere nahe Ende, denn die Krankensalbung ist durchaus wiederholbar! Wenn jemand aufgrund seines Alters an Beschwerden leidet, die ihm das Leben „verleiden", dann ist er als ein des Trostes Bedürftiger auch ein Empfänger der Krankensalbung. Es geht jedoch nicht an, daß im Rahmen eines solchen Krankentages jeder rüstige Rentner nur seines vorgerückten Alters wegen die Krankensalbung empfängt. Es hieße, den Sinn des Sakraments zu verkehren, wenn jemand im Anschluß an die Verheißung göttlichen Beistandes zur Genesung und Aufrichtung in der Krankensalbung zum Seniorenfußball ginge!

Zur Wiederbelebung einer gesunden Praxis der Krankensalbung können besonders die Kommunionhelfer und -helferinnen beitragen, die den Priester bei der Krankenkommunion unterstützen und regelmäßig in die Häuser der Kranken kommen. Sie können mit „ihren" Kranken über die Krankensalbung sprechen, ihnen die Ängste nehmen und sie auf den Empfang des Sakramentes vorbereiten. Sie sollten auch dabeisein, wenn ihnen das Sakrament gespendet wird. Gerade hier gilt auch der Gedanke von der Stellvertretung der Gemeinde durch die liturgischen Laiendienste. Ist jemand bei der Krankensalbung dabei, der nicht zum Kreis der pflegenden Familienangehörigen gehört, der dem Kranken aber durch seine häufigen Besuche nicht fremd ist, ja der durch die Überbringung der Krankenkommunion im Namen der Gemeinde kommt und den Erkrankten durch die Eucharistie an der Feier der Gemeinde teilhaben läßt, dann kann auch im Krankenzimmer die „Feier" der Krankensalbung stattfinden.

Die Krankenkommunion

Hier gibt es so viele Modelle, die nicht durch ein weiteres ergänzt werden sollen. Den Kommunionhelfern und -helferinnen sollen nur einige Winke gegeben werden, wie sie ihren Dienst am Kranken besser und würdiger versehen können.
Die Eucharistie befindet sich in der Pyxis (dem eucharistischen Aufbewahrungs- und Übertragungsgefäß), die bei Kommunionhelferinnen am besten einen würdigen Platz in der Handtasche, bei Herren in der Brusttasche der Anzugsjacke haben kann. Solange die Kommunionhelfer die Pyxis mit dem Allerheiligsten dort belassen, entspricht dies einer Kirche außerhalb eines Gottesdienstes. Deshalb sollte man sich beim Begrüßen des Kranken und seiner Angehörigen auch ganz natürlich geben.
Zwischen Begrüßung, den kurzen, herzlichen Worten, wie es denn so gehe, und dem eigentlichen liturgischen Teil des Besuchs muß eine Grenze spürbar sein. Man markiert die Grenze am besten damit, daß die Kerzen angezündet werden, der Kommunionhelfer die Pyxis nun sichtbar auf den Tisch stellt, davor eine Kniebeuge macht und mit einem Kreuzzeichen einen kleinen Wortgottesdienst beginnt.
Dieser kann sehr variantenreich gestaltet sein. Kyrierufe, Tageslesungen, das Evangelium des Tages oder des letzten Sonntags, Fürbitten – all das kann dazugehören und sollte vom Pfarrer zusammengestellt und seinen Mitarbeitern und Mitarbeiterinnen im liturgischen Laiendienst auch zur Verfügung gestellt werden.
Der eigentliche Kommunionteil besteht aus dem Vaterunser, dem Herausnehmen und Zeigen der Hostie mit der Einladung („Seht das Lamm Gottes") und der Vorbereitung („Herr, ich bin nicht würdig ..."). Auf die Kommunion des Kranken sollte man unbedingt eine

gewisse Zeit des Schweigens einhalten, damit alle miteinander im stillen beten können. Die Feier schließt mit einem Schlußgebet und dem Segenswunsch des Kommunionhelfers bzw. der -helferin. Wenn er bzw. sie noch mehrere Hostien für weitere Krankenbesuche in der Pyxis hat, dann ist nichts dagegen einzuwenden, mit der geschlossenen Pyxis ein Kreuzzeichen über den Kranken zu machen.

Was bei der eucharistischen Aussetzung die „Reposition" bedeutet (das Entfernen des Allerheiligsten aus der Monstranz und das Zurückbringen in den Tabernakel), heißt bei der Krankenkommunion das Zurückstecken der Pyxis in Hand- oder Brusttasche. Jetzt ist der Gottesdienst am Krankenbett beendet, und einige Zeit sollte doch für ein nettes Gespräch noch bleiben.

Hat der Kommunionhelfer bzw. die -helferin nach dem letzten Krankenbesuch noch Hostien übrig, so bringt er bzw. sie sie zurück zur Kirche, wenn es mehrere sein sollten. Bei einer einzigen Hostie wird man sie selbst aufessen. Wie beim Reinigen der Gefäße in der Kirche wird auch die Pyxis einer sorgsamen Reinigung unterzogen. Angedeutet sei hier nur die Möglichkeit, Kranken, die feste Speise nicht mehr zu sich nehmen können, die Krankenkommunion auch in der Gestalt des heiligen Blutes zu überbringen.

Die Sakramentalien – zeichenhafte Gebete

Von den Sakramenten zu unterscheiden sind die Sakramentalien. Auch sie sind heilige Zeichen, unterscheiden sich von den Sakramenten aber durch ihre Bewegungsrichtung: In den sakramentalen Zeichen und Zeichenhandlungen wirkt Christus selbst am Menschen, also eine Bewegung von oben nach unten. Anders in den Sakramentalien: Sie sind zeichenhafte Ausdeutungen des Gebetes, durch das die Kirche ständig mit Christus verbunden ist, durch welchen auch die Sakramentalien zu heiligen Zeichen werden.

Besonders deutlich wird diese Bewegung von unten nach oben in einer Segensfeier. Dem christlichen Glauben zutiefst fremd ist die Magie, der Versuch des Menschen, über Gottes Macht verfügen zu können. Wenn die Kirche z. B. Autos segnet, dann umgibt sie die Fahrzeuge nicht mit einer unsichtbaren Knautschzone, so daß der Fahrer im Vertrauen auf den Segen verantwortungslos dahinbrausen könnte, sondern sie stellt das Auto, das zum Leben eines Menschen gehört, in dessen Gottesbeziehung hinein. Wer auf Gott vertraut, ihn und die Menschen liebt, wird mit diesem Auto nicht anders als verantwortungsbewußt fahren. Ein Glaubender weiß, daß das Fahrzeug nicht sein „Him-

mel" ist, auch wenn er noch so stolz darauf ist, und daß er letztlich zu dem Ziel gelangt, zu dem Gott ihn haben will, ganz gleich, wann und wie. Das Auto als Teil des Lebens wird durch das Gebet in den Glauben integriert, der dieses Leben prägen sollte.
Deshalb begnügt sich die Kirche nicht mit einer Segensformel, sondern gestaltet eine ganze Segensfeier mit Gebet, Schriftlesung, Gesang, eigentlicher Segnung und Fürbitten; eine Segensformel allein würde einem magischen Mißverständnis Vorschub leisten; außerdem ist eine Segensfeier immer auch Ausdruck dafür, daß die Segnung eine Sache der ganzen betenden Kirche ist und kein isolierter Vorgang.
Als liturgische Feiern der Kirche bieten die Sakramentalien auch für Laiendienste Gelegenheit zum liturgischen Dienst. Vor allem Lektoren, Kantoren und Ministranten kommen dafür in Frage. Das Sakramentale, das im Leben einer Pfarrgemeinde wohl am häufigsten vorkommt, ist das Begräbnis: Die Übergabe eines Leichnams an die Erde wird zum heiligen Zeichen, das liturgisch mit der Verkündigung des Wortes Gottes, mit Gebet und Gesang verbunden ist. Die Analogie zum Begräbnis Jesu, die „Einsegnung" des Leibes, der ein „Tempel Gottes" war, wird zur leibhaft gestalteten Ausdrucksform für die Glaubensüberzeugung, daß der Verstorbene bei Gott neu geboren wird zum ewigen Leben. Hier haben Männer und Frauen als Lektoren, Kantoren und Ministranten viele Einsatzmöglichkeiten.
Andere Sakramentalien dienen der Verdeutlichung und Ausdeutung der Sakramente (z. B. die Taufwasserweihe und die Chrisamsalbung bei der Taufe), wieder andere hängen vom Kirchenjahr ab (Aschenkreuz, Blasiussegen) oder von besonderen Anlässen (Kirchweihe, Hauseinsegnung, Brückensegnung z. B.).
Jeder und jede Getaufte hat die Vollmacht zu segnen. Dabei gilt der Grundsatz, daß Segnungen im Leben der Gemeinde und in der Öffentlichkeit auch nach dem öffentlichen Erscheinungsbild der Kirche verlangen und damit nach dem geweihten Amt; manche Segnungen sind deshalb dem Priester oder gar dem Bischof vorbehalten. Es gibt aber auch eine „öffentliche" Segnung, die besonders die Kommunionhelfer betrifft: Wenn kleine Kinder auf dem Arm oder an der Hand ihrer Mütter, die kommunizieren wollen, mit nach vorne kommen, dann spricht nichts dagegen, daß die Kommunionhelfer – wie auch der mit ihnen austeilende Priester – dem kleinen Kind ein Kreuz auf die Stirn zeichnen. Sie tun damit nichts anderes als das, was sie als Väter und Mütter bei ihren eigenen Kindern tun oder taten; sie lassen die Kleinen leibhaft verspüren, was sie ihren Vätern oder Müttern in die Hand geben, Christi Leib, Gottes fleischgewordene Liebe. Es wäre nur zu natürlich, wenn Männer und Frauen im liturgischen Dienst, die doch in

der Liturgie der Kirche zu Hause sein sollten, auch im Kreis ihrer eigenen Familie segnen würden, sei es, daß der Tischsegen gepflegt wird, wie er für jede jüdische Familie selbstverständlich ist, oder daß ein lebendiger Glaube sich in einem christlichen Brauchtum äußert, das durch die Art, wie es gelebt wird, überzeugt.

Lektion 18: Laiendienste im Herrenjahr

Das Herrenjahr: Die jährliche Feier der Heilsgeheimnisse Christi

Jedes Jahr feiern die Christen die Hochfeste und Feste des Jahres. Vom stets wiederkehrenden Kreislauf des Jahres sagt die Liturgiekonstitution des 2. Vatikanums, die Kirche entfalte „das ganze Mysterium Christi von der Menschwerdung und Geburt bis zur Himmelfahrt, zum Pfingsttag und zur Erwartung der seligen Hoffnung und der Ankunft des Herrn" (Art. 102).

Das Herrenjahr beginnt ja am ersten Advent. Durch den Verlauf seiner Festzeiten und Feiertage über das Fest der Geburt Christi, über die Feier seines Todes und seiner Auferstehung, der Himmelfahrt und der Geistsendung, über die Zeit im Jahreskreis, deren letzte Sonntage mit der Verkündigung von der Wiederkunft des Herrn schon wieder auf den nächsten Advent vorbereiten, könnte der Eindruck erweckt werden, als wolle das Herrenjahr (zumindest für die Zeit zwischen Advent und Pfingsten) des Lebenslaufs Jesu und – zählt man die Sonntage im Jahreskreis dazu – der Zeit der Kirche bis zur Wiederkunft alljährlich in der liturgischen Feier gedenken.

Aber bei Christus und dem, was er für die Menschen getan hat und tut, kann es ja niemals nur um ein rückwärtsgewandtes Gedenken gehen. Jedes Gedenken gebührt einem Vergangenen, einem Verstorbenen und seiner Großtaten, nicht aber jemandem, der lebt und unaufhörlich wirkt. Also kann es bei den Feiern des Herrenjahres auch gar nicht darum gehen, chronologisch der Ereignisse des Lebens Jesu in Erinnerung zu rufen. Alle Feste und Gedenktage des Herrenjahres feiern die Erlösung des Menschen durch die eine große Erlösungstat des menschgewordenen, gekreuzigten, auferstandenen und erhöhten Gottessohnes. Also feiert die Kirche einen Lebendigen, der diese Erlösung an jedem Menschen Tag für Tag wirkt. Jedes Fest Christi, Mariens und der Heiligen bringt dieses eine Thema unter den unterschiedlichsten Gesichtspunkten zu Sprache und liturgischer Feier, denn heilig kann ein Mensch nur werden, weil die Gnade Gottes an ihm gewirkt hat. An jedem Fest werden sich die Feiernden erneut inne, daß das, was sie feiern, keine geschichtliche Vergangenheit ist, sondern heute sich ereignende Einladung des dreifaltigen Gottes, an seiner Lebensfülle teilzuhaben, lebendige Gegenwart.

Sicher, man feiert die Geburt Jesu an Weihnachten, seine Auferstehung an Ostern, die Geistsendung an Pfingsten usw.; aber hinter all diesen „Festgegenständen" steht der unabänderliche Wille Gottes, daß wir Menschen zur Lebensfülle im Himmel gelangen. Nichts, was wir feiern, sind tote Daten, sondern alles geschah für uns und um unseres Heiles willen. Für uns und zu unserem Heil wirkt auch heute Gott unablässig.

Deshalb sprechen Theologen heute lieber von „Herrenjahr" als von „Kirchenjahr". Der Begriff des „Kirchenjahrs" zeigt doch nur an, daß die Kirche Feste kennt, die man in der bürgerlichen Gesellschaft nicht feiert, und daß es umgekehrt auch bürgerliche Feiertermine gibt, die in der Kirche keine Rolle spielen. Dagegen besagt der Name „Herrenjahr", daß alle Zeit in Gottes Händen steht, daß jeder Tag und jedes Jahr Daten der Heilsgeschichte sind, die einmal in Gottes Lebensfülle einmünden wird. Bis dahin sind die Glaubenden auf dem Weg, Jahr für Jahr. Sie feiern im Herrenjahr, im Jahr, das dem Herrn über alle Zeit gehört, seine Feste und Festzeiten. Sie verstehen diese besonderen Tage als Hereinbruch des Ewigen in die Zeit, des Himmels in die Alltagswelt, der Hoffnung auf das Kommende in die Gewöhnlichkeiten des Menschenlebens.

Schon von daher hat das Herrenjahr direkte Bezugspunkte zur Liturgie. Auch in ihr geschieht ja der Einbruch des Himmels in unsere Welt. Um wieviel mehr wird die Liturgie von den Festen und Festzeiten des Herrenjahres geprägt, wenn dieser Einbruch unter dem Aspekt eines Datums erfolgt, das in der Heilsgeschichte zwar schon weit zurückliegt, in dem aber das, was es bewirkt, lebendige Gegenwart ist? Liturgie im Herrenjahr – dies zeigt vielleicht auch ganz neue Möglichkeiten für die liturgischen Laiendienste auf.

Zwei hohe Gipfel, ein kleines und ein sehr breites Tal mit einigen Hügeln

So könnte man das Herrenjahr bildlich darstellen. Die beiden Gipfel sind die beiden höchsten Feste im Jahr: Ostern und Weihnachten. Um diese Gipfel gibt es Gipfelregionen, Tage kurz vor und nach dem Fest, die mit seinem Festinhalt zu tun haben, indem sie darauf vorbereiten oder ihn noch nachklingen lassen. Zu denken wäre beim Osterfest zum Beispiel an den Palmsonntag, an dem der Einzug Jesu in Jerusalem im Mittelpunkt steht, in die Stadt also, in der sich das Leiden und die Auferstehung ereignen sollten. Ein Nachklang des Weihnachtsfestes ist – trotz allen Feierns zum Jahreswechsel – der Oktavtag von Weihnachten, der 1. Januar als Hochfest der Gottesmutter Maria, die uns Christus geboren hat.

Das Osterfest selbst hat sogar drei Gipfelfelsen, die heiligsten drei

Tage im Jahr (lateinisch „triduum sacrum"): die Tage des Gekreuzigten (Karfreitag, inklusive Gründonnerstagabend mit dem Gedächtnis der Einsetzung der Eucharistie und der Todesangst Christi), des Begrabenen (Karsamstag, unter dem Aspekt der Höllenfahrt „hinabgestiegen in das Reich des Todes", um allen Verstorbenen das Leben zu geben) und schließlich des Auferstandenen (Osternacht und Ostersonntag). Auf Ostern folgt die fünfzigtägige „Hochebene" der Osterzeit, der fünfzigtägigen Freudenzeit, deren Tage nach dem heiligen Ambrosius „wie das Pascha gefeiert werden müssen", da sie „wie ein einziger Sonntag sind". Am Sonntag danach führt man heute in der Regel die Kinder zur Erstkommunion. Der „Weiße Sonntag" hat seinen Namen daher, daß bis zum Sonntag danach, dem Oktavtag von Ostern, die Neugetauften in ihren weißen Taufkleidern am Gottesdienst teilnahmen und erst nach diesem Sonntag das Taufkleid ablegten. Davon zeugt noch der lateinische Name des Tages: Dominica in albis – der Sonntag, an dem die Neugetauften zum letzten Mal in ihren weißen Gewändern an der Liturgie teilnahmen. Vierzig Tage nach Ostern feiert man Christi Himmelfahrt – bei vielen nicht mehr in der Kirche beheimateten Menschen nur noch als „Vatertag" bekannt. Dieser zweifelhafte Name könnte auch gläubigen Christen etwas sagen: Auch sie feiern in gewisser Weise eine Art von „Vatertag", da Christus zu seinem und unserem himmlischen Vater zurückgekehrt ist, um uns im Himmel eine bleibende Wohnung zu bereiten. Die Osterzeit endet mit dem Pfingstfest. Es ist als der fünfzigste Ostertag zugleich das Fest des Heiligen Geistes, der nach der Himmelfahrt Christi bei der Kirche bleibt bis zur Wiederkunft des Herrn am Jüngsten Tag. Der Heilige Geist ist bei uns als Tröster und Beistand, als derjenige, der „alle Heiligung vollendet", wie es im vierten Hochgebet heißt.

Das Geburtsfest des Herrn am 25. Dezember ist nicht sein Geburtstag! An welchem genauen Datum Jesus wirklich geboren worden ist, weiß man nicht. Da man aber das Hinabsteigen des Gottessohnes in unsere arme Menschennatur feiern wollte, setzte man das Geburtsfest auf ein Datum, das im alten Rom durch die Feier des „unbesiegten Sonnengottes" besetzt war. Damit wollte man ausdrücken, daß mit der Geburt Jesu für die Menschen die wahre Sonne aufgegangen sei, die auch in der Nacht des Todes nicht erlosch; im Ostersieg sollte sich Jesus Christus als der wahre „unbesiegte Sonnengott" erweisen. Der 6. Januar ist ebenfalls ein – aus dem ägyptischen Christentum kommender – Weihnachtstermin; deshalb heißt er auch „Erscheinung des Herrn": Christus ist auf Erden erschienen. Weil man auf die Dauer nicht gut mit zwei Weihnachtsterminen leben konnte, hat man dem 6. Januar einen anderen Inhalt gegeben: Im Osten feiert man am 6. Januar die Taufe

des Herrn im Jordan, als die Stimme vom Himmel ertönte und ihn als den Sohn Gottes bezeugte, im Westen feiert man die Anbetung des neugeborenen Kindes durch die Weisen aus dem Morgenland.
Zu den beiden Gipfelregionen des Herrenjahres führen Anstiege empor: der Advent auf das Weihnachtsfest, die österliche Bußzeit oder Fastenzeit auf Ostern hin. Nach den eigentlichen Festtagen gibt es so etwas wie eine Hochebene, die nach einer einwöchigen Festzeit („Oktav"), ein wenig abfällt, bis jäh wieder die Ebene beginnt. Das Ende der Osterzeit markiert das Pfingstfest, und schon der Pfingstmontag gehört zum „Tal"; die Weihnachtszeit endet mit dem Sonntag nach dem Fest der Erscheinung des Herrn (6. Januar), an dem der Taufe Jesu im Jordan durch Johannes den Täufer gedacht wird. Am Montag darauf ist die Weihnachtszeit in der Liturgie schon vorbei. Diese Vorbereitungs- und Festwochen im Herrenjahr nennt man auch „geprägte Zeiten".
Nicht von einem vorzubereitenden oder zu feiernden Festereignis, sondern von der Hoffnung geprägt (schon die grüne Farbe der Paramente zeigt dies an) ist die „Zeit im Jahreskreis", die beiden Täler, um in unserem Bild zu bleiben. Das kleine Tal reicht vom Montag nach dem 6. Januar bis zum Faschingsdienstag, das große vom Pfingstmontag bis zum Samstag vor dem 1. Advent. Die Sonntage werden immer so gezählt, daß der letzte Sonntag vor dem Advent der „34. Sonntag im Jahreskreis" ist. Diese Talregionen sind aber alles andere als eine öde Wüstenfläche, in der wirklich nur die reine Hoffnung übrigbliebe; in ihnen gibt es mehr oder weniger hohe Hügel, Feste, die tief in der Frömmigkeit und im Volksbrauchtum Wurzel fassen konnten. Erwähnt seien z. B. „Darstellung des Herrn" (wegen der Kerzenweihe auch „Mariä Lichtmeß" genannt), das Fronleichnamsfest mit der für diesen Tag so prägenden Prozession, das Hochfest der Aufnahme Mariens in den Himmel (15. August) mit der Segnung der Kräuter und Blumen, das Erntedankfest sowie Allerheiligen und Allerseelen mit ihren Prägungen durch das Gedächtnis der Verstorbenen. Die Feste der Apostel und die Gedenktage der Heiligen bestimmen ebenfalls die Zeit im Jahreskreis und sorgen für Abwechslung.
Insgesamt gibt es vier Festklassen. Sie werden in den liturgischen Kalendern, wie sie im Meßbuch und im Stundenbuch abgedruckt sind, mit folgenden Abkürzungen versehen: H für Hochfest, F für Fest, G für einen gebotenen Gedenktag, g für einen Gedenktag freier Wahl. Hochfeste und Feste müssen gefeiert werden und bestimmen die ganze Liturgie des Tages. Die Meßtexte, die Schriftlesungen und das Stundengebet sind auf das Festthema hin ausgerichtet und wurden eigens dafür ausgewählt. Nur Hochfeste und Feste können einen Sonntag ver-

drängen, nicht aber die Gedenktage der Heiligen. Jeder Sonntag ist ja ein kleines, allwöchentlich stattfindendes Osterfest, das das Grunddatum unseres Glaubens, den Ostersieg Christi, immer neu ins Gedächtnis rufen soll.
Gebotene Gedenktage haben zwar auch teilweise eigene Texte, sie bestimmen die Tagesliturgie aber weniger, manchmal gibt es sogar gar keine eigenen Texte im Meßbuch und im Stundenbuch, sondern man wird auf das „Commune" verwiesen, auf Texte für Messe und Stundenliturgie, die für den einzusetzenden Heiligennamen ein rotgedrucktes „N." aufweisen. An Gedenktagen nach Wahl kann frei entschieden werden, ob man ihn feiert oder nicht. Eine bayerische Gemeinde wird mit dem heiligen Schwedenkönig und Märtyrer Erich (Gedenktag am 10. Juli) wohl kaum etwas zu tun haben und an diesem Tag eine „grüne" Wochentagsmesse ohne Heiligengedenken feiern. Sollte der verehrte Pfarrer aber „Erich" heißen und seinen Namenstag feiern, dann wird man wohl in den Bergen des um das nordische Christentum verdienten Schwedenkönigs fast so gedenken, als habe er auch im Bayernlande missioniert.

Ungeahnte Einsatzmöglichkeiten für Laiendienste

Je weniger Priester zur Verfügung stehen, desto mehr müssen sie die verschiedenen Pfarreien mit „Messen versorgen". Dies ist in mehrfacher Hinsicht problematisch. Es betrifft die Priester selbst, die Pfarreien und den Gottesdienst. In unseren Kirchen finden fast nur noch Messen statt; Wortgottesdienste, Andachten und Stundenliturgie sind vielerorts unbekannte Größen. Nicht nur wegen des Priestermangels, auch unabhängig davon können Laien im liturgischen Dienst eine liturgische Vielfalt über die Meßfeier hinaus vielleicht sogar erst ermöglichen. Hier wären ungeahnte Einsatzmöglichkeiten für Frauen und Männer im liturgischen Dienst; sie könnten diese Andachten und Horen leiten, wie es in der 15. Lektion über die Horen und Andachten dargelegt worden ist.
Vespern – wenn sie nicht zum „Standardprogramm" einer Pfarrgemeinde für den Sonntagabend gehören – könnten gerade in den „geprägten Zeiten" des Advents und der Fastenzeit stattfinden. In der österlichen Buß- und Vorbereitungszeit kämen dazu noch die in der Volksfrömmigkeit stark verwurzelten Passions- und Kreuzwegandachten dazu. Und was hindert daran, daß eine Laientheologin oder ein Religionslehrer die Tradition der Fastenpredigten am Sonntagnachmittag oder -abend fortsetzt, die in einem gottesdienstlichen

Rahmen eingebaut sind, in dem auch Lektoren und Lektorinnen ihre Aufgaben hätten? Gerade in den zahlreichen und vielgestaltigen Gottesdiensten an den Hochfesten sind die liturgischen Laiendienste vielfach gefordert. In der Feier der Osternacht z. B. können gar nicht genug Laiendienste mitwirken. Mehrere Lektoren und Lektorinnen teilen sich die vielen Lesungen. Kantoren und Kantorinnen sind vielbeschäftigte Leute; sie können sogar das „Exsultet", den österlichen Preisgesang auf das Licht der Osterkerze vortragen, sie singen mit der Gemeinde – zumal die Orgel ja bis zum Gloria schweigt! – die vielen Antwortgesänge nach den Lesungen, sie singen die Allerheiligenlitanei im Taufteil der Feier vor. Kommunionhelfer und -helferinnen sind in diesen gutbesuchten Festgottesdiensten niemals arbeitslos; wenn aber an den Hochfesten die hl. Kommunion unter beiderlei Gestalt angeboten werden soll, dann könnten die Damen und Herren im Kommunionhelferdienst wirklich „Dauereinsatz" haben. Wie vielgestaltig sind die Ministrantendienste besonders in der Feier der Osternacht; gerade hier braucht man erwachsene Ministranten und Ministrantinnen, die die Feier etwas „im Griff haben", damit beispielsweise der immer wieder notwendige Dienst am Buch funktionieren kann, ebenso die vielen Handreichungen bei Taufe und Taufgedächtnis.

Auch die anderen Festmessen an Hochfesten und Festen brauchen zahlreiche mitwirkende Laiendienste, wobei von dem folgenden Einsatzplan ausgegangen wird, der natürlich den verfügbaren Laien im liturgischen Dienst und der örtlichen Situation (Chorraumgestaltung, Kommunikantenzahl, kirchenmusikalische Besonderheiten) angepaßt werden muß:

Zwei Lektoren bzw. Lektorinnen teilen sich die beiden Lesungen, die Fürbitten, eventuell die Anrufungen zum Kyrie und die Kommunionmeditation. Ein Kantor bzw. eine Kantorin singt das Kyrie, den Responsorialpsalm nach der 1. Lesung, das Halleluja vor dem Evangelium, im Wechsel mit der Gemeinde das Glaubensbekenntnis und die Gebetsrufe bei den Fürbitten. Zwei erwachsene Ministranten bzw. Ministrantinnen wirken mit; der bzw. die eine sorgt für den Buchdienst; er bzw. sie hält dem Priester am Priestersitz das Meßbuch zu Tages- und Schlußgebet, er bzw. sie legt es bei der Gabenbereitung auf den Altar und nimmt es nach Beginn der Kommunionausteilung wieder zurück. Der bzw. die andere trägt in der Einzugsprozession das Kreuz, hilft beim Einlegen des Weihrauchs, übernimmt die Beweihräucherung des Priesters und der Gemeinde bei der Gabenbereitung, wobei beide ebenfalls zur Hand gehen. Da an Festtagen mit vielen Teilnehmern an der Meßfeier zu rechnen ist, beteiligen sich mehrere Kommunionhelfer und -helferinnen beim Austeilen. Wenn die Kelchkommunion gereicht werden soll, dann kommen auf einen Austeiler der Brotkommunion am besten zwei Kelchausteiler, damit die Kommunionausteilung sich nicht zu lang hinzieht. Geht man von mindestens zwei Kommunionhelfern aus, dann ergibt sich summa summarum als Anforderung für ein Festhochamt: 2 Lektoren + 1 Kantor + 2 Ministranten + 2 Kommunionhelfer = 7 Damen und Herren in liturgischen Laiendiensten.

Doch folgen wir weiter dem Lauf des Herrenjahres. Kaum ist die österliche Gipfelwanderung abgeschlossen und die Liturgie wieder in das Tal der Zeit im Jahreskreis zurückgekehrt, steht schon ein neuer Hügel an: Fronleichnam. Manchem Theologen bereitet dieses erst im Mittelalter entstandene Fest mit seiner besonderen Eucharistiefrömmigkeit Unbehagen, zumal es ja bis in unsere Zeit hinein mancherorts einen etwas kämpferisch-triumphalistischen Beigeschmack gegen Andersgläubige und Andersdenkende hatte. Nichtsdestotrotz hat dieses Fest einen tiefen theologischen Sinn; ebenfalls die öffentliche Verehrung des eucharistischen Brotes, das einmal im Jahr der Welt gezeigt wird als das Brot, durch dessen Genuß der Gläubige das ewige Leben empfängt. Viele Pfarreien haben ein neues Verhältnis zur Fronleichnamsprozession gefunden, nachdem sie zeitweise sogar abgeschafft war. Wenn nicht genügend Priester zugegen sind, wenn der Pfarrer aus Alters- oder Gesundheitsgründen nicht sicher genug auf den Beinen ist, dann können auch Kommunionhelfer und Kommunionhelferinnen in der Fronleichnamsprozession das Allerheiligste tragen. Sollte wegen des Priestermangels in einer Pfarrgemeinde das Fronleichnamsfest mit seiner Prozession überhaupt ausfallen, sind gerade dann die Laiendienste vor Ort gefragt, die Gestaltung des Festes in Absprache mit dem zuständigen Pfarrer selbst in die Hand zu nehmen.

Maiandachten sind besonders in den südlicheren Regionen des deutschen Sprachgebietes sehr beliebt. Das gleiche gilt von den Rosenkranzandachten im Oktober. Auch hier sind Laiendienste gefragt, sei es, daß sie zusammen mit einem Priester oder Diakon oder daß sie selbst diese Wortgottesdienste gestalten.

Damit sind die Einsatzmöglichkeiten liturgischer Laiendienste wohl noch nicht erschöpfend dargestellt. Je nach der örtlichen Situation werden noch andere Festtage und Festzeiten hinzuzurechnen sein; zu denken wäre etwa an die verschiedenenorts in höchstem Ansehen stehenden Bruderschaftsfeste (von Gebetsbruderschaften über karitativ tätige bis hin zu den sich religiös verstehenden Schützenbruderschaften), Wallfahrtsfeste und besonders Kirchweihtage. Anderenorts wird man Feste vermissen, etwa Fronleichnam oder Allerheiligen in Diasporagemeinden. Immer aber sind die liturgischen Laiendienste gefragt, wenn es gilt, aus einem Datum im liturgischen Kalender ein wirkliches Fest zu machen. Sie sind ebenso gefragt, um viele liturgische Reichtümer und Gestaltungsmöglichkeiten erlebbare Wirklichkeit werden zu lassen, die durch den Priestermangel oder aufgrund eingefahrener Wege vielleicht in Vergessenheit zu geraten drohen. Um es frei nach der Reklame eines Mineralölkonzerns zu sagen: Es gibt viel zu tun – packen wir's an.

Lektion 19: Wenn es ernst wird: der Sonntagsgottesdienst ohne Priester

Priesterloser Gottesdienst – für die einen ist dies ein Reizwort, für andere eine Überlebensfrage der Kirche in priesterarmer Zeit. Hier geht es nicht darum, einer der beiden Parteien recht zu geben. Auch soll nicht das vielfältige Angebot von Vorschlägen und Modellen für priesterlose Gottesdienste durch noch ein weiteres Modell erweitert werden. Hier soll die große Bedeutung von liturgischen Laiendiensten aufgezeigt werden, die für den Fall der Fälle – der damit in eindeutiger Weise als *Notfall* und keineswegs als ideologisch vielleicht sogar erwünschter Sonderweg zu anderen Kirchenstrukturen gewertet wird – dafür sorgen können und sollen, daß die Kirche vor Ort nicht „schließt", sondern „weiterarbeitet". „Die Kirche arbeitet nicht mehr", so sagten die Kommunisten in Rußland und anderswo, wenn sie eine Kirche zeigten, die zur Garage umfunktioniert oder zum Melkstand umgebaut war. „Die Kirche arbeitet nicht mehr" – hoffentlich werden wir das nicht einmal sagen müssen, weil es keine Menschen mehr gibt, die zur Feier der Erlösung zusammenkommen und/oder weil es keine Priester mehr gibt, die diesen Feiern vorstehen. Doch vorschnell das Handtuch zu werfen sollte nicht Christenart sein.

Ersatzgottesdienst

Pfarrer X. betreut drei Dorfgemeinden; im Regelfall funktioniert dies auch. Eine ausgeklügelte Gottesdienstordnung versucht, möglichst allen gerecht zu werden: In Dorf A ist am Samstagabend eine Vorabendmesse; in den Dörfern B und C findet am Sonntagmorgen jeweils ein Hochamt statt.
Da Pfarrer X. großen Wert legt auf die Mitwirkung von Laiendiensten in der Liturgie und entsprechend viele Kräfte investiert für die Gewinnung, Schulung und Begleitung von Frauen und Männern für die Lektoren-, Kantoren- und Kommunionhelferdienste, da er – selten genug – erwachsene Ministranten und Ministrantinnen zu seinen Mitarbeitern und Mitarbeiterinnen zählen kann, ist er in der glücklichen Lage, in den jeweiligen Sakristeien auf ein gut vorbereitetes und hoch motiviertes Team zu stoßen, das mit ihm zusammen Liturgie feiert. Anders als mancher Amtsbruder muß sich Pfarrer X. nicht als Reisender in Kulthandlungen vorkommen, sondern darf in wechselnden Pfar-

reien wirklich priesterlicher Vorsteher von wirklichen Gemeindeversammlungen sein, die verantwortlich von den Laiendiensten mitgetragen werden.

Nun ist aber auch unser Pfarrer nur ein Mensch. Bereits in der Vorabendmesse in A sah man ihm an, daß es ihm nicht gutging; die momentan grassierende Grippewelle hatte ihn ebenso erwischt wie viele seiner Pfarrkinder. „Priesterleben – Opferleben", dachte Pfarrer X. und wollte trotz Übelkeit und Frösteln am anderen Morgen nach B und C zur Messe fahren. Aber was nicht geht, geht nicht; Schüttelfrost und hohes Fieber fesselten ihn ans Bett. Was war nun zu tun? So kurzfristig war an priesterliche Aushilfe durch die Nachbarpfarrei oder das nächste Kloster nicht zu denken! Fräulein X., liebevolle Schwester und eifrige Haushälterin unseres Pfarrherrn, tat genau das Richtige: Ein Blick auf den Einsatzplan der Laiendienste, und sie telefonierte mit Herrn Y. und Frau Z. in B, mit Fräulein I. und Frau J. in C, daß der Pfarrer erkrankt sei, daß kein anderer Priester kommen könne und daß die für diesen Sonntag zum Dienst aufgestellten Damen und Herren selbständig einen Gottesdienst halten müßten.

In den meisten Pfarrgemeinden würde ein solcher Anruf bei den entsprechenden Damen und Herren Furcht und Bangen hervorrufen, wenn nicht sogar Panik auslösen! Nicht so bei den liturgischen Mitarbeiterinnen und Mitarbeitern von Pfarrer X., denn dieser hat seine Leute auch für solche und ähnliche Fälle vorbereitet. Außerdem hatte man in der letzten Urlaubszeit wertvolle Erfahrungen machen können: Trotz aller Bemühungen konnte an den drei Ferienwochenenden des Pfarrers nur jeweils eine Messe stattfinden, die abwechselnd in den drei Pfarreien gefeiert wurde, während die Gottesdienste in den beiden anderen Kirchen als priesterlose Gottesdienste gehalten werden mußten. Vor seinem bitter nötigen Urlaub hatte Pfarrer X. seine Laiendienste auf diesen Ernstfall vorbereitet. Von diesen Erfahrungen und Vorbereitungen konnten unsere Männer und Frauen in B und C auch an jenem Sonntag zehren, da ihr Pfarrer mit Schwitzkuren der Grippe den Kampf ansagte.

Von der versorgten zur sorgenden Gemeinde

Früher amtete „Hochwürden". Seine priesterliche Autorität inner- und außerhalb des Gottesdienstes war unangefochten. Er war als Pfarrer der vom Bischof bestellte Hirte seiner Pfarrgemeinde, nur ihm (und natürlich Gott) gegenüber für seine Amtsführung verantwortlich. Laien waren für ihn bestenfalls notwendige Helfer in Sachgebieten, die sie eben besser konnten oder die man ihnen getrost überlassen konnte (Schmuck der Kirche, Organisation usw.). Soviel wie möglich tat der Pfarrer selbst. Er allein bereitete die Liturgie in allen Einzelheiten vor, er schrieb die Liederordnung vor, er tat in der Meßfeier fast alles allein. Liturgische Laiendienste kamen bis auf die Meßdiener so gut wie nicht vor; diese versahen die klassischen Helferdienste am Altar und wurden dabei intensiv geschult und überwacht, und mancher inzwischen ergraute Familienvater weiß noch von der Backpfeife zu berichten, die er sich einhandelte, als er mit den Kumpanen vom Meßwein naschte. Die Gemeinde war ganz in eine empfangende Rolle verwiesen: Sie hatte zuzuhören, die passenden Antworten zu geben, die angegebenen Lieder zu singen und die vorgesehenen Gebete zu sprechen.

Diese „Regierungsweise sanfter Patriarchalgewalt" entsprach einem überkommenen Priesterbild, das bis zum 2. Vatikanum fast allgemein verbreitet war und das manchen älteren Priester bis heute zutiefst prägt. Daraus erwuchs ein sehr starkes Verantwortungsbewußtsein, das vielen Priestern manchmal nur schwer erträglich war.

Im Lauf der Theologiegeschichte löste sich der Beziehungscharakter des priesterlichen Dienstes zu einer konkreten Gemeinde. Man verstand den Priester weniger von seinem Dienst an den Menschen, sondern von dem her, was er aufgrund seiner ihm in der Weihe übertragenen Vollmachten alles „kann". Die Menschen sagten, der Priester „könne" Brot und Wein zu Leib und Blut Christi konsekrieren, er „könne" die Sünden vergeben. Damit war der Priester in eine Art Mittlerstellung zwischen Gott und den Menschen geraten; er hatte es „in der Hand", ob die Menschen die Gnade Gottes erhalten oder nicht.

Diesem ehemals weitverbreiteten Priesterbild entsprach die umfassend versorgte Gemeinde. Niemand wäre auf den Gedanken gekommen, in priesterliche Angelegenheiten hineinreden zu wollen oder gar dem Priester zu widersprechen. Auch die Idee eigenverantwortlicher Tätigkeiten lag völlig fern. Gerade die liturgische Feier galt in solchen Gemeinden derart als allein priesterliches Handeln, daß außer den kindlichen und jugendlichen Meßdienern niemandem eine liturgische Rolle hätte zuerkannt werden können. Die Wünsche einzelner zur Übernahme eines liturgischen Laiendienstes wären direkt als Traditionsbruch, ja als freche Überschreitung des Laienstandes geahndet worden.

Da außer dem regierenden Pfarrherrn niemand in einer versorgten Pfarrgemeinde über „liturgische Kompetenz" verfügt, niemand in der Lage ist, in Notzeiten selbst einem Gottesdienst vorzustehen, muß bei einem unvorhergesehenen Ausfall des Priesters sogar der Sonntagsgottesdienst ausfallen, wenn kein Ersatzpriester zur Verfügung steht. Bei zunehmendem Priestermangel ist hier sogar das liturgische Leben vor Ort gefährdet. Vielleicht bleibt einer derart versorgten Gemeinde keine andere Alternative, als die eigene Kirche zu schließen und am Gottesdienst der Nachbargemeinde teilzunehmen.

Wirkliche Liturgie, aber keine Messe!

Laien, Männer und Frauen aus der Gemeinde, tragen Sorge dafür, daß „die Kirche arbeitet" und am Sonntagmorgen eben nicht geschlossen bleibt. Bei einem priesterlosen Gottesdienst ist aber ein Zweifaches zu beachten: Er ist keine Messe und kann diese als Höchst- und Normalform der Gemeindeversammlung am Sonntag auch niemals ersetzen. Ein Sonntagsgottesdienst, der nicht Eucharistiefeier ist, kann und darf immer nur als Ausnahmefall und Notregelung gelten. Andererseits ist aber auch ein Gottesdienst, der von Laien geleitet wird, nach der Liturgiekonstitution des 2. Vatikanums wirkliche Liturgie und muß demgemäß die liturgischen Gestaltungsgrundsätze beachten.

Ein priesterloser Gottesdienst kann naturgemäß immer nur ein Wortgottesdienst sein, wobei sich die Fachleute darüber alles andere als einig sind, ob er grundsätzlich mit der Spendung der heiligen Kommunion verbunden sein soll oder nur ab und zu oder überhaupt nicht. In der Tat gilt durch die Liturgiereform der Kommunionempfang glücklicherweise wieder als integraler Bestandteil der Eucharistiefeier, so daß eine von der Messe losgelöste Kommunionfeier diesen Zusammenhang wieder verdunkeln würde. Wäre die Kommunion außerhalb der Messe gar regelmäßige Praxis, dann würde sie sich in der Frömmigkeitspraxis der Menschen so festsetzen, daß ihr Ausnahmecharakter – und mit ihr auch der des priesterlosen Gottesdienstes überhaupt! – nicht mehr gesehen würde. Andererseits trägt die Kommunionausteilung wesentlich dazu bei, daß ein solcher Ersatzgottesdienst von der Gemeinde auch angenommen wird, und gar kein Gottesdienst statt der nicht gefeierten Sonntagsmesse darf keine Alternative sein!

Für die Gestaltung eines priesterlosen Gottesdienstes gibt es eine große Anzahl von Büchern mit Ratschlägen, Hilfen und Einzelelementen für die Feier; auch ausgestaltete Gottesdienste werden angeboten, so auch im „Gotteslob" (Nr. 370). Es wäre eine wichtige Aufgabe des Pfarrers, die Damen und Herren, die einen liturgischen Dienst übernommen haben, mit Hilfe dieser Literatur entsprechend vorzubereiten.

Priesterloser Gottesdienst

Die theologische Grundlage für einen priesterlosen Gottesdienst bildet die Verheißung Jesu: „Wo zwei oder drei in meinem Namen versammelt sind, da bin ich mitten unter ihnen" (Mt 18,20). Christus ist wirklich gegenwärtig, wenn die Gemeinde betet und wenn aus der Heiligen Schrift vorgelesen wird. Dies gilt auch dann, wenn ein solcher Ersatzgottesdienst ohne Kommunionspendung stattfindet. Die Gegenwart Jesu in der Messe ist aber eine andere, sie ist in der Person des Priesters dichter, eben sakramental. Durch den menschlichen Priester als sein Werkzeug spricht und handelt Christus als der eigentliche Mahlherr selbst zu und an seiner Gemeinde; es kommt zu jenem sakramentalen Gegenüber von göttlichem Reden und Geben und menschlichem Hören, Antworten und Empfangen.

Dazu kommt es im priesterlosen Gottesdienst gerade nicht; niemand tritt der Gemeinde in der Kraft und Autorität Christi gegenüber. Der Leiter und die Leiterin eines solchen Gottesdienstes können daher nur Moderatoren des Gemeindegebetes sein, nicht aber vergegenwärtigen sie im eigentlich sakramentalen Sinn den an seiner Gemeinde handelnden Christus. Am besten geschieht die Leitung eines solchen Gottesdienstes kollektiv durch die verschiedenen Laiendienste, wobei derjenige, der für den Ablauf die Hauptverantwortung trägt, als „Primus/ Prima inter pares" (Erste/r unter Gleichen) erscheint. Dabei sollte alles vermieden werden, was dazu führen könnte, den Unterschied zur Meßfeier zu verwischen.

Der Priestersitz soll frei bleiben; schon dadurch wird deutlich gemacht, daß dieser Gottesdienst etwas anderes ist als die Messe. Der freibleibende Platz verweist so sehr deutlich auf das priesterliche Amt. In jeder Kirche des byzantinischen Ritus, und sei sie noch so klein, gibt es hinter dem Altar einen Sitz für den Bischof, auf dem nur er Platz nehmen darf, etwa wenn er die Gemeinde besucht. Selbst der Gemeindepfarrer setzt sich niemals darauf, sondern daneben. Dadurch soll deutlich werden, daß der Bischof der eigentliche Priester seines Bistums ist und auch der Priester nur in Abhängigkeit von ihm Liturgie feiern kann. Ähnliches wird gesagt, wenn im priesterlosen Gottesdienst der Priestersitz frei bleibt: Auch dieser Ersatzgottesdienst findet statt in Gemeinschaft mit der gesamten, durch das priesterliche Amt gegliederten Kirche; er ist keine „Alternativveranstaltung von unten" gegen eine „Kirche von oben".

Als wirkliche Liturgie darf es dem priesterlosen Gottesdienst aber auch nicht an Feierlichkeit, an Dramaturgie und am heiligen Spiel mangeln; auch er dient der Verherrlichung Gottes und der freudigen

Auferbauung der Gemeinde. Deshalb haben Leuchter bei der Verkündigung des Evangeliums, liturgische Gewänder der Laiendienste vom Ministranten bis zum Leiter, Gesten und Gebärden auch hier ihren tiefen Sinn. Eine überdeutliche Herausstellung des Laiencharakters eines Ersatzgottesdienstes, die in der Scheu vor liturgischen Symbolen und vor dem heiligen Spiel in der Verödung enden würde, wäre ebenso eine Fehlentwicklung wie eine Verwischung des Unterschiedes zur Messe.

Die Hauptteile eines priesterlosen Gottesdienstes

Zur näheren Beschreibung eines priesterlosen Gottesdienstes halten wir uns an das im Gotteslob (Nr. 370) wiedergegebene Modell, weil es wohl das am leichtesten zugängliche von allen ist.

1. Der Eröffnungsteil

Der Eröffnungsteil besteht aus Gesang – Gruß – Einführung – Christusrufen und einem Gebet. In der Begrüßung und Einführung sollte der Gottesdienstleiter den Teilnehmern an der Feier deren Sondercharakter vor Augen führen. Dazu könnte beitragen, ein Grußwort des verhinderten oder erkrankten Pfarrers zu verlesen oder auch einfach nur die Gemeinde von ihm zu grüßen. In der Einführung sollte klar gesagt werden, daß dieser Gottesdienst keine Messe ist, daß man sich aber im Gebet mit all den anderen Gemeinden verbunden weiß, in denen zu dieser Stunde die Eucharistie gefeiert wird.
Der Unterschied zur Meßfeier könnte auch dadurch zum Ausdruck kommen, daß die dem Priester vorbehaltenen Präsidialgebete (Tagesgebet – Gabengebet – Schlußgebet) hier keine Verwendung finden. Statt dessen könnte ein frei zu wählendes Gebet am Abschluß des Eröffnungsteils der Feier stehen, das eben keinen „Präsidialcharakter" (d. h. dem priesterlichen Vorsteher eigen) hat und darum auch von einem anderen Laien als dem Leiter selbst vorgetragen werden könnte. Selbstverständlich verzichtet man auf die liturgischen Grußformeln und Aufforderungen; ob dazu die Orantenhaltung eingenommen werden kann, die im Lauf der Liturgiegeschichte – leider – zur typisch priesterlichen Gebetshaltung geworden ist, wird vom „Reifegrad" der Gemeinde abhängen; prinzipiell ist nichts dagegen einzuwenden. Die dem Gebet vorausgehenden Christusrufe erinnern an das Kyrie der Messe; auch durch sie huldigt die Gemeinde dem in ihrer Mitte unsichtbaren Herrn.

2. Die Verkündigung des Wortes

Ein zweiter Hauptteil des priesterlosen Gottesdienstes besteht in der Verkündigung des Wortes Gottes. Hier werden die für den Sonntag vorgesehenen Lesungen und das Evangelium vorgetragen; auch die entsprechenden Zwischengesänge können Verwendung finden. Lektoren und Kantoren wechseln dabei ab und treten von den Plätzen im Altarraum, die sie auch in der Messe innehaben, jeweils zu ihrem Dienst an den Ambo, der wohl der wichtigste liturgische Ort in einem priesterlosen Gottesdienst ist.

Abgesehen von der kirchenrechtlichen Problematik der Laienpredigt und der Frage nach der besonderen Beauftragung dazu erfordert eine Homilie auch eine theologische Ausbildung, die der Laienhelfer in der Regel nicht aufweisen kann. Neben der Möglichkeit, eine schriftlich vorbereitete Ansprache des abwesenden Pfarrers vorzulesen, kann aber auch ein Meditationstext zu den Schriftlesungen verwendet werden. Was stünde dem entgegen, an Feiertagen z. B. die zweite (patristische) oder theologische Lesung aus der Lesehore des Stundengebetes zu verwenden, die das Festgeheimnis betrachtet und zu einem vertieften Verständnis hinführen will? Fast jedes Pfarramt verfügt heute über einen Fotokopierapparat. Dieser Teil des Gottesdienstes endet mit dem Glaubensbekenntnis der Gemeinde.

3. Das Gemeindegebet

Ein dritter Teil kennzeichnet den Charakter eines solchen priesterlosen Gottesdienstes überhaupt als Gebetsversammlung. Das Gebet sollte alle Aspekte christlichen Betens umfassen: Lob – Dank – Buße – Bitte – Lobpreis. Dabei verstehen sich wiederum die im GL 370 wiedergegebenen Gebete als Modell. Gerade das Gotteslob birgt einen solch reichen Gebetsschatz, daß seine Fülle nur schwer auszuschöpfen ist (Psalmen, Grundgebete, Gebete des einzelnen, Andachten, Litaneien u. a.).

4. Die Kommunion

Auf das Gemeindegebet kann als vierter Hauptteil die Kommunion folgen. In der Regel wird es wohl so sein, daß die Kommunionhelfer dem Tabernakel die Eucharistie entnehmen, die in einer Messe zuvor für diesen priesterlosen Gottesdienst konsekriert worden ist. Mit einem Wort vor der Austeilung sollte aber an diese letzte Messe erinnert werden, um den Zusammenhang zwischen (jener) Meßfeier und der (jetzigen) Kommunionspendung in Erinnerung zu rufen.

Erwägenswert ist ein anderer Vorschlag, selbst wenn er „weniger praktisch" erscheint, zumal eine zeitliche Abstimmung hier zu beobachten ist: Ein Kommunionhelfer feiert in einer Nachbargemeinde die Messe mit und überbringt die Eucharistie als Frucht des Meßopfers der in der Kirche versammelten priesterlosen Gemeinde. Die den Gottesdienst leitenden Laiendienste könnten sich dann mit Leuchtern an die Eingangstür der Kirche begeben und den im Brot gegenwärtigen Herrn in einer feierlichen Prozession zum Altar geleiten.

Überhaupt tritt im priesterlosen Gottesdienst erst mit der Kommunionausteilung auch der Altar in Erscheinung. Zwar sprechen sich manche Autoren dafür aus, ihn als typisch priesterlichen Ort hier ganz zu meiden, aber Gründe der Praktikabilität (irgendwo müssen die heiligen Gefäße ja abgestellt werden!) sprechen dagegen. Aber auf eine andere Weise kann der Altar auch im priesterlosen Gottesdienst gebraucht werden, ohne die Grenze zur Meßfeier zu verwischen, indem die Kommunionhelfer jenen Ort am Altar meiden, an dem gewöhnlich der Priester steht, nämlich hinter ihm und dem Volk zugewandt.

Nach der Übertragung des Allerheiligsten aus der nächsten Pfarrkirche oder aus dem Tabernakel auf den Altar knien sich die Kommunionhelfer mit den anderen Laiendiensten vor der auf dem Altar ruhenden Eucharistie nieder und verharren so in schweigender oder formulierter Anbetung, die in das Vaterunser als eucharistisches Tischgebet überleitet. Einer der Kommunionhelfer geht danach zum Altar, tritt an seine der Gemeinde zugewandte Vorderseite, ergreift das Allerheiligste, wendet sich der Gemeinde zu, zeigt ihr den Leib des Herrn und lädt sie zur Kommunion ein. Auf diese Weise wird auch jeder Eindruck eines priesterlich-sakramentalen Gegenüber am Altar vermieden und die Gemeinschaft der Laien durch die gleiche Blick- und Gebetsrichtung unterstrichen.

Aber auch in Gottesdiensten ohne Kommunionspendung braucht eine „eucharistische Komponente" nicht zu fehlen. Aus der Zeit der Französischen Revolution wird von einer verwaisten Luxemburger Gemeinde folgendes berichtet: „Zur Zeit der Pfarrmessen beteten sie zunächst drei Rosenkränze. Dann setzten sie sich eine Zeit lang, in welcher alles stillschwiege, und sich die Consecration aller Priester vorstellte, so zu Rom oder in allem catholischen Weltheil am Altar Christi stehen konnten" (Nußbaum, Otto: Sonntäglicher Gemeindegottesdienst ohne Priester. Liturgische und pastorale Überlegungen. Würzburg: Echter-Verlag, 1985, 39).

Was ist hier anderes gemeint als das, was man früher als „geistige Kommunion" bezeichnete? Ein Wort des Leiters bzw. der Leiterin, das zur Stille mahnt und an all die Messen erinnert, die im gleichen

Augenblick auf der ganzen Welt gefeiert werden, könnte auch heute noch sinnvoll sein. Letztlich geht es dabei um das Eintreten in Christi Opferakt, um die vertrauensvolle Hinwendung zum Vater durch Christus. Der priesterlose Gottesdienst endet mit einer Segensbitte, in die sich die gestaltenden Laienhelfer selbst einschließen.

Nötige Sorgfalt

Wie ein solcher priesterloser Sonntagsgottesdienst bei den Gläubigen ankommt, liegt zunächst daran, wie sorgfältig er vorbereitet wurde. Gut geschulte und begleitete Frauen und Männer im liturgischen Dienst besitzen eine solche „liturgische Kompetenz", sie wissen souverän mit liturgischen Zeichen und Strukturen umzugehen, so daß sie auch imstande sind, im „Alarmfall" die Gemeinde am Sonntag nicht ohne Gottesdienst zu lassen. Liturgisch gut geschulte Laien und eine Gemeinde, die sich dem Gottesdienst als ihrer Angelegenheit verpflichtet weiß, werden sich aber immer des Ausnahmecharakters eines solchen Gottesdienstes bewußt bleiben. Man wird weder versucht sein, auf eigene Faust „Pfarrer" zu spielen, noch die Bedeutung der Messe zu relativieren.

Lektion 20: Jemand, der einen Dienst im Gottesdienst übernommen hat, soll ... Voraussetzungen, um den liturgischen Dienst gut zu versehen

Geeignet zum Dienst?

„Der Bewerber bzw. die Bewerberin soll ...", so lesen wir es täglich in den Stellenanzeigen der Zeitungen. Zu Recht, denn nicht jeder ist für jedes Amt und jeden Beruf geeignet. Ähnliches gilt auch für denjenigen, der in der Kirche ein Leitungsamt übernehmen soll. Für Bischofskandidaten gibt es genaue Erwartungshorizonte; eher bleibt ein Bistum für längere Zeit verwaist, als daß man sich für einen Kandidaten entscheidet, dem man die Erfüllung der an ihn gestellten Aufgaben nur teilweise zutraut. Während des Theologiestudiums eines zukünftigen Priesters sollen bestimmte Geistliche – etwas sehr hochtrabend „Regenten" genannt, doch leider sind es zu alledem nicht immer die für diese Aufgabe auch fähigsten Geistlichen! – genau darauf achten, daß die Kandidaten wissenschaftlich und spirituell so gefördert werden, daß sie den Ansprüchen an das priesterliche Amt auch gewachsen sein werden.

Auch die Kandidaten des Diakonats unterliegen einer längeren Probe- und Prüfzeit. Für verschiedene Laiendienste in der Liturgie braucht man ein Examen, so um Organist und Chorleiter zu werden. Die Voraussetzungen für die Übernahme eines Laiendienstes sind jedoch anderer Art; zum Großteil sind sie nicht oder nur schwer überprüfbar und somit in die Gewissensentscheidung jedes einzelnen gelegt.

Ein „normaler" Mensch

Männer und Frauen, die sich zu einem liturgischen Dienst bereitfinden, sollten zunächst einmal ganz normale und natürliche Menschen sein, mit besonderen Fähigkeiten ebenso versehen wie mit besonderen Marotten wie jeder Mensch. Er oder sie ist weder ein Engel noch ein Heiliger. Er oder sie hat sicherlich Freude am aktiven Mitgestalten der Liturgie, aber weder er noch sie brauchen diesen Dienst im Chorraum und im liturgischen Kleid als Krücke zur Stützung einer schwachen Persönlichkeit.

Anders gesagt: Jemand, der sich zum Dienst in der Liturgie bereitfindet, ist zunächst einmal Mensch mit allen Vorzügen und Schwächen und dann erst jemand, der/die einen liturgischen Dienst wahrnimmt. Die umgekehrte Reihenfolge ist übel: Wenn jemand Minderwertigkeitsgefühle oder andere Komplexe dadurch auszugleichen versucht (man sagt dazu „Kompensation"), daß er/sie vor der Gemeinde „auftreten" kann, dann wird sein/ihr Dienst schnell zur Show, nicht zur Schau, und das liturgische Spiel sehr bald zur unerträglichen Selbstdarstellung. Dies gilt für alle, die Liturgie gestalten, vom jugendlichen Ministranten bis hin zum Bischof: Wenn der Mensch in der Liturgie ein anderer ist als davor und danach, dann stimmt etwas nicht.

In der Liturgie ist man kein anderer Mensch, wohl aber anders: Niemand kann in eine andere Haut schlüpfen, sondern jeder und jede bringt sich immer selbst mit, die Schwierigkeiten mit sich selbst und anderen, die Sehnsucht nach Angenommen- und Anerkanntsein, nach Identität und Geborgenheit. Aber auch hier gilt einer der klassischen Sätze der Theologie: Gratia supponit naturam – Die Gnade setzt die Natur voraus. Wie in der Messe die irdischen Gaben von Brot und Wein Gott zur Verwandlung angeboten werden, so „braucht" die Gnade Gottes die ganz und gar irdische Wirklichkeit, um „landen" zu können. Der die Liturgie vollziehende Mensch – sei er Priester oder Laie – bringt sein Menschsein ein, seine Vorzüge und Fehler, seine Hoffnungen und Ängste. Er bietet Gott seine Fähigkeiten und seine Freude am liturgischen Tun und darf dann getrost darauf vertrauen, daß durch den Beistand von oben sein liturgischer Dienst das wertvolle Prädikat verdient, natürlich und überzeugend zu sein.

Ein frommer Mensch

Damit ist eine zweite Voraussetzung bereits angedeutet: Männer und Frauen, die einen liturgischen Laiendienst übernehmen, sollen fromme Menschen sein. Doch keine Angst vor dem Wort „fromm", mit dem beileibe keine Frömmelei gemeint sein kann, weil diese ja wieder auf die Show hinausliefe.

Echte Frömmigkeit macht den Menschen niemals zur Karikatur; sie steht mit beiden Beinen auf dem Boden und ist doch in dem verankert, der alle konkrete Wirklichkeit dieser Welt übersteigt, ja sogar sprengt. Geradezu provozierend läßt sich behaupten: Nur der fromme, in einem lebendigen Gottesverhältnis geborgene Mensch kann überhaupt wirklich, d. h. menschenwürdig Mensch sein. Nur im Vertrauen darauf, daß Gott die engen Begrenzungen des Lebens aufsprengt, kann der Fromme die Gegebenheiten des Lebens akzeptieren, sich darin voll einbringen, um daraus nach seinen Kräften das Beste zu machen. In einer gesunden Frömmigkeit werden die Ängste und Nöte zwar nicht aufgehoben, aber im Vertrauen auf Gottes Liebe verlieren sie ihre Bedrohlichkeit und werden manchmal sogar zum Schweigen gebracht.

Der fromme Mensch ist ein Beter. Auch ohne viele Worte zu machen, steht er mit dem liebenden Gott im vertrauten Zwiegespräch. Dieses Zwiegespräch kann sogar wortlos sein; einfach ein Ausharren bei ihm, der in unser Herz schaut, ist auch eine wertvolle Art der Anbetung. Der wahre Fromme beginnt alles, was er tut, „in der guten Meinung", vertraut den Ausgang Gott an und erwartet von ihm die Erfüllung. Sein eigenes Schicksal und das der Menschen, die ihm verbunden sind, legt er vertrauensvoll in Gottes Hände. Als ästhetischer Mensch sucht er Gott allezeit im Wahren und Schönen und meidet alles Unrechte und Verlogene. Zu alledem sind wirklich nicht viele Worte oder besondere Anstrengungen nötig; stimmt die Grundausrichtung auf Gott, dann werden die einzelnen Worte und Werke schon davon durchdrungen.

Als eine das ganze Leben des Menschen angehende Sache ist echte Frömmigkeit nicht nur eine Sache des Empfindens, sondern auch des Verstandes. Der Fromme interessiert sich für Fragen des Glaubens und der Kirche; er strebt nach tieferer Erkenntnis und nach engerer Verbindung mit Gott und durch ihn mit den anderen Menschen, ja er betrachtet alle, Welt, Mitmenschen und sich selbst, im Licht des Glaubens und vermag so die verborgene Schönheit und Würde von Menschen und Dingen zu entdecken, weil sie von Gott kommen und an seiner Herrlichkeit Anteil haben sollen. Die Entdeckung dieser Schönheit und Würde wird den Umgang des Frommen mit den anderen Menschen, ja mit der ganzen Schöpfung bestimmen. Es wird einer Gemeinde auf die Dauer nicht verborgen bleiben, ob und wie die Männer und Frauen im Gottesdienst fromme Menschen sind; die Weise, wie er/sie seinen/ihren Dienst versieht, wird es untrüglich offenbaren.

Ein mutiger Mensch

Als frommer Mensch ist der Mensch, der sich liturgisch engagiert, auch ein mutiger Mensch; damit ist die dritte Voraussetzung genannt. Das gläubige Vertrauen in Gottes durch nichts zu bezwingende Liebe hat den Mut zur Folge, sich im Vertrauen darauf ganz einzubringen.

Das heißt nicht, daß jeder Fromme – in der Folge jeder/jede, der/die einen Dienst in der Liturgie übernimmt – ein Draufgängertyp sein könnte oder müßte; auch zurückhaltende oder gar zur Ängstlichkeit neigende Persönlichkeiten können im Grunde ihres frommen Herzens sehr mutig sein. Es gehört schon Mut dazu, einer großen Versammlung gegenüber zu sprechen, vorzulesen oder besonders in Aktion zu treten. Zumindest in der ersten Zeit erfordert es Überwindung und Mut, ein liturgisches Gewand anzulegen, im Chorraum dauernd den Blicken von vielen ausgesetzt zu sein, wissend, daß die anderen über einen reden und schwatzen werden – und höchstwahrscheinlich gar nicht so freundlich.

Manch gestandener Mann und manch im Leben fest verwurzelte Frau verlieren im liturgischen Dienst auch nach Jahren nicht das „Lampenfieber" und müssen sich jedesmal neu überwinden, wenn er bzw. sie zum Ambo geht, um eine Lesung vorzutragen. Dennoch bleiben sie ihrem Dienst treu, weil sie eben mutig sind und weil dieser Mut nur ein Aspekt einer größeren Sache ist, nämlich der Freude am liturgischen Mitmachen überhaupt.

Was ist denn Mut? Schon der römische Dichter Cicero definierte ihn als tugendhafte Mitte zwischen den beiden Untugenden Waghalsigkeit und Feigheit. Für eine sich lohnende Sache setzt sich der Mutige ein unter Hintanstellung aller Ängste und Bedenken, ja unter Inkaufnahme von Gefahren. Um wieviel mutiger muß wohl erst der Christ sein, dessen Glaube ihm sagt, daß der Einsatz für ein lebendiges und reiches liturgisches Leben in seiner Pfarrgemeinde eine Sache ist, die allemal lohnt, wenn sie aus einem ehrlichen und frommen Herzen kommt!

Trotz aller Anfangsscheu und manch bleibendem Lampenfieber: Das Vorlesen vor einer großen Gemeinde, die Bewegungen unter den Augen aller im Chorraum, „die Figur, die man macht", das Überziehen eines liturgischen Kleides, all das hat noch keinem und keiner, der/die in der Liturgie mitwirkt, auf die Dauer geschadet oder die Freude an seinem und ihrem Dienst verdorben – wie denn auch, kommt doch diese Freude letztlich als Geschenk von Gott selbst.

Ein „geschwisterlicher" Mensch

Die vierte Voraussetzung für die Übernahme eines liturgischen Laiendienstes ist eigentlich eine Sache, die man bei jedem Christen voraussetzen sollte, die aber dennoch nicht überall anzutreffen ist: die Geschwisterlichkeit.

Durch Christi Blut am Kreuz wie durch das im Kelch werden die Menschen zu Blutsbrüdern und Blutsverwandten, durch Christus werden sie alle zu Kindern Gottes. Dies sollte als herzliches Miteinander besonders bei den Leuten zu spüren sein, die sich an der Gestaltung der Geheimnisse unserer Erlösung aktiv beteiligen. Unter denen, die einen liturgischen Laiendienst ausüben, sollten Streit, Eifersucht und Profilierung auf Kosten anderer unbekannt sein. Es sollte gerade unter ihnen eine Atmosphäre herrschen, in der man sagen kann, was man denkt und in der Konflikte ausgeräumt werden.

Männer und Frauen in liturgischen Laiendiensten sollten als eine der Gruppen in der Pfarrei zusammenhalten und auch dem Pfarrer in ihrer Mitte als Bruder ein Zuhause geben, so daß das Leben nicht das liturgische Erscheinungsbild Lügen straft. Könnten sich die Laiendienste zusammen mit den „Hauptamtlichen" nicht in einem festen Turnus (vielleicht sogar wöchentlich?) treffen, um gemeinsam die bevorstehenden Gottesdienste zu besprechen, aber auch um zu beten und über Glaubensfragen zu sprechen? Könnten nicht die Laiendienste als Gruppe ab und zu mit dem Pfarrer das Stundengebet verrichten? Wären Einkehrtage, aber auch Ausflüge und Stammtische nicht geeignete Hilfen, zueinanderzufinden und damit immer wieder anzufangen, vom Altar aus die Kirche als Gottes Familie aufzubauen?

Das, was man über die allerersten Christen sagte, kann heute zuweilen sehr zynisch wirken: „Sie waren ein Herz und eine Seele" (Apg 4,32). Daß dieses Wort wieder so ernst genommen wird, wie es in der Bibel steht, das ist eine Aufgabe, die jeden Christen angeht, besonders jedoch jene, die im Rampenlicht stehen und das Erscheinungsbild „der Kirche" bestimmen; das sind neben dem Priester und anderen Hauptamtlichen auch die Frauen und Männer, die einen Dienst in der Liturgie übernommen haben.

Nachwort

Liebe Leserin, verehrter Leser!
Zwanzig Lektionen über den Gottesdienst der Kirche, der ja zuallererst ein Dienst Gottes an uns ist, liegen hinter Ihnen. Der Verfasser hofft, daß sie Ihnen neben der Anstrengung, mitdenken zu müssen, auch Freude bereitet haben. Vor allem aber hofft er, daß Sie für Ihren persönlichen Glauben aus dem Geschriebenen Nutzen ziehen konnten.
Sollten Sie schon in irgendeiner Weise in einem liturgischen Dienst engagiert sein, so würde es den Verfasser freuen, wenn Sie Ihren Dienst jetzt vielleicht tiefer sehen können und neue Möglichkeiten für sich selbst und die Gestaltung der Laiendienste in Ihrer Pfarrgemeinde entdeckt haben.
Sollten Sie noch nicht Lektor/in, Kommunionhelfer/in, Kantor/in oder Ministrant/in sein, wurde hoffentlich die Lust geweckt, es zu werden!
Sollten Sie Mitbruder im priesterlichen Amt sein oder sonst Verantwortung in unserer Kirche tragen, haben Sie vielleicht Anregungen erhalten, manche neue Anregung und ungenutzte Möglichkeit in die Wirklichkeit zu überführen.
Manche sagen, unser liturgisches Leben sei arm geworden. Wenn dies der Fall sein sollte, dann liegt es nicht an der liturgischen Erneuerung, sondern daran, daß all die Möglichkeiten, die die erneuerte Liturgie bietet, noch nicht entdeckt und noch lange nicht ausgeschöpft wurden. In ihr kommt den Frauen und Männern in liturgischen Laiendiensten eine wichtige Rolle zu. Das Ziel dieses Buches ist dann erreicht, wenn es zu einer feierlichen und lebendigen Liturgie in unseren Pfarrkirchen beiträgt, Gott zur Ehre und den Menschen zur Freude.

Anhang

Schnellübersicht über den Aufbau der Meßfeier und der Horen der Stundenliturgie sowie über die Einsatzmöglichkeiten der Laiendienste

A. DIE FEIER DER MESSE	Wer tut was?
1. Einzugsprozession	Mit Priester und Diakon ziehen alle Laiendienste zum Altarraum; mitgetragen werden Kreuz, Leuchter, Weihrauch, Lektionar und Evangeliar.
2. Verehrung des Altars	Kniebeuge/Verneigung: alle; Priester und Diakon: Altarkuß
3. Altarinzens	Priester und Ministrant/inn/en
4. Begrüßung und Einführung in die Feier	Priester oder sonst dazu Beauftragte/r
5. Allgem. Schuldbekenntnis	Priester und Gemeinde
6. Kyrie eleison	Lektor/in – Kantor/in – Gemeinde – eventuell Chor
7. Gloria	Kantor/in oder Chor – Gemeinde
8. Tagesgebet	Priester am Sitz – Ministrant/in: Buchdienst
9. Erste Lesung	Lektor/in
10. Responsorialpsalm	Kantor/in – Gemeinde
11. Zweite Lesung	Lektor/in
12. Halleluja/Ruf	Kantor/in – Gemeinde
13. Evangelienprozession	Priester bzw. Diakon, Ministrant/inn/en mit Leuchter und Weihrauch
14. Evangelium	Priester bzw. Diakon
15. Homilie	Priester bzw. Diakon
16. Glaubensbekenntnis	Kantor/in bzw. Chor – Gemeinde
17. Fürbitten	Lektor/in – Kantor/in – Gemeinde
18. Gabenbereitung	Diakon – Priester – Ministrant/inn/en – Gemeinde
19. Inzens des Altars, des Priesters und der Gemeinde	Priester bzw. Diakon bzw. Ministrant/in
20. Gabengebet	Priester
21. Dialog und Präfation	Priester – Gemeinde
22. Sanctus	Gemeinde – Chor
23. Eucharist. Hochgebet	Priester, Akklamationen der Gemeinde
24. Vaterunser	Gemeinde

25. Fortführung und Lobpreis „Denn dein ..."	Priester – Gemeinde
26. Friedensgebet und -gruß	Priester – Gemeinde
27. Brechung und Agnus Dei	Priester – Gemeinde
28. Einladung zur Kommunion	Priester
29. Kommunionausteilung	Priester – Diakon – Kommunionhelfer/innen
30. Reinigung der Gefäße	Diakon bzw. Kommunionhelfer/innen an der Kredenz
31. Meditation oder Gebet	Lektor/in
32. Verlautbarungen	Priester oder sonstige/r Beauftragte/r
33. Schlußgebet	Priester – Ministrant/in: Buchdienst
34. Segen	Priester
35. Auszugsprozession	Alle liturgischen Dienste ziehen zurück zur Sakristei.

Werden innerhalb der Meßfeier Sakramente gespendet, so findet dies nach der Predigt statt (Brautamt, Taufspendung innerhalb der Messe oder Spendung der Krankensalbung, Diakonen-, Priester- und Bischofsweihe). Die Messe nimmt ihren Fortgang mit der Gabenbereitung.

B. LAUDES UND VESPER	Wer tut was?
1. Einzug	Alle liturgischen Dienste ziehen zum Altarraum.
2. Eröffnung (z. B. im „Gotteslob" Nr. 673 bzw. 682)	Priester oder ein/e sonstige/r Leiter/in der Feier
3. Hymnus	Gemeinde
4. Erster Psalm mit Antiphon	Kantor/in – Gemeinde
5. Zweiter Psalm (Vesper) bzw. AT-Canticum (Laudes), jeweils mit Antiphon	Kantor/in – Gemeinde
6. NT-Canticum (Vesper) bzw. zweiter Psalm (Laudes), jeweils mit Antiphon	Kantor/in – Gemeinde
7. Lesung	Lektor/in
8. Antwortgesang	Kantor/in – Gemeinde
9. Homilie	Priester oder ein/e sonstige/r Beauftragte/r
10. Magnificat (Vesper) bzw. Benedictus (Laudes) mit Antiphon, dazu Inzens des Altars und aller Anwesenden	Priester / Leiter/in stimmt an Kantor/in – Gemeinde Ministrant/inn/en: Weihrauch
11. Fürbitten (Vesper) bzw. Bitten (Laudes)	Lektor/in – Gemeinde

12. Vaterunser	Gemeinde
13. Schlußoration	Priester bzw. Leiter/in
14. Segen/Segenswunsch und Entlassung	Priester / Leiter/in
15. Auszug	Alle liturgischen Dienste

Wird die Vesper – wie es in vielen Pfarrgemeinden z. B. am Tag des Ewigen Gebetes Brauch ist, der nichts von seiner Berechtigung eingebüßt hat – mit der Anbetung des Herrn in der Gestalt des eucharistischen Brotes verbunden, so verändert sich der Gottesdienst folgendermaßen:

11. Nach dem Magnificat: Exposition (Aussetzung) des Allerheiligsten in der Monstranz und Inzens	Priester, Diakon oder sonst dazu Beauftragte/r. Die Ministrant/inn/en dienen am Rauchfaß.
12. Fürbitten	Lektor/in
13. Anbetung	Stille oder von Lektor/in, Kantor/in oder Chor mitgestaltet
14. Eucharistischer Segen	Nur Priester bzw. Diakon– Ministrant/inn/en: Dienst an Velum und Schellen
15. Reposition	Priester, Diakon oder sonst dazu Beauftragte/r
16. Schlußoration	Priester, Diakon oder sonst dazu Beauftragte/r
17. Auszug	Alle liturgischen Dienste

DIE KOMPLET	Wer tut was?
1. Eröffnung (GL 695)	Priester oder Leiter/in der Feier
2. Gewissenserforschung und Allgemeines Schuldbekenntnis	Gemeinde
3. Vergebungsbitte	Priester oder Leiter/in der Feier
4. Hymnus	Gemeinde
5. Psalm	Kantor/in – Gemeinde
6. Lesung	Lektor/in
7. Antwortgesang	Kantor/in – Gemeinde
8. „Nunc dimittis" (GL 700)	Kantor/in – Gemeinde
9. Schlußoration	Priester oder Leiter/in der Feier
10. Nachtsegen	Priester oder Leiter/in der Feier
11. Marianische Antiphon	Gemeinde
12. Auszug	Alle liturgischen Dienste

Modell für eine häusliche Feier der Krankenkommunion, die von Kommunionhelferinnen und -helfern geleitet wird
1. Begrüßung und behutsame Überleitung zur eigentlichen liturgischen Feier
2. Gemeinsames Kreuzzeichen, Schuldbekenntnis und Vergebungsbitte
3. Eventuell Tagesgebet
4. Schriftlesung (z. B. das Sonntagsevangelium)
5. Vaterunser
6. Einladung zur Kommunion: „Seht das Lamm Gottes ..."
7. Kommunionspendung
8. Zeit zum stillen Gebet
9. Abschließendes Gebet (eventuell das Schlußgebet der Tagesmesse)
10. Segenswunsch
11. „Reposition" des Allerheiligsten in Hand- oder Brusttasche zum sichtbaren Zeichen dafür, daß der Gottesdienst beendet ist
12. Der/Die Kommunionhelfer/in hat immer noch etwas Zeit zu einem netten Gespräch mit „seinem"/ „ihrem" Kranken.

Literaturhinweise

Anbei bieten wir der geneigten Leserin / dem geneigten Leser, deren/dessen Interesse an einem speziellen Thema oder zu einer bestimmten Fragestellung in den einzelnen Lektionen geweckt wurde, eine Literaturliste zu weiteren Studien.

Vom Autor dieses Buches sind erschienen:

KUNZLER, Michael: Berufen, dir zu dienen. 15 „Lektionen" Liturgik für Laienhelfer im Gottesdienst. Paderborn: Bonifatius-Verlag, 1. Aufl. 1989, 2. Aufl. 1992.

KUNZLER, Michael: Gott, du bist gut. Fünfzig mystagogische Katechesen zur Einführung von Kommunionkindern in die Welt der Liturgie. 307 Seiten, Paderborn: Bonifatius-Verlag, 1991.

KUNZLER, Michael: Wir haben das wahre Licht gesehen. Einführung in Geist und Gestalt der byzantinischen Liturgie. 336 Seiten, Trier: Paulinus-Verlag, 1991 (Sophia – Quellen östlicher Theologie 27).

KUNZLER, Michael: Porta Orientalis. Fünf Ost-West-Versuche über Theologie und Ästhetik der Liturgie. XLV/801 Seiten, Paderborn: Bonifatius-Verlag, 1993.

KUNZLER, Michael: Die Liturgie der Kirche. AMATECA: Lehrbücher zur katholischen Theologie Band 10. 672 Seiten. Paderborn: Bonifatius-Verlag, 1995.

Weiterführende Literaturangaben zu den einzelnen Kapiteln:

Literatur zu Lektion 1:
Dienste von Laien in der Liturgie – warum überhaupt?

BRAKMANN, Heinzgerd: Der Laie als Liturge. Möglichkeiten und Probleme der erneuerten Römischen Messe. In: Liturgisches Jahrbuch 21 (1971) 214-223.

KACZYNSKI, Reiner: Kein „Amtsträger"-Ersatz. Der liturgische Dienst der Laien. In: Gottesdienst 15 (1981) 65-68.

KLEINHEYER, Bruno: Dienste in der Eucharistiefeier. Theorie und Praxis der Kommunionhelfer und Lektoren. In: Gottesdienst 10 (1976) 73-75.

KLEINHEYER, Bruno: Lektoren und Akolythen für die Liturgie in den Gemeinden. In: Liturgisches Jahrbuch 35 (1985) 168-177.

KUHNE, Alexander (Hg.): Die liturgischen Dienste. Liturgie als Handlung des ganzen Gottesvolkes. Paderborn: Bonifatius-Verlag, 1982.

MÜLLER, Klaus-Bernd: Die liturgischen Dienste der Frau in der nachkonziliaren Reform. In: Liturgisches Jahrbuch 28 (1978) 170-175.

NIKOLASCH, Franz: Die Neuordnung der kirchlichen Dienste. In: Liturgisches Jahrbuch 22 (1972) 169-182.

SCHLEMMER, Karl: Gottesdiensthelfer. Rolle, Aufgabe und Anforderung. Würzburg: Echter-Verlag, 1979.
SCHWARZENBERGER, Rudolf: Bekanntlich vielfältig. Die liturgischen Dienste der Frau. In: Gottesdienst 14 (1980) 8-16.

Literatur zu Lektion 2:
„Ihr seid eine königliche Priesterschaft, ein heiliges Volk" (1 Petr 2,9) –
vom Verhältnis zwischen Laien und Weiheamt in der Liturgie

CONGAR, Yves: Der Laie. Entwurf einer Theologie des Laientums. Stuttgart: Schwabenverlag, 1956.
CONGAR, Yves: Die Kirche als Volk Gottes. In: Concilium 1 (1965) 5-16.
GRESHAKE, Gisbert: Priestersein. Zur Theologie und Spiritualität des priesterlichen Amtes. Freiburg – Basel – Wien: Herder-Verlag, 5. Aufl. 1991.
KOCH, Kurt: Kirche der Laien? Plädoyer für die göttliche Würde des Laien in der Kirche. Fribourg – Konstanz: Kanisius-Verlag, 1991.

Literatur zu Lektion 3:
„Wir haben seine Herrlichkeit gesehen" (Joh 1,14) – oder:
die Liturgie als heiliges Drama der Herrlichkeit Gottes

BALTHASAR, Hans Urs von: Die Würde des Gottesdienstes. In: Int. Kath. Zeitschrift Communio 7 (1978) 481-487.
CORBON, Jean: Liturgie aus dem Urquell. Übertragen und eingeleitet v. H. U. v. Balthasar. Einsiedeln: Johannes-Verlag, 1981.
PIEPER, Josef: Muße und Kult. München: Kösel-Verlag, 1955.
PIEPER, Josef: Zustimmung zur Welt. Eine Theorie des Festes. München: Kösel-Verlag, 2. Aufl. 1963.
RAHNER, Hugo: Der spielende Mensch. Einsiedeln: Johannes-Verlag, 9. Aufl. 1983.
RATZINGER, Josef: Eucharistie – Mitte der Kirche. Vier Predigten. München 1978.
RATZINGER, Josef: Das Fest des Glaubens. Versuche zur Theologie des Gottesdienstes. Einsiedeln: Johannes-Verlag, 1981.
STOLLBERG, Dietrich: Liturgische Praxis. Kleines evangelisches Zeremoniale. Göttingen: Vandenhoeck & Ruprecht, 1993.

Literatur zu Lektion 4:
Die heilige Versammlung am Altar – oder:
Wo ist der liturgische Ort für die Laiendienste?

ADAM, Adolf: Wo sich Gottes Volk versammelt. Gestalt und Symbolik des Kirchenbaus. Freiburg – Basel – Wien: Herder-Verlag, 1984.
BOUYER, Louis: Liturgie und Architektur. Einsiedeln – Freiburg i. B.: Johannes-Verlag, 1993.
CLOWNEY, Paul und Tessa: Kirchen entdecken. Ein Bildführer durch 2000 Jahre Kirchenbau. Wuppertal: Brockhaus-Verlag, 1983.

EMMINGHAUS, Johannes H.: Die beiden Pole im Altarraum: Altar und Ambo. In: Gottes Volk. Bibel und Liturgie im Leben der Gemeinde Heft B6. Stuttgart: Katholisches Bibelwerk, 1988, 108-118.

GAMBER, Klaus: Sancta Sanctorum. Studien zur liturgischen Ausstattung der Kirche, vor allem des Altarraums. Regensburg: Pustet, 1981 (Studia Patristica et Liturgica 10).

MEYER, Hans Bernhard: Was Kirchenbau bedeutet. Freiburg – Basel – Wien: Herder-Verlag, 1984.

SEIDEL, Walter (Hg.): Kirche aus lebendigen Steinen. Mainz: Grünewald-Verlag, 1975.

Literatur zu Lektion 5:
„Verherrlicht Gott mit eurem Leib" – oder: Der ganze Mensch feiert Liturgie

BAUMGARTNER, Jakob: Liturgie und Leiblichkeit. In: Heiliger Dienst 30 (1976) 143-164.

KLÖCKENER, Martin: Gesten und Körperhaltungen in den erneuerten liturgischen Büchern. Stichwortregister. Paderborn 1981.

MEURER, Wolfgang (Hg.): Volk Gottes auf dem Weg. Bewegungselemente im Gottesdienst. Mainz: Grünewald-Verlag, 1989.

LUBIENSKA DE LENVAL, Hélène: Die Liturgie der Gebärde. Klosterneuburg: Volksliturgisches Apostolat, 1959.

OHM, Thomas: Die Gebetsgebärden der Völker und das Christentum. Leiden 1948.

SEQUEIRA, Ronald A.: Die Wiederentdeckung der Bewegungsdimension in der Liturgie. In: Concilium 16 (1980) 149-152.

SEQUEIRA, Ronald A.: Gottesdienst als menschliche Ausdruckshandlung. In: R. Berger / K. H. Bieritz u. a.: Gottesdienst der Kirche. Handbuch der Liturgiewissenschaft Bd. 3: Gestalt des Gottesdienstes. Regensburg: Pustet-Verlag, 2. Auflage 1990, 7-39.

SUDBRACK, Joseph: Verherrlicht Gott in eurem Leib. Bewegungen und Leiberfahrungen in der Liturgie. In: Gottesdienst 13 (1979) 89-91.

Literatur zu Lektion 6:
„Ihr habt Christus als Gewand angelegt" (Gal 3,27) – oder:
die liturgische Kleiderfrage

KACZYNSKI, Reiner: Über Sinn und Bedeutung liturgischer Gewänder. In: Das Münster 32 (1979) 94-96.

KUNZLER, Michael: Indumentum Salutis. Überlegungen zum liturgischen Gewand. In: Theologie und Glaube 81 (1991) 52-78.

PETERSON, Erik: Theologie des Kleides. In: Benedikt. Monatsschrift 16 (1934) 347-356.

SCHNITZLER, Theodor: Von Geschichte und Sinn der liturgischen Gewandung und Färbung, In: Das Münster 32 (1979) 97-99.

Literatur zu Lektion 7:
Vom Lektorendienst

SENGER, Basilius: Der liturgische Dienst des Lektors. In: KUHNE, A. (Hg.): Die liturgischen Dienste. Liturgie als Handlung des ganzen Gottesvolkes. Paderborn: Bonifatius-Verlag, 1982, 104-109.
ZERFASS, Rolf: Lektorendienst. Trier: Paulinus-Verlag, 2. Auflage 1967.
ZERFASS, Rolf / MANDER, A.: Der Lektor – Auftrag und Dienst. Mainz: Grünewald-Verlag, 1980.

Literatur zu Lektion 8:
„Singt Gott in eurem Herzen Lieder" (Eph 5,19) – oder: vom Dienst des Kantors und den anderen kirchenmusikalischen Diensten

DACH, Simon: Handbuch des Kantorendienstes. 1: Einführung und Handreichung zu einem wiederentdeckten Dienst in der Gemeinde. Paderborn: Bonifatius-Verlag, 1977.
MUSCH, Hans (Hg.): Musik im Gottesdienst, 2 Bde. Regensburg: Gustav Bosse-Verlag, 2. Aufl., 1983.
MUSCH, Hans (Hg.): Musik und Gottesdienst. Bd. 1: Historische Grundlagen, Liturgik, Liturgiegesang. Regensburg: Gustav Bosse-Verlag, 4. Aufl. 1993.
SCHÜTZEICHEL, Heribert (Hg.): Die Messe. Ein kirchenmusikalisches Handbuch. Düsseldorf: Patmos-Verlag, 1991.
SEUFFERT, Josef: Der liturgische Dienst des Kantors. In: KUHNE, A. (Hg.): Die liturgischen Dienste. Liturgie als Handlung des ganzen Gottesvolkes. Paderborn: Bonifatius-Verlag, 1982, 110-118.

Literatur zu Lektion 9:
„Ich gebe weiter, was ich selbst empfangen habe" (vgl. 1 Kor 11,23) – oder: vom Dienst des Kommunionhelfers

FISCHER, Balthasar: Der liturgische Dienst des Kommunionhelfers und der Kommunionhelferin. In: KUHNE, A. (Hg.): Die liturgischen Dienste. Liturgie als Handlung des ganzen Gottesvolkes. Paderborn: Bonifatius-Verlag, 1982, 88-91.
SENGER, Basilius: Kommunionhelfer und ihr liturgischer Dienst. Kevelaer: Verlag Butzon & Bercker, 2. Auflage 1982.

Literatur zu Lektion 10: Von erwachsenen Ministranten

KUHNE, Alexander: Der liturgische Dienst der Ministranten. In: KUHNE, A. (Hg.): Die liturgischen Dienste. Liturgie als Handlung des ganzen Gottesvolkes. Paderborn: Bonifatius-Verlag, 1982, 92-103.
POHL, Werner: Der Ministrant. Was er ist und was alles zu seinem Dienst gehört. Freiburg – Basel – Wien: Herder-Verlag, 1979.
STRAUSS, Monika: „... berufen, dir zu dienen." Erwachsene Frauen als Meßdienerinnen. In: Gottesdienst 29 (1995) 102.

Literatur zu Lektion 11:
In der Sakristei – äußere und innere Vorbereitung

FORSTNER, Dorothea: Die Welt der Symbole. Innsbruck – Wien – München: Tyrolia-Verlag, 1961.

HELLMANN, Anton: Der Sakristan. Das Handbuch für die Praxis. Freiburg – Basel – Wien: Herder, 1983.

KLEINHEYER, Bruno: Heil erfahren in Zeichen. Dreißig Kapitel über Zeichen im Gottesdienst. München: Don-Bosco-Verlag, 1980.

KUHNE, Alexander: Zeichen und Symbole in Gottesdienst und Leben. Paderborn: Bonifatius, 2. Auflage 1982.

LURKER, Manfred: Wörterbuch der Symbolik. (Kröner-Taschenausgabe 464) Stuttgart: Kröner-Verlag, 1988.

ONASCH, Konrad: Kunst und Liturgie der Ostkirche in Stichworten, unter Berücksichtigung der Alten Kirche. Wien – Köln – Graz: Verlag Hermann Böhlaus, 1981.

PFEIFER, Michael: Der Weihrauch. Liturgiegeschichtliche und pastoralliturgische Aspekte eines kultischen Symbols. Würzburg, 2. Auflage 1994.

RICHTER, Klemens: Was die sakramentalen Zeichen bedeuten. Freiburg – Basel – Wien: Herder-Verlag, 1988.

SEUFFERT, Josef: Lebendige Zeichen, kleine Fibel christlicher Symbole. Freiburg – Basel – Wien: Herder-Verlag, 1983.

STOLLBERG, Dietrich: Liturgische Praxis. Kleines evangelisches Zeremoniale. Göttingen: Vandenhoeck & Ruprecht, 1993.

Literatur zu den Lektionen 12-15:
Erste bis vierte Lektion über die heilige Messe

EMMINGHAUS, Johannes H.: Die Messe. Wesen – Gestalt – Vollzug. 5. Aufl., durchgesehen und überarbeitet v. Th. Maas-Ewerd. Klosterneuburg: Verlag Österreichisches Katholisches Bibelwerk, 1992.

HERMANS, Jo: Die Feier der Eucharistie, Erklärung und spirituelle Erschließung. Regensburg: Pustet-Verlag, 1984.

JILEK, August: Das Brotbrechen. Eine Einführung in die Eucharistiefeier. Regensburg: Pustet-Verlag, 1994.

JUNGMANN, Josef Andreas: Missarum Sollemnia. Eine genetische Erklärung der römischen Messe. 2 Bde. Wien – Freiburg – Basel: Herder-Verlag, 5. Auflage 1962.

RICHTER, Klemens: Was ich von der Messe wissen wollte. Zu Fragen aus der Gemeinde von heute. Freiburg – Basel – Wien: Herder-Verlag, 1983.

SCHNITZLER, Theodor: Was die Messe bedeutet. Hilfen zur Mitfeier. Freiburg – Basel – Wien: Herder-Verlag, 1976.

Literatur zu Lektion 16:
„Liturgie" ist nicht nur „Messe" – Laiendienste, Stundenliturgie und Wortgottesdienst

FUCHS, Guido: Singet Lob und Preis. Stundengebet mit der Gemeinde feiern. Regensburg: Pustet-Verlag, 1993.

SCHNITZLER, Theodor: Was das Stundengebet bedeutet. Hilfe zum geistlichen Neubeginn. Freiburg – Basel – Wien: Herder-Verlag, 1980.

Literatur zu Lektion 17:
Der Kranz der Sakramente und Sakramentalien – liturgische Laiendienste in den sakramentlichen Feiern

RICHTER, Klemens: Was die sakramentalen Zeichen bedeuten. Freiburg – Basel – Wien: Herder-Verlag, 1988.

SCHNEIDER, Theodor: Zeichen der Nähe Gottes. Grundriß der Sakramententheologie. Mainz: Grünewald-Verlag, 6. Auflage 1992.

SCHNITZLER, Theodor: Was die Sakramente bedeuten. Hilfen zu einer neuen Erfahrung. Freiburg – Basel – Wien: Herder-Verlag, 1981.

Literatur zu Lektion 18:
Laiendienste im Herrenjahr

ADAM, Adolf: Das Kirchenjahr mitfeiern. Freiburg – Basel – Wien: Herder-Verlag, 1979.

BAUMGARTNER, Jakob: Das Kirchenjahr. Feiern christlicher Feste. Fribourg – Mödling: Kanisius-Verlag/St. Gabriel, 1978.

BEINERT, Wolfgang / PETRI, Heinrich: Handbuch der Marienkunde. Regensburg: Pustet, 1984.

BIERITZ, Karl-Heinrich: Das Kirchenjahr. Feste, Gedenk- und Feiertage in Geschichte und Gegenwart. München: Beck-Verlag, 2. Auflage 1994.

KIRSTE, Reinhard / SCHULTZE, Herbert / TWORUSCHKA, Udo: Die Feste der Religionen. Ein interreligiöser Kalender mit einer synoptischen Übersicht. Gütersloh: Gütersloher Verlagshaus, 1995 (Gütersloher Taschenbücher 771).

MOSER, Dietz-Rüdiger: Bräuche und Feste im christlichen Jahreslauf. Graz – Wien – Köln: Edition Kaleidoskop, 1993.

RECKINGER, François: Gott begegnen in der Zeit. Unser Kirchenjahr. Paderborn: Bonifatius-Verlag, 1986.

SCHNITZLER, Theodor: Kirchenjahr und Brauchtum neu entdeckt. In Stichworten, Übersichten und Bildern. Freiburg – Basel – Wien: Herder-Verlag, 1976.

Literatur zu Lektion 19:
Wenn es ernst wird: der Sonntagsgottesdienst ohne Priester

KLÖCKENER, Martin: Sonntagsgottesdienste unter der Leitung von Laien. Zur Praxis und Diskussion in Frankreich. In: Theologie und Glaube 68 (1978) 77-89.

KÖHL, Georg: Laienseelsorger – Die Lizentiaten in Ungarn. In: Trierer Theologische Zeitschrift 91 (1982) 241-249.

NUSSBAUM, Otto: Sonntäglicher Gemeindegottesdienst ohne Priester. Liturgische und pastorale Überlegungen. Würzburg: Echter-Verlag, 1985.

SCHLEMMER, Karl: Gottesdienste ohne Priester. 72 Modelle und Anregungen. 3 Bde., geordnet nach den Lesejahren A, B und C. Freiburg – Basel – Wien: Herder-Verlag, 1984. Neudruck 1994.

Literatur zu Lektion 20:
Jemand, der einen Dienst im Gottesdienst übernommen hat, soll ...:
Voraussetzungen, um den liturgischen Dienst gut zu versehen

AUFDERBECK, Hugo: Die liturgischen Dienste im Geist der Ehrfurcht. In: KUHNE, A. (Hg.): Die liturgischen Dienste. Liturgie als Handlung des ganzen Gottesvolkes. Paderborn: Bonifatius-Verlag, 1982, 198-204.

Bildnachweis

Abb. 2 aus: Friedrich HEER – Olinda PAWEK, Katholiken sehen dich an. Graz 1969.

Abb. 6: Archiv Bonifatius-Verlag Paderborn.

Abb. 9 aus: Dirk DE VOS, Hans Memling. Das Gesamtwerk. Mit frdl. Genehmigung des Belser-Verlags Stuttgart.

Alle übrigen Abb. vom Autor.